KB235104

새 시 대 를 위 한 **주 역** 上

새 시 대 를 위 한 **주 역** 上

새시대를 위한 주역

周易

上

서정기 역주

다락방

　독일의 대철학자이며 수학자였던 라이프니쯔는 1703년에 당시 북경에 거주하고 있던 부베(Bouvet) 신부와의 서신교환에서 다음과 같은 사실을 기록하고 있다. 그 내용은 라이프니쯔가 다른 목적으로 구성, 시도함으로써 발견한 2진법적 수학체계를 『주역』의 64괘와 비교한 결과, 그 구조 및 순서에 있어 완전히 일치하는 것을 보고 놀라움을 금치 못했다는 것이다. 라이프니쯔의 이와 같은 편지 내용으로 미루어 볼 때, 1703년경에 이미 『주역』이 서구 학자들 사이에 소개되었다는 사실이 입증된다. 여하튼 『주역』은 레기스 신부 이후 많은 학자들에 의해 서구의 모든 언어로 번역되었으며, 오늘날에는 구미의 어느 나라, 어느 서점에서도 용이하게 구입할 수 있는 서적이 된 것이다.

　『주역』이 서구 사회에서 번역되는 과정에서 얼마나 중요하게 다루어졌는지 몇 가지 예를 들어 보자. 1854년에 영국의 중국학 학자인 제임스 레기(James Legge)는 번역을 완성하여 1882년 저 유명한 막스 뮐러(Max Müller)출판사에서 동양경전 시리즈와 함께 출판함으로써 전문가들의 호평을 받았고, 파리의 기메(Guimet) 박물관은 1885년부터 1893년까지 8년여에 걸쳐 필라스트르(Philastre)의 영문판 『주역』을 불어로 번역하는 대사업을 완성했으며, 미국의 볼링겐(Bollingen) 재단은 리하르트 빌헬름(Richard Wilhelm)의 독어판을 영어로 번역하는 데에 막대한 자금을 투자한 바 있다. 가까이는 1968년에 미국의 매사추세츠 공대(M.I.T)가 『다양한 자질의 인간－역경의 유산』(*The Man of Many Qualities－A Legacy of I Ching*)이란 대저서를 내놓기에 이르렀다. 또한 1975년에는 리하르트 빌헬름의 독어판을 보셀만(D.J Vozelmann)이 스페인어로 번역한 것을 부에노스 아이레스에 있는 남미 출판사(Editorial Sudamericana)가 출간하였다.

　18세기부터 현재까지 서구어로 번역된 『주역』은 1970년대에 이미 30여종에 이르렀으며, 오늘날에는 그 수를 헤아릴 수 없을 정도이다. 그러나 그 중에서 독일의 리하르트 빌헬름의 번역판(1956)이 가장 우수하고 완벽하다는 평가를 받고 있다. 적지 않은 번역가들이 종교 사상적인 편견 내지 몰이해에서 벗어나지 못함으로써 『주역』의 번역·소개에 있어 왜곡 내지 오역의 오류가 빈번하게 발생했는데, 이는 오늘

『새시대를 위한 주역』 발간에 부쳐

동양에서 『주역』은 어느 시대, 어느 왕조에서나 항상 모든 경전의 으뜸으로 여겨 왔으며, 교육에 있어서도 최고의 과정에서 가르쳤다. 그렇기 때문에 크게는 국가, 작게는 개인에 이르기까지 동양사회에서 『주역』이 차지했던 역할과 비중은 아무리 강조해도 결코 지나치지 않을 것이다.

그러나 역(易)의 오묘한 이치 때문인지 20세기에 들어와서는 서양에서 동양의 문화를 탐구하는 현상이 그 속도를 더해가고 있으니 동양의 많은 경전 중에서도 특히 『주역』은 어느덧 서구사회에 깊이 뿌리를 내려 3,000여 년의 『주역』 역사상 가장 많은 독자를 보유하게 되었다. 이러한 『주역』의 파격적인 전파는 특히 주역의 난해성을 고려한다면 실로 믿기 어려운 놀라운 현상이 아닐 수 없다.

그러면 구체적으로 『주역』이 언제, 어떠한 경로를 통해 서구에 번역, 소개되었고 연구되어 왔으며 서구사상에 어떠한 영향을 미치고 있는가를 살펴보자.

구미 각국에서는 『주역』을 *I Ching*이라 부른다. 『역경(易經)』의 중국어 음을 따라 관례화된 것이다. 서구에서 『주역』이 처음으로 소개된 것은 예수회 신부 레기스(P. Regis)에 의해 라틴어로 번역되어 독일의 시투트가르트 프라이부르그 사가 1835년에 출판한 것으로 알려져 있다. 그러나 이보다 100년 앞서 서구의 과학자들이 『주역』을 연구했다는 기록이 있다.

날 『주역』 연구자들에게는 주지의 사실이 되고 있다. 리하르트 빌헬름은 독일에서 문학과 수학을 공부한 후, 철학과 신학을 전공하고 선교사로서 중국에 건너가 중국학 연구에 몰두하여 반평생을 보냈다. 그는 『주역』의 대가인 공자의 후손으로부터 『주역』을 사사받았고 10년이란 긴 세월 동안 이 스승의 도움을 얻어 독일어로 번역하는 작업을 해냈다. 그는 번역에 완벽을 기하기 위해 중국어를 독어로 독어를 다시 중국어로 번역하는 어려운 작업을 거쳤으며, 1923년에 북경에서 번역을 완성하여 1956년에 『변화의 책, 역경』(*I Ching, Das Buch Des Wandelungen*)이란 제목으로 뒤셀도르프 - 윌른에서 출간하였다.

『주역』이 서구에 처음 소개되었을 때에는 철학, 수학 등의 엄격한 과학의 범주 내에서만 연구된 것으로 알려져 있는데, 이 기간은 라이프니쯔에서 죠셉 니드햄(Joseph Needham)까지로 볼 수 있겠다. 죠셉 니드햄은 영국의 생화학 권위자로서 1954년 『주역』을 중심으로 하는 중국의 경전들을 완벽하게 담은 『영국대백과사전』을 출간한 학자이다.

한편, 1950년대 이후 구미에서 동양 사상의 연구가 급격하게 붐을 이루면서 일반대중에게까지 그 영향이 미치게 되자 동양 사상 - 유, 불, 선, 힌두 - 의 분야에 걸친 연구가 활성화되기에 이르렀다. 그 결과 특히 『주역』은 철학, 문학, 정신분석학, 수학, 물리학 등의 분야에 크게 영향을 미치게 되었다. 헤르만 헤세의 『유리알 유희』, 옥따비오 빠스의 시론과 시의 일부가 『주역』의 사상과 체계를 따른 작품들이라는 사실은 이미 고전적인 얘기에 속한다. 또한 스위스의 대심리학자 칼 융은 리하르트 빌헬름의 독어판 『주역』에 서문을 썼다. 30년간 『주역』을 연구해 왔다고 고백하고 있는 칼 융은 정신분석학에서 말하는 잠재의식의 개발에 있어 『주역』은 중요한 고전이라는 사실을 발견하였다고 밝히고 있다. 칼 융의 『주역』에 관한 이해도가 어떠했는가를 검토함으로써 우리는 『주역』이 심리학, 특히 현대 정신분석학에서 어떠한 의미를 지니고 있으며, 또 어떠한 기여를 하였는가를 명백히 확인할 수 있다.

칼 융에 의하면 『주역』의 인류에 대한 공헌은 공자와 노자 같은 인물을 배출한 사실만으로도 충분히 입증되고 남는다고 하였다. 또한 정신분석학적인 관점에서 볼 때 『주역』의 64괘는 자아의 행동과 내성

(內性)을 깊이 성찰하도록 구성되었는바, 이는 현대 정신분석학에서 말하는 잠재의식의 개발 방법과 일치한다. 잠재의식의 개발과정에서 우리는 기이한 인간의 정신 현상을 많이 발견하게 되는데, 극단적인 합리주의자들은 이러한 현상들을 배격 내지 외면하는 경향을 보여 준다. 그러나 인간의 진면목을 인지하기 위해서는 생의 어떠한 비합리적인 면도 외면해서는 안 되며, 심리학자들이 설정해 놓은 가설 내지 이론에 역행하는 현상이라 해도 이를 거부해서는 안 된다.

경전으로서 그리고 점서(占書)로서의 『주역』도 바로 이와 같은 사실을 가르치고 있는 것이다. 즉, 『주역』은 매 순간마다 발생하는 모든 대소 사건은 물론, 전혀 무의미한 것 같은 사소한 일에도 의미를 부여한다. 64개의 각 괘는 64개의 상이한 대소 사건을 통해 64개의 상이한 조건과 상황을 유도하는바, 『주역』은 이 각 상황 하에서 취해야 할 행동 지침까지 마련하고 있다. 일반 예언서나 점서들은 미래에 일어날 사건에 관해 예언을 함으로써 그 사명을 끝마친다. 그러나 『주역』은 미래의 일을 예언하는 데 그치지 않고 한 발 더 나아가 미래에 닥쳐올 상황에 임하여 어떻게 처신해야 하는가를 교시하고 있다. 바로 이 점이 『주역』이 다른 점서들과 차별되는 점이며, 단순한 점서의 범주를 넘어 경전으로서의 가치를 갖는 소이인 것이다. 즉, 『주역』은 어떠한 상황하에서도 인간을 구제하려는 옛성현들의 깊은 인류애를 담고 있다고 하겠다.

칼 융은 서구인들에게 『주역』을 추천하면서 다음과 같이 말하고 있다. "『주역』은 대자연과 같이 사람들 스스로가 발견할 때를 기다린다. 이 경전을 믿지 않는 사람은 읽어야 할 아무런 의무가 없다. 그러나 자기 자신을 알기를 원하고 지혜를 사랑하는 모든 독자들은 꼭 읽어야 할 경전임을 강조하고 싶다."

칼 융과 같이 저명한 석학이 이처럼 『주역』을 구미인들에게 추천한 것은 오늘날 구미에서의 『주역』의 대중화와 무관하지 않다. 또 현대문학의 가장 뛰어난 선구자 중의 한 사람인 보르헤스(Jorge Luis Borges)도 스페인어판 『주역』(1975, 남미출판사)에 헌시를 씀으로써 온 스페인어권 독자들에게 『주역』을 권하고 있다. 현대의 서구인들이

『주역』에 열광하는 주된 이유 중의 하나는 현대물리학과 정신분석학 등이 발견한 새로운 이론들이 이미 3,000여 년 전에 만들어진 『주역』에 모두 담겨 있다는 놀라운 사실을 통해 해명된다. 또한 인간의 지혜를 함양하는 경서(經書)로서는 물론, 점서로서의 『주역』도 서구인들에게 마력으로 작용하였음이 사실이다.

우리 나라에서는 8.15해방 이후 동양의 경전들이 소홀히 취급되어 왔음을 부인할 수 없다. 이는 물론 서양문명의 영향력이 크게 작용한 탓이기도 하지만, 다른 한편으로는 새로운 감각을 추구하는 신세대들에게 알맞게 경전을 번역하고 해설하는 작업에 그만큼 소홀했다는 말도 된다.

이러한 문제의식을 가지고 본 동양문화연구소에서는 동양철학의 원리를 새롭게 연구하고 강의하면서 우리의 전통문화를 앙양하여 우리가 세워야 할 문화의 이상을 제시하고자 『동양문화연구논총』 6집까지 내놓은 바 있다.

이제 4.19세대로서 동양문화 부흥에 사명감을 갖고 일찍이 「주역의 리사상」과 「주역상수체계」를 발표한 바 있는 서정기 본 연구소 소장께서 30여 년에 걸친 연구 끝에 현대 민주사회의 과학적 시각으로 저술한 『새시대를 위한 주역』을 동양문화연구소 창립 20주년 기념으로 세상에 내놓게 되었다. 희망의 2000년대를 준비하는 이 새로운 주역 해설은 전문가는 물론 한글세대의 일반 독자들에게도 『주역』의 이해와 연구의 새로운 지침이 될 것으로 믿으면서 삼가 주역학의 부흥을 기대한다.

1992년 10월 16일
동양문화 연구논총 편집위원장
서울대학교 교수
문학박사 김현창(金顯暢)

역주자의 말

　『주역(周易)』은 동양철학의 시원으로 수천 년에 걸쳐 여러 성인에 의하여 완성된 책이다. 그러므로『주역』은 문자의 시조이며 학문사상의 근원이다. 그 내용은 천하의 보편적 진리를 밝히고 인간 자체의 착한 덕성을 이룩하는 길이다. 위로는 태극(太極)이 있어 하나의 원리로 만상(萬象)의 대우주를 통일하고, 아래로는 음양이 있어 신묘한 조화로 만물을 생성변화하여 무궁한 발전을 기약한다. 이에 한몸이 곧 소우주이므로 안으로 타고난 본성의 근원에 깊이 통하고, 밖으로 자연의 창조와 변화 속에 함께 들어 진리를 밝히며, 인간의 심성을 바로잡아 아름다운 세계를 건설하는 그림과 글이다.

　그 진리에는 현상만물의 원리를 두루 망라하여 인간 존재의 구조를 밝히는 인문과학도 있으며, 만물생성의 상수(象數)를 밝히는 자연과학도 있으며, 천하국가의 정치사회적 정의와 윤리를 밝히는 사회과학도 있는 까닭에 철학자나 문학자는 그 인도정신을 높이 드날리는 인간사상의 생활규범을 배우며, 정치인이나 경제인은 사리를 통달하여 능란하게 사업을 경영하는 변통(變通)의 역사발전 법칙을 터득하며, 과학자나 기술인은 물리를 연구하여 물질을 개발하고 기기(器機)를 발명하는 물상과 수학의 체계를 배우며, 미래학자나 중대한 문제를 두고 고민하는 사람은 장래의 결과를 정확히 예측하여 자기 임무를 온전히 완수하는 슬기로운 예단(豫斷)의 지혜를 배워야 할 것이다. 그리하여 크게는 천하국가를 안정시키고, 작게는 한몸을 명철하게 보전하는 길을 배울 수 있을 것이다.

주역은 성인이 후세의 인류를 걱정하여 하늘의 이치와 인간사의 전체적 범위와 구체적 내용을 체계적으로 정리하여 가장 큰 중심체와 가장 바른 위치를 밝히고, 인생행로에 있어서 완벽성을 기하는 극치점을 뚜렷이 세워서 사람마다 스스로 대아(大我)의 공덕(公德)을 자각하며, 대공(大公)의 정도(正道)를 모두 통달하여 활발하고 행복하게 사는 길을 열어 준다. 그러므로 하나의 괘(卦), 하나의 효(爻), 한마디 말씀에 인류를 널리 사랑하는 존엄한 정신이 깃들어 있는 것이다.

이 『새시대를 위한 주역』은 이러한 성인의 깊은 뜻을 밝혀서 오늘날 사람의 이성을 계발하고, 인생의 경험을 두루 배합통일하여 자연의 진리와 인간의 도를 속속들이 탐색하여 인류의 뜻을 널리 헤아리며, 천하의 사업을 다양한 시각으로 살펴 세상의 의혹을 샅샅이 풀어 주고자 하였다. 따라서 하늘과 땅을 현실의 터전으로 하였으며, 사철을 변화의 표준으로 하였으며, 해와 달을 밝음의 기준으로 하였으며, 귀신(鬼神)을 신비의 표본으로 하였으므로 부귀와 행복과 도덕을 추구하며, 편리함과 실용성과 안전을 도모하며, 문화를 창조하여 안녕한 사회를 만들고 대동태평세계(大同太平世界)를 건설하는 길이 이보다 정확한 것이 없을 것이다.

대저 『주역』을 읽으면서 성인의 지극한 본의를 깨닫지 못하고 산가지를 셈하며 동전을 굴린다면 이것은 『주역』의 큰 뜻을 알지 못한 것이다. 수(數)에는 의리(義理)가 있는 것이요, 상(象)에는 성리(性理)가 있는 것이므로, 끝없이 변역하는 가운데 자기 분수를 셈하여 직분을 다하고, 무한히 복잡한 속에 본래 모습을 찾아 성분(性分)을 밝히는 것이 역학을 연구하는 첫걸음이다.

하늘땅에 펼쳐진 괘효(卦爻)에는 하늘땅의 전체를 통일하는 수학적 체계와 음양의 만물 생성법칙의 실상이 그대로 드러나 있고, 성인이 엮은 계사(繫辭)에는 길흉성쇠(吉凶盛衰)의 공식과 진퇴존망(進退存亡)의 준칙이 뚜렷이 갖추어 있는바, 마음을 씻고 은밀한 곳을 깊숙이 더듬어 맛보면 이승과 저승을 가릴 것 없고, 삶과 죽음을 나눌 것 없이 하늘과 사람이 하나가 되고 만물과 내가 한몸이 되어 모든 일에 바른 길이 활짝 열려 있다. 그러므로 이 책을 읽는 사람은 언제, 어디서나 천하의 대법(大法)을 확립하여 자기의 떳떳한 도리를 다할 수 있을 것이다.

무릇 이와 같이 위대한 성경을 현대세계에서 옳게 아는 사람이 오래도록 없는 것을 나는 통탄하고, 앞으로 2000년대의 새로운 시대를 내다보면서 철저한 합리주의, 중용사상, 대동정신을 기초로 하고 다시 정자(程子)의 『역전(易傳)』과 주자(朱子)의 『주역본의(周易本義)』를 참고하며 나의 독창적인 상수(象數)의 체계를 간추리고, 민주적 시각으로 의리(義理)의 근원을 더듬어 한글로 번역하고 쉽고 간단한 주해를 달았으니 한글세대도 쉽게 주역을 읽을 수 있을 것이다.

이 『새시대를 위한 주역』의 특징은 기존의 독단적인 논리를 멀리 뛰어넘어 합리적이고 과학적인 시각으로 천고의 비밀을 밝혀 내서 『주역』에 대한 왜곡된 논리의 오류를 바로 잡은 데 있다. 신비주의적 관념의 유희를 지양하고 학문적 체계와 사상적 논리에 철저하여 전통적 주역학을 재정립하였다. 이러한 지표는 당연히 현대화·대중화·과학화로 귀결하였고, 따라서 기존의 『주역』의 봉건적 시각을 탈피하여 민주공화적인 시각으로 전환하였으며, 계급적 불평등 요소를 제거하고 자유롭고 평등한 본질을 되찾으며, 불가지론적인 맹목적인 믿음에서 음양의 본질적인 가치와 괘효의 구조적인 관계를 해명하여 과학적 검증으로 복귀하였다.

그러나 이러한 새로운 해석과 설명은 주역의 원문에 깊이 통함으로써 발굴된 소득이다. 그러므로 나는 이 『새시대를 위한 주역』 초고를 완성해 놓고, 즉시 주역 본래의 뜻을 취하여 이미 『민중유교사상』(1990)을 저술해서 공민민주주의, 대동공화정치, 공동분수주의를 현대유교사상으로 제시한 바 있다.

이러한 나의 일관된 노력들은 궁극적으로 유학에 정통한 학자에 의하여 유교의 진리가 발굴될 수 있다고 믿었기 때문이고, 다음으로 는 문화제국주의를 극복하는 길은 결국 우수한 연구업적이 있어야 된다고 믿었기 때문이다. 우리는 이미 제국주의의 침략의 결과 동양학의 침체를 경험했고 자본주의와 사회주의의 사상 혼란을 겪고 있다. 이러한 시대에 목마르게 찾는 것은 인생을 그르치지 않고 보람있게 사는 길이다. 『주역』은 본래 상황의 논리요 변화의 철학이기 때문에 어떠한 세상, 어떠한 시대에서도 사람으로 하여금 희망과 용기를 가지고 가치있는 인생을 경영하고, 화목한 가정을 경영하고, 문명국가를 경영하고, 태평천하를 경영하는 길을 밝혀주므로 새시대를 여는 데 밝은 길잡이가 되고도 남을 것이다.

단기 4325년 9월 15일
북악동천에서
동양문화연구소장 서정기 씀

 주역으로 들어가는 문

상경(上經)

계사상(繫辭上)

계사하(繫辭下)

설괘전(設卦傳)

서괘전(序卦傳)

잡괘전(雜卦傳)

1. 이 책은 조선조에 간행한 내각판 3경 (內閣版三經)의 주역전의대전 (周易傳義大全)을 대본으로 하였다.
2. 원문 앞에 새로 고유번호를 넣었는데 고유번호의 제일 첫머리 숫자는 주역 64괘의 배열순서를 표시하고, 가운데 숫자의 1은 문왕의 괘사요, 2는 공자의 단전이요, 3은 공자의 대상전 (大象傳)이요, 4는 주공의 효사요, 5는 공자의 소상전 (小象傳)이며, 끝숫자는 각 귀절의 순서를 표시하고 다만 가운데 숫자 4와 5에 붙은 끝숫자 1, 2, 3, 4, 5, 6은 6효의 위치에 해당하는 이름이다.
3. 현토 (懸吐)와 구두법은 정자 (程子)의 『역전 (易傳)』과 주자 (朱子)의 『본의 (本義)』를 적절히 참작하고 의리학 (義理學)으로나 상수학 (象數學)으로나 두루 통하여 막힘이 없게 하였다.
4. 원문의 한글번역은 『 』표기 안에 넣어 간명하게 직역하였으며, 성인의 말씀이므로 옛 말투를 그대로 살려 두었다.
5. 주해는 ◉표를 넣어 필자의 『새시대를 위한 주역』 주해임을 밝히고, 원칙적으로 한글로만 설명하고 고유명사나 꼭 필요한 곳에서만 괄호 안에 한자를 넣어서 읽기 쉽게 하였다.
6. 이 책을 읽는 사람은 먼저 원문을 읽어 고전의 진수를 맛보고, 다음 직역한 우리 글로 읽어서 내용을 정리한 다음, 끝으로 주해를 읽어서 사상을 파악하고 논리적으로 검증하기 바란다.
7. 각 괘 앞에 괘순번호와 괘명을 새로 넣고, 괘명을 음역함에 있어 고유명사는 고유음으로 표기하였다.
8. 원문을 존중한다는 뜻에서 원문을 먼저 넣고 번역문을 뒤로 넣었으니 한글세대는 번역문을 먼저 읽고 원문을 읽는다면 쉽게 접근할 수 있을 것이다.

주역으로 들어가는 문

하도(河圖) 용무늬그림/서정기

『새 시대를 위한 周易』을 탈고한
기념으로 하도(河圖)의 5·10은
여의주를 표상하고 1·3·7·9는 청
룡을, 2·4·6·8은 흑룡을 그려서
새 시대 경영의 무한한 추동력
을 표현했다.

1. 『주역』의 연혁과 체계

하도의 출현

『주역』의 고전이 제작된 연대는 태고로 거슬러 올라간다. 태고의 수렵시대에 복희(伏犧)라는 제왕이 어진 정치를 하였다. 그 시대에 황하에서 용마(龍馬)가 나왔다. 그 용마의 등에는 아름다운 점박이 무늬가 있었으므로 그 무늬를 자세히 관찰하니 1에서부터 10까지의 수가 점선으로 표시되어 있는데, 5와 10은 중앙에 3과 8은 좌측에, 4와 9는 우측에, 2와 7은 앞쪽에, 1과 6은 뒷쪽에 배열되어 있는 것이었다.

복희는 이 그림이 10진법의 수리임을 착안하고 이 수리체계를 바탕으로 만물의 크기와 길이와 굳기와 무게와 맛과 색깔을 비교하여 수로 셈하기 시작하였다. 복희는 여기에서 대단한 진리의 체계를 발견하고 이것을 도표로 정리하여 몇 가지 만물 존재의 원칙을 발견했다.

첫째, 우주 만물은 하나에서 나와서 하나로 돌아가는 유기적 변화의 구조라는 것이요, 둘째, 현상세계의 만물은 모두 상대적 음(陰)과 양(陽)의 관계로 존재한다는 것이며, 셋째, 현상만물의 존재와 변화는 네 가지의 원칙적 형식으로 진행한다는 것이다.

복희가 괘효를 그림

복희는 이러한 자연법칙의 수치를 기초로 하여 하나를 극점으로 해서 양을 ━━ 이렇게 표시하고 음을 ━ ━ 이렇게 표시하여 사물 존재의 본질을 기호화해서 양지의 밝은 세계과 음지의 그늘진 세계를 일단 분류했다. 따라서 ▬▬은 밝고, 움직이고, 굳고, 따뜻하고, 무겁고, 길고, 크고, 사랑함을 상징하고, ▬ ▬은 어둡고, 고요하고, 부드럽고, 나약하고, 차고, 가볍고, 짧고, 작고, 정의로움을 상징하는 부호이다. 복희는 이 부호로써 존재의 실상을 파악하고 현실문제를 지혜롭게 해결하여 발전적 변화의 모형을 찾고자 하였다.

　여기에서 복희는 사물변화의 기본적 3대조건을 확인하였는데, 그 것은 만물이 처한 공간적 입지조건과 시간적 기회조건과 자체적 능력조건이다. 이 3대조건을 만물이 존재하고 생성하고 변화하는 3대 재료라고 해서 3재(三才)라고 하였으니 곧 하늘, 땅, 사람으로 대별하는 것이다.

　그리하여 복희는 만물이 처한 양지▬▬과 음지▬ ▬을 아래에 그려놓고 그 위에 인간 자체의 능력이 있는 사람과 없는 사람을 각각 두 가지로 나누어 표시하였다. 양지에 능력 있는 것은 ▬▬으로 표시하고, 양지에 능력없는 것을 ▬▬으로 표시하고, 또 음지에 능력있는 것을 ▬▬으로 표시하며, 음지에 능력없는 것은 ▬▬으로 표시하였다.

　▬▬은 내면과 외면이 모두 순수한 양이므로 태양(太陽)이라고 하고, ▬▬은 내면은 양이요 외면은 음이므로 소음(少陰)이라고 하며, ▬▬은 내면은 음이요 외면은 양이므로 소양(少陽)이라고 하며, ▬▬은 내면과 외면이 모두 순수한 음이므로 태음(太陰)이라고 이름하였다.

　이것은 만물이 공간상에 존재하는 구조가 네 가지 모양새, 즉 사상(四象)의 역학적 관계로 형평을 유지한다는 뜻이다. 따라서 현상 만물은 본질적으로 이중적 상대성 또는 다원적 복합관계로 존재한다.

　처지가 서로 다르고, 능력이 각기 다른 태양, 소음, 소양, 태음의 네 가지 모양새〔四象〕의 생성변화는 자신의 처지와 능력 이외의 또 하나의 조건에 의하여 그 운명이 달라진다. 그것은 바로 시간적인 기회를 얻고 잃음에 따라서 운명이 갈라진다는 사실이다.

　같은 처지, 같은 능력이라도 때를 얻으면 번영발전하고 때를 잃으면 쇠퇴몰락하는 것이 만유의 정칙이다. 그래서 복희는 4상(四象)의

네 가지 모양새 위에 각각 때를 얻은 것은 ━━ 을 더 긋고, 때를
잃은 것은 ━ ━ 을 더 그어서 여덟 가지 도형을 그렸다.

그 여덟 가지 도형을 괘도로 그려서 8괘(八卦)라고 이름을 붙였으
니 바로 다음과 같은 그림이다.

이 그림에 있어서 제일 아랫금은 모두 처지를 상징하고, 가운데
금은 능력을 상징하며, 맨 위의 금은 기회를 상징한다. 복희시대에는
글자가 없었던 까닭에 이 도면만으로 사물의 현실적 조건을 분석하
고 문제점을 발견하여 사건을 해결했다. 그러므로 주역은 최초의 기
호논리학이며 부호과학이다.

8괘의 본뜻

세 금이 모두 양으로 처지가 양지로서 좋은 환경이고, 능
력이 충만하여 밝고 활달하며, 천운의 기회를 얻어 무한
히 발전할 수 있는 충분한 조건을 완벽하게 갖추었음을 나타내고 있
다. 이 세상에서 이처럼 완벽한 절대적 조건을 갖추고 있는 것은 무
엇인가? 아마도 하늘일 것이다. 그래서 이 도면을 우주창조의 원동
력을 상징하는 하늘의 건전성으로 규정하여 으뜸가는 하나로 파악
하였으니, 동양사상의 아름다운 우주관이 여기에서 연원한 것이다.

아래 두 금은 양이고 위의 한 금은 음으로 처지도 좋고
능력도 많지만 천운의 시간적 기회를 이미 잃었으니 시
간이 흐를수록 쇠퇴소멸하기 마련이다. 따라서 가장 현명한 처신은
현재의 위치를 오래 유지하여 다음의 기회가 올 때까지 참고 기다리
는 지혜가 필요하다. 이 세상에서 현재의 소유를 잘 간직하여 다음
의 기회가 올 때까지 묵묵히 기다리는 것은 무엇인가? 아마도 연못
일 것이다. 연못은 물이 줄어들면 아래로 흐름을 중지하고 비가 올
때까지 조용히 기다린다. 그래서 이 도면을 현실에 만족하고 기쁘게
다음 기회를 노리는 것을 상징하는 연못의 낙천성으로 규정하여 으
뜸을 따라가는 버금으로 파악하였으니, 동양인의 달관적 천명(天命)

사상이 여기에서 나온 것이다.

■■ 아래의 공간조건을 상징하는 금과 위의 시간조건을 상징하는 금이 모두 양이고, 가운데 인간조건을 상징하는 금은 음이다. 그러므로 처지도 좋고 천운도 얻었지만 인간의 능력이 미약한 구조이다. 따라서 가장 현명한 처신은 현재의 발판을 근거로 하여 분발노력하면 무한히 발전할 수 있는 길이 활짝 열려 있다. 이 세상에서 현재의 여건을 잘 이용하여 자기의 능력을 마음껏 발휘하는 것은 무엇인가? 그것은 아마도 불일 것이다. 불은 혼자 남으면 꺼지고 반드시 연료에 붙어 있어야 탄다. 현재의 조건을 충분히 활용하여 암흑을 밝히는 것은 광명이요 희망이다. 그래서 이 도면을 적극적이고 능동적으로 현실에 참여하여 모든 사물과 직접관계함으로써 자기의 광명을 찾는 불의 붙임성으로 규정하였으니, 동양인의 사회적 공동체사상이 여기에서 나온 것이다.

■■ 아래의 처지를 상징하는 금만 양이고 가운데의 인간조건 부호와 위의 시간조건부호가 모두 음이다. 그러므로 처지는 좋지만 인간의 능력이 부족하고 시기가 불리하여 기회가 없는 구조이다. 따라서 가장 현명한 처신은 운명을 새롭게 바꾸는 새 출발을 용기 있게 추진하는 것이다. 이 세상에서 가장 용기 있게 운명을 타개하여 새롭게 변신하는 것은 무엇인가? 그것은 아마도 지진이요 우뢰일 것이다. 땅속에 억눌려 있던 양기는 2월이 되면 얼어붙은 대지를 진동하여 깨고 나와서 따뜻한 새봄을 열고, 하늘을 뒤덮은 따뜻한 구름과 찬 구름의 밀도 높은 교착상태는 우뢰와 번개의 천둥을 침으로서 음기와 양기가 조화하여 비를 내린다. 그래서 이 도면을 대대적인 개혁이나 커다란 변혁을 통한 새롭고 희망적인 세계를 개척하는 우뢰와 지진의 역동성으로 규정하였으니, 동양인의 희망적이고 발전적인 역사적 변혁사상이 여기에서 나온 것이다.

■■ 아래의 처지를 상징하는 금은 음이고 위의 두 금은 양이니 위의 경우와 정반대의 구조이다. 즉 처지는 나쁘지만 능력도 있고 좋은 기회도 만났으니 바로 자기를 상승발전시키면서 새로운 환경을 조성해야 되는 구조이다. 이 세상에서 자기를 상승하면서 새로운 환경을 조성하는 것은 무엇인가? 그것은 아마도 바람이

요 나무일 것이다. 바람은 공중으로 올라가면서 땅을 깨끗이 쓸어버리고, 나무는 위로 자라면서 숲을 넓게 만든다. 그래서 이 도면을 순리로 향상발전하여 품격이 향상되고 신분이 상승하는 바람과 나무의 파고드는 영향력으로 규정하였으니, 동양인의 말없이 감화하는 교육적 학풍이 여기에서 나온 것이다.

아랫금의 처지나 윗금의 시운이 나쁜데 가운데 금의 인간능력만 왕성한 구조이다. 장소도 불리하고 때도 불리하지만 왕성한 힘이 있으므로 무엇인가 해 보려고 하는데 조건이 너무나 험난하여 성공하기 어려운 형편이다. 이 세상에 움직이면 어려워지는 것은 무엇인가? 그것은 아마도 물일 것이다. 물은 움직여 나아가면 아래로 흘러 내려가고, 움직여 파도치면 험난하여 위험에 빠진다. 그래서 이 도면을 자체 역량만 과신하여 무모하게 모험을 무릅쓰다가 위험에 빠져 버린 물의 함몰성으로 규정하였으니, 동양인의 신중하고 치밀한 사업적 준비성이 여기에서 나온 것이다.

아랫금의 처지와 가운데 금의 능력이 모두 미약하지만 위의 금의 천운은 아주 좋은 때를 얻었다. 이러한 구조하에서는 능동적으로 자기 발전을 도모할 힘은 없다. 그러나 가만히 있어도 천운이 돌아와서 저절로 세상이 오는 것이다. 이 세상에 가만히 있어도 저절로 새로운 좋은 철을 만나는 것은 무엇인가? 그것은 아마도 산일 것이다. 산은 가만히 그 자리에 있어도 봄이 오면 꽃이 피고, 여름이면 수목이 무성하게 된다. 그래서 이 그림을 가만히 있어도 철따라 아름답게 변화하는 산의 부동성으로 규정하였으니, 동양인의 조용하게 제자리에서 때를 따라 바뀌는 문화적 수용능력이 여기에서 나온 것이다.

세 금이 모두 음이니 처지도 그늘이고, 능력도 모자라고, 기회도 없는 구조이다. 이 세상에서 이처럼 그늘지고 무력하고 암담한 것은 무엇일까? 그것은 아마도 땅일 것이다. 땅은 가장 낮은 곳에 위치하여 독자적인 활동이 없고 영원히 변화가 없다. 그래서 이 도면은 주어진 상태에 그대로 있는 땅의 유순성으로 규정하였으니, 동양인의 타고난 성격에 충실하여 변함없이 천성에 순응하는 유순한 기질이 여기에서 나온 것이다.

복희는 이 여덟 개의 도면을 나무막대기로 엮어서 벽에다 걸어놓고 8괘(八卦)라고 하였다. 괘는 걸개라는 뜻이다. 따라서 복희 8괘는 하나의 괘에 세 개의 막대기가 엮어져 있는데 그 각각의 막대기를 효(爻)라고 하였다. 효(爻)는 변화하고, 교환하고, 전변(轉變)하고, 전도(顚倒)한다는 무한가능성을 상징한다. 복희의 8괘는 그것을 두 개씩 겹치면 6효로 된 64괘가 되기 때문에 사람으로 하여금 사유의 영역을 더욱 확대하는 데 크게 기여하였다.

우주만물은 모두 변화하는 과정에서 자기 존재의 실체를 구현한다. 여기에 만물의 변화 가능성은 무한한 것이며 끊임없이 선택을 강요하는 대외적 관계와 끊임없이 발전을 탐색하는 대내적 조건으로 인하여 무한히 변화하고, 교역하고, 변전하고, 전도하기 때문에 효(爻)라고 표현하여 사물개체의 가변성·호환성·변이성·도태성을 나타낸 것이다.

복희의 8괘에 대한 논리는 우주자연의 법칙에 철저하고, 인간 본연의 심리에 정통하고, 사회현실의 생활규범에 투철하여 조금도 어긋난 점이 없었으므로 이후 동양사회에 있어서 합리적 사유의 모범기준이 되고, 극단을 배제하지 않고 모두 수용하여 화합통일하는 중용사상을 출현시켰으며, 개체와 전체를 분리하지 않고 서로 협력하고 화해하는 대동사상(大同思想)을 창출하였던 것이다.

그리고 가장 중요한 의미는 이 8괘의 논리에 의하면 인간이 과거와 현재와 미래에 대한 연속적 변화의 법칙을 확인하게 됨으로써 확신을 가지고 세계를 경영하게 되었다는 점이다. 이것은 곧 인간이 현상세계에 있어서 자연변화뿐만 아니라 조건변화와 돌연변이까지도 알아냈기 때문에 새로운 문명시대를 개척하는 데 커다란 초석이 되었다고 할 수 있는 것이다.

낙서의 출현

고대 인류에게 있어서 신문명 개척의 대원칙이 되었던 복희 8괘는 천연적 질서를 밝히는 논리였기 때문에 그 권위는 점점 높아져서 대단한 위력을 갖게 되었다. 그런데 우 임금이 천하의 홍수를 다스려 인간의 삶터를 되찾을 때 낙수(洛水)에서 신비로운 거북이 나왔다.

　이 신비로운 거북의 등에는 아름다운 무늬가 있었는데 자세히 관찰하니 1에서 9까지의 숫자가 조리정연하게 배열되어 있었다. 가로 세로 각각 3줄씩 배열된 숫자는 맨 앞줄에 가로로 4·9·2가 있고, 가운데 줄에는 3·5·7이 있고, 맨 뒷줄에는 8·1·6이 있었다.

　이 그림을 낙서(洛書)라고 하는데 특징은 1에서 9까지만 있고 10이 없다는 것과 5를 중심으로 양수는 동서남북의 정방에 있고 음수는 모두 간방에 있다는 사실이다. 그리고 가로, 세로, 대각에 있는 3개의 수를 합하면 모두 15가 되어 수량적으로 균형이 잡혀 있다는 점이다.

　이것은 무엇을 뜻하는가? 그것은 첫째, 만물의 존재는 1에서 생성하고 9에서 변화한다는 본질적 한계를 상징한다. 따라서 10은 0이 되어 이미 차원이 다른 세계로 변전되었음을 뜻하고 있는 것이다. 그러므로 현상세계에서 만물은 완전으로 존재할 수 없고 언제나 완결은 존재의 종말이며 사망임을 암시했다.

　둘째, 낙서는 음양의 배합을 인정하면서도 공간적으로 존재할 때에는 부득이 밝고 날래고 굳센 양이 중심이 되어 정방에 위치하고, 어둡고 느리고 약한 음은 편방에 부속되어야 함을 계시했다. 하나의 집단이 자체역량을 최대한 발휘하기 위해서는 양이 앞서고 음이 뒤따라야 할 것은 당연한 귀결이다.

　셋째, 낙서는 현실적으로 하나의 구조가 완벽하게 존재하기 위해서는 수량적으로 균형을 일정하게 유지해야 된다는 점이다. 처음과 끝이 맞물리고, 위와 아래가 얽혀서 전후좌우가 서로 균형 있게 조화를 얻어야만 그 조직체가 제대로 유지되는 것임을 상징했다.

문왕의 8괘와 괘사

　이러한 낙서의 논리는 문왕(文王)에 의하여 체계화되었다. 문왕은 공동체 사회조직에 있어서 개체가 역할해야 될 분수를 밝힘에 있어서 처음과 끝, 위와 아래, 중심과 변두리, 주체와 객체 등등의 관계를 설명하려고 하였다.

그러나 문명이 크게 발달한 복합사회에 있어서 단순사회구조를 설명했던 복희 8괘로는 만족한 해답을 구하기가 어려움을 파악하고 8괘에 새로운 의미를 부여했다. 즉 8괘를 가족공동체 구성원으로 의인화하여 ☰ 은 아버지, ☷ 은 어머니로 상징하고, ☳ 은 장남이요, ☵ 은 중남이요, ☶ 은 소남이며, ☴ 은 장녀요, ☲ 는 중녀요, ☱ 는 소녀이다. 이것은 물론 낙서의 조화성을 참작한 것으로 8괘의 의미가 다양하게 된 것이다. 그리하여 문왕은 이 8괘를 거듭 배합하여 중첩시켜서 64괘를 펼쳤다. 따라서 문왕의 64괘는 여섯 금으로 된 괘도로서 64개의 각각 다른 도면이다.

이것은 자연의 진리와 인간의 생리를 분류해서 설명하는 동양사상에 있어서 굉장한 발전이다. 8괘는 세 금으로 되어 있기 때문에 3획괘(三畫卦)라고 하고, 64괘는 여섯 금으로 되어있기 때문에 6획괘(六畫卦) 또는 육효(六爻)라고 한다.

그리고 3획괘를 단순논리라고 해서 소성괘(小成卦)라고 하고, 6획괘를 대완성의 논리라고 해서 대성괘(大成卦)라고 한다. 문왕은 복희 8괘의 천연적 질서법칙을 기초로 하고 또한 낙서의 변통적 균형감각을 가미하여 8괘의 인간 당위법칙을 기초로 하여 64괘의 특징적 본색을 연구분석하고 복합사회에 있어서의 전문적 특수규범을 발명하였다.

가장 중요한 관계는 소성괘 두 개가 위오 아래로 중첩함에 있어서 아래에 있는 소성괘를 내괘(內卦)로 인식하여 내면적 자질과 능력으로 파악하여 덕성괘(德性卦)로 정하고, 위에 있는 소성괘를 외괘(外卦)로 인식하여 외면적 활동과 운명으로 파악하여 사업괘(事業卦)로 정하였다.

이로써 대성괘는 내외표리(內外表裏)의 활동과 자질 그리고 성능과 운세를 파악할 수 있을 뿐만 아니라 과거와 현재 그리고 미래의 흐름을 일목요연하게 규명해서 합리적이고 중용적인 공동체 논리를 추출할 수 있게 되었다.

문왕은 이러한 시각을 가지고 64개 괘의 이름을 지어서 그 특징적 의미를 밝히고 아울러 가장 핵심적 내용을 서술하여 한 괘의 운세를 판단하였다. 이로써 역학은 도면의 그림으로만 전해 오다가 비로소 글로 서술한 책이 되었으니 책의 이름을 주역(周易)이라고 하는 까닭도 바로 주나라 문왕이 완성했기 때문에 붙혀진 이름이다.

주역의 64괘 이름은 매우 다양하다. 하늘[乾]과 땅[坤]으로부터 시작하여 완결[旣濟]과 미완결[未濟]로 끝난다. 이렇게 문왕이 64괘를 배열하고 하나의 괘마다 각각 괘의 이름[卦名]을 붙이고 그 괘의 운동법칙을 판단한 글을 매달았으니, 이것을 괘사(卦辭)라고 하는데 한 괘의 운세를 판단한 내용이라는 뜻으로 단(彖)이라고도 하며 또는 한 괘의 전체적인 의미를 포괄한 추상적 내용이라고 해서 대상(大象)이라고도 한다.

주공의 효사

문왕의 아들인 주공(周公)은 주역의 논리를 더욱 구체적으로 해설하였다. 그 내용은 64개의 괘명과 괘사만으로는 주역의 구조적 역할을 쉽게 이해할 수 없다는 점을 간파하여 한 괘에 있어서 6효의 개체적 분수를 밝히고자 하였다.

그리하여 주공은 먼저 6효에 개별적 이름을 붙이고 전체적 구조 속에서 개체적 분수를 연구하였다. 주역은 변화의 법칙이므로 주공의 시선은 수의 개념에 주목하였다. 만물은 모두 수로 셈할 수 있고 수는 연속적 단계적으로 발전하면서 종극에는 0으로 전환하여 무의 세계로 돌아가는 철저하고도 완전하게 변화하는 의미를 담을 수 있다.

특히 낙서에서 양수는 1에서 시작하여 9에서 변화하고, 음수는 2에서 생장하여 8에서 종결한다. 그러나 1, 2, 3, 4, 5는 생수(生數)로서 천연적 질서만을 나타내 주는 것이요, 실질적으로 운동량을 나타내는 수는 6, 7, 8, 9의 성수(成數)이다. 여기에서 7과 9는 양수의 운동력을 나타내고, 6과 8은 음수의 운동력을 표시한다. 주공은 효의 이름을 정함에 있어서 양효는 9로 표시하고 음효는 6으로 표시하였다. 왜냐하면 양은 클수록 힘이 강성하여 변화능력이 많고, 음은 적을수록 힘이 강고하여 변화능력이 많기 때문이다.

그리고 주공은 효의 이름을 지음에 있어서 6효의 시간적·공간적 위치를 밝혀서 각각의 효의 이름을 명확하게 구별하고자 하였다. 6효의 시간적 위치는 맨 아래에 있는 효가 초창기이고 점점 위로 발전하여 맨 위에 있는 효가 종말기에 해당한다. 그리고 6효의 공간적 위치는 맨 아래에 있는 효가 최하위급이고 점점 위로 승진하여 맨 위에 효가 최상위급이다.

주공은 6효의 위치에 대한 이름을 지음에 있어서 아래에서부터 초효, 2효, 3효, 4효, 5효, 상효라고 정하고 초효가 양이면 초9라고 하고 2효가 음이면 62라는 식으로 불렀다. 초효나 상효는 자체역량보다도 처지와 운명의 영향력이 더욱 크므로 9나 6보다 초와 상을 앞에 놓아 초9·상6과 같은 방식으로 부르고, 2효에서 5효까지는 위치보다도 자체역량이 더욱 우세한 힘을 발휘하므로 9나 6을 앞에 놓아서 62, 93, 64, 95라는 방식으로 불렀다.

이렇게 64괘 384효의 이름을 붙인 다음에 주공은 매효마다 시간적 기회의 얻고 잃음을 살피고, 공간적 입지의 유리함과 불리함을 보고, 내괘와 외괘에 있어서 호응도를 분석하고 끝으로 주변의 정세를 관찰하여 각 효의 활동규범을 제시하였다.

그리하여 주공이 해설한 내용을 효사(爻辭)라고 하는데 6효의 구체적인 본질을 표상했다는 뜻으로 소상(小象)이라고 한다. 따라서 효사의 판단자료는 첫째로 괘명을 기초로 해서 초효(初爻)에는 시작의 의미를 담고, 2효에는 주변부의 자체역량 성숙기를 나타내고, 3효에는 지역지도자의 위치를 표시하고, 4효에는 중앙책임자의 위치를 표시하고, 5효에는 최고 중심이 되어 지도력을 발휘하는 절호의 기회를 얻었음을 상징하고, 상효에는 종결의 의미를 담았다.

따라서 2효와 5효를 중효(中爻)라고 하는데 이것은 시기적으로 적중했다는 뜻이다. 변화에 있어서 때를 얻는다는 것은 대단한 행운이다. 따라서 초효와 4효는 때가 아직 오지 않았고, 3효와 상효는 때가 이미 지나갔으므로 모두 부중(不中)이라고 하여 중도(中道)를 잃었음을 뜻한다. 그러므로 주역에 있어서 중도(中道)사상은 대단히 중대한 의미를 가진다. 다음으로는 초효, 3효, 5효는 양수이름이므로 양효가 위치하고, 2효, 4효, 상효는 음수이름이므로 음효가 위치하는 것을 정위(正位)라고 한다. 이름과 실질이 부합하고, 체격과 분수가 어울리면 이것은 명분을 바로한 정명인즉, 일단 자체 역할은 충분히 수행한 것이므로 존중한다. 그러나 이름과 실제의 위치가 불일치하면 부정위(不正位) 또는 부정(不正)이라고 하여 역할 수행능력이 없음을 뜻한다.

중도사상과 정명(正名)사상 다음으로 중요시한 점이 화합정신이다. 6효는 각각 상하관계에 있어서 상대가 있는데 초효와 4효, 2효와 5효, 3효와 상효는 같은 계통의 동질성을 가지고 있는 특수관계이다. 이것이 서로 음과 양으로 만나서 화합하여 협조적이면 정응(正應)이라고 하고, 이것이 양과 양, 음과 음으로 만나서 대립모순관계에 있으면 불응(不應)이라고 한다.

끝으로 효에 있어서 참고하는 것이 이웃과의 공동체 의식이다. 하나의 효에 있어서 바로 위에 있는 효와 바로 아래에 있는 효가 서로 음양으로 만나면 밀접한 관계가 되고, 양과 양, 음과 음으로 만나면 서로 경쟁하고 증오하는 배척관계로 대립한다. 위아래로 친밀한 사이를 친비(親比)라고 하고, 대립하는 사이를 불비(不比)라고 한다.

주공이 판단한 효의 논리는 이와같이 시간적 중도사상과 공간적 정명사상 그리고 내외적인 통일정신 및 지역적인 공동체윤리를 기초로 하여 과학적으로 판단하였기 때문에 대단히 정밀하고 현실적인 논리체계를 가진다.

그러나 문왕의 64괘에 대한 괘명과 단(彖), 그리고 주공의 384효에 대한 효명(爻名)과 상(象)은 천하만사를 모두 해결하려는 뜻을 담았기 때문에 부득이 고도의 추상적 논리로 전개하지 않을 수 없었다. 그리하여 천고의 신비로운 문장으로 떠올라서 일반학자들이 이해하기 어려웠다.

공자의 10익

공자는 이러한 주역의 난해성을 해결하기 위하여 평생 주역을 연구하였는데 만년에는 그 무궁한 내용에 감동하여 더욱 열심히 읽었다. 그리고 제자들에게 주역을 배우라고 적극 권장하였으니, "나에게 몇 년 더불어 있으면서 50세에 주역을 배울지라도 인생에 큰 과실은 없을 것이다."라고 주역의 합리성과 사회성을 강조하였다.

춘추시대에 있어서 주역은 지극히 제한된 일부 학자들의 전유물이었고, 그들의 연구방향도 국가의 중대사를 결정할 때 길흉을 점치는 점서(占書)로 이용한 데 불과하였다. 공자는 이러한 경향에서 힘차게 탈출하여 복희와 문왕과 주공이 주역을 지은 본래의 뜻을 찾고자 하였다.

복희가 8괘를 그린 뜻은 문명세계를 개벽하는 것이었고, 문왕이 64괘를 펼친 뜻은 도덕국가를 건설하는 것이었고, 주공이 384효를 셈한 뜻은 아름다운 인격을 함양하는 것이었다. 그렇다면 주역은 소수의 전유물이어서는 안 되고 점이나 치는 책으로 한정되어서도 안 된다.

그리하여 공자는 주역을 널리 가르쳐서 대중화를 꾀하고 주역의 논리를 자연과학, 인문과학, 사회과학 등 제반 학설의 연원으로 해설하여 각종 학문의 시원으로 삼았다.

이러한 취지로 공자가 해설한 주역에 관한 내용은 10가지나 되는데, 이것을 10익(十翼)이라고 한다. 익(翼)이란 조리 있게 펼쳐서 해설했다는 뜻이다. 따라서 경(經)을 설명하여 기록한다는 전(傳)의 높임말이다.

공자는 주역의 분량이 너무 많아서 다루기가 용이하지 못하므로 두 권으로 나누어 간편하게 만들었다. 상경(上經)은 건·곤으로부터 시작하여 감(坎)·리(離)까지로 하였으니 모두 30괘이며, 하경(下經)은 함(咸)·항(恒)으로부터 시작하여 기제(旣濟)·미제(未濟)로 끝나니 모두 34괘이다.

공자는 먼저 문왕이 지은 괘사와 주공이 지은 효사를 차례로 빠짐없이 그리고 자상하게 해설하였다. 공자가 주역을 해설한 사상적 준칙은 인(仁)으로 규정되는 인간성과 의(義)로 의식되는 사회성과 예(禮)로 정리되는 자연성과 지(智)로 분석되는 과학성이었다. 이것은 결국 인간사회의 도덕률과 자연과학의 문명성을 결합하는 것이고, 인간완성, 사회정의, 인류문화, 과학문명 등의 이상을 추구한 것이다. 이러한 공자의 시각은 주역의 본래의 내용과 완전히 일치하였기에

물이 흐르듯 자연스럽게 해석되었다.

이렇게 공자가 해설하여 기록한 내용은 특별히 전(傳)자를 붙혀서 문왕의 괘사인 단(彖)이나 주공의 효사인 상(象)과 구별하여 단전(彖傳), 상전(象傳)이라고 표시하였다. 그러므로 단전상(彖傳上)은 주역 상경(上經)의 30괘에 대한 단사(彖辭)를 공자가 해설한 것이고, 단전하(彖傳下)도 주역 하경 34괘에 대한 문왕의 단사를 공자가 해설한 것이다. 이것은 물론 한 괘에 대한 총체적인 내용을 통론한 해설문이다. 그리고 상전상(象傳上)은 주역 상경 30괘에 대한 괘상(卦象)과 30괘의 180효에 대한 주공의 효사를 공자가 해설하여 기록한 것이다. 또 상전하(象傳下)는 주역 하경 34괘에 대한 괘상과 34괘의 204효에 대한 주공의 효사를 공자가 해설하여 기록한 것이다. 여기에서 주역상하경 64괘에 대한 괘체(卦體)에 따라 나타나는 괘상(卦象)에 기초하여 인간 행동의 표본을 추출한 괘상전(卦象傳)을 큰 뜻이라는 의미로 대상전(大象傳)이라고 하고 384효에 대한 구체적인 해설을 소상전(小象傳)이라고 한다.

공자는 64괘의 단전(彖傳)과 64괘의 대상전(大象傳) 그리고 384효의 소상전(小象傳)을 완성하였으나 아직 만족할 수 없었다. 왜냐하면 주역의 진리는 하늘땅의 진리를 망라하고, 인생의 활동범위는 매우 다양하기 때문에 일례로만 해석할 수 없는 까닭이었다. 그리하여 주역의 첫머리를 펼쳐 놓고 건괘와 곤괘를 반복하여 다시 설명하기 시작하였다. 이렇게 다시 설명한 부분을 공자는 문리를 밝힌다는 뜻으로 문언(文言)이라고 하였다. 문언전(文言傳)은 건괘와 곤괘에만 있으므로 건문언전(乾文言傳), 곤문언전(坤文言傳)이라고 부른다.

건문언전은 대단히 의미심장한 글이다. 공자는 건괘 문언전에서 무려 4번에 걸쳐서 반복하여 해설하였는데 그 내용은 하늘의 법칙은 곧 인간의 법칙임을 밝힌 것이다. 건괘의 괘사에서 천도의 변화는 원형리정(元亨利貞)이라는 법칙성이 있다고 하였다. 하늘이 변화하는 법칙은 시작하는 초창기[元]과 성장하는 발전기[亨]와 결실을 맺는 변화기[利]와 종결하여 정리하는 완성기[貞]가 있어서 끊임없이 변화발전의 길을 연다. 공자는 이러한 천도자연의 발전법칙을 인간

성장의 논리에 대입하여 모름지기 인간성을 발휘하여 사랑[仁]으로 시작하고, 예절로써 성장하고, 정의로써 변화하고, 지혜로써 완성해야 된다고 역설하였다. 특히 하늘의 법칙성은 발전적인 체계를 가지고 있으므로 희망적이며, 인간의 능력도 개발하기에 따라서는 대단히 훌륭한 경지에 도달할 수 있는 까닭에 마침내 강건한 용기와 중정(中正)한 사랑과 순수한 지혜로 완성한 인격은 하늘과 같은 공덕을 이룩할 수 있다고 설파하였다.

곤괘의 문언전에서는 한 번밖에 설명하지 않았다. 그러나 공자는 땅의 부드러운 성질과 민감한 반응 그리고 정지한 현재 위치에서 모든 것을 수용하는 무한한 포용력 등은 인간이 본받아야 할 미덕으로 찬미했다.

문언전은 건괘와 곤괘에만 있지만 공자는 여기에서 주역을 해석하는 기본법칙을 모두 서술하였으므로 나머지 62괘에 대해서도 건곤의 문언전의 논리를 응용하면 추리가 가능하다.

공자는 문언전을 완성하고도 만족할 수 없었다. 그리하여 주역의 전편을 종합적으로 논구하여 몇 가지 사상체계를 세워야만 주역의 진리를 뚜렷하게 나타낼 수 있다고 생각했다. 그래서 공자는 계사전(繫辭傳)을 썼다. 계사는 첨가한 말이라는 뜻이다. 그래서 문왕의 괘사와 주공의 효사를 계사라고 하였는데 공자는 계사전을 쓴 것이다. 계사전에서 지극히 존엄하고 성실하고 밝고 신비로운 우주론을 전개하였고, 또한 인자하고 정의롭고 분명하고 지혜로운 인생론을 정립하였고, 물질과 정신이 모였다가 흩어지는 합리적이고 현실적인 생사론을 전개하였고, 만물은 수(數)로 변하고 그 변수는 무한하다는 발전적 역사관을 제시하였고, 도덕정치에 의한 태평시대 건설론, 과학문명에 의한 천하문명 개척론, 공동선에 의한 복지사회 완성론 등을 핵심적으로 변증했다.

공자는 계사전을 완성하고 보니 그 분량이 너무나 많아서 두 부분으로 나누었다. 앞부분인 계사전 상편은 총체적인 역학의 내용을 서술하고 뒤에 부분인 계사전 하편은 각론적인 실례를 많이 기술하였다. 이로써 주역의 진리는 누구나 연구할 수 있는 넓은 문이 열리게 되었다. 공자는 제자들이 주역을 연구하는 데 참고할 만한 의미가

36 『주역』으로 들어가는 문

있는 것을 정리하여 다시 설괘전(說卦傳), 서괘전(序卦傳), 잡괘전
(雜卦傳)을 엮었다.

설괘전은 옛날부터 전해오던 점치는 방법과 성인이 주역을 지은
목적 및 복희 8괘와 문왕 8괘의 배열순서를 밝히고 괘의 위치, 괘의
성질, 괘의 형상 등을 설명한 내용이다. 여기에서 가장 의미심장한
내용은 하늘땅의 기운이 동북방에서 처음 발동하여 우주에 퍼진다
는 사실이다. 그것은 동방문화의 역동적인 창조성을 담보한 내용이
다.

서괘전은 주역에 있어서 64괘의 배열순서를 변증한 내용이다. 주
역의 변증법은 대단히 다양하다. 즉 단선적인 하나의 원칙으로 변화
발전하는 논리가 아니라 다원적인 복합적 체계에 의한 변화발전의
논리이다. 그리하여 주역의 변증법은 모순체계도 있고, 교환체계도
있고, 상생체계도 있고, 중용체계도 있어서 그 배열체계를 설명하기
가 매우 까다롭다. 공자는 그것을 일단 상대적인 현상논리로 정리하
면서 또한 사물발전의 상황적 전개과정으로 변증하였다. 주역의 변
증법은 자연의 변화와 인간의 성장 그리고 사회의 진보하는 과정을
총체적으로 투영했기 때문에 애당초 하나의 논리에 집착하면 오히
려 풀리지 않음을 경계했다.

잡괘전은 주역 64괘의 괘체가 매우 아름다운 문채를 가지고 있는
것을 표출한 내용이다. 주역의 64괘는 서로 각각 다르면서도 또한
서로 비슷한 짝도 있고, 서로 반대로 생긴 것도 있고, 서로 모순된
것도 있고, 서로 뒤바뀐 형상도 있어서 자세히 관찰하면 전체적으로
아름다운 하나의 화음이 이루어진다는 것이다. 외형적인 모양새만
그러한 것이 아니고 내면적인 성질도 각각 달라서 서로의 만남이 서
로 도울 수 있는 공존의 틀 안에 있다는 사실을 간략하게 서술하였
다.

하늘이 무슨 말을 하는가?

이로써 인류가 가야 할 길이 명백히 밝혀졌다. 시간과 공간을 초
월하여 영원히 변하지 않는 절대적 진리는 바로 인간은 언제나 인간

답게 살아야 한다는 것이다. 사람답게 사는 길이 이미 역경(易經)에 모두 갖추어 있으니 성인은 인간의 행복을 주역으로 담보했고, 인류의 발전을 주역으로 보장하였다. 그리하여 후세의 학자는 성인이 완성한 역경의 무한한 내용 속에 이 세상에 존재한 모든 논리를 빠짐없이 탐구하였고, 또한 앞으로 출현할 가능성이 있는 사상까지도 모두 탐색하여 검증함으로써 주역은 영원히 빛나는 학문과 사상의 원천임을 믿어 의심치 않았다.

역경을 완성한 공자는 제자들에게 매우 놀라운 말을 하였다. "나는 말이 없고자 하노라." 이에 놀란 제자 자공이 말하기를 "선생님이 만약 말씀을 아니하신다면 저희 제자들은 어떻게 배우겠습니까?"라고 물었다. 그러나 공자는 태연히 다음과 같이 자공의 질문에 대답하였다. "하늘이 무슨 말을 하는가? 그래도 봄 여름 가을 겨울은 돌아가고 온갖 사물들이 생겨나나니, 하늘이 무슨 말을 하는가?"

하늘은 말이 없어도 자연의 현상은 뚜렷이 나타난다. 그렇다면 주역은 이미 이 세상의 모든 진리를 뚜렷이 밝혀 주고 있다는 뜻이 아닌가? 이것은 공자의 전 사상이 주역의 진리로 완결되었음을 웅변한 것이다.

후세의 주역연구

춘추전국시대를 거치면서 제자백가의 출현으로 사상분열이 극도로 심화되면서 유교도 맹자의 성선설과 순자의 성악설로 나뉘어지게 되었을 뿐만 아니라 6국을 통일한 진나라가 유교를 탄압하여 분서갱유(焚書坑儒)의 변을 당하여 공자의 사상은 크게 위축되었다. 그러나 다행이 주역책만은 유일하게 점서(占書)로 한정하여 남겨 두었으므로 무사히 후세에 전하게 되었던 것이다.

한(漢)나라에 이르러 다시 경전을 찾아 복원하려는 작업에 의하여 훈고학(訓詁學)이 일어나자 주역에 대한 다양한 해석이 시도되었다. 그러나 이 시대에 있어서 그 학풍이 대체로 신비주의적인 운명론으로 기울었기 때문에 주역도 그러한 음양가(陰陽家)의 논리에 영합했다. 그리하여 일체의 천재지변과 길흉화복을 음양 5행의 운수로 돌리는 참위(讖緯)사상이 일어났는데, 참위는 경학의 신비주의적 내용을 크게 확대 해석한 일종의 신학(神學)과 같은 것이다.

한나라 시대에 가장 유명한 주역 해설가로서는 서한(西漢)의 경방(京房 : 기원전77－37)과 동한(東漢)의 정현(鄭玄 : 서기 127－200)이 있다. 경방은 음양5행의 구조에 의한 괘변설(卦變說)을 제시하고, 모든 괘상에는 천시의 기후변화와 인사의 작용에 의한 길흉과 득실이 결정되어 있다는 상수(象數)로 역학을 해석한 것이 특징이다. 이 책을 경씨역전(京氏易傳)이라고 하며, 크게 유행하였다. 정현이 지은 주역주해서는 역위(易緯)라고 하는데, 정현은 여러 경전에 정통하였기 때문에 비교적 유교경전 내용에 순수하게 접근하였으므로 많은 학자들에게 읽혔다.

이 시대에 또하나의 유행하던 책은 작자미상의 주역건착도(周易乾鑿度)이다. 이 책에서는 8괘의 생성논리와 64괘의 배열순서 등을 해설한 것이 특징이다.

위진현학시대(魏晋玄學時代)에 이르러서도 주역에 대한 연구는 계속되었는데 위나라의 왕필(王弼)(서기226－249)은 한나라의 비직(費直)이 공자가 지은 단전과 상전을 각 괘의 아래에 배분한 전례에 기초하여 건괘만 제외하고 63괘의 단전과 대상전을 괘사의 다음에 다 놓고, 소상전은 각효사의 다음에다 배속하여 주역책의 체제를 연구하기 쉽게 바꾸었다. 그리고는 왕필은 주역주를 달았는데 참위적인 요소나 상수적인 요소를 배제하고 노장사상의 허무 자연주의적인 의리로 해설한 것이었다. 그러나 이로 인하여 주역에 대한 의리적 해석의 길이 열렸으니 경방이 상수역학의 개조라면 왕필은 의리역학의 개조라고 할 것이다.

이 시기에 자하역전(子夏易傳)이라는 책도 출현하였으나 곧 위조임이 밝혀져서 유행하지 못했다. 그리고 진(晋)나라 한강백(韓康伯)은 왕필의 주역주를 보충하였는데 왕필이 주를 달지 못했던 설괘전, 잡괘전까지 모두 주해하였다.

당(唐)나라 시대에는 국가통치사상의 통일을 기하기 위하여 국가에서 경전을 편집하여 보급하였는데, 왕명으로 편집책임을 맡은 공영달(孔穎達)은 국가목적에 부응하기 위하여 북방에서 유행한 정현의 주역주를 버리고 남방에서 유행한 왕필의 주역주를 채택하여 소(疏)를 지었으니 이름하여 주역정의(周易正義)이다. 이것은 왕도정치이념에 접근한 정현의 유교사상을 외면하고 노장사상의 무위자연주의적인 현학을 채택함으로써 사상계를 권력의 시녀로 전락시키기 위한 술책이 숨어 있었다. 송(宋)나라에 이르러서는 이러한 권력의 노예로 전락한 역학계에 커다란 반동이 일어났다.

북송의 주렴계(周濂溪：1017~1073)는 역통서(易通書)를 지어 무극(無極)과 태극(太極)을 배합하고 음양 5행의 관계 구조를 밝혀 만물생성의 실체를 규명하여 주역체계의 본체적 논리를 정립하여 유교의 과학적 우주론을 정립하였다. 또한 정자(程子：1033~1107)는 역전(易傳)을 지어 유교사상에 기초한 왕도정치이념으로 주역의 의리사상을 완전히 규명하였으며, 소옹(邵雍：1011~1077)은 황극경세(皇極經世)를 지어 음양과 4상(四象)으로 천지만물의 존재구조를 설명하였다. 이로써 의리역학은 정자가 완성하고 상수역학은 소강절이 완성하여 주역 연구의 획기적인 계기를 열게 된 것이다. 그리고 장횡거(張橫渠：서기 1020~1077)는 정몽(正蒙)을 지어 우주만물의 생성근원은 태허(太虛)의 기임을 제시하여 송대 성리학의 이기론(理氣論) 정립에 커다란 공헌을 했다. 이 시기에 있어서 사마광(司馬光)의 역설과 소동파(蘇東坡)의 역전이 있었지만, 사망광의 역설은 중용사상에 기초하였으나 너무 간략하였고, 소동파의 역전은 아직 도가사상의 자연주의를 벗어나지 못한 것으로 뒤에 주자로부터 맹공을 당했다.

남송의 주자(朱子：서기1130~1200)는 주역본의(周易本義)를 지어서 정자의 의리역학과 소강절의 상수역학을 종합하였을 뿐만 아니라 실용주의에 기초하여 점서(占書)적 요소도 가미함으로써 주역이 명실상부하게 사상의 원천이요 문자의 시조로서의 위치를 다시 확고하게 점유하게 하였다. 이로써 순수유교적으로 해설한 주역사상으로 성리학을 완성하여 근대사상계를 주도하였다.

여조겸(呂祖謙：서기 1137~1181)은 정자의 역전과 주자의 본의를 합편본으로 만들면서 스스로 고역음훈(古易音訓)을 달아 주역전의음훈(周易傳義音訓)을 엮으니 학자들의 애용서가 되었고, 명(明)나라 래지덕(來知德)은 서기 1598년에 중효괘(中爻卦)의 논리를 발

명하여 역주(易註)를 지었다. 이상의 여러 책들이 이후 청나라에 이
르기까지 주역 연구에 있어서 중심적 위치를 차지하게 되었다.

우리나라에도 주역이 매우 일찍이 전래하여 이미 삼국시대에는
대학에서 주역을 강의했다는 기록이 있고 5경박사를 두었다고 하였
다. 그리하여 김부식(金富軾), 정지상(鄭知常), 우탁(禹卓)과 같은
고려시대의 주역학자가 있었다. 그러나 그들의 논문은 찾아보기 어
렵다. 조선왕조시대에는 많은 주역학 논문이 나왔는데 대체로 주역
입문서에 관한 것이지만 대략 기록하면 다음과 같다.

권근(權近)의 주역천견록(周易淺見錄), 세조의 명에 의하여 엮은
역학계몽요해(易學啓蒙要解), 이퇴계(李退溪)의 계몽전의(啓蒙傳
疑), 정조(正祖)의 주역강의, 김방한(金邦翰)의 주역집해, 정약용(丁
若鏞)의 주역4전(周易四箋) 등이 있다. 이 이외에도 많이 있지만 입
문서적이고 요점적인 것이라고 하겠다.

현대의 주역연구와 전망

오늘날은 동서 문화교류의 영향으로 주역도 모든 나라에 전파되
어 범세계적인 학문으로 발전했다. 그러한 과정에서 주역은 인류사
회에 많은 기여를 하였는데 특히 자연과학의 발달에 새로운 바람을
일으키고 2진법에 의한 컴퓨터 개발에 일정 정도 기여했다. 그리고
각 분야에서 여러 가지 새로운 학문이 출현하는 동기를 부여했다.

그러나 아쉽게도 오늘날 동서양 학자에 의하여 연구된 많은 업적
에도 불구하고 아직까지 고전적 가치를 음미하는 피상적 범주를 벗
어나지 못하고 있는 실정이다. 주역은 천하국가를 경영하는 규범을
제시하는 책이다. 그리하여 역사적으로 주역을 읽지 않고는 재상이
나 장군이 될 수 없다고 하였다. 수천 년에 걸친 인류역사 창조의
원동력이 되었던 주역은 이제 본격적인 연구를 통해서 현대문명 창
조의 추동력으로 되살리고 사상계의 중심적 위치를 다시 찾아야 한
다. 그래야만 오늘날의 사상계에 갈등을 해소하고 가치관의 혼란을
바로잡아서 밝은 미래를 약속할 수 있을 것이다. 주역은 선사시대로
부터 오늘에 이르기까지 인류의 지혜로 경험한 진리를 모두 꿰뚫어

모았으므로 인류의 앞길에 가장 믿음직한 스승이 되기에 충분하기 때문이다.

2. 『주역』에서 자주 쓰이는 용어풀이

『주역』은 우주만상의 본질적 구조와 변화의 틀을 체계적으로 정리한 논리인 까닭에 상징성이 강하고 의미가 복잡다양하다. 그리하여 같은 말이라도 뜻이 다르고, 간단한 용어에도 의미가 무한하다. 이 책은 그러한 용어들을 엄격한 기준에 의하여 분별하였으므로 정독하면 자연히 알게 되겠지만 초학자를 위하여 여기서 다시 정리하여 둔다.

획(畫) : 문자가 없을 때에 ━━, ━ ━ 등의 상징적 도표를 그었다는 금의 뜻으로 획이라고 한다. 그리하여 괘를 그었다고 해서 획괘(畫卦)라고 한다.

괘(卦) : 문자가 없었을 때에 인류의 경험과 지혜로 터득한 사상을 도면으로 그린 것을 괘도라는 뜻으로 괘라고 한다. 그리하여 3획괘(三畫卦)를 소성괘(小成卦)라고 하고 6획괘(六畫卦)를 대성괘(大成卦)라고 한다.

효(爻) : 괘를 구성하고 있는 하나의 획은 전체적 구조 속에서 서로 직접관계하는 공동체의 운명을 가지고 있다는 뜻으로 효라고 이름하였다. 그리하여 초효(初爻), 2효, 3효, 4효, 5효, 상효(上爻)라고 불러서 그 시간적 공간적 위치변동을 확인한다.

음·양(陰陽) : 주역에서는 현상만물 구조의 2원성을 확인하고 또한 상대적 변화의 법칙을 발견하였다. 그리하여 활동적이고, 강건하고, 밝고, 사랑을 베푸는 원동력을 양(陽)이라고 표현하고 정태적이고, 유순하고, 어둡고, 정의를 지키는 원동력을 음(陰)이라고 표시하였다. 따라서 양은 주동적 통일성이요, 음은 피동적 차별성이다. 주역에 있어서 양효(陽爻)와 음효(陰爻)는 이러한 성질, 능력을 나타내는 부호이다.

태양·태음(太陽·太陰) : 양이 강성한 것을 태양이라고 하고, 음이 강성한 것을 태음이라고 한다. 만물은 극성하면 늙어서 변하므로 변화의 시기가 되었다는 뜻으로 태양을 노양(老陽)이라고도 하며, 태음을 노음(老陰)이라고도 한다.

소양·소음(少陽·少陰) : 양기가 아직 발달하지 않은 것을 소양이라고 하고, 음기가 처음 생기는 것을 소음이라고 한다.

순양·순음(純陽·純陰) : 한 괘에 있어서 모두 양효이면 순양이라고 하고, 모두 음효이면 순수한 음이란 뜻으로 순음이라고 한다.

중효(中爻) : 한 괘에 있어서 가운데 효를 정통성을 확립하여 시간적으로 때를 얻었다는 뜻으로 중효라고 한다. 대성괘에서는 2효와 5효가 중효이며 나머지는 정통성이 없는 부중효(不中爻)이다.

득중(得中)·부중(不中) : 6효에서 2효와 5효를 때를 얻은 활동기라는 뜻으로 득중이라고 하고, 초효, 3효, 4효, 상효를 때를 얻지 못했다는 뜻으로 부중이라고 한다.

정위(正位) : 6효에 있어서 1, 3, 5의 양수의 자리에는 양효가 위치하고 2, 4, 6의 음수의 자리에는 음효가 위치하여 이름과 실질이 부합하면 주체성을 확립했다는 뜻으로 정위라고 하고, 반대로 양수의 자리에 음효가 위치하고 음수의 자리에 양효가 위치하면 주체성을 상실했다는 뜻으로 부정위(不正位)라고 한다. 대체로 음양은 자질과 역량을 나타내고, 자리는 직책과 기능을 뜻한다.

정응(正應) : 6효에 있어서 처지를 상징하는 초효와 4효, 인간의 능력을 상징하는 2효와 5효, 그리고 하늘의 운수를 상징하는 3효와 상효가 각각 음양의 상생관계로 만나면 정응이라고 하여 협력관계를 뜻하고, 음과 음, 양과 양의 상극관계로 만나면 불응(不應)이라고 하여 적대적 모순관계를 뜻한다.

친비(親比) : 6효에 있어서 바로 위와 바로 아래의 효가 음양의 상생관계로 만나면 정비(正比)라고 하여 친근함을 뜻하고, 양과 양, 음과 음이 만나면 불비(不比)라고 하여 소원한 관계를 뜻한다. 특히 바로 아래 효가 양이면 승강(乘剛)이라고 하며, 바로 위에 효가 양이면 승강(承剛)이라고 하여 영향력이 대단함을 밝혔다.

부정부중(不正不中) : 초효가 음이거나, 3효가 음이거나, 4효가 양이거나, 상효가 양이면 부중부정이므로 때도 모르고, 자리도 바르게 위치하지 못하여 제대로의 역할과 기능을 발휘하지 못함을 뜻한다.

불응불비(不應不比) : 하나의 효가 정응정비(正應正比)하지 못하고 불응불비하는 관계에 있으면 적대적 모순관계에 있거나 상대적 경쟁관계에 놓여서 고립무원의 처지임을 뜻한다.

괘주(卦主) : 하나의 괘에 있어서 중심이 되는 효를 괘주라고 하는데 대체로 64괘에서는 가장 영향력이 큰 5효가 괘주가 되지만 특별히 한 괘의 운명을 결정하는 주동적인 역할을 하는 효가 있으면 그 희귀한 면을 강조하여 괘주로 본다.

상괘·하괘(上卦·下卦) : 3획으로 된 8괘를 겹쳐서 6효로 된 64괘는 모두 위에 있는 3획괘를 위에서 밖으로 사업을 경영하여 공을 세우는 역할을 한다는 뜻으로, 상괘, 외괘, 사업괘, 고귀매, 현현괘(顯現卦), 왕거괘(往去卦), 승괘(承卦)라고 부르고, 아래에 있는 3획괘를 아래에서 내부적으로 실력을 길러서 힘을 축적하는 기능을 한다는 뜻으로 하괘, 내괘, 덕성괘, 비천괘(卑賤卦), 잠복괘(潛伏卦), 래복괘(來復卦), 승괘(乘卦)라고 부른다.

괘체(卦體) : 소성괘의 3획이나 대성괘의 6획 그 자체를 괘의 본체라는 뜻으로 괘체라고 한다.

괘명(卦名) : 괘의 고유한 이름이다. 8괘와 64괘에는 고유한 이름이 있다.

괘상(卦象) : 괘의 상징적 의미이다. 8괘와 64괘에는 특징과 인상에 따라서 각각 독특한 상이 있어서 괘의 성질과 작용과 변화의 특수개념을 규정한다.

괘덕(卦德) : 괘에는 각각 활동의 법칙과 작용의 범위가 있는데 각자의 성능을 규정하여 괘덕이라고 한다.

단괘(單卦)·중괘(重卦) : 3획괘를 단순한 독립괘란 뜻으로 단괘라고 부르고, 3획괘를 겹친 6획괘를 중복했다는 뜻으로 중괘라고 부른다.

본괘·지괘(本卦·之卦) : 점을 쳐서 6효를 얻은 원괘(原卦)는 기본이라는 뜻으로 본괘(本卦) 또는 우괘(偶卦)라고 하고, 본괘의 노양을 소음으로 그리고, 노음을 소양으로 그어서 얻은 변괘(變卦)를 앞으로 그렇게 바뀌어 간다는 뜻으로 지괘(之卦)라고 한다.

각 괘효의 고유이름과 위상 : 각괘에 있어서 모든 효(爻)는 고유한 이름이 있다. 가장 아래에 있는 양효는 초9, 음효는 초6, 아래에서 두번째 위치에 있는 양효는 92, 음효는 62이며, 아래에서 세번째 위치에 있는 양효는 93, 음효는 63이며, 그 다음 네번째 위치에 있는 양효는 94, 음효는 64이며, 그 다음 다섯번째 위치에 있는 양효는 95, 음효는 65이며, 맨위에 있는 양효는 상9, 음효는 상6이다. 그림으로 표시하면 다음과 같다.

위치	괘체	효명(독음)	괘체	효명(독음)
상효	▬▬	상9 (상구)	▬ ▬	상6 (상육)
5효	▬▬	95 (구오)	▬ ▬	65 (육오)
4효	▬▬	94 (구사)	▬ ▬	64 (육사)
3효	▬▬	93 (구삼)	▬ ▬	63 (육삼)
2효	▬▬	92 (구이)	▬ ▬	62 (육이)
초효	▬▬	초9 (초구)	▬ ▬	초6 (초육)
(위치)	(괘체)	(효명)(독음)	(괘체)	(효명)(독음)

중정응비(中正應比)의 실제적 관계를 그림으로 표시하면 다음과 같다.

6효의 위상과 역할과 조직구조를 그림으로 설명하면 다음과 같다.

상괘	━━ ━━	상종(上終) 60	할아버지	원로전문가
외괘	━━━━	상괘의 중 50	아버지	중앙지도자
사업괘	━━ ━━	상괘의 하 40	어머니	중앙책임관료
하괘	━━━━	하괘의 상 30	아들	지방자치단체장
내괘	━━━━	하괘의 중 20	며느리	선비
덕성괘	━━ ━━	초하(初下) 10	손자	민중
(괘위상)	(괘체)	(효위상)	(년대) (가족)	(국가)

괘변역(卦變易): 하나의 괘가 시간이 흘러감에 따라서 음은 변하여 양이 되고 양은 변하여 음이 되면서 생성소멸하는 것으로 우주의 자연변화 법칙이다. 대표적으로 12벽괘(十二辟卦)가 변역하는 열두 달의 그림을 그리면 다음과 같다.

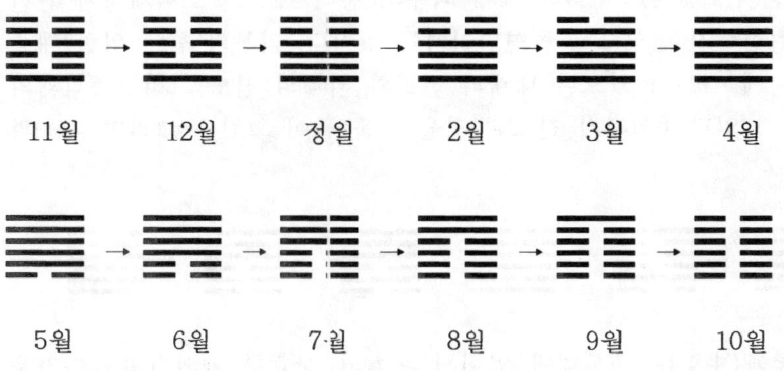

효교역(爻交易): 효가 공간 내에서 위치를 이동함에 따라 위 아래로 왕래 교역하는 것으로 현상세계의 변화법칙이다. 괘변역의 법칙이 일정한데 비하여 효교역의 법칙은 무한하다. 왜냐하면 여섯 효에 있어서 한 개의 효를 교역할 수도 있고, 두 개의 효를 교역할 수도 있고, 동시에 3개의 효를 교역할 수도 있기 때문이다. 예를 들어 한 개의 효가 교역하는 그림을 그리면 다음과 같다.

　효착역(爻錯易) : 하나의 괘에 있어서 효가 개별적 조건에 의하여
자체 변화하는 것이다. 이것은 외부와 상관없이 내부적인 변화로서
위치의 이동이 없는 것이 특징이다. 이것은 하나의 효가 자기 변신
하는 것으로부터 여섯 효가 전부 집단적 변신이 가능하므로 효착역
은 무한하다. 여섯 효가 전부 자체 변신하는 괘를 그리면 다음과 같
다.

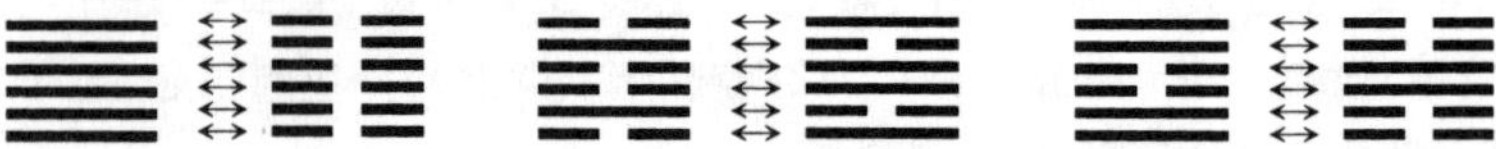

　괘종역(卦綜易) : 하나의 괘가 외부의 충격으로 그 조직체계가 완전
히 뒤집혀진 변혁으로 돌연변이하는 것이다. 외부의 힘에 의한 괘종
역은 세 가지가 있으니 내괘의 전도와 외괘의 전도 그리고 6획괘의
전도가 있다. 6획괘가 전도된 것을 예를 들어 그림을 그리면 다음과
같다.

　중효괘(中爻卦) : 6획괘에 있어서 초효와 상효를 제외하고 그 가운
데에 있는 2, 3, 4, 5를 가지고 다시 두 개의 단괘를 만들어 중효괘라
고 한다. 즉 2, 3, 4효를 하나의 괘로 만들고 또 3, 4, 5효로 하나의
괘를 만드는 것이다. 이렇게 하면 하나의 6획괘에서 4개의 소성괘를
만들 수 있다. 그림으로 그리면 다음과 같다.

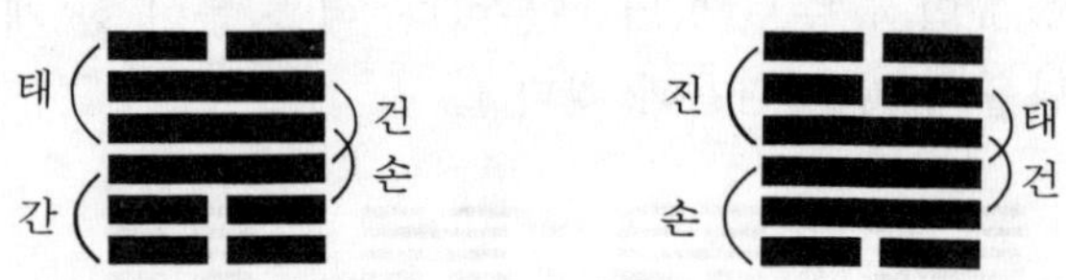

3. 점치는 법〔筮儀〕

정결한 자리를 골라서 점치는 방을 삼고, 상을 방의 한가운데에 놓는다. 산가지〔蓍〕50개를 분홍 보자기에 싸서 향주머니에 넣어 상자〔櫝〕속에 담아 상의 북쪽에 올려 놓는다.

나무 가리개를 산가지 상자 남쪽에 세우고 (나무가리개는 나무판자로 만든 것으로 높이는 약 30센티미터, 길이는 약 90센티미터로 아래에 받침 다리를 만들어 옆으로 세운 것이다), 가리개 남쪽에 향로를 놓고, 향로 앞에 향합을 놓으며, 날로 향을 피워서 공경한다.

장차 점을 치려면 닦고 쓸고 털고 빨아서 벼루에 물 붓고, 붓 하나, 먹 하나, 황칠판 하나를 향로 동쪽으로 가지런히 놓고, 점치는 사람은 목욕재계하고 의관을 깨끗이 하여 상의 앞에 북쪽을 향하여 손씻고 분향하며 공경을 다한다.(만일 남을 시켜서 점을 치면 주인이 분향을 마친 다음 조금 물러가 북쪽을 향하여 서면 점치는 사람이 나아가 상 앞에 서서 조금 서남쪽에서 향하여 명령을 받으니, 주인은 솔직하게 점치는 내용을 말하고 점치는 사람이 허락하면 주인은 오른쪽으로 돌아서 서쪽을 향하여 동쪽에 서고, 점치는 사람도 오른쪽으로 돌아서 상 앞에 북쪽을 향해 선다.)

두 손으로 산가지 상자뚜껑을 받들어 가리개의 남쪽으로 향로의 북쪽에 놓고, 상자 속에서 산가지를 꺼내어 주머니를 풀고 보자기를 열어 상자의 동쪽에 놓는다. 산가지 50개를 모아 두 손으로 잡고 향로 위에 향기를 쐰다.

빌어 말하기를 "그대 큰 산가지의 신령이여 이르소서. 그대 큰 산가지의 신령이여 이르소서. 아무개는 이제 무슨 일로 어찌어찌 하려고 함에 옳은지 그른지를 알지 못하여 이에 의심하는 바를 신령에게 물어 보노니, 길하고 흉하고 얻고 잃고 뉘우치고 안타깝고 근심스럽고 염려스러움이 오로지 그대의 신통함에 달려 있나이다. 모두 밝게 아르켜 주소서."라고 한다. 그 다음 오른손으로 산가지 하나를 뽑아 서 산가지 상자에 도로 넣고,(하나의 산가지는 태극을 상징한다.) 두 손으로 49개의 산가지를 가운데로 나누어 왼쪽과 오른쪽으로 나누 어 놓는다.(이것이 첫째 경영이니 둘로 나누어서 하늘과 땅의 양의 를 상징한다.)

다음에 왼손으로 왼쪽 자리에 있는 산가지를 집어서 쥐고 오른손 으로 오른쪽 자리에 있는 산가지에서 하나를 집어 왼손 새끼손가락 사이에 끼운다.(이것이 두번째 경영이니 셋으로 나누어 하늘, 땅, 사 람의 삼재를 상징한다. 이 새끼손가락 사이에 끼운 것을 괘(掛)라고 한다.) 다음 오른손으로 왼손에 있는 산가지를 네 개씩 셈하여 옮겨 쥔다.(이것이 세째 경영의 반이니 네 개씩 셈하여 봄, 여름, 가을, 겨 울의 네 계절을 상징한다. 네 개씩 셈하여 옮기는 것을 설(揲)이라 고 한다.)

다음 그 나머지 산가지가 혹 하나나, 둘이나, 셋이나, 넷이 되는데 이것을 왼손 무명지 사이에 끼운다.(이것이 넷째 경영의 반이니 윤 달을 상징한다. 이 무명지 사이에 끼운 것을 륵(扐)이라고 한다.)

다음 오른손에 이미 셈한 산가지는 도로 왼쪽 제자리에 가져다 두 고, 다시 오른쪽 자리에 있는 산가지를 오른 손으로 집어 쥐고 왼손 으로 네 개씩 셈하여 옮겨 쥔다.(이것이 세번째 경영의 반이다.)

그 나머지를 왼손 가운데 손가락 사이에 끼운다.(이것이 넷째 경 영의 반이니, 두 번 남는 것은 두 번 윤달이 있는 것을 뜻한다. 이와 같이 네 번 경영하여 하나의 변화가 나타나는데 첫번째 변화에 남는 산가지는 왼쪽이 1일면 오른쪽이 3이요, 왼쪽이 2면 오른쪽이 2요, 왼쪽이 3이면 오른쪽이 1이요, 왼쪽이 4이면 오른쪽이 4이니 왼쪽 새끼손가락에 끼었던 하나를 합치면 산가지는 모두 5가 아니면 9이 다. 5는 네 계절을 한 번 하였으니 홀수요, 9는 네 계절을 두 번 하 였으니 짝수인데, 홀수는 세 번이며 짝수는 한번이다. 이 가운데 손 가락 사이에 끼운 것을 재륵(再扐)이라고 한다.)

다음 오른손으로 왼손에 이미 셈한 산가지를 도로 오른쪽 제자리 에 가져다 두고, 왼손의 새끼손가락 무명지 가운데 손가락 사이에 끼었던 (이것을 1괘(一掛) 2륵(二扐)이라고 한다.) 산가지를 모두 거두어 모아서 나무가리개 동쪽 머리자리에 둔다.

이것이 첫번째 변화이니, 다시 두 손으로 왼쪽자리와 오른쪽 자리에 있는 산가지를 합쳐서 (혹 44개나 40개의 산가지이다.) 첫번째 변화의 방법과 똑같이 네 번 경영하여 그 새끼손가락, 무명지, 가운데 손가락 사이에 끼운 산가지를 모두 거두어 모아 나무 가리개 다음 자리에 두니, 이것이 두번째 변화다. (두번째 변화에 남은 산가지는 왼쪽이 1이면 오른쪽이 2요, 왼쪽이 2면 오른쪽이 1이요, 왼쪽이 3이면 오른쪽이 4요, 왼쪽이 4면 오른쪽이 3이니 왼손 새끼 손가락에 끼웠던 산가지 하나를 합치면 모두 4가 아니면 8이다. 4는 네 계절을 한 번하니 1년으로 홀수요, 8은 네 철을 두 번하니 2년으로 짝수인데, 홀수나 짝수나 각각 넷 중에서 둘씩이다.)

또다시 왼쪽과 오른쪽 자리에 있는 산가지를 합쳐서(혹 40개 36개 32개의 산가지) 다시 두번째 변화의 방법과 똑같이 네 번 경영하여 새끼손가락 무명지, 가운데 손가락 사이에 끼었던 산가지를 거두어 나무가리개 셋째 자리에 놓으니 이것이 세번째 변화이다. (세번째 변화의 나머지 산가지는 두번째 변화의 나머지 산가지와 동일하다.)

세 번의 변화를 모두 마쳤으면 그 세 번의 변화에서 새끼손가락 무명지가운데 손가락 사이에 끼었던 산가지와 네 개씩 셈하였던 산가지의 수를 셈하여 칠판에다가 그 효를 긋는다. (손가락 사이에 끼었던 산가지 수는 5와 4는 홀수요, 9와 8은 짝수이니, 손가락에 끼운 것이 세 번 모두 홀수이면 합이 13이니 네 개씩 셈한 산가지가 36이므로 노양이 되니 ▭와 같이 긋고, 손가락에 끼운 것이 두 번은 홀수요 한 번은 짝수이면 합이 17이니 네 개씩 셈한 산가지가 32이라 소음이 되므로 ▬▬와 같이 긋고, 손가락에 끼운 것이 한 번은 홀수요 두 번은 짝수이면 합이 21이니, 네 개씩 셈한 산가지가 28이므로 소양이 되니 ▬▬와 같이 긋고, 손가락에 끼운 것이 세 번 모두 짝수이면 합이 25이니 네 개씩 셈한 산가지가 24이므로 노음이 되니 ✕와 같이 긋는다. ▭은 변역의 뜻이요, ▬▬은 하나의 뜻이요, ▬▬은 둘의 뜻이요, ✕는 교역의 뜻이다.)

이와같이 세 번 변화할 때마다 효가 이루어지나니(제1, 제4, 제7, 제10, 제13, 제16변화에서 쓰는 산가지는 다같이 49개임), 무릇 열여덟 번 변화하여 한 괘가 이루어진다. (제3변화에서 초효를 얻고, 제6에서 2효, 제9에서 3효, 제12에서 4효, 제15에서 5효, 제18에서 상효를 얻는다.) 이에 이 본괘의 변화를 고찰하여(본괘의 노양은 소음으로 바꾸고, 노음은 소양으로 바꾸면 지괘를 얻나니 두 괘를 비교 연구한다.) 그 일의 길하고 흉함을 점친다.

의식이 끝나면 산가지를 보자기에 싸고, 주머니에 넣어서 상자에 담고, 뚜껑을 덮으며, 벼루와 붓과 먹과 칠판을 거두고 분향하여 공경한 다음에 물러나온다. (사람을 시켜서 점을 쳤으면 주인이 분향하고 읍하면 점치는 사람이 물러간다.)

간단하게 동전으로 점치는 방법

원칙은 아니지만 간략하게 동전으로 점치는 방법은 여러 가지 있으나 퇴계선생이 소개한 방법은 다음과 같다.

동전 3개를 두 손으로 상 위에 던져서 동전의 앞면과 뒷면의 놓인 모양을 살펴서 괘를 얻는 방법이다.

동전의 앞면이 모두 위로 놓였으면 앞 앞 앞으로 노양(老陽)이니 ▭▭이요

동전의 앞면이 두 개가 위로 놓였으면 앞 앞 뒤로서 소음(少陰)이니 ▬▬이요

동전의 앞면이 한 개가 위로 놓였으면 앞 뒤 뒤로서 소양(少陽)이니 ▬▬이요

동전의 뒷면이 모두 위로 놓였으면 뒤 뒤 뒤로서 노음(老陰)이니 ✕이다.

따라서 동전 3개로 치는 점은 처음 던져서 제일 아래의 초효(初爻)를 얻고, 두번째 던져서 2효를 얻으니 차례로 3효, 4효, 5효, 상효를 얻으니 모두 6번 던져서 하나의 괘를 얻는 것이다.

점을 침에 있어서 괘를 보는 법

점을 쳐서 괘를 얻었다면 변효(變爻)가 있는가 없는가를 먼저 살핀다. 변효란 노양(老陽) ━━━ 과 노음(老陰) ╳ 을 말한다. 주역은 변화의 철학이므로 시시각각 상황이 바뀌기 때문에 고정된 상황에서 문제를 파악하는 것이 아니라 유동적인 현상에서 문제를 해결하고 앞길을 선택하는 것이다.

그리하여 처음에 점을 쳐서 얻은 본괘(本卦)에서 노양은 소음(少陰)으로 바꾸고 노음은 소양(少陽)으로 바꾸어서 앞으로 바뀌어 갈 괘[之卦]를 얻는다. 이것은 변괘(變卦)라고도 한다. 처음에 얻은 본괘가 노양이나 노음이 없이 모두 소양이나 소음이면 본괘만 가지고 점을 치고, 만일 노양이나 노음이 있으면 반드시 본괘와 지괘의 2개의 괘를 아울러 관찰하여 점을 쳐야 된다.

본괘와 지괘의 두 괘를 관찰할 때에 한 개의 효(爻)만 변하였으면 그 변효를 위주로 점을 풀이한다. 즉 본괘의 변효가 장차 지괘의 변효로 변역하여 간다는 과정으로 파악한다. 그러나 두 개의 효가 변했을 경우에는 양효는 상위에 있는 변효를 기준으로 풀이하고 음효는 하위에 있는 변효를 기준으로 하여 풀이한다. 그러한 까닭은 양효는 위에 있는 것이 힘을 더욱 강하게 발휘하고 음효는 아래에 있는 것이 더욱 강력한 작용을 하기 때문이다.

만일 3개의 효가 변하였을 경우에는 주효(主爻)를 본다. 주효는 한 괘에 있어서 주동이 되는 효인데 괘주(卦主)라고도 한다. 대체로 주효는 5효(五爻)가 된다. 왜냐하면 5효는 하나의 괘를 주도하는 위치에 있는 까닭에 가장 영향력이 크기 때문이다. 그러나 어느 괘에 있어서는 그 괘의 결정적 특성을 가지고 있는 희귀적 가치가 있는 바로 그 효가 주효가 된다. 대체적으로 양효나 음효가 그 괘에 하나만 있을 때에는 주동적 역량을 발휘하는 것이다.

그리고 모든 효가 변하는데 변하지 않은 효가 있을 때에는 도리어 변하지 않는 효를 기준으로 점을 풀이한다. 특히 유념할 것은 괘사의 전체적 흐름의 구조를 기초로 해서 효사의 구체적인 의미를 풀이하는 것이다. 그러기 위해서는 이 책에서 분명하게 밝힌 괘의 구조

적 역학관계를 깊이 연구하여 시간적 조건, 공간적 조건, 그리고 자
체역량과 주변정세를 파악하는 넓은 안목을 길러야 할 것이다.

4. 주역 괘상의 노래

8괘의 괘상(卦象)

건(乾)은 세줄로 이어진 하늘이요
곤(坤)은 여섯으로 끊어진 땅이네
진(震)은 아래가 이어진 우뢰요
간(艮)은 위에가 이어진 산이로다
리(離)는 가운데가 끊어진 불이요
감(坎)은 가운데가 이어진 물이라(물은 구름도 포괄한다)
태(兌)는 위에가 끊어진 연못이거니
손(巽)은 아래가 끊어진 바람이다(바람은 나무도 포괄한다)

64괘의 괘상(卦象)

〈上經〉

하늘이 겹치면 건(乾) 땅이 겹치면 곤(坤)
물이 구름되어 우뢰치면 둔(屯) 산 아래 물은 몽(蒙)
물이 구름되어 하늘로 올라면 수(需) 하늘 아래 물 흐르면 송(訟)
땅 속에 물 있으면 사(師) 땅 위에 있는 물은 비(比)
바람이 하늘로 올라가면 소축(小畜) 하늘 아래 연못은 리(履)
하늘땅이 교역하면 태(泰) 하늘땅이 어그러지면 비(否)
하늘 아래 광명의 불은 동인(同人) 불이 하늘 위에 있으면 대유(大
有)
땅 속에 산이 있으면 겸(謙) 우뢰가 땅 위로 나오면 예(豫)

연못 속의 우뢰는 수(隨) 산 아래에 있는 바람은 고(蠱)
연못 위에 있는 땅은 림(臨) 바람이 땅 위로 지나가니 관(觀)
번개불 속에 우뢰는 서합(噬嗑) 산 아래에 있는 불은 비(賁)
산이 땅에 붙으면 박(剝) 우뢰가 땅 속에 있으면 복(復)
하늘 아래에 우뢰가 다니면 무망(无妄) 하늘이 산 속에 있으면 대축
(大畜)
산 아래에 우뢰가 있으면 이(頤) 연못 속에 나무 죽어 대과(大過)
물이 겹치면 습감(習坎) 불이 겹치면 리(離)

〈下經〉

산 위에 연못 있으면 함(咸) 우뢰 치고 바람 불면 항(恒)
하늘 아래 산 있으면 돈(遯) 우뢰가 하늘 위에 있으면 대장(大壯)
밝은 불이 땅 위에 나오면 진(晋) 밝은 불이 땅 속으로 들어가면 명
이(明夷)
불 위에 바람이 생기니 가인(家人) 불은 올라가고 연못은 아래로 흘
러 규(睽)
산 위에 물이 있으니 건(蹇) 우뢰치고 비오니 해(解)
산 아래 연못 있으니 손(損) 바람 불고 우뢰 치니 익(益)
연못이 하늘로 올라가니 쾌(夬) 하늘 아래 바람 있으니 구(姤)
연못이 땅 위에 넘치니 췌(萃) 땅 속에서 나무가 싹트니 승(升)
연못에 물이 없으니 곤(困) 나무에 물이 있으면 정(井)
연못 가운데 불이 있으니 혁(革) 나무 위에 불이 있으면 정(鼎)
우뢰가 거듭치면 진(震) 산이 겹치면 간(艮)
산 위에 나무 있으면 점(漸) 연못 위에 우뢰 있으면 귀매(歸妹)
우뢰 속에 번개 치면 풍(豊) 산 위에 불이 있으면 려(旅)
바람이 거듭 불면 손(巽) 연못이 이어지면 태(兌)
바람이 물 위로 지나가면 환(渙) 연못 위에 물이 있으면 절(節)
연못 위에 바람 있으면 중부(中孚) 산 위에 우뢰 치면 소과(小過)
물이 불 위에 있으면 기제(旣濟) 불이 물 위에 있으면 미제(未濟)

5. 주역괘도

하도(河圖)의 리수(理數)

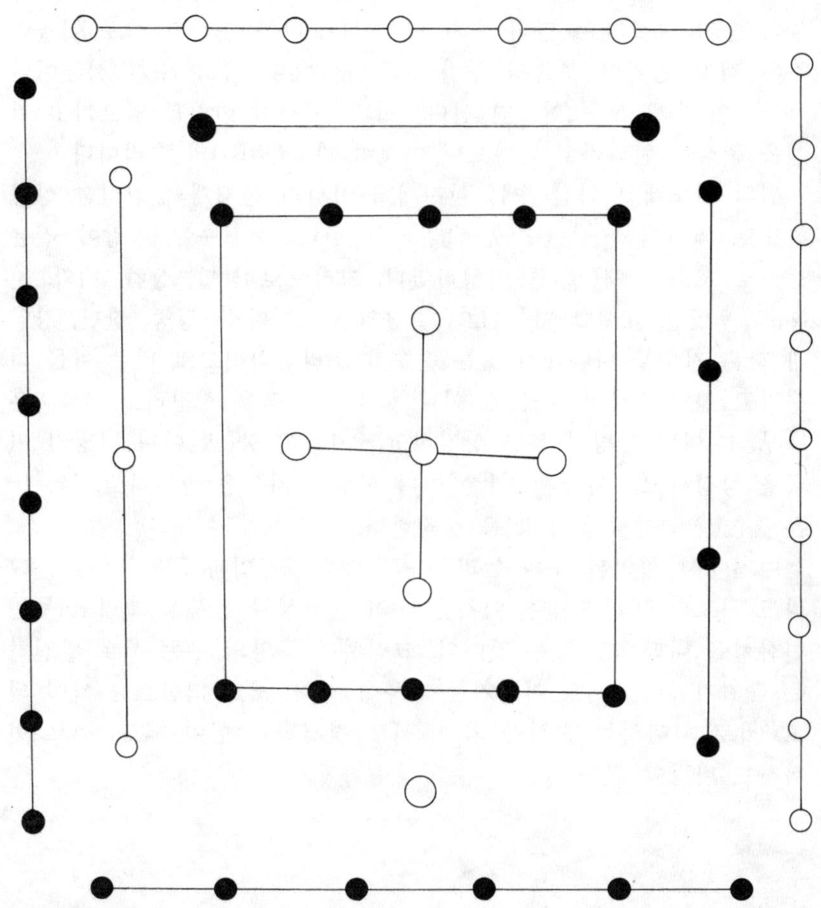

천지를 주재하는 것은 리(理)요, 음양이 흘러가는 것은 기(氣)이며, 만물이 생성하는 것은 수(數)이다. 따라서 수리에는 곧 천도의 원리가 있고 음양의 체계가 있는데, 이러한 원칙을 모두 갖춘 것이 바로 하도(河圖)이다.

계사전(繫辭傳)에 말하기를 황하에서 용마가 나오니 등에 그림무늬가 있고, 낙수(洛水)에서 신귀(神龜)가 나오니 등에 글자무늬가 있으므로 성인이 본받았다고 하였고, 또한 하늘은 하나요, 땅은 둘이요, 하늘은 셋이요, 땅은 넷이요, 하늘은 다섯이요, 땅은 여섯이요, 하늘은 일곱이요, 땅은 여덟이요, 하늘은 아홉이요, 땅은 열이니, 하늘의 수가 다섯이요, 땅의 수가 다섯이니, 다섯 자리가 서로 어울리는데 각각 합치면 하늘의 수가 스물다섯이요, 땅의 수가 서른이니 하늘땅의 수를 모두 합하면 쉰다섯이다. 이것이 변화를 일으키고 귀신을 통하는 원리라고 하였으니 이것이 하도(河圖)의 수리이다.

위의 하도에 나타난 수는 천지개벽 이전의 본체계의 진리를 상징하므로 역학에서 선천수(先天數)라고 한다. 선천수는 질량이 같은 등수로 조화의 체(體)를 완성하였다. 그러므로 본말, 상하, 내외, 전후, 좌우만을 표시할 따름이요, 질량의 대소, 다소, 경중, 장단, 강약과 같은 기수를 나타내지 않는 순수한 조리법칙이므로 나는 이를 리수라고 한다. 1과 6은 물〔水〕이니 북방의 겨울을 상징하고, 3과 8은 나무〔木〕이니 동방이 봄을 상징하고, 2와 7은 불〔火〕이니 남방의 여름을 상징하고, 4와 9는 쇠〔金〕이니 서방의 가을을 상징하고, 5와 10은 흙〔土〕이니 중앙(中央)을 상징한다.

여기에서 확인된 수의 논리는 음·양의 2진법과 5행의 5진법 그리고 하도의 10진법이다. 이것은 수의 연속성과 반복성 그리고 무한 변화성을 나타내고 있는 것이다. 그리하여 음양의 수는 서로 발전하는 근거가 되고, 서로 이어가는 계통이 되며, 서로 더불으는 짝이 되고, 서로 차례하는 순서가 되며, 서로 경쟁하는 힘이 되고, 서로 변화하는 바탕이 된다.

낙서(洛書)의 기수(氣數)

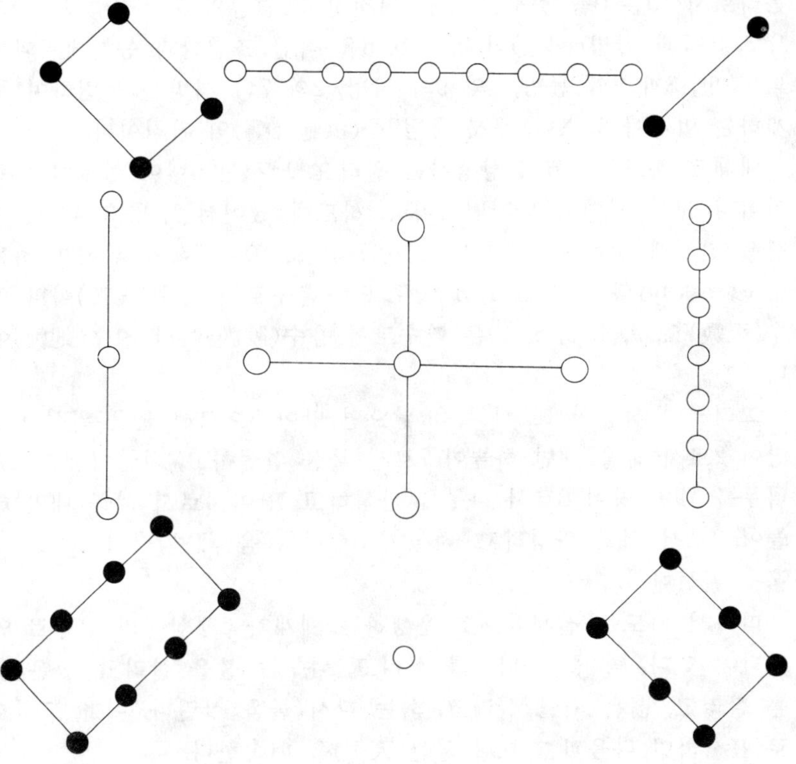

    천지의 원리는 도(道)요, 우주를 창조하고 진화하는 원질은 기
(氣)이며, 사물의 형상과 운세는 상(象)이요, 물질의 구조는 수이다.
그러므로 현상의 실체는 곧 기수(氣數)이니, 도(道)가 기(氣)에 간
직되어 있고, 상(象)이 수(數)에서 이루어지는데 이와 같은 법칙을
모두 갖춘 것이 바로 낙서(洛書)의 기수이다. 낙서는 9를 앞으로 하
고, 1을 뒤로 하며, 3을 왼쪽으로 하고, 7을 오른쪽으로 하며, 2와 4
를 어깨로 하고, 6과 8을 발로 하며, 5를 가운데로 하였다.

낙서에서 보이는 수는 천지개벽 이후의 현상계의 논리를 상징하므로 역학에서 후천기수(後天氣數)라고 한다. 후천기수는 질량이 있는 차등수로 대소, 다소, 장단, 경중, 강약의 개념을 내포한 까닭에 기수라고 하며, 1에서 9까지만 발전하여 10의 극단처에 이르지 않는 논리로서 10은 0을 뜻하고 무를 상징한다. 중앙의 5가 정방(正方)의 1, 3, 9, 7과 간방(間方)의 2, 4, 8, 6을 직접 조절함과 동시에 1과 6의 북방, 3과 8의 동방, 4와 9의 남방, 2와 7의 서방을 독립하여 주재하는 법칙이 있으니, 무릇 홍범9주(洪範九疇)의 원칙이다.

대체로 하도는 5행이 상생하는 원리요, 낙서는 5행이 상극하는 원리이니 모두 자연의 발전법칙이다. 하도에 있어서 1, 2, 3, 4, 5는 5행을 탄생케 하는 생수(生數)요 6, 7, 8, 9, 10은 5행을 완성케 하는 성수(成數)이다. 그리고 1, 3, 5, 7, 9는 홀수로서 양수(陽數)이니 천수(天數)요, 2, 4, 6, 8, 10은 짝수로서 음수(陰數)이니 지수(地數)이다.

그리하여 하늘이 1로서 물을 낳으면 땅이 6으로서 물을 완성하고, 땅이 2로서 불을 내면 하늘이 7로서 불을 완성하고, 하늘이 3으로서 나무를 내면 땅이 8로서 나무를 완성하고, 땅이 4로서 쇠를 내면 하늘이 9로서 쇠를 완성하고, 하늘이 5로서 흙을 내면 땅이 10으로서 흙을 완성한다.

따라서 하도는 전체적으로 운행하는 체계가 5행상생의 고리로 연결되어 있다. 즉 물은 나무를 살리고, 나무는 불을 살리고, 불은 흙을 살리고, 흙은 쇠를 살리고, 쇠는 다시 물을 살린다. 이를 도식으로 표시하면 다음과 같으니 천간(天干)을 배속한다.

1·6 → 3·8 → 2·7→ 5·10 → 4·9 → 1·6

낙서에 있어서도 생수와 성수 그리고 천수와 지수의 의미는 동일하며 또한 음양 5행의 생성체계도 같다. 그러나 전체적으로 운행하는 체계는 5행이 상극(相剋)하는 고리로 연결되어 있다.

1·6의 물은 5·0의 흙이 막고, 5·0의 흙은 3·8의 나무가 덮고, 3·8의 나무는 4·9의 쇠가 자르고, 4·9의 쇠는 2·7의 불이 녹이고, 2·7의 불은 다시 1·6의 물이 끈다. 그리하여 흙은 물을 이기고, 물은 불을 이기고, 불은 쇠를 이기고, 쇠는 나무를 이기고, 나무

는 흙을 이기면서 운행발전한다. 이를 도식으로 그리면 다음과 같으니 여기에 지지(地支)를 배속한다. 천간과 지지를 배속함에는 모두 1의 수에다가 갑(甲)과 자(子)를 기점으로 한다.

$1 \cdot 6 \rightarrow 2 \cdot 7 \rightarrow 4 \cdot 9 \rightarrow 3 \cdot 8 \rightarrow 5 \cdot 0 \rightarrow 1 \cdot 6$

하도와 낙서를 기초로 하여 음양 5행의 운행고리를 연구하면 다음과 같은 4가지 조건 속에서 직접 관계함을 검증할 수 있다.

① 5행의 생성순서 : 물 → 불 → 나무 → 쇠 → 흙……〉물

② 5행의 운행순서 : 나무 → 불 → 흙 → 쇠 → 물……〉나무

③ 5행의 상극순서 : 물 → 불 → 쇠 → 나무 → 흙……〉물

④ 5행의 발전순서 : 흙 → 나무 → 쇠 → 불 → 물……〉흙

여기에서 살피면 만물은 모두 유기적인 구조 속에서 복합적 관계로 존재하고, 또한 현상만물의 존재는 모두 서로 통할 수 있는 직접 관계에 있음을 확인할 수 있다.

복희 8괘 차례

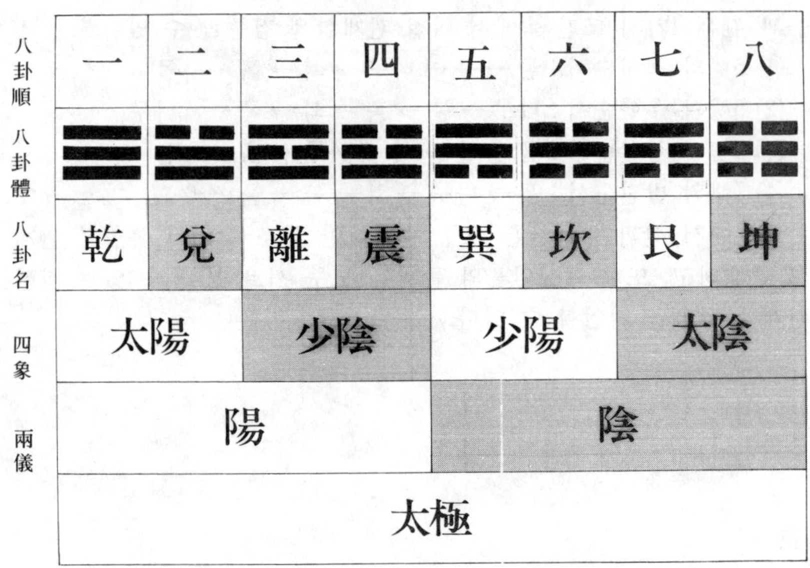

　계사전(繫辭傳)에 말하기를 "역(易)에 태극이 있으니, 이것이 양의(兩儀)를 낳고, 양의가 4상(四象)을 낳고, 4상이 8괘를 낳는다."고 하였다. 태극은 동정하는 원리이니, 이에 기(氣)가 동정하여 음양이 갈라지고, 음양이 교류하여 강유(剛柔)의 질이 나누어지며, 음양의 기와 강유의 질이 교역하여 8괘가 나오는 것이다. 모두 하나가 나뉘어 둘이 되고, 둘이 나뉘어 넷이 되고, 넷이 나뉘어 여덟이 되었으니 천지가 개벽되기 이전에 이와 같은 태극의 절대원리와 음양의 상대논리가 이미 갖추어져 있었던 것이다. 그러므로 설괘전(說卦傳)에 말하기를 역(易)은 수(數)를 미리 셈하는 것이라고 하였으니, 현상에 변역이 나타나기 이전에 이미 변역의 운행도수가 모두 갖추어져 있는 것이다.

  8괘의 실체가 이미 이루어지면 그 명칭과 순서와 형상과 덕성이
있게 되는데, 건(乾)은 1이니 천(天)이요 건(健)이며, 태(兌)는 2이
니 택(澤)이요 열(悅)이며, 리(離)는 3이니 화(火)요 리(麗)이며, 진
(震)은 4이니 뢰(雷)요 동(動)이며, 손(巽)은 5이니 풍(風)이요 입
(入)이며, 감(坎)은 6이니 수(水)요 함(陷)이며, 간(艮)은 7이니 산
(山)이요 지(止)이며, 곤(坤)은 8이니 지(地)요 순(順)이다.

복희 8괘 방위

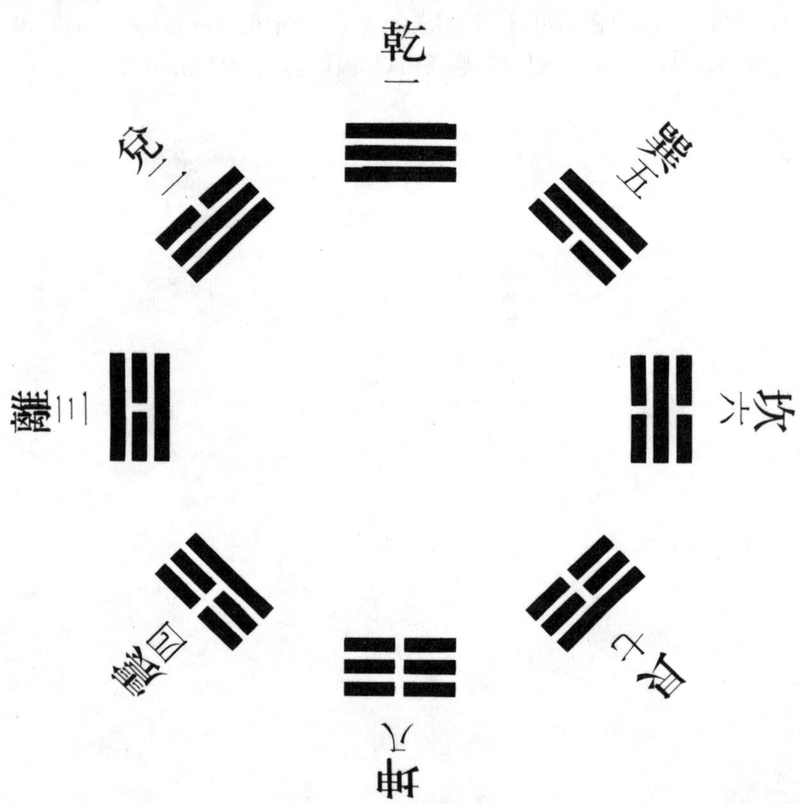

설괘전(說卦傳)에 말하기를 "하늘과 땅이 자리를 정하고, 산과 연못이 기운을 통하고, 우뢰와 바람이 서로 다닥치며, 물과 불이 서로 싫어하지 않아 8괘가 서로 교차하니, 가는 것을 셈하는 것은 차례대로 하고, 오는 것을 아는 것은 미리 셈하여 짐작하는 것이라."라고 하였다.

　복희 8괘는 선천(先天) 본체계의 대원리를 도상화한 것이므로, 천지만물의 대경대법(大經大法)이다. 자연의 질서와 인간의 도의가 그 가운데 있으니, 우주의 만상이 모두 이것을 말미암아 일어나는 현상일 따름이다.

　진(震)은 동북방이니 초봄이요, 리(離)는 동방이니 봄이며, 태(兌)는 동남방이니 초여름이요, 건(乾)은 남방이니 여름이요, 손(巽)은 서남방이니 초가을이요, 감(坎)은 서방이니 가을이며, 간(艮)은 서북방이니 초겨울이요, 곤(坤)은 북방이니 겨울이다.

　복희 8괘를 서로 인연하여 거듭하면 64괘의 여섯획괘가 나오는데 64괘의 방위도 그 배열순서가 또한 이와 같으니, 펼치면 음양 5행의 만상이 되고, 아우르면 하나의 태극이 되는 것이다.

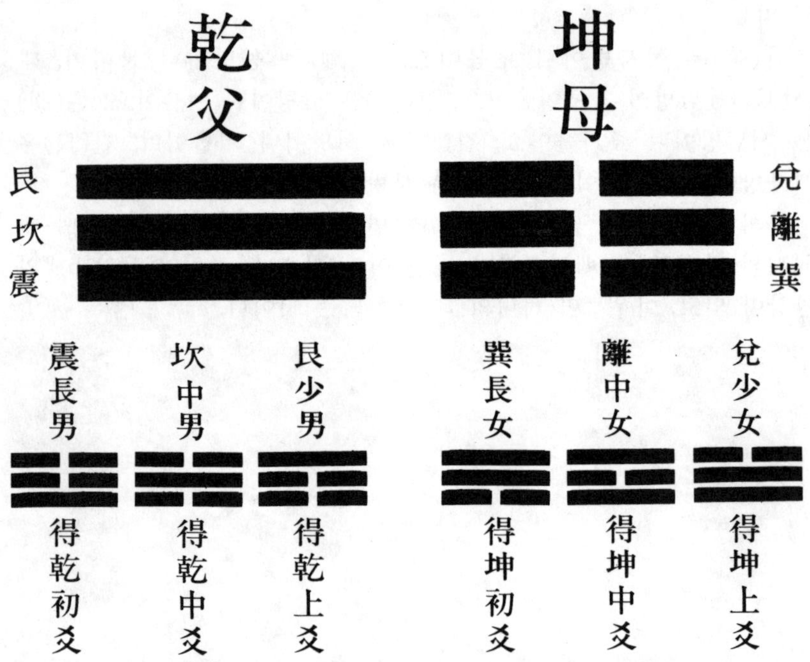

　이것은 문왕의 후천 8괘가 생성하는 차례이다. 복희의 선천 8괘는 천지 창조의 시초를 논증하는 괘도로서 형이상의 본체계의 구조를 나타내는 원상이요, 문왕의 후천 8괘는 만물이 생성하는 진화를 실증하는 괘도로서 형이하의 현상계의 구조를 나타내는 실상이다. 그러므로 복희 8괘는 선천의 논리요, 문왕 8괘는 후천의 실상인 까닭에 이 두 가지 도상이 밝혀짐으로써 형이상의 도(道)와 형이하의 기(器)가 모두 밝혀지고, 우주의 자연법칙과 인간의 근본도덕이 모두 바로 서고, 천리(天理)와 인사(人事)를 모두 온전히 하는 길이 활짝 열린 것이다.

　문왕 8괘의 생성차례는 건(乾)의 아버지와 곤(坤)의 어머니가 서로 교감하여 여섯 자녀를 생산하는 것이다. 곤(坤)이 건(乾)의 홀수를 받으면 아들인데, 초효를 받으면 진(震)이니 장남이요, 2효(二爻)를 받으면 감(坎)이니 중남이며, 상효를 받으면 간(艮)이니 소남이다. 곤(坤)이 건(乾)의 짝수를 받으면 딸인데, 2효와 상효를 받으면 손(巽)이니 장녀요, 초효와 상효를 받으면 리(離)이니 중녀요, 초효와 2효를 받으면 태(兌)이니 소녀이다. 이미 부모와 남녀가 있다면 서로 감동하여 낳고 나아서 끝없이 번창하는 것이다.

문왕 8괘 방위

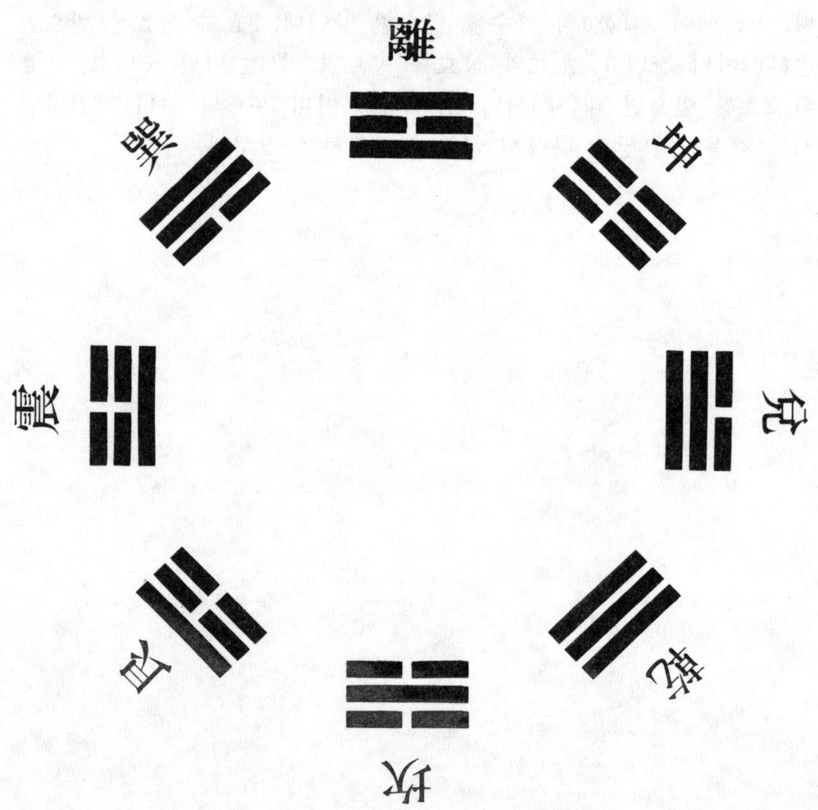

문왕 8괘 방위도는 현상을 조절하여 조화를 이루는 원칙이므로, 복희 8괘의 대통일원리와는 다르다. 그러나 도리의 통일질서를 이룩하기 위하여 기력(氣力)의 조화단결을 찾는 것인즉, 곧 현실을 조절하여 이상을 구현하는 길이다.

만물이 진(震)에서 나오니 동방의 봄이요, 손(巽)에서 가지런하니

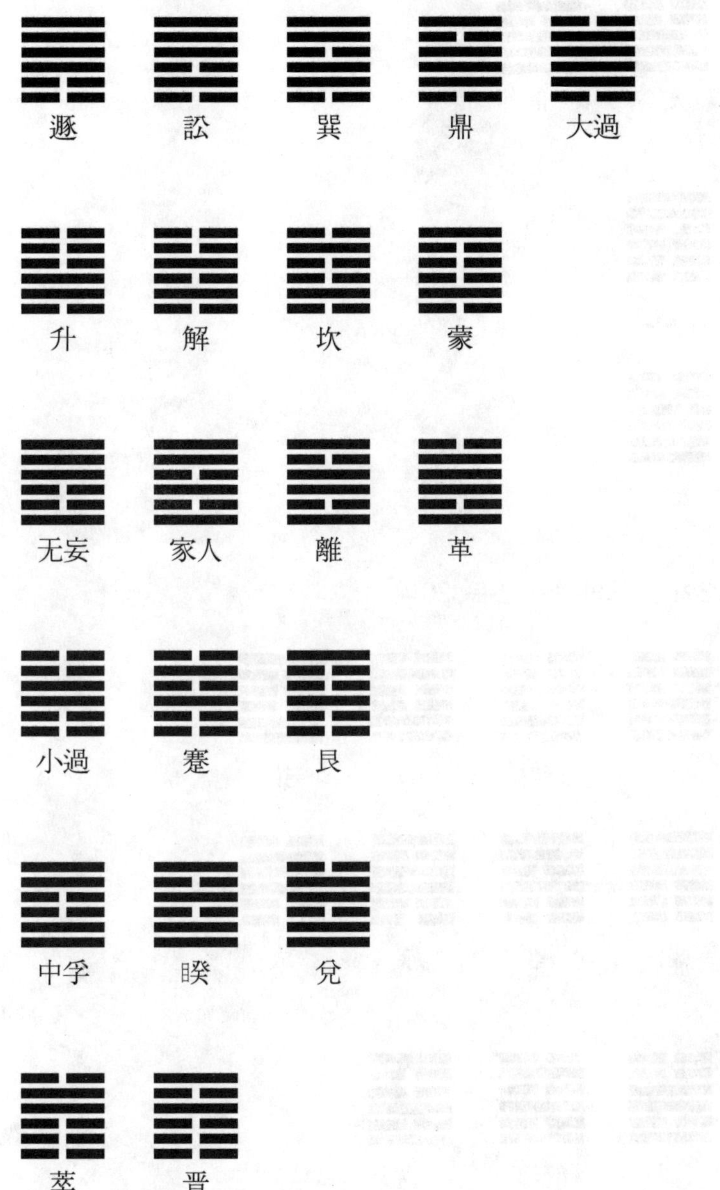

遯　訟　巽　鼎　大過
升　解　坎　蒙
无妄　家人　離　革
小過　蹇　艮
中孚　睽　兌
萃　晋

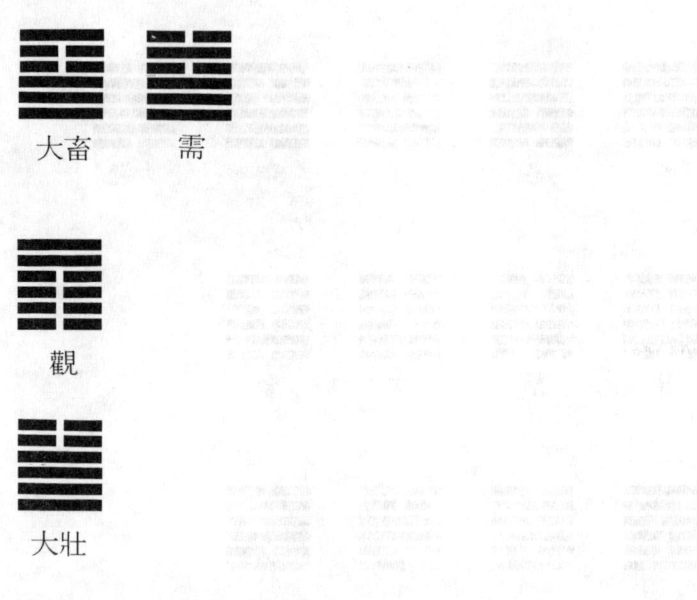

大畜　　　需

觀

大壯

· 3양 3음의 괘(모두 20괘)

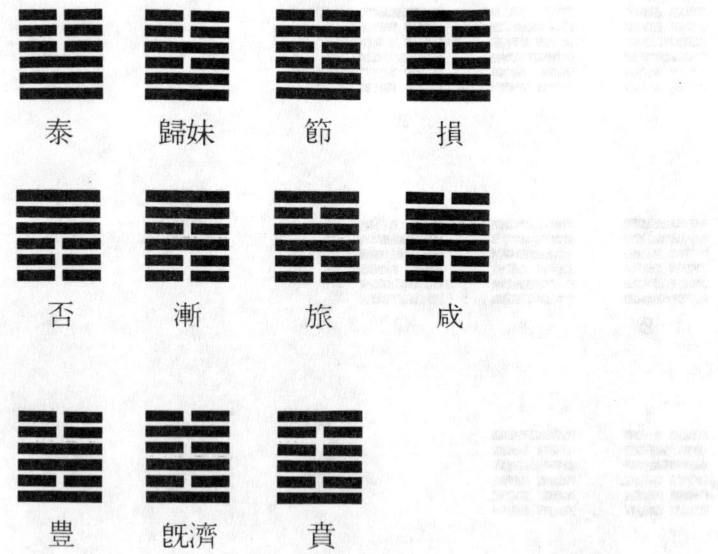

泰　　歸妹　　節　　損

否　　漸　　旅　　咸

豊　　旣濟　　賁

渙　　未濟　　困

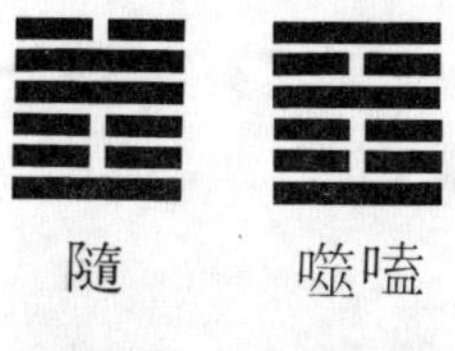

隨　　噬嗑

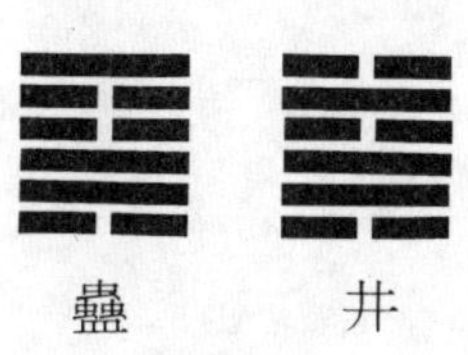

蠱　　井

益

恒

6. 들어가는 시 : 주역의 다섯가락

본래의 생김새

시작도 끝도 없는 오직 하나 있어,
맑은 기운 한덩어리 번쩍 가르니,
날랜 기운 올라가서 하늘이 되고,
부드러운 기운 내려와서 땅이 되었네!

하늘땅의 큰 문이 활짝 열리니,
오르락 내리락 절로 그침 없어,
음과 양이 사귀며 제몸 나누거늘,
물과 불 나무와 쇠 네 가지 모양이라.

제 모양 생긴대로 한데 비벼 문대며,
봄, 여름, 가을, 겨울 차례로 뽑아낼 제,
동서남북 벌려서 여덟 집터 닦아
여덟괘를 세우고 삼재 걸었도다.

하늘땅 사람이 나란히 자리잡고
여덟 집 돌아가며 형편 살필새
볕과 그늘, 굳셈과 부드러움 다시 갈라,
여덟을 제곱하니 여섯효에 육십사괘.

안짝과 바깥짝은 뿌리와 가지요.
위와 아래는 끝과 시작이로세.

여섯 자리 각각 제 할 일 있거늘
먼저 하고 나중에 할 것 함께 보도다.

한울 안에 자리바꿈 항상 있거니와,
일만 번 옮겨가는 떠돌이 신세,
하나가 감동하면 모두 즉시 변하는 것,
예순네 가지 길목에 사천구십육일네.

재주 많고 덕 있으면 복 받으려니와
분수를 알아야 자리 바로 할지며
때 맞추어 형세 타야 절로 쉬울터
가운데의 지도자는 밝게 경영하라.

이승과 저승을 나누지 않거니,
삶과 죽음을 어찌 가르리.
하늘과 사람이 한자리에 만나면
나와 만물이 더불어 한몸이라네.

　　본디의 뜻

거친 세상 벌어진 지 얼마나 되었나?
우주의 나이 세어보니 아득하여라.
하루는 열두 시, 한 달은 삼십 일이요,
일 년 열두 달에 삼 십년이 한 세대네.
삼백육십 한바퀴요, 일만팔백에 한번 만나니
십이만 구 천 육백해가 거의 한 기원.

이 세상이 맨처음 열리는 날에
일만 가지 모양새 이미 뚜렷하여라.
하느님은 아버지, 땅은 어머니,

온누리에 사람이 가장 신령해
풍토와 기후 따라 절로 자라거늘
스스로 경영하는 주인 있었네!

성현이 주역을 낸 지 얼마나 되었나?
그림 숫자 읽어보니 반만년일세.
복희씨가 두 손 펴서 여덟 모양 그리고,
우임금이 마당에다 아홉 이랑 갈랐네.
문왕의 예순네 괘 이름은 여덟 괘 돌림이요,
주공의 삼백예순네 마디는 여섯자리 옮김이라.

위대한 공부자가 열겹 문을 활짝 여니,
태초의 신비 절로 문채 드리웠네.
가죽으로 엮은 끈 세 번 끊어질 때,
사람 사는 걱정 모든 매듭 풀리도다.
참세상을 보는 길은 이천선생의 칠푼 붓,
뒤끝을 남기는 건 주자의 일곱제곱 산가지로세.

진리를 찾는 길 어디로 가나?
이 순간 이 자리 내 생각 붙들어야지.
마음속에 지극한 태극 받들지니,
눈동자에 광채나면 앞에 비치네.
이 공부 급히 하면 오히려 어두어지나니,
뿌리가 튼튼할 제 세월과 함께 자랄네라.

일천 해가 돌아서 이어지는 마음 하나,
만리를 뻗어나가 서로 만나는 길.
고요히 움직임이 없다가 느끼면 다 통하고,
조용히 말이 없어도 하면 다 되네.
의리와 인정을 온전히 할새,
만물이 다같이 제자리 얻도다.

신명한 산가지

하면 된다는 믿음에 하늘의 도움 있고,
할까 말까 망서림에 마귀 끼어드네.
한가닥 의심을 끝내 떨어내지 못할 제,
신명한 산가지 셈하여 하늘 뜻 물어보라.
하느님의 뜻 받들고, 사람의 마음 모으면,
신바람이 절로 나서 크게 길하고,
하느님의 뜻 받들어 사람의 마음 거스리면,
외롭고 힘들지나 점점 길하다.
하늘 뜻 거스리고, 사람의 생각 따르면,
웃음소리 요란해도 마침내 흉하며,
하늘 뜻을 알 수 없어 사람의 생각 따르면,
집안일은 길하나 바깥일은 흉하네.
하늘과 사람을 모두 거스린다면,
가만히 있어야지 일하면 크게 흉한 것.
정성 모아 공경하면 모두 통하는 길,
어찌 산가지 힘이리오. 내정성 지극함이네.
처음에는 어려워도 나중에는 쉬운 법,
지식, 인애, 용기라야 의심 없으리.

깊고 넓은 진리

하늘, 땅, 물, 불, 언제나 변함 없고,
산, 연못, 우뢰, 바람, 자주 옮겨 바뀌도다.
아버지는 세 아들과 바깥 일 보나니,
어머니는 세 딸 데리고 집안 살림하네.
자연과 사람이 한데 어울려서,
깊고 넓은 진리 경영하도다.

하나이면서 둘이요, 둘이 넷되니,
넷이 여덟되어 셋 세상 열었네,
하늘, 땅, 사람을 두겹하여 예순넷,
여섯 금에 위아래 안팎 뚜렷해라.
하나하나 모양새 아주 다르고,
저마다 이름 있어 문패 달았네!

얼굴, 몸, 생김새와 뿌리 살피되,
이름의 참뜻 보고, 실상 헤아려야지.
속에 든 것 충실하면 틀이 잡힐지며,
싹아지 있으면 꼴보기 싫지 않으리.
형통하고 비색한 것 저할 나름이요,
길하고 흉함도 제 스스로 찾는 것을……

장래가 있어야 믿어 기대고,
뒷끝이 좋아야 보람 있는 것.
어지럽게 어우러져도 하나로 돌아가거늘,
일만 번 바뀌어도 제 분수 지켜야지.
때와 자리 먼저 밝게 살피되,
자기 재능 헤아려 인연을 맺으라.

궁하면 통하는 길 반드시 있지만,
안락할 때 위태로움 미리 방비하라.
끝을 모두 셈하면 시작이 힘차고,
새싹을 남기면 물러감이 씩씩하네.
지극한 덕은 저절로 활발하게 하나니,
일일이 간섭하면 불평 터지리라.

시절이 태평하면 사랑 절로 넘치고,
앞길이 험난하면 골육도 다투는 것.
교만하고 인색한 짓 엄금할지나,

아첨과 비방도 삼가해야지.
사랑이 눈가리고, 욕심은 한없나니,
부질없이 팔걷고 덤비지 말라.

철따라 가는 길에 동서남북 있으리오,
한마음 굳게 지키고 열심히 일할 뿐.
때를 맞추어 새옷을 갈아 입으려니와,
주제에 알맞는 자리 잡아야지.
내 솜씨 보여서 바꾸어 쓰되,
두터운 정분으로 이웃 사귀라.

선비의 장한 뜻 더럽히지 말고,
어진 이의 간절한 말씀 잊지 말라.
선덕과 공리만이 오직 영원한 길
깊고 넓은 진리 질펀히 흐르도다.
온누리에 가득한 빛 아롱지거늘,
그윽한 섭리 이대로 함께 즐길네라.

배움의 길

주역은 우주 보는 그림책이니,
지혜의 빛 밝혀 억겁 꿰뚫었네.
태초의 원점을 손수 실측하고,
만상의 참 모습 그려내도다.

하늘땅이 비롯하는 태극 논할 제,
이치가 먼저요, 기운은 나중.
만물이 생겨나온 자리 살필 때,
기운이 앞서고, 이치가 뒤로세.
형이상과 형이하는 겉과 속이요,

볕과 그늘은 앞과 뒤려니와,
움직이고 고요함 절로 돌아서,
아름다운 세계 끝없이 펼치네.

물체따라 신령한 성질 본래 있으니,
푼수대로 제모습을 길이 가꾸도다.
비롯하여 시작함이 크게 형통한즉
이로움을 영원히 바로 지키라.

주역은 사람보는 산가지이니,
오묘한 셈을 풀어 큰 뜻 깨닫도다.
하나로 생긴 뿌리 직접 확인하고
깨끗한 몸 신령한 마음 더하고 빼네.

아버지는 낳으시고, 어머니는 기르시니,
어버이의 보람이 나에게 있는 것.
만물의 영장이 스스로 경영하는 일,
집에서 효도하고 나라에 충성일세.

삶의 참뜻 찾아내면 죽음으로 지킬터,
사람을 못섬기면 어이 귀신 섬기리.
만물이 모두 나에게 갖추어 있나니,
높은 뜻 힘찬 용기 길이 감동하도다.

사랑과 공경은 착한 마음씨,
날내고 씩씩함은 위대한 정신.
정성도 의리도 모두 한이 없는 것,
사람의 도리에 어찌 끝이 있으리.

주역은 역사 보는 거울이니,
지난 자취 더듬어 새로운 길 아네.

앞차가 쓰러진 데 뒷차의 조심
저 일을 생각하면 이것 먼저 하소.

하늘의 운수야 돌고 도는 것,
사람의 생각도 한결같지 못해라.
모였다가 흩어지는 것 한마당이요,
왔다가 가는 것 한철이로세.

흥한 사람 따라가면 점점 흥하려니와,
망한 사람 따라하면 모두 망할터.
갈림길의 한발자욱에 눈물 흘리고,
새벽녘의 첫 생각에 서기 서리도다.

먼저 보고 앞에 가도 하늘 어기지 말고,
뒤에 따라 나중에 가도 때를 받들지라.
가깝고 쉬운 일에 도움이 많으니,
한낮의 햇볕 있을 제 있는 힘 다하라.

상경(上經)

　주역에 있어서 주(周)는 나라 이름이요, 역(易)은 책 이름이다. 그 범례는 괘도(卦圖)를 앞에 그려 놓고 그림의 상징적 의미를 논리적으로 해설하고 구조적으로 해명하여 운동법칙을 판단하는 내용이다. 세 금으로 그은 괘는 본래 복희(伏羲)가 만든 8괘요, 여섯 금으로 된 괘는 8괘를 거듭 겹쳐서 64괘로 만든 것이다. 거기에는 자연변화의 논리인 변역(變易)과 이동변화의 논리인 교역(交易), 그리고 내부구조변동의 논리인 착역(錯易)과 외부상황변동의 논리인 종역(綜易)의 뜻이 있으므로 역(易)이라고 하였다.

　주역책의 원문은 문왕이 지은 괘사(卦辭)와 주공이 지은 효사(爻辭) 그리고 공자가 해설한 열 가지 전(傳)이다. 이와 같은 주역의 논리체계를 완성한 시대가 주나라였기 때문에 주역이라고 하였고, 책의 분량이 크고 무거워서 상·하 두 권으로 나누었는데, 이 책을 만든 복희·문왕·주공·공자가 모두 거룩한 성인으로 인류의 사표이기 때문에 경(經)으로 높여서 영원한 진리임을 증명하였다.

1 건(乾)괘

1-1-1 ──────────────────── 乾은 元하고 亨하며 利하고 貞하니라.

『하늘은 크게 시작하고 길이 형통하며 널리 유익하고 바르게 지키느니라.』

● 건(乾)은 하늘의 진리이다. 옛날에 복희가 8괘를 처음으로 그려 하늘·땅·사람의 3극(三極)의 도(道)를 모두 갖추어 밝혔다. ━은 홀수인데 양(陽)의 상(象)이요, 그 성질은 동(動)하며 강(剛)하고 인(仁)하니 양효(陽爻)가 셋이 겹치면 강건하고 명료하며 장구한 하늘을 상징한다. 하늘이란 우주의 무궁한 조화(造化)의 전체를 말하는데 그 구조적인 특성에 따라 나누어 보면 만물을 창조하여 주재하는 것을 상제(上帝)라고 하고, 만물의 근원인 절대본체를 태극(太極)이라고 하며, 형상으로 나타나서 조화(造化)하는 것을 천(天)이라고 하며, 그 변역유행(變易流行)하는 것을 도(道)라고 하며, 그 전체를 대통(大統)하여 남김이 없는 것을 건(乾)이라 한다. 그러므로 건은 강건하고 중정(中正)하며 순수한 힘으로서 일체의 만물을 남김 없이 통일하여 주재한다.

여섯 금으로 된 6획괘(六畫卦)는 세 금으로 된 8괘에 8괘를 거듭 포개어 64괘가 이루어진 것으로 하괘(下卦)는 덕성괘(德性卦) 또는 내괘(內卦)라고 하고, 상괘(上卦)는 사업괘(事業卦) 또는 외괘(外卦)라고 하여 그 상하종시(上下終始)와 내외본말(內外本末)의 관계

구조가 상세히 드러나므로 3획괘를 소성괘(小成卦)라 하고 6획괘를
대성괘(大成卦)라고 한다. 그러므로 소주(小註)의 건(乾)은 소성괘
의 이름이요, 경문(經文)의 건(乾)은 대성괘(大成卦)의 이름이다.

  여섯 효(爻)가 모두 양수(陽數)인 건괘(乾卦)는 그 체(體)가 전체
적으로나 개체적으로나 모두 건실하고, 그 상(象)이 내면적으로나
외부적으로 모두 완전하며, 그 성질이 과거나 현재나 미래가 모두
안정하여 처음에서 끝까지 하나로 일관하고 위에서 아래까지 모두
명철하므로 지극히 높고, 지극히 성실하고, 지극히 밝고, 지극히 신
비한 하늘을 상징한 것이다.

  여섯 획을 각 효마다 분석하여 구체적으로 분수(分數)를 밝혀 전
체적인 조화의 구조를 살피기 위하여 각각의 효에 이름을 붙였는바,
아래에서부터 차례로 위로 올라가면서 제일 아래에 있는 획을 초효
(初爻), 그 다음 획을 2효(二爻), 그 다음을 3효(三爻), 그 다음을 4
효(四爻), 그 다음을 5효(五爻), 가장 위에 있는 획을 상효(上爻)라
고 하는데 64괘가 모두 이와 같다. 초효는 음양양의(陰陽兩儀)를 상
징하고, 2효는 태양·태음·소양·소음의 사상(四象)을 상징하고, 3
효는 건(乾)·태(兌)·리(離)·진(震)·손(巽)·감(坎)·간(艮)·
곤(坤)의 8괘를 상징하며, 4효는 16영(營)을 상징하고, 5효는 32궁
(宮)을 상징하고, 상효는 64괘를 상징한다. 양(陽)은 생수(生數)의 1
과 3과 5를 합치면 9가 되는바 이는 양효(陽爻)의 실체수요, 성수
(成數)는 7이 소양(少陽)이요 9가 노양(老陽)이니 그 변역을 숭상하
여 작용수인 9로 표시하는바 건괘(乾卦)의 각 효에 이름을 붙이면
처음 효는 초9(初九)라고 하고 둘째 효는 92(九二), 셋째 효는 93
(九三), 넷째 효는 94(九四), 다섯째 효는 95(九五)라고 하며, 맨 위
의 효는 상9(上九)라고 하는데, 초효와 상효는 자체능력보다도 처지
의 상황이 중요하므로 초(初)와 상(上)이 9(九)보다 앞에 놓이고 2·
3·4·5는 위치보다도 자체능력이 중대하므로 9가 앞에 놓인다.

  경문(經文)은 문왕이 괘체(卦體)를 보고 한 괘의 대상(大象)을 밝
힌 것이다. 원(元)은 크게 시작한다는 뜻이요, 형(亨)은 길이 형통한
다는 뜻이며, 리(利)는 공평하게 유리하다는 뜻이며, 정(貞)은 바르
고 굳게 지킨다는 뜻이니 처음과 끝을 크게 힘주어 말한 뜻을 깨달

아야 할 것이다. 정확한 끝을 머금은 시작이 큰 시작이니 그 원기가
일관하는 데서 길이 형통함도 널리 유익함도 모두 갖출 수가 있는
것이다. 따라서 네 가지 도(道)는 곧 하나의 도요, 둘로 나누면 원형
(元亨)은 양도(陽道)이고, 리정(利貞)은 음도(陰道)이다. 하늘이 무
슨 말을 하는가? 그러나 네 철은 돌아가고 만물이 생성하는 이치는
뚜렷하다. 그러므로 주역(周易)은 건원(乾元)이 먼저요 춘추(春秋)
는 왕정(王正)이 처음이니 힘차게 시작함보다 큰 것이 없고 바르게
끝내는 것보다 어려운 일이 없는 까닭에 성인은 진리를 밝힘에 먼저
하늘의 원형리정(元亨利貞)하는 자연의 대도를 분명히 밝혔다. 이는
지도자의 길이요, 아버지의 길이며, 남편의 길인데 강건한 용기, 중
정(中正)한 인애(仁愛), 순수한 지성을 고루 갖추어야만 이룩할 수
있는 것으로 말없이 감화하고 자연스럽게 실천하는 덕(德)이다.

1-2-1 ──────────────────────── 初九는 潛龍이니 勿用이니라.

『초9는 잠복한 용이니 쓰지 말지니라.』

　☯ 효사(爻辭)는 주공(周公)이 밝힌 것이다. 초9는 제일 아래 양효
(陽爻)의 이름으로 위상과 실체가 일치하여 정위(正位)가 되어 있으
며 바르게 시작하고 있다. 그러나 바르게 시작해도 힘차게 시작하려
면 힘을 축적해야 된다. 용은 자기 기운을 뿜어 구름을 이루어 타고
다니면서 뜻대로 비를 내려 만물을 윤택하게 하는 까닭에 건(乾)의
상(象)과 같다. 그러나 이제 처음으로 싹이 튼 양기는 아직 어리고
때가 되지 않은 일은 성공할 수가 없는 것이다. 더욱이 위로 다섯
양효(陽爻)가 강성하여 초효(初爻)의 도움이 필요치 않을 뿐만 아니
라 미래의 주역(主役)을 교양해야 하므로 초9는 깊이 숨어서 힘을
기르고 도를 닦아야 한다.

1-2-2 ──────────────────── 九二는 見龍在田이니 利見大人이니라.

『92는 나타난 용이 밭에 있음이니 큰 사람을 만나 보는 것이 이로우니라.』

❂ 주역은 구조 속에서 판단한다. 시대가 요구하는가, 아닌가? 자기의 역량은 구비했는가, 아닌가? 상황이 급박한가, 평탄한가? 등등의 주어진 조건 아래에서 그 행동원칙을 결단한다. 그러므로 자기 개체의 의지보다는 전체의 요구가 앞서고 현재의 체계보다는 미래의 변화가 중시된다. 따라서 자기의 분수를 고집하기보다는 하늘의 뜻을 따라야 하는 의리가 있고 옛 것을 지키기보다는 새로운 것을 창조해야 하는 사명이 있다.

현용(見龍)은 실천하는 능력이요, 재전(在田)은 사회참여이다. 92(九二)는 양체(陽體)의 능력을 갖추고 중효(中爻)에 있어 일할 때를 맞이하여 강중(剛中)이 되었다. 훌륭한 자질에다 좋은 때를 만나서 주변에 보는 사람들이 흠모하여 마지않고 또한 기대함이 크다. 이와 같은 인물이 초야에 있어서는 큰 공을 세울 수가 없으니 큰사람을 만나 힘을 합치면 능히 큰 사업을 완수하여 공덕이 인류에게 미치게 될 것이다.

92의 강인불굴(強靭不屈)의 의지와 호연(浩然)하여 막히지 않은 기상과 전능명철(全能明哲)한 역량은 날랜 사나이요 솜씨 있는 선비이다. 마땅히 하늘의 뜻을 따라 아름다운 새 세상을 창조하는 데 있는 힘을 다 써야 한다. 대인이란 소아를 버리고 대아를 자각한 사람이다. 만일 큰 사람을 만나지 못하면 홀로라도 매진해야지 소인모리배와 더불으면 도리어 큰 재앙이 있다.

1-2-3 ──────── 九三은 君子가 終日乾乾하야 夕惕若하면 厲하나 无咎리라.

『93은 군자가 종일 씩씩하게 일하여 저녁에도 두려운 듯하면 위태로우나 허물은 없으리라.』

❂ 93은 양효(陽爻)로서 양위(陽位)에 있어 정위이나 너무 강한데

다 중(中)에서 지나가 때가 이미 지나가 버렸고 하괘의 상효에 위치하여 지방자치단체의 장으로서 책임이 무거울 뿐만 아니라 상괘에 응(應)이나 비(比)도 없어 도움을 받을 길도 없으니 위태롭기 그지없는 구조 속에 있다. 군자는 언제나 직분을 다하는 사람으로 다행히 양강(陽剛)의 예기(銳氣)가 있으니 있는 힘을 다하여 책무를 완수하고도 조심겸양해야만 군자로서 허물을 남기지 않을 것이다. 강골(强骨)이 권세도 없이 책임만 막중하고 위 아래로 전혀 도움이 없는 상이다. 그러나 벼슬의 직위가 있는 군자는 이러한 때에도 자기 책임을 다한다. 무(无)자는 무(無)자의 옛 글자이다.

1-2-4 ──────────────────────────── 九四는 或躍在淵이니 无咎리라.

『94는 혹 뛰거나 연못에 있으니 허물이 없으리라.』

☯ 94는 양체(陽體)로 음위(陰位)에 있어 부정위(不正位)요 상괘(上卦)의 하효(下爻)이므로 아직 때가 오지 않았다. 그러나 위로 95의 지도자를 보필하고 아래로 초9의 대중을 보호할 위치에 있으므로 능굴능신(能屈能伸)하여 위로 하늘의 뜻을 따라 윗사람을 보필하고 아래로 대중의 생활 속에 파고들어 공론을 따라야만 허물이 없다. 뛰는 것은 천도(天道)를 지향함이요 연못은 대중 속에 함께함이다.

94는 부정위요 부중(不中)이라 비록 양강(陽剛)한 실체(實體)이나 굴신은현(屈伸隱顯)의 절도를 잃을 염려가 있으므로 혹자를 앞에 놓아서 가정법을 썼다. 만일 때를 따라 나타나 천리(天理)의 정도를 주장하고 직분을 지켜 널리 민중의 공론을 살핀다면 동과 정이 천도에 합치고, 강(剛)과 유(柔)가 형세에 알맞으며, 인(仁)과 의(義)가 인정에 공감하여 비록 독자적인 성공은 없지만 허물은 남기지 않을 것이다.

1-2-5 ──────────────────────────── 九五는 飛龍在天이니 利見大人이니라.

『95는 나는 용이 하늘에 있음이니 큰사람을 만나 봄이 이로우니라.』

◐ 95는 건괘(乾卦)의 괘주(卦主)이다. 양체로 양위에 있어 강건한 덕을 갖추었고, 또 강중(剛中)이 되어 능력이 무한하고 때를 얻었으니 그 현실을 조절하여 이상세계를 건설하는 주역으로 중앙정부의 지도자이다.

날으는 용은 자유자재하고 하늘에 있음은 일체의 사물을 통일하여 어거한다. 그러나 온 세상의 일을 모두 혼자서 잘할 수는 없는 까닭에 멸사봉공하며 다재다능한 어진 사람의 보필이 있어야 하므로 큰사람을 만나 봄이 이롭다고 하였다.

여기에서 큰사람은 신진정예의 92를 말하는 것이다. 대개 하나의 전체적인 구조가 활발한 생동력을 계속 유지하기 위해서는 원로의 보수적인 경험체계와 신진의 진취적인 이상논리가 항상 배합되어야 하므로 고귀한 상괘의 중효인 95와 비천한 하괘의 중효인 92가 서로 틈이 없이 밀접하게 연대한 가운데 전체의 조화가 이룩되고 무궁한 발전을 도모할 수 있다고 보는 것이다.

착함은 혼자 착한 것보다 여럿이 함께 착한 것이 더욱 좋고, 일은 혼자 하는 것보다 여럿이 함께 하는 것이 더욱 즐겁고, 공도 혼자 세운 것보다 여럿이 함께 세운 것이 더욱 오래 가므로 전지전능한 95라고 할지라도 혼자서 천하의 일을 모두 독단해서는 안되고 반드시 여러 어진이를 모두 찾아 등용해야 한다.

1-2-6 ———————————————————— 上九는 亢龍이니 有悔리라.

『상9는 지나치게 올라간 용이니 뉘우침이 있으리라.』

◐ 상9는 양체로 음위에 있어 부정위요, 한 괘의 가장 위에 있으므로 때가 모두 지나간 종극에 다달은 위치에 있어 바야흐로 종말이 눈앞에 와 있다.

너무 강경하여 주위에 따라오는 사람이 없고 넘어가는 위세에 아래에서 두려워하는 이가 없는지라 자기의 생각과는 달리 전반적인 조직의 틀 밖으로 밀려나게 된다. 지난날의 공명이 모두 부질없이 한때의 꿈으로 사라지고 마니 말년의 잘못된 처신이 후회스럽게 된다. 이것이 모두 용퇴가 늦어진 까닭이니 흥망성쇠의 도(道)와 진퇴존망의 이치에 어두웠기 때문이다.

1-2-7 ──────────────────────── 用九는 見群龍하되 无首면 吉하리라.

『9를 씀은 뭇 용을 보되 우두머리가 없으면 길하리라.』

◑ 9는 양효의 이름이다. 9를 쓴다는 것은 양명(陽明)의 도, 순강(純剛)의 힘을 씀이요, 이에는 반드시 전체적인 조화을 관찰하여 군룡(群龍)의 자발적인 협력을 얻되 혼자만 앞에 나서서 독단하거나 독주함이 없어야 길하다고 하였다.

대저 양성(陽性)은 활동적이고 강건하여 대체(大體)를 봄에 원칙에 철저하고 소체(小體)를 말함에 명분에 집착하는 까닭에 현실의 조화와 각개의 실정을 소홀히 하게 될 격정이 있다. 그러므로 양명(陽明)한 도와 순강(純剛)한 힘을 쓸 때에는 반드시 전체의 공화에 힘쓰고 각각의 사정을 이해하는 지도자의 민주적 양식이 필요하다.

1-3-1 ─────── 彖에 曰大哉라 乾元이여 萬物이 資始하나니 乃統天이로다.

『단전에 말하기를 크도다 하늘의 큰 시작이여! 만물이 바탕하여 비롯하나니 이에 하늘을 거느리도다.』

◑ 단(彖)은 문왕이 밝힌 괘사요 단전(彖傳)은 공자가 경문을 해석한 말씀이다. 여기에서 단이라고 함은 단전을 일컬음이다. 문왕은 건도(乾道)의 원형리정(元亨利貞)함을 밝혔는바, 공자는 건(乾)의 원

(元)이야말로 천지창조의 원리요 천지개벽의 원기로서 만물이 생성되는 근원이니 곧 현상세계를 통리(統理)하는 실리(實理)이며, 우주를 주재하는 힘이라고 하였다. 그러므로 이 세상에 하늘보다 오래가는 것이 없고 양기보다 굳센 것이 없는 까닭에 오직 공리(公理)만이 영원하고 선덕만이 꺾이지 않는 것이다.

공자는 하늘의 처음을 이와같이 절대의 원리요 무궁한 힘이며 생명의 실체로 파악하였다. 이것은 천지창조의 원동력이 바로 우주의 본체요 하늘땅의 도이며 만물의 생명력이라는 뜻이다.

1-3-2 ──────────────────────── 雲行雨施하여 品物이 流形하느니라.

『구름이 떠돌아 비가 내려서 온갖 사물이 모양새를 펼치느니라.』

◉ 건(乾)의 형통하는 도를 해석하였다. 하늘의 조화는 운수(運數)가 있으니 춘하추동의 사계절이 운행하여 밤과 낮이 교대하고 추위와 더위가 반복하며 해와 달이 바뀐다. 천시(天時)의 변화에 따라 현상의 만물은 유전변화하는데 양기가 발동하여 성장하면 극성한 음기가 물러가기 시작하고, 양기가 자라서 극성하면 또다시 음기가 엉겨들기 시작하여 점점 자라게 된다. 이와같이 음양의 소장왕래(消長往來)의 현상 속에 만물은 각각 때에 따라 자기 발전을 이룩하는데 원기를 얻으면 길이 삶을 누린다. 봄에 눈튼 새싹이 여름에 자라는 것처럼 하늘의 조화에 따라 바람이 흔들어 주고 비가 적셔 주는 자연조건이 갖추어지면 만물은 각각 하늘로부터 받은 스스로의 본성과 재질에 따라 자기의 모양을 온전히 펼친다.

1-3-3 ─── 大明終始하면 六位時成하나니 時乘六龍하야 以御天하느니라.

『마침과 비롯을 크게 밝히면 여섯 자리가 때로 이루어지나니, 때로 여섯 용을 타고서 하늘을 어거하느니라.』

☯ 현상세계의 일체만유는 본체계의 도(道)인 형이상의 진리와 현상계의 기수(氣數)인 형이하의 체계 속에 있다. 따라서 시간의 변역과 공간의 위치와 자체의 성능에 따라 본질적으로 본말·상하·내외·전후·좌우의 구조에서 존재하고, 대소·다소·경중·장단·강약의 관계에서 생성한다. 그러므로 사물 자체의 모습은 그 구조관계의 전체에서 확인되는 것이요 그 처음부터 끝까지의 모든 발전 실상에서 자기주체를 인식하는 것이다.

그 마침과 시작을 크게 밝힘은 그 구조의 전체를 확인함이요 그 관계의 실상을 인식함이니, 원(元)의 시원(始源)과 정(貞)의 종극(終極)을 모두 통찰하면 시작하는 조리(條理)와 끝내는 조리가 있는 바, 건괘의 여섯 효는 각각 그 시작하는 때의 법칙과 성장하는 때의 법칙과 왕성한 때의 법칙과 물러나는 때의 법칙에 따라 여섯 자리가 그때마다 이루어진 것으로 때가 변화함에 따라 여섯 가지 권능을 발휘하여 자기 모습을 완성하고 우주를 경영하는 것이다. 이것이 전체를 통일하는 대동사상이요, 그 가운데서 때와 장소와 분수에 알맞게 행동하는 중용(中庸)의 도이니, 처음부터 끝까지 한 가지 윤리만을 주장한 것이 아닌 변역의 철리(哲理)이다.

1-3-4 ─────── 乾道變化에 各正性命하나니 保合大和하야 乃利貞하니라.

『하늘의 도가 변화함에 각각 본성과 천명을 바르게 하나니 큰 조화를 그대로 합하여 이에 널리 이롭고 바르게 지키니라.』

☯ 건도(乾道)는 원형리정(元亨利貞)이요, 변(變)은 점점 달라짐이며, 화(化)는 달라져서 오래되어 굳어짐이다. 성(性)은 하늘로부터 타고난 존재원리요, 명(命)은 하늘이 날 때부터 정해 준 생성한계이다. 보합(保合)은 현재 그대로 합침이요, 대화(大和)는 커다란 전체적인 조화이다.

절대지상의 하늘의 도가 원형리정으로 변화함에 봄, 여름, 가을, 겨울의 네 철이 흘러 바뀌어 갈 때 모든 사물은 각각 그때에 알맞게 스스로의 성분(性分)과 자기의 천명을 바르게 이룩한다. 봄에는 나서 여름에는 자라고 가을에는 거두어서 겨울에는 감추어 두는 것처럼, 시간의 변화에 따라 각각 자기의 본래 모습을 바르게 펼쳐가므로 이에 만물은 모두 서로 달라 가지런하지 않으니 다양한 종류와 특이한 재질의 천차만별이 나타나 신비로운 현상세계를 이루고 있다. 이것이 모두 자기 스스로의 본래 모습인즉, 거기에는 그 존재의 원리와 하늘의 뜻이 감추어져 있는 것이다.

삼라만상은 각각 서로 다르면서도 대자연의 오묘한 조화를 이루고 있는바, 그 전체의 구조 속에서 제 모습을 온전히 하여 그대로 합쳐 함께 생성변화하므로 이에 공공의 이익을 거두고 자체를 바르게 지킬 수가 있는 것이다.

1-3-5 ——————————————————— 首出庶物에 萬國이 咸寧하느니라.

『온갖 만물에 으뜸이 나옴에 일만 나라가 모두 편안하느니라.』

◉ 하늘은 천지만물을 자유롭게 주재하고 정의로운 국가원수는 인류평화를 주도한다. 그러므로 하늘의 도가 먼저 있어서 만물이 그 도를 바탕으로 활발하게 자기 본의를 완수하는 것처럼, 정의로운 국가원수가 먼저 나와 인류를 사랑하고, 온세상의 일을 알며, 일체 만물을 포용하게 되면 인류의 희망이 되고 마침내 천하정의의 주체가 되어 평화로운 세계를 건설함으로써 만국이 모두 편안하게 되는 것이다. 이는 하늘이 사람을 내었으므로 사람은 또한 하늘을 본받아야 하는바, 하늘과 사람이 하나의 이치임을 밝힌 것이다.

1-4-1 ————————— 象에 曰天行이 健하니 君子는 以하여 自彊不息하느니라.

『상전에 말하기를 하늘의 운행이 씩씩하니 군자는 본받아서 스스로 힘써 쉬지 아니하느니라.』

◑ 상(象)은 괘의 상하 양괘의 상과 6효의 상을 밝힌 것으로 주공이 판단한 말씀이다. 상전(象傳)은 공자가 그것을 해석한 말씀인데 여기서의 상은 공자가 한 괘의 전체적인 의미를 해설한 대상전과 효사를 해설한 소상전을 합친 말씀이다. 천(天)은 건(乾)의 상이요 천행(天行)은 해와 달과 별의 운행으로 하루의 12시, 한달의 30일, 일년의 12월, 일세(一世)의 30년, 일운(一運)의 12세, 일회(一會)의 30운, 일원(一元)의 12운의 일정한 주기를 말한다. 이와같이 일정한 운행궤도가 있음이 바로 씩씩함이다.

하늘은 스스로 영원한 실리(實理)의 주체인 까닭에 무궁한 운행을 계속하는데, 인격을 갖춘 군자도 사욕을 버리고 도심(道心)을 간직하여 간단없이 힘써서 쉬지 않고 새로워지려고 노력한다. 건괘는 상괘도 건이요 하괘도 건이니 건실의 연속이다. 사람이 선천(先天)의 날이 오늘의 이 날과 같고 후천(後天)의 날도 오늘의 이 날과 같음을 깨닫는다면 한순간도 본심을 잃을 수가 없는 것을 알 것이다.

1-4-2 ———————————————————————— 潛龍勿用은 陽在下也요

『잠복한 용이니 쓰지 말라는 것은 양이 아래에 있음이요』

◑ 초9는 자기 본질이 건실한 성능(性能)과 신진의 예기(銳氣)를 가지고 있어 무한히 발전할 수 있는 조건을 모두 갖추었으나 아직 어리고, 그가 처한 상황은 전체의 구조 속에서 가장 비천한 자리이므로 큰 일을 하기에는 아직 어려서 감당할 수 없고 작은 일에 쓰기에는 그 재질이 아깝다. 그러므로 무한한 가능성이 있는 양체(陽體)로서 신분이 낮은 자리에 있으니 쓰지 말고 스스로 힘을 기르면서 때를 기다리라고 하였다.

『나타난 용이 밭에 있음은 덕을 베품이 넓음이요』

◐ 92는 초야에서 학문을 완성하고 인격을 수양했을 뿐인데 이미 인간의 활동영역인 밭이라는 사회에서 명망이 알려졌으니 이는 오로지 밝은 덕을 널리 실천한 결과이다. 초야의 선비나 젊은 사나이는 아직 벼슬도 권세도 돈도 명예도 없으니 오직 높은 인애(仁愛)정신과 넓은 학문지식과 힘찬 실천의지로써 큰 덕성을 밝혀 마침내 대인의 덕을 이룩하여 천하의 대도를 자임하고, 천하의 대도를 자임할 때에 천하의 의로운 지도자를 찾아보게 되는 것이다.

『하루 종일 씩씩하게 일함은 도리를 반복함이요』

◐ 93은 하괘의 상효로 학문을 완성했으나 때가 이미 지나갔고, 지위는 낮은데 책임만 무거워서 공을 세울 만한 일거리도 없고 이름을 얻을 만한 바탕도 없으니 다만 자기 직무에 충실할 따름이다. 이에 스스로의 도리를 반복하여 남김없이 수행함으로써 비록 위태로운 자리이나 허물을 없게 할 수 있는 것이다. 일에는 크고 작은 것이 있으나 도리에는 크고 작은 것이 없으니 작은 일을 소홀히 하여 작은 도리를 그르칠 때에 군자의 허물이 뚜렷이 나타난다. 이것이 93의 군자가 작은 일, 낮은 자리에서 저녁에까지 두려워하는 까닭이다.

『혹 뛰거나 연못에 있음은 올라감이 허물이 없음이요』

◉ 94는 95를 보필함에 수레의 두 바퀴와 같고 새의 두 날개와 같다. 어진 국가원수는 어진 내각총리를 만나야 나라를 바르게 다스릴 수가 있다. 국가원수는 하늘의 뜻을 받들어 정치를 주재하고, 내각총리는 백성의 마음을 살펴 행정을 주관해야 아름다운 나라를 세울 수 있는 것이다.

94가 95보다 학문이 높아도, 재질이 아름다워도 상관 없는 것이며, 심지어 공덕이나 명망이 더 높다고 해도 95에게는 훌륭한 인재를 찾아 등용했다는 미덕이 실증되는 것으로 아무런 꺼리낌이 없는 것이다. 또한 94의 현능(賢能)함이 확인되면 비록 일을 모두 위임하고 자리를 물려주더라도 95의 백성을 사랑하고 나라를 걱정하는 어진 덕은 아무런 손상을 받지 않는 까닭에 94는 어짐을 절대로 감출 필요가 없는 것이다. 그러나 94의 역량이 95에 미치지 못할 때에는 95의 뜻을 성실히 받들어 민중의 생활 속에 함께 있어야 한다.

1-4-6 ——————————————————— 飛龍在天은 大人造也요

『나는 용이 하늘에 있음은 큰 사람이 만듦이요』

◉ 주어진 운명 속에서 순종하며 사는 것은 하찮은 미물이며 힘 없는 민초이다. 하늘은 만물을 창조하고 국가의 원수는 국운을 개척한다. 큰사람은 스스로 현실을 조절하여 국가를 경영하고 사업을 시행하여 물질을 생산한다. 사람은 원래 하늘의 피조물이지만 현상세계의 경영자는 오히려 인간이다. 국가사회의 최고 지도자는 마땅히 스스로 자연의 조건에서 해방되고, 인간의 제약을 벗어나며, 제도의 법망을 혁파하여 한없이 자유롭고 활달한 국가사회를 창조해야 한다.

1-4-7 ——————————————————— 亢龍有悔는 盈不可久也요

『너무 지나친 용이 뉘우침이 있음은 가득함은 오래갈 수 없음이

건괘 97

요』상경

◉ 양이 극성하면 음이 생기고 음이 극성하면 양이 생기니, 소양
(少陽)이 자라서 노양(老陽)이 되면 바뀌어 소음(少陰)이 되고 소음
(少陰)이 자라서 노음(老陰)이 되면 변하여 소양이 된다. 그러므로
해가 한낮이 되면 곧 기울고, 달도 차면 기우니 상9는 이미 너무 지
나치게 올라와서 물러가야만 되는 종말에 왔으니 오래갈 수가 없는
것이다. 해가 한낮이 되는 것은 하루에 한때뿐이요 달이 가득 차는
것은 한 달에 하루뿐이다.

1-4-8 ──────────────────────────── 用九는 天德은 不可爲首也나니라.

『9를 씀은 하늘의 덕은 우두머리가 될 수 없느니라.』

◉ 양덕(陽德)은 지인용(知仁勇)을 남김없이 갖추어 스스로 실리
(實理)를 온전히 간직했으므로 마땅히 하늘의 덕을 본받아 나타나지
않고도 뚜렷하고, 움직이지 않고도 변화시키며, 하는 것이 없이 이룩
하는 지극한 덕을 길러야 한다. 군자가 강건하고 명철한 양의 도를
씀에 앞에 나타나서 술선수범하여 나를 따르라고 요구하는 것보다
는 뒤에 물러나서 자유로운 분위기와 균등한 기회를 만들어 주어 말
하지 않아도 자발적으로 떨쳐 일어나 협력하며, 시키지 않아도 능동
적으로 이룩하는 자연의 덕을 베풀어야 소리도 없고 냄새도 없는 지
극한 덕을 이루어 대동공화의 세계를 건설할 수 있는 것이다.

1-5-1 ──────────────── 文言曰 元者는 善之長也요 亨者는 嘉之會也요
利者는 義之和也요 貞者는 事之幹也니

『문언에 말하기를 큰 시작은 착함의 으뜸이요, 길이 형통함은 아
름다운 모임이요, 널리 이로움은 정의에 알맞음이요, 바르게 지킴은
일의 줄거리이니』

◉ 문언(文言)은 조리문채(條理文彩)가 나는 말씀이다. 오직 건괘와 곤괘에만 이 글이 있는데 건괘의 문언은 해석체(解釋體)요 곤괘의 문언은 찬미체(贊美體)이다. 이것은 건도(乾道)는 완전한 원칙이므로 평범하고 상식적인 진리인 까닭에 감격이 없고, 곤도(坤道)는 신묘한 생리이므로 오묘한 변칙인 까닭에 감격스러운 때문이다. 건곤은 역의 문호인 까닭에 공자가 큰 뜻을 모두 밝히기 위하여 문언을 붙인 것으로 천리의 자연과 인사(人事)의 당위가 본래 둘이 아니고 하나로 꿰뚫어 통함을 밝혔으니 경문에 자(者)자는 모두 강조사이다.

원(元)의 큰 시작은 끝내는 법칙을 내포하고 있는 시작의 원리이며, 끝내는 힘을 보존하고 있는 시작의 원기(元氣)이다. 이것은 만물을 살리는 하늘의 뜻이요 인류를 기르는 성인의 마음이니 일만 가지 착함 가운데서 가장 으뜸이다. 형(亨)의 길이 형통함은 두루 막힘이 없는 구조이니 분수에 알맞고 상황에 적응하여 생기발랄하게 삶을 이룩하는 것이다. 사랑하고 존경하며 능동적으로 현실사회에 적극 참여하여 밝은 국가사회를 세우는 아름답게 모이는 진리이다.

리(利)의 널리 유익함은 스스로의 성분(性分)과 직분을 완수하여 공생공영하는 원리이다. 그리고 자기를 완성하고 만물을 성취시키는 의리에 알맞음이다. 이미 개체의 생존은 전체의 집단구조 속에서 영위되었으니 자체의 성공은 곧 전체의 것이 된다. 사리사욕을 버리고 공리를 앞세워 그 과실(果失)을 사회에 되돌려 주어야 하는 의리가 있으며, 바르게 지키는 것은 하나의 끝을 분명히 맺어야만 다시 발전할 수 있는 힘을 모을 수 있다. 한번 활동하면 한번 쉬고, 한때 번창하면 한때 시드는 것이므로, 재생력을 간직하려면 종말의 시기에 힘을 감추어 남겨 두어야 한다. 영원히 되풀이하는 것이 하늘의 본래 모습이니 개체도 하늘처럼 영구하게 발전하려면 하루, 한달, 일년을 언제나 바르게 끝내는 하늘의 때처럼 만사에 줄거리를 바르게 지켜야 하며 남은 힘을 두고 끝내야 한다.

이와 같은 건도의 '원형리정'의 진리를 계절에 비교하면 원(元)은 봄이요, 형(亨)은 여름이며, 리(利)는 가을이요, 정(貞)은 겨울이다. 사람의 본성에 분류하면 원은 인(仁)이요 형은 예(禮)이며, 리는 의

(義)요 정은 지(智)이며, 오행의 방위에다 나누어 배치하면 원은 동
방목(東方木)이요, 형은 남방화(南方火)이며, 리는 서방금(西方金)
이요, 정은 북방수(北方水)이며, 중앙토(中央土)는 그 속에 분포된
다. 원형(元亨)은 군품(群品)을 전파하고 리정(利貞)은 영근(靈根)
을 튼튼하게 하나니, 원형은 양도요 리정은 음도이나 원의 원리와
원기가 형리정(亨利貞)에 하나로 꿰뚫어 유행하니 모두 하나의 건원
(乾元) 속의 변화일 뿐이다.

통일체의 원리는 하나이나 분수체(分殊體)의 조리는 많은 것이요,
태허청일(太虛淸一)한 원기는 한 가지이지만 만물국한(萬物局限)된
기질은 서로 다르다. 그리하여 주역은 공동체속에서 각각 서로 다른
분수를 밝히는 공동분수(共同分數)의 논리를 발명한다.

따라서 태극의 절대진리가 음양의 상대진리와 둘이 아니요, 만물
존재원리의 불역(不易)하는 이치와 만물 생성원리의 변역(變易)하
는 이치가 다르지 않으니 태극의 리(理)는 음양의 기(氣)와 묘합(妙
合)하고 불역의 실체는 변역의 작용을 본유(本有)하고 있다.

1-5-2 —————————————————————— 君子가 體仁이 足以長人이며

『군자가 인간성을 주체로 함은 사람에게 훌륭한 어른이 될 것이
며』

◉ 군자는 대아(大我)의 실체인 천명을 자각한 사람이다. 인간의
본성인 인덕(仁德)을 주체하여 안팎이 선덕으로 넘치고 처음과 끝이
공명한 이치로 뚜렷하다면 충분히 사람을 사랑하고 일을 바르게 하
여 사람들의 어른이 될 수 있을 것이다.

1-5-3 —————————————————————— 嘉會가 足以合禮며

『모임을 아름답게 함이 분명히 예절에 합할 것이며』

◐ 모임은 서로 관계를 맺어 공동사회를 이룩함이요, 인권을 존중하여 개인의 자유와 전체의 평등이 보장되고 사랑과 공경의 자율적인 조화가 이룩된 모임이다. 그러므로 서로의 인격을 존중하고 스스로 행동을 절도있게 하여 사양하고 존경하고 감사하는 것이 곧 예절에 맞게 된다. 예절은 합리성을 찾는 것이므로 당위율인 예법은 곧 성리(性理)의 자연율에서 나온 것이다. 따라서 무리하거나 역리하면 곧 무례(無禮)요 비례(非禮)가 된다.

1-5-4 ───────────────────────────────── 利物이 足以和義며

『만물을 이롭게함이 확실히 정의에 일치하며』

◐ 만물은 하나에서 나와서 일만 가지로 갈라졌다가 또다시 하나로 돌아간다. 그러므로 소아(小我)의 사(私)는 한 순간의 부분이요, 대아의 공(公)은 영원한 전체이다. 내가 서고자 하면 남을 먼저 세우고, 내가 이루고자 하면 남을 먼저 이루게 하여 만물을 이롭게 함이 선공후사(先公後私)의 의리에 합당한 것이다. 하물며 자기완성을 하였다면 마땅히 선지선각(先知先覺)으로서 후지후각(後知後覺)을 깨우치고 이끌어야 할 의무가 있는 것이니 공공의 이익을 꾀함이 자기의무인 것이다.

1-5-5 ───────────────────────────────── 貞固가 足以幹事며

『바르게 지키고 굳음이 성공적으로 일을 주간하며』

◐ 광명정대하게 끝내는 것은 자기를 바르게 지킴이요, 재생력을 확고부동하게 감추어 숨기는 것은 지혜이다. 끝낼 곳에서 끝내는 용기와 시작할 데서 시작하는 식견이 능히 사업을 주간할 수 있는 것이다. 사업의 성공은 때를 맞추고 형세를 타는 데 있다. 물러갈 때를

알아 급류에서 용퇴하고 일어날 때를 알아 백척간두(百尺竿頭)에서
전진하는 높은 안목이 있어야만 능히 큰 일을 주간할 수 있다.

1-5-6 ─────────────── 君子는 行此四德者라 故로 曰乾元亨利貞이라.

『군자는 이 네 가지 덕을 실행하는 사람이라. 그러므로 말하기를
하늘의 도는 크게 시작하고 길이 형통하며 널리 이롭고 바르게 지킨
다고 하니라.』

☯ 군자는 천하국가에 책임을 맡은 지도적 위치에 있는 사람이다.
천하국가의 지도자는 마땅히 천도(天道)에 순응하고 인사(人事)에
달통하여 도덕을 바로잡고 산업을 개발하며 인민의 생활을 안락하
게 경영해야 할 책임이 있다. 그러므로 먼저 네 가지의 덕인 인의예
지의 인간성을 길러서 대아의 공리를 깨달아 실천해야 하는 것이다.
하늘은 원형이정의 도로써 만물을 살리고 군자는 인의예지의 덕으
로써 인민을 기르는 것이니 자연의 법칙이 곧 인간의 윤리이다.
　　이상은 단전(彖傳)의 대상(大象)을 거듭 밝힌 것이요, 이 다음의
절은 상전(象傳)의 소상(小象)을 다시 밝힌 것이다.

1-6-1 ─────────────── 初九에 曰潛龍勿用은 何謂也오
子가 曰 龍德而隱者也니 不易乎世하며 不成乎名하며
遯世无悶하며 不見是而无悶하야 樂則行之하고
憂則違之하야 確乎其不可拔이 潛龍也니라.

『초9에 말하기를 잠복한 용이니 쓰지 말라고 함은 무엇을 말하는
가? 공자가 말하기를 용의 덕으로서 숨은 사람이니 세태에 바뀌지
않으며 명리에서 이루지 않으며 세속에 숨어 살아도 번민이 없으며
옳게 여겨주지 않아도 고민이 없어서 즐거우면 따라가고 근심스러
우면 어기나니 확고한지라 그 뽑아낼 수 없는 것이 잠복한 용이니

라.』

　●용덕(龍德)은 스스로 말미암는 도심(道心)이니. 배우지 않아도
알고 익히지 않아도 잘하는 본디의 지능을 개발한 현능명철한 인격
이다. 은자는 초야에 숨어 사는 사람이요, 세(世)는 세태이며, 명
(名)은 명리이다.

　초9는 대인의 학문을 이제 완성하고 바야흐로 큰 뜻을 세웠으니
앞으로 양양한 미래가 있으므로 숨어서 때를 기다려야 한다. 따라서
눈앞의 세태에 연연하지 않고, 세속의 명리에 급급하지 않아 평범하
게 대중과 더불어 살면서 뜻을 굳게 지켜 굽히지 않은 것으로 즐거
움을 삼으니 세론에 흔들리지 않은 사람이다.

　정확한 자연법칙을 밝혀내어 우주의 실리를 깨닫고, 순수한 인간
의 양심을 살펴 사람의 참다운 삶을 알며, 인류역사의 발전법칙을
정확하게 보면 스스로 주체성이 서고 믿음이 있으리니 나타나고 숨
는 데 무슨 어려움이 있겠는가! 오직 사욕을 없애지 못한다면 부질
없는 충동을 이기지 못할 것이다.

1-6-2 ──────────────────── 九二에 曰 見龍在田이니 利見大人은 何謂也요
　　　　　　　　　　子가 曰龍德而正中者也니 庸言之信하며 庸行之謹하야
　　　　　　　　　　閑邪存其誠하며 善世而不伐하며 德博而化니
　　　　　　　　　　易에 曰見龍在田이니 利見大人이라하니 君德也니라.

『92에 말하기를 나타난 용이 밭에 있으니 큰 사람을 만나 봄이 이
롭다고 함은 무엇을 말하는가? 공자가 말하기를 용의 덕으로써 바르
고 때를 만난 사람이니 떳떳한 말이 믿음직하며 떳떳한 행실이 공경
스러워 사악함을 막아 그 성실성을 간직하며 세상을 착하게 했어도
뽐내지 않으며 덕이 넓어서 감화하나니 주역에 말하기를 나타난 용
이 밭에 있으니 큰 사람을 만나 봄이 이롭다고 하나니 임금의 덕이
니라.』

☯ 정(正)은 양체(陽體)가 양위(陽位)에 있고 음체가 음위에 있음
이다. 초효·3효·5효는 양이 정위요, 2효·4효·상효는 음이 정위
(正位)이며, 중(中)은 때를 만남이니 하괘의 중(中)인 2효와 상괘의
중인 5효를 중위(中位)라고 한다. 92는 양체로 음위에 있어서 정위
는 아니지만 용덕(龍德)의 실체를 갖추고 부드러운 자세로 일에 임
하니 내강외유하는 군자의 품격이 있는데다 공명정대한 양성(陽性)
으로 때를 만나 강중(剛中)이 되었으니 굽히지 않는 기질과 막히지
않는 지식과 차별없는 사랑으로 솜씨 있게 일할 수 있는 사람이다.

일을 함에는 시작이 중요하니 그 동기가 진실하지 못하면 힘차게
시작할 수 없고, 일을 함에는 방법이 중요하니 그 방법이 좋지 않으
면 떳떳하게 나갈 수가 없으며, 일을 함에는 목적이 중요하니 그 목
적이 아름답지 않으면 깨끗하게 끝낼 수가 없는 것이다. 그러므로
92는 일을 함에 광대공평한 도량으로 그 말과 행실에서 미리미리 사
악한 것이 감히 범접할 수 없도록 자기 몸을 간직하여 일을 추진할
수 있는 성실성을 항상 보존하며, 오로지 시대를 구원하는 스스로의
사명을 다할 따름이다.

개인의 공명을 돌아보지 않은 까닭으로 마침내 그 덕이 넓고 두터
워져서 세상을 교화하니, 세상에 이와 같은 선비가 있는 것은 마침
내 천하국가의 희망이요, 그 최고지도자의 덕이라고 하는 것이다. 천
하국가의 최고지도자는 어질고 능력 있는 이를 들어 써서 아름다운
인류사회를 세우는 책임이 있는바, 나타난 인재가 있어 만나주는 것
은 그 지도자의 덕이 이미 큰 때문이다.

1-6-3 ─────────────── 九三에 曰君子가 終日乾乾하여 夕惕若하면 厲하나
　　　　　　　　　　　无咎는 何謂也오 子가 曰君子는 進德修業하나니
　　　　　　　　　忠信이 所以進德也요 修辭立其誠이 所以居業也라
　　　　　　　　知至至之라 可與幾也며 知終終之라 可與存義也니
　　　　　　　　　是故로 居上位而不驕하며 在下位而不憂하나니
　　　　　　　故로 乾乾하야 因其時而惕하면 雖危나 无咎矣리라.

『93에 말하기를 군자가 하루 종일 씩씩하게 일하여 저녁에도 두려운 듯하면 비록 위태로우나 허물은 없다고 함은 무엇을 말하는가? 공자가 말하기를 군자는 덕을 높이며 학업을 닦나니, 마음의 진실함이 덕을 높이는 방법이요, 말씨를 다듬어 그 정성을 확립함이 학업을 닦는 방법이라. 이를 데를 알아서 이르는지라 가히 더불어 먼저 볼 것이며, 마칠 데를 알아서 마치는지라 가히 더불어 의리를 간직하나니, 이런 까닭으로 윗자리에 있어도 교만하지 아니하고 아래 자리에 있어도 근심하지 아니하나니, 그러므로 씩씩하게 일하면서 그 때를 따라서 두려워하면 비록 위태로우나 허물이 없으리라.』

☯ 진덕(進德)은 덕성을 높임이요, 수업(修業)은 학업을 닦음이다. 충신(忠信)은 진실한 마음이요, 소이(所以)는 원리·까닭·방법의 뜻이며, 기(幾)는 기미이니 발동의 조짐이요, 의(義)는 의리이다.

93은 양체로서 도심(道心)의 덕을 완성했지만 부중(不中)하여 때가 이미 지나가서 그 자리에 있자니 일거리가 시원찮고 다른 데로 떠나가자니 때가 너무 늦었다.

군자는 언제 어디서나 인격을 닦고 스스로의 학문을 연구한다. 사업에는 비록 크고 작은 것이 있지만 도리에는 참으로 크고 작은 것이 없는 까닭에 사업을 성공했다고 하여 인격이 높아지지 않고 사업이 실패했다고 하여 인격이 낮아지지 않는다. 그러므로 군자는 자기에게 주어진 사명에 충실하면 그뿐이다. 일에 남은 시간이 있으면 끊임없이 공부하여 지식을 더욱 넓히고 능력을 더욱 익힌다.

도리에 충실하려면 마음이 진실해야 하고, 마음이 진실하려면 생각이 성실해야 하며, 생각이 성실하려면 지식이 이루어져야 하니, 지식은 스스로 갈 길을 아는 것이 중요하고, 도리에 충실한 행동은 끝낼 곳을 알아서 힘써 끝내는 것이 중요하다. 사람의 학문이 갈 길을 알고, 끝날 데를 알아 실천할 힘이 있으면 높다고 어찌 교만하며, 낮다고 어찌 근심하겠는가? 오직 힘차게 일할 뿐이며 다만 끝날 데서 끝낼 힘이 없을까를 조심할 따름이다.

『94에 말하기를 혹 뛰거나 연못에 있으니 허물이 없으리라는 무엇을 말하는가? 공자가 말하기를 올라가고 내려옴이 일정하지 않음이 사악하지 않으며, 나아가고 물러남에 한결같지 않음이 무리를 떠남이 아니라. 군자가 덕을 높이고 학문을 익힘은 때에 미치고자 함이니 그러므로 허물이 없느니라.』

◉ 내괘(內卦)는 학문을 이루는 때이므로 덕성을 주로 말하고, 외괘(外卦)는 사업을 하는 자리이므로 도리를 주로 말한다. 자기가 완성되었으면 사물을 완성하는 것이 천리의 공동선이요, 자신의 학문을 이루었으면 남을 위한 사업을 하는 것이 사람의 선덕이다.

상(上)은 위로 올라가 95의 자리를 물려 받음이요, 하(下)는 아래로 내려가 초9의 자리로 물러나는 것이며, 진(進)은 94의 자리에 오래 머물음이요, 퇴(退)는 94의 자리를 속히 떠남이다.

94는 바른 학문과 온전한 덕성을 갖추고 바야흐로 상괘의 하효에 올랐으니 위로 천명을 받들고 아래로 민심을 따라 사업을 착수해야 할 때이다.

애당초 군자가 천하국가의 사업을 추진함은 자기를 위함이 아니요, 인민을 위하고 세계를 구원하고자 함이니 오직 천시(天時)와 민정(民情)을 따를 뿐이다. 위로 천시가 운행하고 아래로 민정이 변역함이 무상해도 이것은 바로 정리(定理)이지 사곡(邪曲)이 아니다. 따라서 천명과 민심에 따라 95의 자리에 오를 수도 있고 초9의 자리로 물러날 수도 있으나 모두 때를 따라서 하므로 항구적일 수가 없다. 애당초 군자가 덕을 높이고 학업을 닦음은 때를 따르고자 함이다. 때는 천도변화의 절서(節序)이다.

子가 曰同聲相應하며 同氣相求하야 水流濕하며 火就燥하며
雲從龍하며 風從虎라 聖人이 作而萬物이 覩하나니
本乎天者는 親上하고 本乎地者는 親下하나니 則各從其類也니라.

『95에 말하기를 나는 용이 하늘에 있음이니 큰 사람을 만나 봄이
이롭다고 함은 무엇을 말하는가? 공자가 말하기를 같은 소리는 서로
호응하며 같은 기운은 서로 찾아서 물은 젖은 데로 흐르고 불은 마
른 데로 타가며 구름은 용을 따르며 바람은 범을 따르는지라, 성인
이 일어남에 만물이 우러러 보나니 하늘에다 뿌리한 것은 위로 친하
고 땅에다 뿌리한 것은 아래로 친하나니 곧 각각 그 무리를 따라감
이니라.』

◐ 성(聲)은 밖으로 나타난 성색(聲色)이요, 기(氣)는 속에 있는
기질이며, 성인은 성왕이며, 작(作)은 떨쳐 일어남이며, 물(物)은 사
람까지 포함된 만물이다. 하늘에다 뿌리한 것은 인류이고, 땅에다 뿌
리한 것은 금수초목(禽獸草木)이다.

95는 괘주이다. 한 괘를 주재함에 지극한 덕과 중요한 도로써 경
영할진대, 성실한 기상을 한결같이 보이면 서로 감응하고, 함께 찾아
모이는 자연의 원리에 따라서 위에서 밝고 깨끗하게 지도하면 아래
에서 즐거워하니, 만물이 스스로 생기를 얻어 활발한 삶의 의욕을
가질 뿐만 아니라 숨어 있던 어진 사람도 일어나서 스스로 찾아오게
된다.

세상은 넓고 인류는 많으니 한 가지로 다스릴 수 없고, 때는 바뀌
고 풍물도 다르니 한 가지로 가르칠 수 없는 까닭에 성인은 산과 물
로 지역을 나누어 지방 자치구역을 만들고, 사농공상의 직업을 나누
어 각기 종사하게 하였으며, 부자·군신·부부·장유·붕우의 윤리
를 나누어 스스로 살게 하였으며, 여름에는 갈포옷 입고 겨울에는
털옷 입는 예법을 내어 각각 활발하게 살도록 하였다.

1-6-6 ─────────上九에 曰亢龍有悔는 何謂也요 子가 曰貴而无位하며

高而无民하며 賢人이 在下位而无輔라 是以로 動而有悔也니라.

『상9에 말하기를 지나치게 올라간 용이니 뉘우침이 있다고 함은 무엇을 말하는가? 공자가 말하기를 귀하면서도 직위가 없으며 높으면서도 백성이 없으며 어진 사람이 아랫자리에 있으면서도 도울 이가 없으니 이래서 움직임에 뉘우침이 있느니라.』

◉ 상9는 건괘의 종극이다. 때가 이미 다했으므로 올라가려 해도 오를 데가 없고 내려가려 해도 내려갈 곳이 없어서 스스로 바르게 지켜야 할 뿐이다. 비록 넘치는 의욕이 있다고 해도 이미 나설 때가 아니며, 또한 탁월한 식견이 있다고 해도 말할 자리가 아니다. 어진 사람이 아무리 많은들 뒤늦게 나타나 주제를 모르고 지나치게 날뛰어 체통을 저버린 사람을 도와줄 것인가! 차마 들을 수 없는 말과 차마 눈 뜨고 볼 수 없는 꼴에 잠잠히 얼굴을 돌릴 뿐이다.

1-7-1 ──────────────────────────────── 潛龍勿用은 下也요

『잠복한 용이니 쓰지 말라고 함은 아래에 있음이요』

◉ 이 절에서는 건괘의 여섯 효에 대한 각각의 시간적인 존재구조를 밝혔다. 완전한 주체라고 해도 때의 흐름에 따라서 쓸 때도 있고 버려둘 때도 있으니 사람을 만나고 사물을 처리함에 그 관계를 바로하고 조화를 얻어야 한다. 쓰지 않아야 할 때 쓰는 것은 낭비요, 쓸 데에 쓰지 않는 것은 인색이다.
 건괘는 위가 모두 건실하고 초9는 신분이 낮은 위치에 있으므로 나설 때가 아니다.

1-7-2 ──────────────────────────────── 見龍在田은 時舍也요

『나타난 용이 밭에 있음은 때가 버려 둠이요』

◉ 92는 시대를 구원할 수 있는 학문과 재능을 가지고도 전체의 구조가 건실하여 안정되어 있으므로, 아직 초야에 있는 것은 시대가 그를 부르지 않은 까닭이다. 만일 시대가 그를 요구한다면 분연히 일어나리라.

1-7-3 ─────────────────────────────終日乾乾은 行事也요

『하루 종일 씩씩하게 일함은 맡은 일을 수행함이요』

◉ 국가나 사회의 조직적 구조 속에서 공공의 사업을 위하여 참여했을 때에는 작은 업무나 어려운 일이라도 있는 힘을 다하여 책무을 완수해야 한다. 이는 일반 공무에 임하는 자세이다.

1-7-4 ─────────────────────────────或躍在淵은 自試也요

『혹 뛰거나 연못에 있음은 스스로 시험함이요』

◉ 전체적인 공동체 구조에서 중책을 맡아 오로지 남을 위하여 큰 일을 할 때에는 남들이 잘한다고 하면 맡아서 해주고, 못한다고 하면 그만두어야 한다. 그러므로 이것은 자기의 역량을 시험함이다. 이는 고급 공무에 임하는 자세이다.

1-7-5 ─────────────────────────────飛龍在天은 上治也요

『나는 용이 하늘에 있음은 최상의 정치요』

☯ 전체의 주권을 위임받아 다스리는 영도자의 위치에 있는 이는 자주자립하여 자유롭게 일체를 주재하고 공론에 의한 최상의 경영으로 현실을 아름답게 조절하여 완전한 이상을 실현해야 한다. 이는 최고 능력자가 지도자의 자리에 임하는 자세이다.

1-7-6 ———————————— 亢龍有悔는 窮之災也요

『지나치게 올라간 용이 뉘우침이 있음은 다하여 막히는 재앙이요』

☯ 전체가 이미 튼튼하여 지나친 것을 수용할 수 없는 구조이다. 때가 이미 지났으니 물러남이 벌써 늦었고, 끝까지 나아가자니 나아갈 힘이 없다. 더욱이 따르는 사람도 없으므로 때를 놓쳐서 막혀 버리는 재앙이다.

1-7-7 ———————————— 乾元用九는 天下가 治也요,

『하늘의 큰 시작이 9를 씀은 천하가 잘 다스려짐이요』

☯ 하늘의 큰 시작이 변역하여 바뀌는 것을 상징하는 아홉수를 쓰는 것을 본받아 사람도 때로 변역하는 원리를 이용하면 온 세상이 잘 다스려진다. 이는 하늘의 변역하는 구조가 개체의 완성 위에서 전체를 조화시키는 완전한 구조임을 밝혔다.

1-8-1 ———————————— 潛龍勿用은 陽氣潛藏이요

『잠복한 용이니 쓰지 말라고 함은 양기는 숨겨서 감추어야 함이요』

☯이 절에서는 건괘의 여섯 효에 대한 각각의 실존적인 생성원리를 밝혔다. 사물개체가 스스로 성장함에 따라 그 본질도 바뀌어 가는데 그 실체가 바뀌어 옮겨가는 체계를 보인 것이다.

초9는 바야흐로 착한 본성을 타고 났으니 그것을 고이 길러야 할 본의가 있으므로 맑고 깨끗한 원기를 북돋아서 앞으로 힘차게 발동할 수 있는 양기를 길러야 하는바, 계속 정력을 모아야 한다. 양기는 깊이 감추어진 속에서 자라는 것이다. 착한 생각은 남이 모르는 데서 일어나고, 맑은 기운은 한밤중에 뻗친다.

1-8-2 ──────────────────────────見龍在田은 天下가 文明이요

『나타난 용이 밭에 있음은 천하가 문명함이요』

☯ 92의 강건중정(剛健中正)한 실체는 자기본질을 완성함으로써 저절로 국가의 원기가 되고 사회정의의 화신이 되었으니 바로 온 세상의 문명을 이룩하는 중심이다.

1-8-3 ──────────────────────── 終日乾乾은 與時偕行이요

『하루 종일 씩씩함은 때와 더불어 함께 감이요』

☯ 93의 실체는 비록 강건하지만 때가 이미 지나가 고립된 실체이니 스스로의 본질을 굳게 지킬 따름이다. 초9처럼 앞으로의 목적이 있을 수 없고, 92처럼 현재의 개혁을 주장할 수도 없는 까닭에 오직 사람이 할 수 있는 일을 다하고 천명을 기다릴 따름이다.

1-8-4 ──────────────────────── 或躍在淵은 乾道가 乃革이요

『혹 뛰거나 연못에 있음은 하늘의 도가 이에 바뀜이요』

☯ 94의 실체는 하괘에서 상괘로 올라갔으니 자기완성의 학문주체
에서 전체안녕의 사업주체로 바뀌었고, 내괘에서 외괘로 나아갔으니
책임이 없는 미천한 신분에서 책임 많은 고귀한 신분으로 바뀌었다.
　참되고 착하고 아름다운 실체는 반드시 전체의 안녕을 보장해야
할 의무가 있고, 인류를 구원해야 할 사명이 있으므로 이에 하늘의
도가 바뀌었다고 하였다.

1-8-5 ──────────────────────飛龍在天은 乃位乎天德이요

『나는 용이 하늘에 있음은 이에 하늘의 덕에 자리하였음이요』

☯ 95는 자유자재한 전지전능의 실력을 모두 갖추어 본성이 곧 천
리요, 만물이 모두 자기에게 갖추어져 있어 사물과 자신이 일체이며,
하늘과 자기가 하나로 합쳐 있는 혼연전체의 인덕(仁德)을 밝힌 무
아대공(無我大公)의 실체이다. 그러므로 스스로가 완전한 선덕(善
德)이요 명확한 공리(公理)이니 곧 영원한 진리의 주체요 아름다운
문화창조의 원기이다.

1-8-6 ──────────────────── 亢龍有悔 與時偕極이요

『지나치게 올라간 용이 뉘우침이 있음은 때와 더불어 함께 다함이
요』

☯ 상9의 실체는 이제 자체의 생명력이 소멸하여 그 실체가 변화되
지 않을 수 없는 운명이다. 만물은 모두 생성변화하는 체계가 있어
시작이 있으면 반드시 끝이 있고, 모이면 반드시 흩어지니, 그 실체
의 기능에 따라 그 실존의 원리도 바뀌는 것이다. 이것은 때를 따라

만물이 질로 바뀌고 양으로 바뀜을 뜻한다.

 ──────────────────── 乾元用九는 乃見天則이라.

『하늘이 크게 시작함에 9를 씀은 이에 하늘의 법칙을 봄이라.』

◐ 앞 절의 '건원용9'에서는 천하가 잘 다스려지는 자연의 구조를 말하였고, 이 장에서는 하늘의 실존법칙을 말하였다. 사물의 존재는 객관적인 구조에 조화하는 직분이 있고 사물의 생성은 주체적 실존에 충실하는 성분이 있으므로 건괘 6효의 이름에 자리를 지칭하는 것은 직분이 있는 까닭이요 실체를 지칭하는 것은 성분(性分)이 있는 까닭이다.

 ──────────────────── 乾元者는 始而亨者也요

『하늘의 크게 시작함은 시작하여서 형통하는 것이요』

◐ 하늘의 크게 시작함은 우주의 전체 구조를 명확하게 파악하여 털끝만한 오차도 없음을 말함이다. 그러므로 개체가 전체의 구조에 완전히 합일하여 인(仁)의 사(私)가 없는 공리(公理)가 충만한 까닭에 시작하면 반드시 형통하는 것이다. 개체의 생성원리와 전체의 생성법칙이 일치하고 개체의 생성원기와 전체의 생성원기가 동일하여 천지자연변화의 구조와 더불어 오로지 함께 하므로 시작이 바로 형통이다.

 ──────────────────── 利貞者는 性情也라.

『널리 이롭고 바르게 지킴은 성질이요 실정이라.』

◑ 개체의 실존은 고유한 성리(性理)요 본질적인 진정(眞情)이다. 성(性)은 하늘로부터 받아 타고난 개체의 존재원리요 정(情)은 그 성리에 바탕하여 감응하는 현상이다. 성은 체(體)로서 만리(萬理)를 모두 갖추고 있고, 정(情)은 용(用)으로서 만사에 반응한다. 이 성정의 원리가 있으므로 개체가 자체를 완성하고 스스로를 보전할 수 있는 것이다.

널리 이롭게 하는 길이 곧 스스로를 완성하는 길이요, 바르게 지키는 길이 곧 스스로를 보전하는 길이다. 이것은 어떠한 구조 속에서라도 자기의 실존을 온전히 다하려는 진리이다.

앞의 두 절에서는 구조관계와 실존체계를 각각 밝혔고, 이 절에서는 원형(元亨)의 구조관계를 궁리(窮理)하여 합일하는 법칙과 이정(利貞)의 실존체계를 자각하여 진성(盡性)하는 도리를 말하였다. 공리에 철저함은 형통의 길이고, 선덕을 이룩함은 영원의 길이다. 그러나 사욕은 반드시 막히고, 악행은 반드시 멸망한다.

1-9-3 ───────── 乾始가 能以美利로 利天下라 不言所利하니 大矣哉라.

『하늘의 시작이 능히 아름다운 이로움으로써 천하를 이롭게 하는지라 이로운 바를 말하지 아니하니 크도다.』

◑ 건시(乾始)는 현상구조의 창조 섭리요, 미리(美利)는 개체실존의 최고 선덕이다. 현상계의 공리구조가 개체성의 선덕체계를 모두 발휘하게 하는 상생공영의 의리관계를 이루고 있는바, 거기에는 반드시 상부상조하는 실용의 원리가 있고, 또한 그것이 너무나도 크지만 오히려 이로움을 말하지 않으므로 더욱 위대하다고 찬양하였다.

현상구조의 보편적 원리를 따라서 개체실존의 특수적 선덕을 이룩하려면 반드시 전체의 도와 개체의 도가 서로 만나서 하나로 통하는 도를 찾아야 하며, 항구적인 보편성과 상황적인 특수성이 각각 나뉘어 확고하게 설 수 있는 자리가 있어야 한다. 개체의 도와 전체의 도가 하나로 만나는 길은 오직 하나뿐이요, 보편적인 성분과 특수적인 직분을 아울러 다할 수 있는 자리도 오직 하나뿐이다.

스스로 가야 할 오직 하나의 길과 스스로 서야 될 오직 하나의 자리를 명(命)이라고 하는데, 이 명은 현재상황의 구조와 자체성능의 실존에 따라서 규정될 따름이다.

이 운명은 선택의 여지가 본래 없는 것이나 도의를 주체로 하는 의리의 길과 공리(功利)를 주장하는 실용의 길로 나뉘어 질 수 있다. 의리의 길은 공명정대한 까닭에 장차 실용의 공리를 함께 거두어 누리지만 실용의 공리만 추구하면 마침내 의리를 저버릴 염려가 있으므로 성인은 건도(乾道)를 말함에 정의를 밝혀 반드시 이로움이 있음을 보이면서도 이로움을 말하지 않으니 그 뜻이 큰 것이다.

1-9-4 ──────────── 大哉라 乾乎여 剛健하며 中正하며 純粹함이 精也요

『크도다 하늘이여! 굳세고 씩씩하며, 때 맞고 자리 바르며 깨끗하고 빼어남이 힘 덩어리요』

◉ 강건(剛健)은 주체의 불변성과 작용에 그침이 없는 기운이요, 중정(中正)은 현상세계의 구조에 가장 합리적으로 자연스럽게 조화함이다. 때에 지나치거나 미치지 못함이 없으며 자리에 치우치거나 기울어짐이 없음이니 현재의 상황과 알맞게 조화를 이룩함이다. 순수는 자체에 사욕이 없고 사악이 없음이니 현재의 자기 의리에 충실하여 능동적으로 실천해 감이다.

정(精)은 기운 덩어리로서 정성이요 원기이다. 하늘은 궁리(窮理), 진성(盡性), 지명(至命)하는 기운 덩어리로서 강건한 주체성을 확립하고, 중정한 사리에 철저하며, 순수한 의리에 밝아 자기 도리를 모두 완수하는 힘 덩어리임을 밝혔다.

1-9-5 ──────────────────────── 六爻發揮는 旁通情也요

『6효로 나타남은 정분을 옆으로 통함이요』

☯ 건도(乾道)를 여섯 효로 나타냄은 처음부터 끝까지의 변화하는 구조를 분석하여 그 상황에 각각 충실하고자 함이다. 즉 어떠한 경우라도 주변에 있는 본말·전후·좌우·상하·내외에 대한 성실한 관계를 이룩하는 자기의 본분을 밝혀서 다하려고 함이다.

1-9-6 ──────────── 時乘六龍하야 以御天也니 雲行雨施라 天下平也니라.

『때로 여섯 용을 타고서 하늘을 거느리나니 바람이 불고 비가 내리는지라 천하가 화평하니라.』

☯ 6룡(六龍)은 여섯 효의 구조요, 어천(御天)은 하늘로부터 받은 본성을 따라서 하늘을 경영함이며, 운행우시(雲行雨施)는 자연스러운 덕화(德化)요, 천하평(天下平)은 만물이 각각 제자리를 얻음이다.
　무릇 하늘의 원형이정(元亨利貞)하는 진리는 변역하는 상황에 충실함으로써 우주를 경영하는 주체를 확립하므로 자연히 덕화(德化)가 널리 베풀어져 온 세상이 화평하게 된다.

1-10-1 ──────────── 君子는 以成德爲行하나니 日可見之가 行也라
　　　　　　　　　　　潛之爲言也는 隱而未見하며 行而未成이라
　　　　　　　　　　　是以로 君子가 弗用也하느니라.

『군자는 덕을 이룸으로 행실을 삼나니 날로 볼 수 있는 것이 행실이니라. 잠복한다고 말함은 숨어서 나타나지 못하며 행동하여 이루지 못함이라. 이래서 군자가 쓰지 아니하니라.』

☯ 초9는 집단적 구조 속에서 신분이 가장 낮아 행실을 드러내려고

해도 보는 이가 없고, 덕성도 이제야 비로소 갖추었으므로 그 행실
이 힘차지 못하니 아직 덕화(德化)가 베풀어지지 못한다. 그러므로
써보았자 실용의 이익이 없고 의리의 정분만 손상하게 될 뿐이다.

1-10-2 ──────────── 君子는 學以聚之하고 問以辨之하며 寬以居之하고
仁以行之하나니 易에 曰見龍在田하니
利見大人이라하니 君德也라.

『군자는 배워서 기억하고 물어서 판단하며 너그럽게 살고 사랑으
로 실천하나니 주역에 말하기를 나타난 용이 밭에 있으니 큰 사람을
만나봄이 이로우니라고 하니 지도자의 덕이라.』

◐ 학문은 자기의 덕성을 함양함이요, 관인(寬仁)은 전체구조의 사
업을 수행하는 도량이다. 군자가 사물의 이치를 연구하고, 지식을 이
룩하며, 뜻을 성실히 하고, 마음을 바로하여 자기의 도리를 다하면
이는 스스로의 덕성을 완성한 것이고, 또한 현실의 구조에 적응하여
자기 사명을 완수할 수 있는 사람이다. 이와 같은 인재가 최고 지도
자를 찾는 것은 그 최고 지도자의 덕이다. 그러나 만일 최고 지도자
에게 덕이 없다면 결코 찾아오지 않을 것이다.

1-10-3 ──────────── 九三은 重剛而不中하야 上不在天하며 下不在田이라
故로 乾乾하여 因其時而惕하면 雖危나 无咎矣리라.

『93은 거듭 굳세면서도 때에 알맞지 못하여 위로 하늘에도 있지
아니하며, 아래로 밭에도 있지 아니한지라. 그러므로 씩씩하게 일하
여 때를 따라 두려워하면 비록 위태로우나 허물이 없으리라.』

◐ 93은 양체로 양위에 있어 자기의 위상에 지극히 충실하지만, 지
나치게 강하여 자기를 조절할 능력이 없고, 때를 잃고 전체구조의

현실상황을 알지 못하여 현상조절능력이 없으니 두루 조화를 얻을 수 없다. 그러므로 위로 천명의 의리를 밝힐 수도 없고 아래로 사회의 실용을 찾을 수도 없으니 자기의 책무나 힘써 다하면 허물이나 없으리라. 군자가 자기의 의욕만을 주장하고 법리에 어두우면 일에 감정이 앞서고 자기 자신에 도취되어 남을 포용할 수 없나니 어떻게 두루 의리를 다할 것이며, 실용의 이익을 어찌 거둘 것인가!

1-10-4 ── 九四는 重剛而不中하야 上不在天하며
下不在田하며 中不在人이라
故로 或之하니 或之者는 疑之也니 故로 无咎라.

『94는 거듭 굳세면서도 때에 알맞지 못하여 위로 하늘에 있지 아니하며 아래로 밭에 있지 아니하며 가운데로 사람에게 있지 아니한지라. 그러므로 혹시 하니 혹시 하는 것은 의심함이니 그러므로 허물이 없느니라.』

☯ 94는 양체로 음위에 있으니 93과 같은 중강(重剛)이 아니라 직분에 넘치는 역량이 있으므로 부정위의 과강(過剛)한 뜻의 중강(重剛)이다. 이에 부중(不中)하여 때를 얻지 못하였으니 유능하면서도 뜻대로 할 수 없고, 강건한 실체를 모두 갖추었으면서도 공동체의 구조에 철저하게 조화해야 한다. 현상을 조절하는 기능보다도 자기를 조절하는 능력이 더욱 요구되므로 위로 의리만을 고집할 수도 없고, 아래로 실용주의만을 주장할 수도 없으며, 가운데로 민심만을 따를 수도 없는 까닭에 항상 자기 능력을 통제하고 일의 대체를 분별하여 절충해야 한다. 혹시는 일정하지 못한 것이요, 의심은 머뭇거림이다.

1-10-5 ── 夫大人者는 與天地合其德하며 與日月合其明하며
與四時合其序하며 與鬼神合其吉凶하야

先天而天弗違하며 後天而奉天時 하나니
天且弗違온 而況於人乎아 況於鬼神乎아

『무릇 큰사람은 하늘땅과 더불어 그 덕을 합하며, 해와 달과 더불어 그 밝음을 합하며, 네 철과 더불어 그 차례를 합하며, 귀신과 더불어 그 길하고 흉함을 합쳐 하늘에 앞서도 하늘이 어기지 못하며 하늘에 뒤떨어져도 하늘의 때를 받드나니 하늘도 또한 어기지 못하거늘 하물며 사람에게 일까보며 하물에 귀신에게 일까보냐!』

☯ 95의 대인은 강건한 실체로 중정한 구조에서 순수한 사명을 다하여 하늘땅과 같은 인덕(仁德)을 이루고, 해와 달같이 밝은 의리를 세우며, 네 철과 같이 질서가 있는 예절을 지키며, 귀신과 같이 빠르게 길하고 흉함을 판단하는 완전한 실체요 전능한 주체이다.

이와 같은 사람은 한 집단의 구조 속에서 주재자의 위치에 올랐을 때에 현실을 자유롭게 조절하여 새롭게 사회를 혁명하고 사물의 본질을 개량하여 아름다운 대동세계를 창조해야 한다.

하늘보다 앞서는 것은 물질문명 개발이니 사업을 미리미리 추진함이요, 하늘을 뒤따르는 것은 인지개발이니 사람의 나이에 맞추어 교육함이다.

천리와 인심과 귀신의 정(情)을 각각 어기지 않는 것은 자연스럽게 모두 감통하는 하나의 실리를 갖춘, 참되고 착하고 아름다운 대동사회의 문명세계이다.

1-10-6 ──────────────────────── 亢之爲言也는 知進而不知退하며
知存而不知亡하며 知得而不知喪이니

『지나치게 올라갔다고 말함은 나갈 줄만 알고 물러날 줄을 알지 못하며, 있는 것만 알고 없는 것을 알지 못하며, 얻을 줄만 알고 잃을 줄을 알지 못함이니』

◐ 하늘의 크게 시작함은 반드시 정확한 끝을 머금고 시작하므로 자연변화에는 지나치게 올라가는 뉘우침이 없다. 그러나 이러한 진리를 깨닫지 못한 사람은 나가고, 물러나고, 살고, 죽고, 얻고, 잃는 절도를 알지 못하여 뉘우치게 된다. 그러므로 세상의 일은 거의 끝나갈 때에 고달프고, 인생도 거의 살고난 뒤가 어렵다.

『그 오직 성인인가? 나가고, 물러나고, 살고, 죽는 데를 알아 그 바름을 잃지 아니한 사람은 그 오직 성인인저!』

◑ 상9는 그 실체가 이미 노쇠하였고 또한 현실적인 사회구조에 참여할 명분도 없다. 사회가 건전하게 계속 발전하기 위해서는 노쇠한 이는 강건한 이에게 자리를 넘기고 물러나와 조용히 세상을 즐기면서 끝을 바르게 지켜야 한다. 그래야만 영원한 재생력을 간직할 것이다. 만일 지난날의 공덕을 내세우고 오랜 경험을 자랑하여 후계자를 양성하지 않는다면 자신의 죽음과 더불어 모두 무너져 버린다. 이것은 개체의 종말이 곧 전체의 종말이 되고 마는 것이다. 따라서 오직 성인만이 자신을 죽여서 전체를 살리는 신진대사의 도리를 실천할 수 있는 것이다.

2 곤(坤)괘

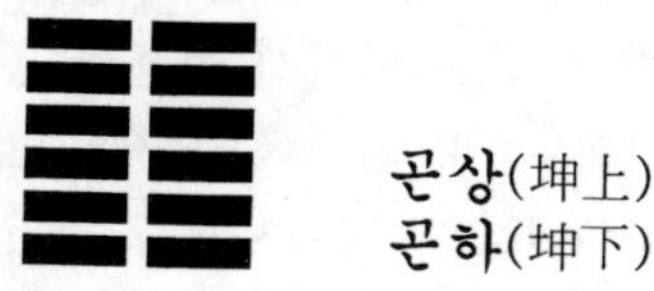

곤상(坤上)
곤하(坤下)

 ──────────────── 坤은 元코 亨하며 利코 牝馬之貞이니

『땅은 크게 시작하고 길이 형통하며 암말의 바르게 지킴이니』

☯ 곤(坤)은 땅의 진리로서 건(乾)의 상대이다. 성인이 인류의 경험을 모두 종합하고 인간의 지성을 온전히 계발하여 일체 만유를 남김 없이 연구한 결과, 현상세계는 상대적인 두 가지 법칙으로 모두 통일되는 원리를 발견하였다.

━━은 짝수인데 음의 상이다. 그 성질은 정(靜)하고 유(柔)하며 의(義)하니 음효가 셋이 겹치면 유순하고 방정하며 관용하는 땅을 상징한다. 그 형상을 이름하여 지(地)라고 하고, 그 본성을 곤(坤)이라고 하며, 그 원질을 토(土)라고 한다.

곤의 소성괘(小成卦)를 거듭 겹치면 곤의 대성괘(大成卦)가 된다. 여섯 획이 모두 음수인 곤괘는 전체적으로나 개체적으로 모두 유순하고, 그 상이 내부적으로나 외부적으로 두루 방정하며, 그 성질이 과거나 현재나 미래가 모두 관대후중하여 처음부터 끝까지 한결같이 정지(靜止)하고 위에서부터 아래까지 다 함께 온순하다. 그러므로 곤괘는 지극히 넓고, 지극히 두터우며, 지극히 부드럽고, 지극히 오묘한 땅을 상징한 것이다.

건곤(乾坤)이 비록 상대의 원리이지만 대우주의 절대원리를 함께 쓰는 까닭에 곤도(坤道)가 건도(乾道)를 벗어날 수는 없다. 다만 그 실체가 다른 까닭에 그 작용이 같을 수 없고, 그 구조가 틀린 까닭에 그 명분이 다를 뿐이다. 따라서 대체(大體)는 같고, 소체(小體)는 다름이 있는 것이다.

원(元)·형(亨)·리(利)는 건도와 같으나 정(貞)이 다르다. 빈마(牝馬)는 어미 말이니 새끼 말을 낳아서 혈통의 종자를 계속 이어가는 것이다. 그러므로 건의 정은 자체를 온전히 보존하여 재생하는 법칙이요 곤의 빈마지정(牝馬之貞)은 자체를 완전히 변신함이니 생산하여 그 뒤를 계승하는 재생의 법칙이다.

하늘의 해와 달은 언제 어디서나 똑같은 해와 달이지만 땅의 새와 짐승, 풀과 나무는 언제 어디서나 똑같을 수 없는 것이다. 이것이 양은 하나로 일관하여 쓰고 음은 둘을 합쳐서 이어쓰는 까닭이다. 곤도는 신하의 길이요, 아들의 '이며, 부인의 길이니 유순한 성품, 방정한 행실, 관용의 도량을 고루 갖추어야만 이룩할 수 있는 것으로서, 현실에 철저하고 사리에 투철한 지혜이다.

2-1-2 ───────────────────────────── 君子가 有攸往이니

『군자가 갈 바 있나니』

◉ 건도는 강건하고 곤도는 유순하다. 군자가 중용의 도를 지켜 중행(中行)의 덕을 이룩함에 마땅히 꿋꿋할 곳에서 꿋꿋하고 마땅히 부드러울 곳에서 부드러운지라 곤도도 또한 군자가 가는 길이다.

2-1-3 ───────────────────── 先하면 迷하고 後하면 得하니 主利하니라.

『앞장 서면 방황하여 머뭇거리고, 뒤에 따라가면 떳떳함을 얻으리니 이익을 주장하니라.』

◉ 곤은 건의 짝이므로 군자가 곤도를 씀에는 능동적으로 앞장서

서는 안 되고 피동적으로 뒤를 따라야만 그 명분을 바르게 하고 분
수를 지킬 수 있다. 지위가 낮으면서 고귀한 것에 앞장 서면 따르지
않고, 미약하면서 강대한 것을 이끌면 멀리 갈 수가 없다. 그러므로
고귀한 자리에 있는 강건한 주체는 건도를 써서 정의를 찾아 밝혀야
하고, 낮은 자리에 있는 미약한 실체는 곤도를 써서 실리를 찾아 얻
어야 한다. 만일 의리도 없고 실리도 없이 한갓 추종만 한다면 이것
은 군자가 갈길이 아니다.

2-1-4 ──────── 西南은 得朋이요 東北은 喪朋이니 安貞하면 吉하리라.

『서남쪽은 벗을 얻고, 동북쪽은 벗을 잃으므로 편안히 바르게 지
키면 길하리라.』

◐ 서남쪽은 음이 생장하는 음방이요, 동북쪽은 양이 생장하는 양
방이다. 군자가 음방에서 실리를 주장하면 실리에 밝은 많은 벗이
모여들어 군집을 이룰 것이나, 반대로 의리를 주장하면 의리에 어두
운 그 군집은 흩어져 떠나가 버린다. 그러나 실리는 실리만으로 값
진 것이 아니고 반드시 의리를 배합해야 값지게 된다. 그러므로 군
집의 모이고 흩어짐에 상관하지 말고 편안히 홀로 바르게 지키면 길
하고, 못내 실리에 연연하여 군집과 끝까지 더불으면 이것은 사리사
욕일 뿐이다.
　무릇 성인의 말은 길하고 안전하면 그 말이 짧고, 흉하고 근심스
러우면 그 말이 많다. 따라서 건괘는 힘이 있고 안전한 상황이므로
자유롭게 경영할 수 있는 까닭에 그 괘사가 짧고, 곤괘는 힘도 없고
상황도 불안하여 운명을 개척할 선택의 여지가 없는 까닭에 그 괘사
에 조건이 많은 것이다.

2-2-1 ──────── 象에 曰至哉라 坤元이여 萬物이 資生하나니 乃順承天이니

『단전에 말하기를 지극하도다 땅의 큰 시작이여! 만물이 바탕하여 생기니 이에 바르게 따라서 하늘을 받드나니』

◐ 건원(乾元)은 크다고 하였고, 곤원(坤元)은 지극하다고 하였으니 크다는 것은 전체의 조화가 한없이 신비로움을 감탄함이요, 지극하다는 것은 개체의 작용이 끝없이 오묘함을 찬미함이다. 시(始)는 그쳤다가 다시 비롯함이니 만물이 다시 원기를 얻음이며, 생(生)은 옛 모습이 없어지고 새로 생겨남이니 만물이 새로운 모습으로 태어남이다. 통천(統天)은 자유롭고 활발하게 우주를 재창조함이요, 승천(承天)은 삼가고 신중하게 천명을 받들어 좇음이다.

2-2-2 ─────────────────────── 坤厚載物이 德合无疆하며

『땅의 두터움이 만물을 실으니 덕이 끝이 없는 데 합치며』

◐ 땅의 성질이 유순하고 관용하여 만물을 모두 그 위에 실었으니 땅의 덕도 한이 없는 것이다. 그러나 건은 불식(不息)이라 말하고 곤은 무강(無疆)이라 말하여 시간개념과 공간개념의 차별을 두었으니 성인의 정밀한 어법이다.

2-2-3 ─────────────────────── 含弘光大하여 品物이 咸亨하니라.

『포용하며 넓으며 빛나며 커서 온갖 만물이 다 형통하니라.』

◐건은 강건·중정·순수한 힘 덩어리라고 하고 곤은 함홍광대(含弘光大)한 쓰임새를 말한다. 이것은 하늘에서는 시작하는 원동력을 밝히고, 땅에서는 끝을 맺는 아름다운 모습을 밝힌 것이다.

2-2-4 ──────── 牝馬는 地類니 行地无疆하며 柔順利貞이 君子攸行이라.

『암말은 땅에서 사는 종류이니 땅에서 다님이 끝없으며 부드럽고 화순하며 널리 유익하고 바르게 지킴은 군자가 갈 바이니라.』

☯ 해와 달과 별은 천류(天類)요, 새와 짐승과 풀과 나무와 돌과 쇠는 지류(地類)이며, 성현군자와 사서인(士庶人)과 이적(夷狄)은 인류(人類)이다. 말의 활동은 짐승 가운데서 힘차므로 그 활동 영역이 넓다. 특히 암말은 주어진 한계조건을 모두 충분히 활용하여 끝없이 발전을 추구하여 나가면서 항상 부드럽게 조화하고, 화순하게 따르며, 널리 이롭게 하고, 바르게 지키는 까닭에 군자가 때로는 이 길을 갈 때가 있다.

건에서의 용은 천류·지류·인류의 영역을 모두 넘나들며 경영하는 힘이 있으나, 곤에서의 말은 위로 천류에 오를 수 없고 가운데로 인류에 낄 수도 없어 오직 자기의 영역인 지류로서만 활동한다.

2-2-4′ ──────── 先하면 迷하여 失道하고 後하면 順하여 得常하리니
西南得朋은 乃與類行이요 東北喪朋은 乃終有慶하리니

『앞장서면 방황하여 길을 잃고, 뒤따르면 유순하여 떳떳함을 얻으리니 서남쪽에서 벗을 얻음은 이에 군중으로 더불어 감이요, 동북쪽에서 벗을 잃어버림은 이에 마침내 경사가 있으리니』

☯ 양은 강건하여 의리로 널리 사랑하고 음은 유순하여 실리를 얻어서 자신을 온전히 보존한다. 따라서 양은 힘차게 앞에서 시작하고 음은 바르게 뒤에서 끝내야 하는 본의가 있다. 본말이 뒤바뀌고 시종이 헝클어져 먼저 할 바와 나중에 할 바를 분별하지 못하면 길이 형통할 수가 없는 것이다.

음이 활동함에 힘이 나약하여 혼자 자립할 수 없으므로 떼를 지어 함께 실리를 추구함은 지혜가 있음이요, 마침내 스스로 일어서서 의

리를 지킴은 정상으로 돌아오는 것이므로 결국 재생의 경사가 있는 것이다. 그러므로 양은 음을 이끌고 음은 양을 따르는 통일의 원리를 실현한다.

『편안히 바르게 지킴의 길함이 땅의 끝이 없음에 응함이니라.』

◎ 천명을 받들어 주어진 현실에 안주하여 바르게 지키는 덕성이 땅이 끝없이 포용하는 덕과 일치하는 까닭에 그 도를 어기지 않았으므로 마침내 길함이 있는 것이다.

이 절에서 무강(无疆)이 세 번 나오는데 그 뜻이 모두 다르다. 덕합무강(德合无疆)은 곤덕(坤德)의 포용력이 한없음이고, 행지무강(行地无疆)은 곤도(坤道)의 발전이 끝없음이며, 응지무강(應地无疆)은 곤체(坤體)의 의리가 다함이 없는 성실성을 수반하고 있음을 말한 것이다.

단전(彖傳)과 대상전(大象傳)은 여기서부터 효사 앞에 놓였다. 이는 건괘만은 주공의 효사를 높여 그 뒤에다 놓았으나 다음부터는 독자의 이해를 위하여 해당되는 괘사와 효사의 바로 다음에다 놓은 것이다.

『상전에 말하기를 땅의 형세가 곤괘이니 군자는 본받아서 두터운 덕으로 만물을 실으니라.』

◎ 곤은 하괘도 땅이요 상괘도 땅이므로 위아래로 겹겹이 쌓인 대지의 모양새를 이루고 있다. 틈새가 없이 서로 엉겨 붙어서 한 덩어리가 되니 이것이 바로 곤의 덕성이다. 군자도 이를 본받아 부드럽

고 화순하게 만나며 두텁게 포용하여 함께 더불어 사는 것이다.

 ———————————————— 初六은 履霜하면 堅冰이 至하니라.

『초6은 서리를 밟으면 굳은 얼음이 이르나니라.』

◐ 음은 생수(生數)의 2와 4를 합치면 6이 된다. 이는 음효의 실체수(實體數)요, 성수(成數)는 8이 소음이요 6이 노음이니 그 변역을 숭상하여 작용수인 6을 쓴다. 곧 초6은 가장 아래에 있는 음효의 이름이며, 차례로 올라가면서 62·63·64·65·상6의 여섯 획으로 곤괘가 구성되어 있다.

초6은 음체로서 양위에 있으니 부정위이며, 위로 64와 불응하는 관계에 있어 구원도 받지 못할 뿐더러, 옆으로 62와 친비(親比)하는 사이도 아니기 때문에 내부적으로 허약하게 고립하고 있는 형상이다. 또 전체의 구조도 여섯 효가 모두 음이라 유순하여 스스로 운명을 개척할 수 있는 역량이 모자라므로 간난을 무릅쓸 수 밖에 없는 형국이다.

강건한 실체로 안전한 구조에서 자유롭게 우주를 경영하는 원리가 건도요, 허약한 실존으로 불안한 구조에서 선택의 길이 막혀 어쩔 수 없이 운명에 순종하는 것이 곤도이다. 그러므로 양도(陽道)는 개체의 실체가 성장함에 따라 전체의 구조가 건실하게 발전하는 것이요, 또한 전체의 구조가 개선됨에 따라 개체의 실존이 완성되는 평탄대도인데 반해, 음도(陰道)는 개체의 실존이 성장함에 따라 전체의 구조는 혼란이 일어나고 또한 전체의 구조가 어지럽고 불안할수록 개체의 실존이 타락하는 위험한 길이다. 양의 실존이 선덕(善德)이고 건의 구조가 공리(公理)인 까닭에 스스로 의리가 밝혀지고 실리가 갖추어져서 안락하지만, 반대로 음의 실존은 사심(私心)이고 곤의 구조는 편법(便法)인 까닭에 서로 다투어 사리사욕만 채우게 되어 마침내 멸망하고 마는 것이다.

초6은 허약한 실존으로 불안한 구조에서 처음 나옴에 가을 서리의 살기를 경험하였으면 곧 사망의 겨울 얼음이 이르를 것을 깨달아야 한다. 그러므로 즉시 사리사욕을 버리고 양심을 되찾아 새롭게 출발해야 한다. 그러나 초6은 암약(暗弱)하여 기미를 살필 지혜가 없으니 두려울 따름이다. 괘사를 해설한 대상(大象)은 전체의 구조를 아울러서 판단함이고, 효사를 해설한 소상(小象)은 개체의 구조를 나누어서 각각 판단하는 것이므로 괘사와 효사가 아주 다를 수 있는 것이다.

2-5-1 —— 象에 日履霜堅冰은 陰始凝也니 馴致其道하여 至堅冰也하느니라.

『상전에 말하기를 서리를 밟으면 얼음을 굳힌다고 함은 음이 처음 엉김이니 그 길에 길들여져서 굳은 얼음에 이르느리라.』

◉ 상전(象傳)은 원래 건괘에서처럼 효사의 가장 뒤에 따로 있어야 하지만 독자의 이해를 돕기 위하여 효사의 사이 사이에 끼어 놓았으니 효사와는 그 절이 다름을 알아야 한다.

양기는 따뜻하니 발산을 주장하고 음기는 차거우니 수렴을 주장하므로 음은 엉기는 물질이다. 그러므로 음이 자라면 양이 사라지고, 양이 성하면 음이 쇠퇴한다. 음이 처음으로 아래에서 생겨 그 실마리는 비록 미세하지만 장차 점점 엉겨 붙으면 그 형세가 반드시 성대해져서 어찌 할 수 없게 될 것이며, 더욱이 혼암한 음이 실리를 추구하는 버릇이 들어 실용의 도에 익숙해지면 반드시 천하의 정의를 무시하고 못하는 짓이 없다가 죽음의 얼음 위에서 자멸하고 말 것이다.

성인이 저 사욕을 근원에서 막지 못할까 두려워하여 시작을 잘 헤아려 삼가고 끝을 멀리 보아 신중히 하라고 크게 경계하였다. 인심(人心)이 폭발하면 위태롭고 도심(道心)은 놓아두면 은미(隱微)하니 정밀하게 도심을 가려내어 한결같이 지키는 것이 사욕을 근원에서 쉽게 막는 방법이다.

『62는 정직하고 방정하고 광대한지라 배우고 익히지 아니하여도 이롭지 아니함이 없느니라.』

● 62는 음체로 음위에 있으니 정위요, 하괘의 중이니 유순중정한 실체로서 곤괘의 운명을 주도하는 괘주이다. 체질과 직위가 일치하였으니 정직함이요, 중으로 때에 알맞으니 방정함이며, 위아래로 군음(群陰)을 포용하니 광대함이다. 그러나 62는 유약한 실존으로 초야에 있으니 대임을 맡아서 운명을 새롭게 개척할 위치에 있지 않으므로 다만 성실하게 천명을 바로 받아 정직하게 따라갈 따름이다. 그래서 의식적으로 학습할 필요도 없는 것이다. 한번 양이 활동하면 한번 음이 정지하여 돌고 도니 활동할 데서 굳세게 일어나 전체를 구원하여 대의를 세우고, 정지할 데서 부드럽게 숨어 자체를 구원하여 실리를 차지하여 다음 활용할 때를 기다려야 한다.

『상전에 말하기를 62는 움직임이 정직하고도 방정하니 익히지 아니하여도 이롭지 아니함이 없다는 것은 땅의 도가 빛남이니라.』

● 62의 부드러운 행동은 난세에 혼자 조용히 사는 것이니 자기의 실존이 허약함을 알고 또한 전체의 구조가 개조할 수 없는 현상임을 확인한 데서 말미암은 것이다. 이것은 분수를 지킨 것이요 의리를 다한 것으로 한 점의 의혹도 없나.
천도(天道)는 양(陽)이라 명(明)으로 일관하고, 지도(地道)는 음(陰)이라 광(光)을 받아서 다시 새로워진다. 곧 명은 광의 체(體)요, 광은 명의 용(用)이다. 62의 본질은 음이지만 소장(消長)하는 천리(天理)를 따르므로 재생의 희망이 있다.

『63은 아름다움을 머금고 바르게 지켜야 할지니 혹시 지도자의 일을 따르면 성공은 없어도 끝은 있으리라.』

☯ 63은 허약한 실존으로 강건한 직위에 올랐으니 그 역량이 직무를 잘 감당하지 못하는 데다가 부중(不中)하여 때도 이미 지나가서 늙어 버렸으므로 자기 인격도 완성하지 못하고 전체구원의 길도 없다. 난세에 요행히 높은 공직에 올라온 명예나 고이 간직하여 바르게 자리를 지킬 것이요, 만일 끝까지 최고 지도자에게 충성을 다하면 이미 기울어진 국운을 일으켜 세우지는 못할지라도 아름다운 끝이 있을 것이다.

학행(學行)도 덕성도 온전히 갖추지 못하고 늦게야 기개(氣概)와 정분(情分)으로 공직에 올랐으므로 응당 불길처럼 타오르는 탐욕이 뻗칠 것이나 이를 이겨내지 못하면 곧 직위도 이익도 모두 빼앗기고 쫓겨나리라.

『상전에 말하기를 아름다움을 머금고 바르게 지켜야 할지나 때로서 나타내야 하고』

☯ 난세에는 현인이 숨어버린 까닭에 소인배들이 세를 타고 일어나 공직에 나간다. 그러나 유순한 미덕으로 바르게 지키는 것만으로는 충분하지 못하고 때로는 정의로운 말을 할 수 있는 용기가 있어야 된다고 하였다.

『혹시 지도자의 일을 따름은 지혜가 빛나고 큼이라.』

◉ 열녀는 병들어 죽어가는 남편을 버리지 않고, 충성하는 사람은 어려울 때의 지도자를 배반하지 않는다. 남편과 더불어 함께 죽고, 지도자와 더불어 함께 망하는 것은 정절을 지킴이요, 의리를 다함이다. 그러므로 마침내 하늘이 감동하고, 사람이 감격하니 그 굳은 의지와 높은 기개는 참으로 빛나고 큰 지혜에서 나온 것이다.

63은 비록 소인으로 공직에 나아갔으나 그 본심을 가끔 돌이켜 직분의 의리를 조금이라도 밝힐 수 있는 용기와 윗사람과의 정분을 끝까지 다할 수 있는 충성심이 있다면 또한 사나이 대장부가 될 수 있는 것이다.

2-4-4 ──────────────────────── 六四는 括囊이면 无咎며 无譽리라.

『64는 주머니의 입을 묶어 버리면 허물이 없으며 명예도 없으리라.』

◉ 64는 음체로 음위에 올랐다. 자기의 분수를 지키는 정위는 되었으나 부중(不中)으로 때를 아직 만나지 못하였으니 일을 할 수가 없다.

더욱이 위로 65의 부정한 지도자를 받들고 아래로 허약한 군중을 보살핌에 이미 천명이 희미하고, 공론도 사라져서 기강도 세울 길이 없고 체제도 바로잡을 방법이 없다. 오직 자리나 바르게 지켜 입을 다물고 있으면 혼란의 주동적인 책임은 면할 것이나 혼조(昏朝)에 함께 참여한 무지함을 벗어나지 못한다.

2-5-4 ──────────────────────── 象에 曰括囊无咎는 愼不害也라.

『상전에 말하기를 주머니의 입을 묶어 버림은 삼가히 하면 해롭지 아니하니라.』

● 65의 지도자가 부정하여 의리가 없으니 64가 지혜의 주머니를
풀어 놓으면 자기의 자리를 넘본다고 의심하여 제거할 것이요, 아래
의 군중에게 위기를 호소하면 부정한 지도자를 옹호한다고 비난할
것이다. 그러나 위험한 시기요 불안한 위치임을 깨달아 신중히 처신
하면 65의 자리에 오를 수도 있으므로 이것은 해롭지 않은 것이다.

2-4-5 ———————————————————— 六五는 黃裳이면 元吉이리라.

『65는 노랑색깔의 치마를 두르면 처음은 크게 길하리라.』

● 65는 부정위나 중이므로 때를 만났으니 최고 지도자의 직무에
취임할 수 있다. 치세에는 예의가 있어서 서로 사양하여 가장 어질
고 능력이 있는 이가 최고의 지도자가 되지만, 난세에는 어진이가
숨어버리고 현실의 공리만을 추구하여 파벌이 생기고 술수가 벌어
져 힘있는 사람이 최고의 자리에 오르는 것인데, 이것도 또한 하나
의 길이다.
　황(黃)은 중앙색이요, 상(裳)은 아래옷으로 두르는 것이다. 따라서
불편부당하여 중립하고 아래 민중을 모두 하나로 포용하여 실용주
의 노선으로 나가면 처음은 크게 길할 것이다. 그러나 마침내 자유
롭게 체제를 개선할 능력이 없고 현실을 안정시킬 지략도 없다면 어
찌 오래 누리겠는가? 역사의 발전에 한때의 반동일 뿐일 것이다.
　이에 대오각성하여 언로를 널리 열어 놓고 민중 속에서 공론을 찾
으며 숨은 인재를 찾아 높이 등용하여 지혜를 모으고 현실의 조건을
모두 활용하여 물질을 개발한다면 혼란이 사라지고 정의가 살아나
서 국운을 유신하며 민생을 안정시키리라. 이와 같다면 반드시 처음
부터 끝까지 모두 크게 길할 것이다.

『상전에 말하기를 노랑색깔의 치마를 두르면 처음은 크게 길함은 문채가 속에 있음이니라.』

◑ 문(文)은 합리적인 논리체계요, 중(中)은 심중이다. 즉 마음속에 옳고 그름과 착하고 악함을 판단할 수 있는 저울대와 이롭고 해로움과 얻고 잃음을 분별할 수 있는 자가 있어서 사물의 현실을 정확히 파악하면서 대체(大體)를 그르치지 않기 위해 은인자중하고 중립관용하여 부귀한 사람도, 빈천한 사람도, 현능한 사람도, 억센 사람도, 진취하는 사람도, 보수하는 사람도 한결같이 모두 더불어 함께 앞으로 나아가게 하는 도량이 있음이다.

『상6은 용이 들판에서 싸우니 그 피가 검고 노랗도다.』

◑ 상6은 정위이나 음의 종극(終極)이다. 노음(老陰)이 변하여 소양(少陽)이 생기는 때이다. 건의 상9는 비록 부정해도 양명(陽明)하여 늦게 물러나는 것을 뉘우칠 줄을 알지만, 곤의 상6은 정위가 되었으면서도 혼암(昏暗)하여 스스로 물러날 줄을 깨닫지 못하므로 반드시 소양이 나와서 쫓아내야만 물러가는데, 이때의 싸움은 노음의 극성한 술수와 소양의 정예로운 대의와의 싸움이므로 서로 다치게 된다.

용(龍)은 양물이요, 전(戰)은 맞붙어 싸움이며, 야(野)는 끝까지 쫓아가 음의 소굴에 이르름이다. 혈(血)은 정력이니 현(玄)은 양의 피요 황(黃)은 음의 피이다.

성인은 소인배가 권좌에서 물러나지 않는 작태가 이와 같음을 말하여 무력투쟁을 통한 반정이나 혁명의 당위성을 이에 밝힌 것이다.

『용이 들판에서 싸우는 것은 그 길이 다함이니라.』

● 상6은 아래로 다섯 음이 있지만 혼란의 극치이다. 각각 사리사욕에 눈이 어두워 아무도 실각한 늙은 음을 돕지 않으므로 그 소굴을 벗어나 다른 데로 갈 곳도 없으니 오직 멸망이 있을 뿐이다. 혼란이 극도에 이르면 반드시 정의로운 세력이 일어나 세상을 바로잡나니, 흥망성쇠의 천도가 있는 까닭이다.

『6을 씀은 길이 바르게 지킴이 이로우니라.』

● 6은 음의 작용수이므로 음의 도이다. 유순한 음도를 씀에는 마지막이 중대하다. 믿음이 없는 사회, 혼탁한 세태 속에서 동기의 순수성이나 방법의 합리성을 인정받을 길은 이미 없어지고 옥과 돌이 함께 타며 지혜와 어리석음이 서로 뒤바뀌므로 마침내 각각 의심하고 배척해 버린다. 오직 일의 결과만 놓고 가치를 따지게 되므로 음도를 씀에는 길이 끝을 바르게 지켜 그 결과가 뚜렷해야만 의심을 풀 수 있고 모두 돌아오게 할 수 있다. 더욱이 양도는 앞에서 시작하는 원리요, 음도는 뒤에서 끝내 주는 원리이므로 바르게 끝내 주지 않으면 양기가 돌아옴이 힘차지 못하게 된다.

『상전에 말하기를 6을 씀에 길이 바르게 지킴은 크게 끝내려 함으로써이다.』

◉ 크게 끝냄은 새로운 시작을 만들어 놓고 끝냄이다. 노을은 소양을 생산하고 물러가고, 겨울은 내년의 봄을 발동시켜 놓고 물러나며, 새와 짐승은 새끼를 낳아 놓고 늙어 죽으며, 풀과 나무도 씨앗과 뿌리를 남겨 놓고 말라버린다.

건도는 끝을 정해 놓고 시작하니 대시(大始)라고 하고, 곤도는 시작을 잉태하고 끝내니 대종(大終)이라고 하는 것이다. 이것은 건도와 곤도가 배합하여 영원히 유행하는 전체 대통일의 이법(理法)을 밝힌 것이다.

2-6-1 ─────── 文言에 曰坤은 至柔而動也는 剛하고 至靜而德方하니

『문언에 말하기를 땅은 지극히 부드러우나 움직임은 굳세고, 지극히 고요하지만 덕은 모지니』

◉ 곤의 본성은 지극히 유순하지만 그 작용은 굳세고, 곤의 형체는 지극히 고요하게 정지해 있지만 그 주체는 방정하다. 이것은 곤도의 체용을 밝힌 것이다. 지극히 유순하여 천도의 진리를 따르므로 그 작용이 힘차고, 지극히 고요하게 정지하여 선덕의 실체를 모두 갖추므로 덕이 방정할 수 있는 것이다.

동과 정이 서로 뿌리가 되고, 내와 외가 서로 말미암으니 고요함이 극단에 이르러야 비로소 힘차게 움직일 수 있고, 움직임이 극단에 이르러야 비로소 지극히 고요할 수 있으며, 또한 내면이 지극히 방정해야 바야흐로 외면이 지극히 정숙할 수 있으며, 외면이 지극히 정숙해야 바야흐로 내면이 지극히 방정할 수 있는 것이다. 그러므로 유약함이 강건함을 이길 수 있고, 정지한 것이 활동하는 것을 절제할 수 있으며, 밖에서 제재하여 안을 편안케 할 수도 있고, 속을 길러서 밖으로 나타나게 할 수도 있는 것이다.

2-6-2 ─────────────────────── 後得하여 主而有常하며

『뒤따라야 분수를 얻어 이익을 주장하고 떳떳함이 있으며』

◑ 이것은 곤도의 분수를 말함이다. 유약(柔弱)의 도는 전체를 대통할 능력이 없으므로 앞장서서는 안 되고 항상 강건한 건도를 뒤따르면서 그를 보필하여 건이 이상적인 의리정신을 발휘할 수 있도록 현실적인 실용자본을 모아주는 것이 그 본분이다. 그러므로 정치는 도덕의 이상으로써 하고, 행정은 민심의 현실로써 하며, 아버지는 의리를 존중하고, 어머니는 이익을 중시함이 모두 각각 강약의 관계구조를 조화통일하는 자기의 정상적인 분수이다. 정자(程子)나 주자(朱子)가 다 같이 주(主)자 다음에 리(利)자가 있다고 보았다.

2-6-3 ──────────────────────── 含萬物而化가 光하니

『만물을 머금어 변화함이 빛나니』

◑ 이것은 곤도의 도량을 말함이다. 곤의 유순한 덕은 두텁게 만물을 포용하므로 현상세계는 그 속에서 끝없이 변화생성하여 유구하게 유지된다. 이것이 바로 광명정대한 세계정신이다.

2-6-4 ──────────────── 坤道는 其順乎인저 承天而時行하느니라.

『땅의 도는 그 따라서 갈진저! 하늘을 받들며 때로 가느니라.』

◑ 이것은 곤도의 본의를 밝힌 것이다. 현상세계의 상대적인 구조는 벗어날 수 없는 절대적인 진리이다. 잡다한 사물을 조화시켜 하나로 모두 통일해야만 안정과 발전을 이룩할 수 있다면 만물 각각의 본질적인 실존체계와 상황적인 구조관계를 규명하여 그 분수와 도리를 발명하지 않을 수 없는 것이다. 분수를 알아야만 권리를 찾아서 누릴 수 있고, 도리를 알아야 의무를 다하여 편안할 수 있을진대,

여기에 자유가 있는 것이요 평등이 있는 것이다.

도는 강제적인 규정이 아니고 자연적인 법칙이며, 예는 인위적인 규범이 아니고 당위적인 표준인지라 도덕적인 의리와 예의적인 분수는 없을 수가 없는 것이다. 물이 원천을 배반하면 흐를 수 없고, 나무가 뿌리를 배반하면 자랄 수 없는 것처럼 땅이 하늘을 거스르면 갈 곳이 없고 아들이 아버지를 어기면 살 곳이 없는 것이다. 분수를 지키고 의리를 다하는 데서 무한한 힘이 솟아나는 배합관계로 통일이 이루어지는 것이다.

2-7-1 ───────── 積善之家는 必有餘慶하고 積不善之家는 必有餘殃하나니
臣弑其君하며 子弑其父가 非一朝一夕之故라
其所由來者가 漸矣니 由辯之不早辯也라
易曰履霜하면 堅冰이 至라하니 蓋言順也니라.

『착함을 모아 쌓은 집안은 반드시 뒤에 경사가 남아 있고, 착하지 못함을 모아 쌓은 집안은 반드시 뒤에 재앙이 남아 있나니, 신하가 그 임금을 죽이고, 자식이 그 아비를 죽이는 것이 하루 아침이나 하루 저녁의 연고가 아니라 그 말미암아 온 바가 점점 어그러진 것이니 분별할 것을 일찍이 분별하지 못한 까닭이다. 주역에 말하기를 서리를 밟으면 굳은 얼음이 이른다고 하니 대개 신중히 함을 말하니라.』

◐ 작은 착함이라도 모아서 쌓으면 하늘이 복을 내리고, 작은 악함이라도 가득히 모으면 하늘이 반드시 재앙을 내리나니 복도 재앙도 모두 자기가 불러 들인 것이다. 악(惡)의 기원은 성실하지 못한 생각에서 생기고, 선(善)의 근원은 본성에서 비롯한다. 그러므로 사람의 선덕은 하늘의 공리(公理)라 행복이 따르고, 사람의 악의는 하늘의 공리를 거역한 것이라 재앙이 좇아오는 것이다.

사람이 재앙을 피하고 행복을 찾으려고 한다면 마땅히 먼저 선과 악을 분별하여 가릴 줄 아는 식별력이 있어야 한다. 즉 한 생각의

착함에 온갖 상서로움이 엉기며, 한 생각의 악함에 온갖 재난이 다가옴을 엄중히 인식해야 한다. 악한 생각을 미연에 막지 못하면 처음에는 비록 미미하지만 점점 자라나서 폭발하여 그 형세가 사나워서 걷잡을 수 없게 되나니, 이보다 두려운 것이 없다. 그러므로 악을 다스리는 방법은 마땅히 미세할 때에 그 뿌리를 뽑아 버리는 것이다.

정자는 순(順)을 인습에 순응하는 뜻으로 보았고, 주자는 신(愼)으로 보았다.

2-7-2 ──────────────────────── 直은 其正也요 方은 其義也니
君子는 敬以直內하고 義以方外하야 敬義立而德不孤하나니
直方大라 不習이라도 无不利는 則不疑其所行也라.

『곧음은 그 바로 함이요, 방정함은 그 의로움이니 군자는 공경심으로써 속을 곧게 하고, 정의로운 행동으로써 밖을 모지게 하여 공경과 의리가 확립되면 마음이 외롭지 아니하나니, 정직하고 방정하고 광대한지라 익히지 아니하여도 이롭지 아니함이 없다는 것은 그 행한 바를 의심하지 아니함이니라.』

◉ 직(直)은 한결같이 곧은 마음이요, 정(正)은 바르고 알맞은 분수이며, 방(方)은 두루 분별하여 행하는 조리있는 행실이요, 의(義)는 마땅히 해야 할 의리이며, 기(其)는 자기를 지칭함이다. 경(敬)은 오로지 하나만을 주장하여 옮겨감이 없는 것이요, 의(義)는 사람이 마땅히 가야 할 길이며, 덕(德)은 착한 마음씨이다.

도덕사회에서는 함께 아울러서 착해야 하고, 혼란사회에서는 부득이 혼자라도 착해야 한다면 62는 소인집단 속에서 혼자 군자의 길을 갈 수밖에 없다. 군자의 길은 무엇인가? 양심을 간직하여 분수를 지키고, 행실을 방정하게 하여 의리를 다할 따름이다. 양심은 비록 은미하지만 자제력이 있어서 분수를 벗어나지 않고, 사욕은 폭발하면 자제력이 없어 분수를 벗어나고 만다. 행실을 방정하게 함은 자기의

주체를 세워서 스스로의 도리를 다함으로 군자의 길인데, 소인은 자포자기하여 세태의 유행에 휩쓸리는지라 의리를 저버리고 만다.

　양심을 간직하는 길은 오직 자중자애하여 스스로 경건한 자세를 이루는 경(敬)의 공부요, 방정한 행실을 이룩하는 길은 자기의 성명(性命)을 깨달아 스스로의 도리에 충실함이다. 그러므로 경으로써 양심을 확고하게 간직하고, 의로써 공덕에 철저하면 아무도 그 착함을 의심하지 않을 것이므로 그래서 외롭지 않다고 하였다.

2-7-3 ─────────────── 陰雖有美나 含之하야 以從王事하야 弗敢成也니
　　　　　　　　地道也요 妻道也요 臣道也니 地道는 无成而代有終也니라.

『음은 비록 아름다움이 있을지나 머금어서 지도자의 일을 따라서 감히 이루지 말지니 땅의 도요 아내의 도요 신하의 도이니 땅의 도는 이룸이 없이 대리하여 끝을 두나니라.』

　◐ 무능한 실존이 불안한 구조에서 어찌할 수 없어 고난의 길을 감에 오직 희생을 감수할 뿐이다. 이미 그르쳐 버린 운명 속에서 그래도 한가닥 유일한 희망이 있다면 다음 대에나 행복하기를 기대하는 것뿐이다. 그러므로 이를 위해 전력해야 한다. 다음 세대에라도 행복할 수 있다는 희망을 가지려면 지금의 구조라도 파괴해서는 안 되는 까닭에 지극한 정성으로 윗사람을 받들어 조화관계를 유지해야 한다. 비록 자기에게 아름다움이 있다고 해도 이를 감추어 위로 돌리고 윗사람의 일을 대신하여 완성해 주어야 한다. 이것은 약소한 나라의 용렬한 임금을 섬기는 신하의 도리이며, 가난한 집의 어리석고 천한 남편을 섬기는 아내의 도리이다.

2-7-4 ───────── 天地變化하면 草木이 蕃하고 天地閉하면 賢人이 隱하나니
　　　　　　　　易에 曰括囊이면 无咎하며 无譽라 하니 蓋言謹也니라.

『하늘땅이 변화하면 풀과 나무가 번성하고, 하늘땅이 닫혀지면 어진 사람이 숨나니 주역에 말하기를 주머니의 입을 묶어 버리면 허물이 없으며 명예도 없다고 하니 대개 삼가함을 말하니라.』

☯ 하늘땅이 열리면 음양이 조화하여 만물이 진화하고, 하늘땅이 닫히면 음양이 괴리하여 만물이 퇴화한다. 한번 열리고 한번 닫히는 것이 역사의 발전법칙이다. 64는 상괘와 하괘가 격절하여 서로 용납할 수 없는 구조 속에서 하괘의 3효를 구제할 사명이 있는바 이를 구제하기 위해 65를 비판하면 불충이요, 또한 65를 보필할 책무가 있는지라 65를 옹호하면 불의편에 서게 되는, 어떻게도 할 수 없는 처지이다.

어진 사람은 성공하고 실패하는 운수에 밝고, 잘되고 못되는 형세를 판단하여 흥하고 망하는 이치를 알아서 나아가고 물러나는 도리를 지킨다. 64는 이미 숨어야 될 때에 숨지 못한 허물이 있고 나타나지 않아야 할 때에 나타난 불명예가 있으나, 악을 조장유도하는 불충과 선을 탄압학살하는 불의를 저지르지 않는다면 그 몸을 더럽히지는 않을 것이다.

2-7-5 ──────────────────────────────── 君子는 黃中通理하야

『군자는 노랑색이 가운데 하여 이치를 통하여』

🌓 황색은 중앙색이다. 청색은 동방색이요, 적색은 남방색이요, 백색은 서방색이요, 흑색은 북방색이다. 황중(黃中)은 지나치거나 치우침이 없는 중용의 덕이 마음속에 있음이요, 리(理)는 원리원칙이다.

혼란의 극도에 있는 구조에서 무력한 주재자가 현상유지에만 급급해서는 자멸뿐이다. 따라서 은밀한 가운데 선덕을 싹티우고 원칙에 철저하여 새로운 시작을 잉태한 큰 끝을 준비해야 한다. 이것이 양심의 지상명령이요 천명에 엄숙히 순응함이다.

『자리를 바로 하여 주체를 세워』

◉ 위(位)는 공적인 직위요, 체(體)는 주체적인 형상이다. 65의 직위는 한 집단의 수장으로서 마땅히 그 기능을 행사하되 자기의 무능을 알아서 자기 주장을 버리고 대중의 뜻에 따라 그때의 현실에 충실해야 하므로 아래의 대중들과 고락을 함께 해야 한다.

2-7-5″ ──────────────美在其中而暢於四支하며 發於事業하나니 美之至也라.

『아름다움이 그 속에 있어서 손과 발에 통하며 사업에 나타나나니 아름다움의 지극함이니라.』

◉ 미(美)는 선덕을 주체하고 원리원칙을 따름이다. 이것이 마음속에 굳건히 확립되어 있으면 한 몸의 손과 발에도 충만하고 화순한 모습이 저절로 이루어질 것이며, 마침내 사업에서도 그 광명정대함이 스스로 나타나게 되는데, 이것이 바야흐로 아름다움의 극치라고 하였다. 민심이 변하고 천명이 옮겨가면 마땅히 정성을 다하여 가장 어진이에게 선양해야 하는 것이다. 65가 스스로 속에서 우러나온 참마음이라면 어진이가 비록 사양할지라도 반드시 물려주고 떠날 것이니 이는 아름다움의 극치가 아닐 수 없는 것이다.

2-7-6 ────────────── 陰疑於陽하면 必戰하나니 爲其嫌於无陽也라
故로 稱龍焉하고 猶未離其類也라
故로 稱血焉하니 夫玄黃者는 天地之雜也니 天玄而地黃하니라.

『음이 양에 대하여 의심하면 반드시 싸우나니 그 양이 없음에 대하여 미워하는지라 그러므로 용을 말하고, 오히려 그 본질을 떠나지

아니하므로 피를 말하였으니 대저 검고 노란 것은 하늘땅의 섞임이
니 하늘은 검고 땅은 누르니라.』

　● 의(疑)는 양의 착한 마음씨와 진실한 이성을 의심함이요, 혐
(嫌)은 양의 어린 정기와 예리한 진취력이 없음을 미워함이다. 용
(龍)은 양물이요 류(類)는 음류이며, 천(天)은 양의 상이요 지(地)
는 음의 상이다. 양체는 강명하여 자립독행하고 음체는 어리석고 허
약하여 군류뇌동(群類雷動)하니 그 장렬한 뜻은 결단코 꺾일 수 없
는 것이며, 그 강성한 형세는 기어코 물러설 수 없는 것이다. 이에
피비린내 나는 치열한 싸움이 벌어지지만 양은 천하대공(天下大公)
의 인(仁)으로 나아가고, 음은 일신사의(一身私意)의 권모술수로 나
아가니 이기고 지는 것은 이미 결정되어 있는 것이다.
　건괘의 여섯 효는 건실하니 전체구원의 이상에 중점을 두었고, 곤
괘의 여섯 효는 유약하니 자기구원의 현실에 중점을 두었으므로 건
괘의 말씀은 서술문체요, 곤괘의 말씀은 조건문체이다.

3 둔(屯)괘

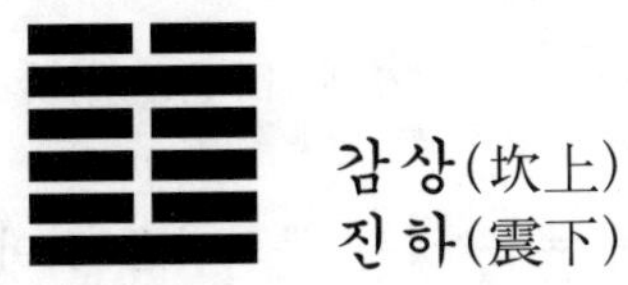

감 상(坎上)
진 하(震下)

3-1-1 ——————————— 屯은 元亨코 利貞하니 勿用有攸往이요 利建侯하니라.

『둔괘는 크게 시작하여 형통하고, 바르게 지킴이 이로우니 갈 곳을 두지 말고 지도자를 세움이 이로우니라.』

◉ 진(震)과 감(坎)은 삼획괘의 이름이다. 진은 하나의 양이 두 개의 음 아래에서 발동하므로 그 상이 뢰(雷)요 그 성질이 동(動)며, 감은 하나의 양이 두 개의 음에 빠져 있으니 그 상이 물·비·구름이요, 그 성질이 함·험(陷·險)이다.

둔(屯)은 육획괘의 이름이니 혼돈의 길이며 간고한 고난의 뜻이다. 하늘과 땅이 처음 열려 음양이 교통하면 혼돈세계가 되므로 이에 건곤 다음에 둔괘가 놓였다. 이것은 새로운 질서가 형성되는 과도기의 현상이며 그 괘는 험난한 속에서 진동한다. 그 상으로 말하면 동방에서 처음으로 우뢰가 쳐서 하늘과 땅을 진동시키고 음양을 조화하여 비를 가득히 내리게 하는 모양이다. 때는 새봄에 해당되며 풀과 나무가 움터 나오는 모습이다.

처음 시작이 크게 형통함은 둔괘의 여섯 효 각각의 실존이 거의 완성되어 중(中)과 정(正)이 갖추어졌으므로 그 잠재력이 충만하여 있는 까닭이요, 바르게 지킴이 이로움은 전체적인 구조가 안정상태에 있는 까닭이며, 갈 바를 두지 말라고 함은 이제 겨우 골격만 갖추고 있을 뿐, 2양 4음으로 허약한 형체인 까닭에 빨리 하고자 하면 오히려 이루지 못하게 됨이며, 지도자를 세움이 이롭다고 함은 네 음이 두 양을 중심으로 뭉쳐야 됨을 말하는 것이다.

『단전에 말하기를 둔은 굳은 것과 부드러운 것이 처음 사귀어 만남에 어려움이 생기며』

◉ 양체는 동하고 음체는 정하며, 양질은 강하고 음질은 부드러우며, 양기는 상승하고 음기는 하강하니 진뢰(震雷)는 강동(剛動)하여 상승하고 감수(坎水)는 유정(柔靜)하여 하강하는지라 하괘의 진이 처음으로 사귀어 나감에 밖에서 감의 험난함을 만나는 뜻이 있다. 이것은 새 질서가 태동하는 진통이요 낡은 껍질을 벗는 아픔이다.

『위험 속에서 움직이니』

◉ 동(動)은 진(震)의 덕성이요 험(險)은 감(坎)의 덕성이므로, 진괘와 감괘의 두 가지 성질로 둔난(屯難)한 괘명의 뜻을 밝혔다.

『크게 형통하고 바르게 지킴은』

◉ 진의 하나의 양이 태동하여 새로운 세계로 진출하는 진통과 초창기의 험난한 역정 속에서도 마침내 크게 형통하고 바르게 지킬 수 있음은 천도의 운행법칙에 따라 하늘땅이 이미 열리고 음과 양이 이

미 교통하여 착한 실체가 나타났고 조화와 질서의 틀이 대체로 갖추
어졌기 때문이다.

그러므로 난(難)은 선덕이 처음으로 생성하는 과정이며, 험(險)은
원리원칙이 비로소 확립되는 과정이다. 고난과 위험은 외적인 충격
이므로 피할 수 있는 것이 아니며, 그것은 양이 발전해 가는 자기
전개의 과정이다. 그러므로 이 과정에서 스스로를 극복하면 마침내
크게 형통하고 바르게 지킬 수 있는 길이 열린다. 이것이 처음에는
어렵고 나중에는 쉬운 인(仁)의 실상이다. 불인(不仁)은 처음에는
쉬우나 나중에는 어렵다.

3-2-4 ──────────────────────────────── 雷雨之動이 滿盈일새라.

『우뢰와 비의 움직임이 가득함으로서이라.』

◐ 음양의 상대관계는 처음 사귀기는 어려우나, 한번 사귀어 상부
상조하는 배합관계가 이루어지면 완전히 조화통일되어 원만하고 흡
족한 사이가 이루어진다. 새봄에 우뢰와 비구름이 처음 만나 비를
내리기 시작하면 여름까지 모든 연못을 가득히 채워 만물이 나서 자
라게 해주는 것처럼 점점 원만해지고 더욱 더 흡족할 때까지 느긋하
게 기다려야 함을 말하였다.

3-2-5 ──────────────────── 天造草昧에는 宜建侯요 而不寧이니라.

『하늘이 처음 개벽하여 혼돈하고 어두컴컴할 제는 마땅히 지도자
를 세우고도 편안치 못할지니라.』

◐ 위에서는 만물이 생성하는 자연법칙으로 말하고 여기에서는 사
회가 발전하는 당위법칙으로 말하였다. 천조(天造)는 하늘이 처음에
창조됨이요, 초(草)는 혼돈이며, 매(昧)는 어둠이다. 원시시대에는

사회의 질서도 갖추어지지 않았고, 인간의 도리도 밝혀지지 않아 상황을 알 수 없는 혼돈의 구조이다. 이에 형상을 알 수 없는 아둔한 실존들은 마땅히 군집하여 집단사회를 이룩하고 그 가운데 가장 어진이를 지도자로 세워서 합심협력하여 새 시대를 개척해야 하므로 혼자만 편안할 수 없는 때임을 밝혔다.

초9는 성괘(成卦)의 괘주로서 둔난을 구원할 사명이 있고, 95는 지도자로서 문명사회를 건설할 책임이 있으며, 네 음(陰)은 자기를 구원하고 문화제도를 정착시킬 임무가 있으니 아무도 이때에 편안할 수가 없는 것이다.

3-3-1 ──────────── 象에 曰雲雷가 屯이니 君子는 以하여 經綸하느니라.

『상전에 말하기를 구름과 우뢰가 둔괘이니 군자는 본받아서 경륜하느니라.』

◑ 감(坎)은 물이나 비인데 구름을 말하는 것은 물방울이 맺혀 있기는 하지만 아직 비가 되어 내리지 못한 불완전 상태를 말한 것이다. 경(經)은 경영이며, 륜(綸)은 강령이다.

구름이 일고 우뢰가 치는 새봄이 둔괘이다. 군자는 옛 것이 물러가고 새로운 것이 아직 오지 않은 어려운 때에 장래에 이룩할 일의 강령을 경영한다. 이것은 어려운 때가 바로 큰 일을 할 때이며, 일이 없을 때가 곧 일을 시작할 때임을 밝힌 것이다.

3-4-1 ──────────────── 初九는 磐桓이니 利居貞하며 利建侯하니라.

『초9는 우뚝서서 머뭇거리니 바르게 사는 것이 이로우며, 지도자를 세움이 이로우니라.』

◑ 초9는 양체로 양위에 있으니 정위이나 부중이라 아직 나설 때가

아니다. 그러나 전체의 구조로 볼 때 위로 네 개의 음이 허약한데다가 95는 양이나 두 개의 음 사이에 빠져 있어서 헤어나지 못하고 있으므로 오직 초9만이 괘주로서 이 둔난한 시대를 구원할 사명이 있다.

초9가 시대의 간난함을 구원하려면 양의 현명함으로도 오히려 음의 어리석고 천한 것의 아래에 있을 수 있는 넓은 도량으로써 64와 정응(正應)하여 관계를 확고하게 맺고 62와 친비(親比)하여 힘을 모은 다음, 그들로 하여금 95를 깨우쳐 바른 지도자로 보필케 해야 이 현상을 안정시킬 수 있고, 각자의 분수를 바르게 밝혀 질서체계를 세울 수 있다. 초9는 스스로 나서서 주도하려고 해도 미천한 존재의 위상으로 하여 그 일을 당하지 못할 것이므로 머뭇거리고 바르게 지키는 것이 이로우며, 현상을 수습하여 지도자를 세움이 이롭다고 하였다.

3-5-1──────────────────── 象에 曰雖磐桓하나 志行이 正也며

『상전에 말하기를 비록 우뚝 서서 머뭇거리지만 뜻과 행실이 바르며』

● 둔난(屯難)의 시초에 새 시대의 강령을 설계하여 확립함은 뜻의 바름이요, 효상불측(爻象不測)한 혼돈의 시대에 망녕되게 뛰어들어 위험을 무릅쓰지 않음은 행실의 바름이다. 뜻을 이미 정해 놓고 때를 기다림은 군자가 시작을 신중히 하는 모습이니 잘 꾀하여 반드시 성공하려는 정성이다.

3-5-1'──────────────────── 以貴下賤하니 大得民也로다.

『고귀한 것으로 비천한 것의 아래에 있으니 크게 민중을 얻도다.』

◑ 귀(貴)는 초9의 양이요, 천(賤)은 위로 네 개의 음이다. 양은 강명한 재능으로 의리를 숭상하니 고귀하고, 음은 유암(柔暗)한 재능으로 실리를 추구하니 하천하다.

초9는 고귀한 식견을 가지고 초야의 민중 속에 바르게 살면서 사회의 혼란을 바로잡기 위해 비천한 음과 더불어 함께 꾀하고 마침내 온전하게 사태를 수습하니 크게 민중을 얻는다.

3-4-2 ──────────── 六二는 屯如邅如하며 乘馬班如하니 匪寇라 婚媾리니
女子가 貞하야 不字라가 十年에야 乃字로다.

『62는 어려운 듯하고 머뭇거리는 듯하며 말을 타다가 내려버리니 겁탈함이 아니라 혼인하려고 함이라 여자가 바르게 지켜 시집가지 않다가 십 년만에야 이에 시집가도다.』

◑ 둔여(屯如)는 어려운 모양이요, 전여(邅如)는 머뭇거리며 우물쭈물하는 모양이며, 반여(班如)는 홀로 멈추어 서 있는 모습이다. 구(寇)는 밖에서 쳐들어온 겁탈자요, 구(媾)는 거듭 혼인함이다. 자(字)는 성인의 애칭으로 남자는 20세에 관례를 행하고 자를 받으며, 여자는 15세에 계례(筓禮)를 행하고 자를 받아 이에 성인이 되어 혼인할 수 있는 것이다.

62는 유순하게 중정하였으니 둔난한 시대에 유순한 실존으로 험악한 운명을 바르고 적절하게 헤쳐나가 마침내 아름다운 새 세상을 맞이하게 된다. 혼탁한 상황에서는 시비가 전도되고, 선악이 뒤섞여 적과 동지가 분별되지 못하며, 거짓과 참이 식별되지 않으므로 유약하고 혼미한 실존은 망녕되게 착각과 오인으로 환상 속에서 자멸하고 마는 것이다. 62는 비록 유약하지만 자기의 자리를 바르게 지키는 지조가 있고, 때에 따라 알맞게 처신하는 재능이 있으니 모든 것을 신중히 하는 까닭에 항상 의심하고 조심하여 혼란 속에서도 초9의 친비(親比)를 믿고 95의 정응(正應)을 기다리는 것이다.

어려워하고 머뭇거림은 어려운 때에 힘없는 62가 기다려야 할 정

도(正道)이다. 승마(乘馬)는 초9의 강건한 실체의 위에 있어서 95와
정응하라는 권유를 받음이요, 반여(班如)는 초9와 의견을 달리하여
분수를 지킴이며, 비구(匪寇)는 초9를 오인하지 않음이며, 혼구(婚
媾)는 95와 정응하여 95가 청혼함이다. 여자는 62 자신이요, 정(貞)
은 바른 위치를 지킴이며, 십년(十年)은 오랜 세월로 95가 64와 상6
의 위험에서 벗어나기가 어려움이며, 내자(乃字)는 유중(柔中)한 까
닭이다. 둔난한 때에도 유순한 숙녀는 정조를 지키고 도리를 다하며,
단아한 선비는 학덕을 지켜 조급히 벼슬길에 나아가지 않는 것이다.

3-5-2 ─────────── 象에 曰六二之難은 乘剛也요 十年에야 乃字는 反常也라.

『상전에 말하기를 62의 어려움은 강건함을 탐이요, 십 년에야 이
에 시집가는 것은 정상으로 돌아옴이니라.』

☯ 응(應)은 초효와 4효, 2효와 5효, 3효와 상효가 각각 음양으로
감응하여 서로 돕는 유익한 관계이다. 또한 각각 정위(正位)하여 응
하면 정응(正應)이라고 하고, 양과 양이나 음과 음으로 만나면 적응
(敵應)이라고 한다. 비(比)는 한 효의 상하관계가 선린관계인가 경
쟁관계인가를 보는 것으로 위와 아래가 자기와 음양으로 만나 상부
상조하는 사이를 친비(親比)라고 하고, 양과 양, 음과 음으로 만나
경쟁하는 사이를 불비(不比)라고 한다. 특히 바로 위의 효가 양이면
승강(承剛)이라고 하고, 바로 아래 효가 양이면 승강(乘剛)이라고
한다.
　주역에서는 변역을 숭상하므로 한 괘의 운명을 주도하는 중효(中
爻)를 가장 귀하게 여기고, 자기완성을 뜻하는 정위(正位)를 그 다
음 중시하며, 이미 인연이 맺어진 상대와 감응조화함을 뜻하는 응
(應)개념이 그 다음이며, 자기의 주위와 화친하는 비(比)개념이 또
그 다음이다.
　62가 당한 어려움은 구조적인 위험인데 이미 스스로 중정하여 위
험한 시국에서도 바르게 지켜나갈 수 있지만 초9라는 강건한 새시대

의 주역이 이웃에 있어 62로 하여금 95의 구질서를 따를 수도, 초9
의 신질서를 따를 수도 없는 곤란한 처지를 만들기 때문이다. 구질
서의 혼란을 따르자니 양심이 괴롭고, 신질서의 정의를 따르자니 몸
이 고달프다.

반상(反常)은 정상의 길로 돌아감이다. 즉 95가 세궁력진(勢窮力
盡)하여 구질서에서 벗어나 신질서에 동참함으로써 62의 갈등은 해
소되고, 떳떳하게 95와 배합하여 대동사회로 진군할 수 있는 것이다.

3-4-3 ─────────────────────── 六三은 卽鹿无虞라 惟入于林中이니
君子는 幾하여 不如舍니 往하면 吝하리라.

『63은 사슴을 만나 쫓되 사냥터지기가 없는지라 오직 숲속으로 들
어만 가나니, 군자는 기미를 보아 버리는 것만 같지 못하니 쫓아가
면 안타까우리라.』

◉ 즉(卽)은 직접 쫓음이요, 우(虞)는 사냥터지기이며, 임중(林中)
은 위험 속의 미로이며, 기(幾)는 기미인데 움직임이 미미함이요, 사
(舍)는 버려 두는 것이며, 린(吝)은 안타까움이다.

63은 부정위로 허약한 실존이며 부중(不中)하고 불응(不應)하며
불비(不比)하니 무지망동(無知妄動)의 상이다. 둔난한 시대에 허약
고단한 신세를 자각하고 허욕을 버리며 분수를 지켜야 한다. 63이
간난을 이겨낼 수 있는 힘은 오직 운명에 순응하는 길밖에 없으니
만일 욕심이 발동하여 망동하면 할수록 안내인이 없어서 위험 속으
로 깊이 빠져 들어갈 뿐이다.

상황의 변화를 미리 볼 수 있는 군자는 눈앞의 이익을 보면 그 의
리를 생각하여 탐욕을 버린다. 그러나 만일 63이 스스로의 욕구만
충족하려고 날뛰면 초9나 95의 직접 도움이 없어서 마침내 자제력
을 잃어 미혹에 떨어지고 만다.

 ──────────────────────────── 象에 曰即鹿无虞는 以從禽也요
君子가 舍之는 往하면 吝窮也라.

『상전에 말하기를 사슴을 만나 쫓음에 사냥터지기가 없음은 날짐승을 쫓음으로써이요, 군자가 버려두는 것은 쫓아가면 안타깝고 궁박함이라.』

◑ 혼란한 사회는 기강이 무너지고 명분이 바르지 못하여 공사(公私)가 분별되지 않는다. 록(鹿)은 동물원에 있는 공유재산이요, 금(禽)은 산야에 있는 자연물이니 잡은 사람의 소유이다. 63이 어리석고 멍청하여 혼란기를 틈타 공유물에 관리인이 없는 것을 보고 욕심을 내어 사유물로 만든다면 이것은 구제할 수 없는 자멸의 길로 들어서는 것이다. 군자는 위험 속에서 요행을 바라지 않고 평탄하고 안전한 길을 가므로 마침내 구차하고 곤궁함이 없는 것이다.

 ────── 六四는 乘馬班如니 求婚媾하야 往하면 吉하야 无不利하리라.

『64는 말을 타다가 내려버리니 혼인 길을 찾아서 가면 길하여 이롭지 아니함이 없으리라.』

◑ 64는 유순한 실존으로 비록 둔난한 시기에 부중(不中)이나 이미 자기구원을 할 수 있는 정위가 되었고, 또한 초9와 정응(正應)하여 응원자가 있고, 더욱이 95와 친비(親比)하여 위험을 극복할 수 있는 형세를 얻었으니 둔난한 때를 구원하는 일에 능동적으로 여건을 조성하고 초9를 발탁, 추천하여 그 뒤에서 밀어주면 반드시 이로울 것이다.

승마(乘馬)는 어려운 때에 95의 지도자를 도우려는 뜻이요, 반여(班如)는 자기의 능력이 부족함을 자인함이며, 혼구(婚媾)는 초9이니 어려움에 처한 지도자를 보필하는 사람은 자기의 힘이 모자라면 마땅히 스스로 나서서 사방에서 인재를 찾아내어 자기의 자리까지

넘겨 주고라도 어려움을 극복할 수 있도록 밀어 주어야 한다.

 ───────────────────────────────── 象에 曰求而往은 明也라.

『상전에 말하기를 어진이를 찾아가는 것은 밝은 의리이라.』

◑ 양은 능동이요, 음은 수동이다. 본래 음이 양을 찾아나서는 것은 분수가 아니다. 그러나 지도자를 보필하는 직위에 있는 사람은 위험에 빠진 지도자를 구원함에 비상한 권도(權道)를 쓸 수 있는 것이다. 그러므로 고위직에 있는 사람으로서 민중 속에 사는 어진이를 스스로 찾아가 나오기를 강청하는 것이 오히려 그 의리에 밝다고 하였다. 만일 어려운 시국에 자기의 부족한 재능을 깨닫지 못하고, 어진 사람이 있어도 자리를 내주며 물러날 줄을 모른다면 이것은 고관의 밝은 의리가 아니다.

 ──────────── 九五는 屯其膏니 小貞이면 吉하고 大貞이면 凶하리라.

『95는 그 은택에서 어려우니 조금 바르게 지키면 길하지만 크게 바르게 지키면 흉하리라.』

◑ 고(膏)는 은택(恩澤)이요, 소정(小貞)은 조금 보수적인 태도이며, 대정(大貞)은 아주 수구적인 자세이다. 95는 전체적인 구조로 볼 때에 62와 정응하고, 64와 상6과는 친비하며, 초9가 건실하여 안정과 성장을 함께 이룩하는 균형잡힌 조화가 있으며, 그 자신도 강중(剛中)하여 둔난을 극복할 수 있는 힘이 있다. 그러나 닥친 위험이 너무나 크고, 작은 은혜로 맺어진 군음(群陰)과의 정분에 빠져서 큰 도움을 얻지 못하니 우유부단한 공무원들 때문에 어려운 시국에서 헤어나지 못한 것이다.
　이것은 95의 은택이 측근에만 넘치고 전체 대중에게 미치지 못함

이다. 조금 보수(保守)하여 현상안정 속에서 때를 기다림은 길하지
만, 이러한 폐쇄적인 안정만을 끝내 고집한다면 둔난을 구제할 길이
없게 된다. 그러므로 대오각성하여 시국을 똑바로 인식하고 사문(私
門)을 닫고 공로(公路)를 열어 민망(民望)이 있는 초9를 중용하여
제세구민의 큰 개혁정책을 실시해야만 위험에서 벗어날 수 있다.

3-5-5 ─────────────────── 象에 曰屯其膏는 施가 未光也라.

『상전에 말하기를 은택에서 어려움은 베풀어 줌이 빛나지 못하니
라.』

◉ 대중의 지도자가 사정(私情)에 빠지는 것은 공무를 빙자하여 사
사로운 일을 경영함이니 어찌 빛날 수 있겠는가! 지도자의 영광은
언제나 공명정대함에서 얻어지는 것인즉, 천하는 천하 사람들의 것
이요 한 사람의 것이 아니다.

3-4-6 ─────────────────── 上六은 乘馬班如하여 泣血漣如로다.

『상6은 말을 타다가 내려 피눈물을 줄줄 흘리도다.』

◉ 상6은 둔난의 종극으로 새로운 질서가 눈앞에 펼쳐지고 있는데
도 구질서만 고집하여 둔난을 극복할 시기를 놓쳐 버렸으므로 간난
의 극치에서 몰락할 수 밖에 없으니 뉘우친들 무엇하며, 한탄한들
어찌하겠는가! 눈앞의 현실에 안주하여 역사의 순환법칙을 외면했
던 까닭이니 누구를 원망하며, 누구를 허물하겠는가!

3-5-6 ─────────────────── 象에 曰泣血漣如어니 何可長也리오.

『상전에 말하기를 피눈물을 줄줄 흘리니 어찌 오래가리오!』

◉ 어려운 상황을 안일하게 대처했으므로 둔난과 함께 사라질 운명이니 이제 곧 사라지리로다.

무릇 괘체(卦體)는 자체의 구조요, 괘명(卦名)은 전제(前提)적 개념이며, 괘사는 사체(事體)의 본의(本義)이다. 효는 구체적 실체요, 효명은 구조적 위상이며, 효사는 사업의 시기적인 성격이다. 64괘는 8괘를 겹쳐서 세 가지 경우로 나누어서 두 번 거듭하여 일의 처음과 끝의 원인과 결과, 그리고 주체와 객체의 의리와 분수 및 성공과 실패의 길함과 흉함을 두루 살펴 빠진 이치가 없도록 하였으니 사례를 인용하여 비교해 보고, 유추해서 해석하면 천하의 이치가 모두 여기에서 밝혀질 것이다.

4 몽(蒙)괘

4-1-1 ──────────────── 蒙은 亨하니 匪我가 求童蒙이라 童蒙이 求我니
初筮어든 告하고 再三이면 瀆이라 瀆則不告니 利貞하니라.

『몽괘는 형통하니 내가 어리석은 아이에게 요구함이 아니라, 어리석은 아이가 나를 찾음이니 처음으로 진실하게 묻거든 꿰뚫어 가르쳐 주고 두 번 세 번 묻거든 모독함이니, 모독하면 가르쳐 주지 아니하나니 바르게 지킴이 이로우니라.』

◐ 몽(蒙)은 몽매의 길이다. 만물이 시생(始生)함에 유치몽매(幼稚蒙昧)하므로 둔괘(屯卦) 다음에 놓였다. 그 괘체가 둔괘를 돌려놓은 것으로 성인의 궁리가 치밀함을 보이고 있다.

간(艮)은 삼획괘의 이름으로 하나의 양이 두 음 위에 멈추어 있는 까닭에 그 성질이 지(止)요, 그 상이 산(山)이다. 감(坎)이 간(艮)을 만났으니 험난하여 정지하고 있음이 몽(蒙)의 뜻이요, 산 아래에 샘물이 흐르는 것이 몽의 상이다.

92는 강명(剛明)한 내괘의 괘주로서 그 구조가 군음(群陰)을 교육하는 스승의 상이니 계몽교육의 역할이 있는 것이다.

아(我)는 92로 스승 자신이요, 동몽(童蒙)은 어리고 몽매함이니 65의 지도자이며, 초(初)는 정성 하나뿐이며, 서(筮)는 점쳐서 신에게 묻는 것으로 지극히 공경하여 정성으로 묻는 것이며, 곡(告)은 정곡이니 핵심을 꿰뚫음이며, 재(再)는 의심함이며, 삼(三)은 소홀히 하여 번거로움이며, 독(瀆)은 모독하여 욕된 수치이다.

몽(蒙)이 형통하다고 함은 배우고 익혀서 깨달아 알 수 있음이다. 스승은 큰 사람의 길을 실천하므로 어린이를 바르게 가르치고, 어리석은 이를 참되게 깨우쳐 주는 것을 사명으로 하는데, 도덕을 존중하여 사도(師道)의 존엄성을 확립하고, 인격을 귀중히 여기므로 불성실한 학습태도를 엄격히 징계해야 한다. 공경하지 않으면 스승을 만나 볼 수 없고, 물어 보지 않으면 스승에게서 배울 수 없는 것이다.

65는 비록 최고의 권세를 가진 지도자이지만 도덕과 학문과 사업에 의혹이 있으면 스스로 스승을 찾아가서 물어야 한다. 정치와 교육은 같은 이념을 구현하기 위한 두 가지 기능으로 수레의 두 바퀴와 같고, 새의 두 날개와 같다. 정권이 교권을 존중함은 진리를 밝히기 위함이요, 교권이 정권을 고귀하게 함은 민생의 안녕을 이루기 위함이다. 스승은 사도를 지켜 도덕을 받들어야 하고, 지도자는 대도(大道)를 지켜 인민을 받들어야 한다. 그러므로 92의 스승이 65의 지도자에게 배우기를 요구하지 않는 것은 고귀한 사람을 고귀하게 여기는 까닭이요, 65의 지도자가 아래로 92의 스승을 찾아가는 것은 어진이를 존경함이다. 성실한 자세로 진지하게 묻거든 지극히 명료하게 숨김없이 가르쳐 주어야 한다.

이것이 바로 제자의 자세요 스승의 도리이다. 만일 스승의 진실을 의심하여 다시 물어서 확인하거나 믿지 않고 번거롭게 희롱하면 이것은 진리를 믿지 않고 예절을 무시하는 것이니 사도를 모독함이다. 이것은 학습의 성과가 없을 뿐만 아니라 스승과 제자가 서로 훼손당하고 진리를 농락하는 결과를 초래하므로 오히려 홀로 바르게 지킴만 못하다.

4-2-1 ─────────────── 彖에 曰蒙은 山下有險하고 險而止가 蒙이라.

『단전에 말하기를 몽괘는 산 아래에 위험이 있고, 위험하여 멈춤이 어림이라.』

◑ 산 아래에 위험이 있음은 괘상(卦象)이니 타락하면 구제할 수 없는 상황이요, 위험하여 멈춤은 괘덕(卦德)이니 재능이 부족하여 발전할 수 없는 실체, 즉 교육하지 않으면 안 되는 어린이의 뜻이 있다.

4-2-2 ──────────────────────── 蒙亨은 以亨行이니 時中也요
匪我가 求童蒙이라 童蒙이 求我는 志應也요

『몽이 형통함은 형통한 길로 감이니, 때에 알맞음이요, 내가 어리석은 아이를 찾음이 아니라, 어리석은 아이가 나를 찾아옴은 뜻이 서로 호응함이요』

◑ 자기의 무지와 무능을 자각함이 형통함이요, 알려고 노력하고 배우려고 힘쓰는 것이 형통한 길이며, 위험한 상황에서 어진이를 찾는 것이 때에 알맞는 시중(時中)이다. 지응(志應)은 어진 사람이 초야에 있음에 부정한 지도자를 먼저 찾아가 만나지 않는 것이다. 그러나 65는 비록 부정(不正)하지만 전체를 구원하기 위하여 아래로 어진이를 찾고, 92는 어진 스승으로 시대를 구원해야 하는 사명이 있어 서로 응하는 뜻이 있다. 이것은 공적인 사업주체와 학문주체로의 만남이요, 절대로 사사로운 만남이 아니다.

4-2-3 ──────────────────────── 初筮어든 告은 以剛中也요
再三이면 瀆이니 瀆則不告은 瀆蒙也일새니

『처음 묻거든 분명하고 똑똑하게 가르쳐 줌은, 힘차고 때에 알맞는 까닭이요, 두 번 세 번 반복하면 더러우니 더러우면 꼬집어 가르쳐 주지 아니함은 어린이를 나태하게 함일새니』

◑ 강중(剛中)은 92가 양체로 중(中)이 됨이다. 즉 강명(剛明)한

재질과 중정한 도량이 있음이다. 진리를 탐구하는 문답법과 합의점을 모색하는 응대법은 그 예절이 다르다. 문답법은 지성으로 묻고 지명(至明)으로 대답하는 것이니 서로 숨기거나 남겨 둠이 있어서 반복해서는 안 된다. 그러나 응대법은 겸양으로 화응(和應)하고 여지를 두고서 미지근하게 반대하는 것이니 서로 자기를 낮추고 너그럽게 여운을 두어야 한다. 그러므로 사제 사이의 강습은 문답법이요, 붕우 사이의 토론은 응대법이다. 문답할 자리에서 응대를 함은 모독이요, 응대할 자리에서 문답을 함은 무시함이다.

독몽(瀆蒙)은 문답하는 자리를 응대하는 자리로 이끌어 가는 것이다. 이것을 막지 못하면 스승도 제자도 모두 나태하여 타락하게 되므로 마침내 종일 앉아서 토론해도 자기 주장만 고집하고 말 것이니 65도 92도 모두 훼상될 뿐이다.

4-2-4 ─────────────────────────────── 蒙以養正이 聖功也라.

『어려서 바르게 길러줌이 성스러운 공덕이라.』

◐ 교육의 효과는 잘못되기에 앞서 가르치는 것이 가장 좋다. 잘못된 지 오래되어 버릇이 이미 굳어져 버리면 억세져서 바로잡기가 매우 힘이 든다. 어진 스승은 어려서부터 주위환경을 사악함이 없게 하여 나쁜 길로 나가지 못하게 하고, 스스로 모범을 보여 가르치므로 어려서부터 바르게 자라는 것이다. 그러므로 성인의 공부는 태교에서 비롯하여 유아교육, 소학교육, 대학교육 등을 인생초기에 실시하도록 하였다. 배움에는 때가 있으니 어려서 가르치는 것보다 더 좋은 교육은 없는 것이다.

4-3-1 ─────────────────────────── 象에 曰山下出泉이 蒙이니
君子는 以하여 果行하며 育德하니라.

『상전에 말하기를 산 아래에서 우물이 나옴이 몽괘이니 군자는 본받아 행동을 분명하게 하며 인격을 기르니라.』

◉ 천(泉)은 물이 처음 나와서 흐르기 시작함이다. 산 아래의 우물은 괘상으로 교육을 통하여 지혜의 광명이 터져 나오는 것을 뜻한다. 따라서 군자는 저절로 법도에 맞을 때까지 행실을 분명하게 익히며, 스스로 밝아질 때까지 지식과 덕성을 길러서 학문을 완성하고 교육을 베푼다.

학문은 사람으로 하여금 진리의 주체임을 자각시켜 주는 것이다. 사람은 누구나 똑같이 고유한 성리를 타고 났으니 그 성리의 실존을 말미암으면 부족함이 없이 스스로 완전한 것이다. 의식적으로 완전하게 되려는 노력이 교육이요, 무의식적으로 성리의 전체를 구존(俱存)하는 것이 덕이며, 스스로 덕을 갖춘 완전한 행실이 도이다. 따라서 학문과 교육은 도덕을 이룩하는 과정이다. 만일 학문과 교육이 도덕을 이루는 데까지 이르지 못한다면 이것은 도덕의 원천을 찾지 못한 소치이다.

4-4-1 ──────────────────── 初六은 發蒙하되 利用刑人하야
用說桎梏이니 以往이면 吝하리라.

『초6은 어리석은 이를 계발하되 사람을 형벌 주어서 질곡에서 벗어나게 함이 이로우니 그대로 두면 안타까우리라.』

◉ 발(發)은 계발이요, 형(刑)은 형벌로 징계함이며, 질곡(桎梏)은 구속으로 무지몽매의 속박이다.

초6은 부정부중하고 불응하니 정신력이 미약하고 의견이 유치하여 스스로 자각할 수 있는 능력도 없고, 주위에서 깨우쳐 줄 수 있는 여건도 없다. 다만 몽매의 시초요 92와 친비하여 있으니 가까운 곳에 위대한 스승이 있으므로 교육을 일찍부터 받을 수 있다.

위대한 스승이 바르지 못한 어린이를 교육하는 적당한 방법은 철

저교육이다. 스승은 제자에게 학생으로서 지켜야 될 계율을 밝혀 엄중히 금지시켜서 제자의 직분을 다하게 하고, 이어서 몽매한 지능을 깨우쳐 의혹을 풀어 주고, 버릇으로 굳어진 사악한 버릇을 바로잡아 굳건한 뜻을 세우도록 해야 한다. 만일 제자로 하여금 무지한 악습을 버리지 못하게 하고 나약한 의지를 그대로 둔다면 그 교육은 한갓 지식의 전달에 지나지 않아 착한 사람을 기르지는 못할 것이다. 그러므로 성왕(聖王)은 나라를 다스림에 반드시 먼저 형벌을 밝히고, 풍속을 개량하며, 학교를 세우고, 스승을 두어 일곱 살이 되면 모두 소학교에 들어가 공부하게 하였다.

4-5-1 ──────────────────────── 象에 曰利用刑人은 以正法也라.

『상전에 말하기를 사람을 형벌로써 함이 이로움은 바른 법으로 함이라.』

◑ 정법(正法)은 무지몽매한 사람을 가르침에 공명정대한 형법으로 다스리지 않는다면 반드시 원망하고 반발하여 교육의 분위기가 이루어지지 않으므로 공평무사한 법으로 해야 됨을 말한다. 엄벌징계는 제자의 반성을 위함이지 스승의 위엄을 세우려는 것이 아니므로 부질없이 법을 위한 법을 써서는 안 된다.

4-4-2 ─────── 九二는 包蒙하니 吉하고 納婦하니 吉하여 子가 克家로다.

『92는 어리석은 이를 포용하니 길하고, 아녀자를 용납하니 길하여 아들이 집안을 잘 다스림이로다.』

◑ 포(包)는 포용이요, 몽(蒙)은 초6이며, 납(納)은 용납이요, 부(婦)는 63·64·65이며, 자(子) 92 자신이며, 극(克)은 능치(能治)요, 가(家)는 몽괘(蒙卦)를 일가(一家)로 봄이다.

92는 강중(剛中)하여 강건한 의지와 명달(明達)한 지식을 모두 갖추었다. 아래로 초9와 친비하여 깨우쳐 주고, 위로 63과도 친비하여 다듬어 주며, 65와는 화응하여 지도자를 현명하게 교육하며, 정위한 64까지도 용납하니 92는 민중의 희망이요 인류의 사표이다.

스승의 길은 스스로 모범을 보이는 것이 중요하고, 교육은 사람을 분류하여 차별하지 않음이 중요하니 혼미한 시대에 선지선각(先知先覺)한 현인은 마땅히 정치적인 직위를 초월하여 인류를 깨우치고 도덕을 부흥하는 데 진력해야 한다. 만일 어진이가 어리석은 이를 배척하고, 옳은 사람이 그른 사람을 버린다면 덕풍(德風)을 교화하여 천하가 문명하게 발전할 길이 없을 것이다. 그러므로 집안에 어진이가 있는 것은 가문의 복이요, 나라에 어진이가 있는 것은 나라의 덕이다. 어진이가 벼슬자리에 있는데도 어지러운 국가는 있을 수 없는 것이다.

4-5-2 ──────────────────────── 象에 曰子가 克家는 剛柔가 接也라.

『상전에 말하기를 아들이 집안을 잘 다스림은 굳셈과 부드러움이 만남이라.』

◉ 강(剛)은 92의 강건함이요, 유(柔)는 65의 유순함이니 접(接)은 화응이다. 92는 나라에서는 어진 스승이요, 가정에서는 훌륭한 아들이다. 92가 65와 화응하여 65를 교육하되 내괘의 주로서 민중을 잘 계도하고 스승의 도리를 다하므로 한 가정의 화합과 한나라의 안녕과 질서가 이룩되는 것이다. 만일 65가 92에게 교육적 중책을 위임하지 않고 오히려 시기하거나 의심한다면 혼란과 미몽에서 벗어날 수 없을 것이다. 접(接)은 직접 감응이므로 사이에 무엇이 끼어서는 안 된다.

4-4-3 ─────── 六三은 勿用取女니 見金夫하고 不有躬하니 无攸利하니라.

『63은 여자를 취하지 말지니 돈있는 사내를 보고 제 몸을 간직하지 못하니 이로울 바가 없느니라.』

☯ 여(女)는 63이요, 금부(金夫)는 92이며, 궁(躬)은 또한 63 자신이다. 63은 허약한 실존으로 부정(不正)하고 중심을 잃은 사람이다. 상9와 응(應)임에도 상9를 배신하고 92에게만 배우러 오니 92는 제자로 가르칠 수 없다. 이는 학문을 배우려고 찾아온 것이 아니라 명예욕을 채우고 명성을 얻기 위하여 찾아온 것이다.

무릇 학문은 올라가는 등급이 있고 나아가는 차례가 있나니, 소학에서 대학으로, 낮은 데서 높은 데로 착실하게 닦아 올라가는 것이다. 소학을 버리고 대학만을 배우려고 함은 많은 것을 탐내어 건너뛰는 짓이다. 이는 학문을 하는 근본이 없는 것이요, 교육을 하는 기초가 무너진 것이므로 끝내 그 학문과 교육이 이루어질 수가 없다. 그러므로 이러한 사람을 가르쳐 보았자 무슨 이로움이 있겠는가! 학문과 교육에서 속성은 오래가지 못하고 자기의 능력을 벗어난 것은 제대로 이해하지 못한다. 우매하기 그지없으면서도 훌륭한 스승처럼 되고 싶어서 자기의 주제를 잊어 버리고 억지로 꾸민 사람을 어찌 가르치겠는가!

4-5-3 ──────────────────── 象에 曰勿用取女는 行이 不順也라.

『상전에 말하기를 여자로 취하지 말라고 함은 행실이 신중하지 못함이니라.』

☯ 63은 허약몽매하니 마땅히 이미 인연이 있는 상9에게 배워서 어리석음을 깨우치고 바른 행실을 실천해야 한다. 그리고 지각이 있어서 뜻이 세워진 다음에 더 훌륭한 스승을 찾아가는 행동의 신중성이 있어야 하는데 63은 그렇지 못하고 아무런 자격도 없으면서 오직 학벌과 학위만을 탐내면서 세태에 휩쓸리는 경망한 인간이다.

『64는 어리석음에서 곤란을 겪으니 안타깝도다.』

☯ 64는 정위이나 허약한 실존으로 그 구조가 불응하고 불비하여 배울 수 있는 인연도 없다. 스스로 독학하여 몽매함에서 벗어나고자 하지만 의지가 나약하여 오래 노력하지도 못하다가 마침내 경험하고난 뒤에야 아는지라 그 상이 안타까운 것이다.
 독학은 반드시 많은 책을 읽어야 하고 높은 경험이 있어야 성공할 수 있는데, 64는 그 뜻이 허약하니 오래도록 끊임없이 글을 읽지 못하고 자기의 자리만 바르게 지킬 뿐, 넓게 사귀지 못하여 높은 경험을 하지 못한다. 그러나 스스로 뜻을 굳게 세우고 두루 찾아 나선다면 독학으로도 대성할 수 있다.

『상전에 말하기를 어리석음에 곤란을 당하는 안타까움은 홀로 성실을 멀리함이라.』

☯ 실(實)은 상9와 92의 성실한 스승이다. 상9는 늙었으나 많은 경험이 있고, 92는 아직 어리나 밝은 지성이 있으니 미리 예를 갖추고 공경하여 찾는다면 어찌 친근한 스승이 되지 않겠는가! 독학을 하면서 스승을 찾지 않음은 고루한 병통을 극복하지 못함이다.

『65는 어린이의 어리석음이니 길하니라.』

☯ 동몽(童蒙)은 순수하고 진실한 어린이의 어리석음으로 모르면

반드시 아는 이에게 물어보는 것이다. 65는 비록 허약한 실체이나 92의 강명한 인재의 화응과 상9의 승강(承剛)하는 구조에 있어서 한 괘의 지도자가 되었고, 중(中)으로 때에 맞추어 물어 보는 도량이 있으며, 또한 물어 보면 반드시 명확한 가르침을 받고 있는 상이다. 이것은 훌륭한 보호자가 있는 어린이의 몽매함과 같은 경우이다. 나라의 최고 지도자는 중대한 의혹이 있으면 즉시 공론을 묻고 스스로 겸손하게 전문가에게 자문을 얻어 시행하는 것이 민주적 지도자이다. 이것은 지도자의 도리로서 절대로 어리석음이 아니니 길한 것이다.

4-5-5 ──────────────────────── 象에 曰童蒙之吉은 順以巽也일새라.

『상전에 말하기를 어린이의 어리석음이 길함은 신중하고도 겸손함으로써이다.』

◐ 지도자가 일을 신중히 하려면 반드시 자기의 고집을 버리고 경험이 많은 사람에게 물어서 지혜를 모을 것이다. 겸손한 지도자는 자기의 몸을 굽혀서 아래로 미천한 사람에게도 의견을 물어서 공론을 따라 일을 추진한다. 이것이 지도자의 아름다운 덕이니 온 세상에 모범이 된다. 지도자가 스승에게 미리 물어 보는 것은 정치를 바르게 하는 것임과 동시에 사도(師道)를 높임이다. 따라서 정치에 의하여 교권이 확립되고, 교육에 의하여 사회가 공명하게 되는 것이다.

4-4-6 ──────────────────────── 上九는 擊蒙이니 不利爲寇요 利禦寇하니라.

『상9는 어리석음을 때려 부술지니 밖에서부터 쳐들어가면 이롭지 아니하고, 밖에서 들어감을 막아 줌이 이로우니라.』

◐ 격(擊)은 타파요, 구(寇)는 외적이 침공함이다. 상9는 본래 강명

한 실존이나 부정하여 몽매의 극치에 있는 것이다. 따라서 부정한 심술을 버리면 곧 양심의 광명이 회복되어 몽매한 생각을 떨쳐 버릴 것이다.

위구(爲寇)는 외적이 침략하여 들어옴이니 주입식 교육이요, 어구(禦寇)는 외부의 적을 막는 것이니 개발교육이다. 상9는 스스로 진리의 실체를 자각하지 않으면 몽매의 극치라 진리를 인정하지 않을 것이요, 끝까지 자기의 고집을 버리지 못할 것이다. 주입식의 교육은 애당초 거부하여 들어갈 길이 없게 하니 눈과 귀와 입을 막고 밖의 일체 유혹을 끊어 주어서 조용히 생각하게 하여 가슴속 깊이 살아 있는 인간성을 싹트게 해야만 한다.

4-5-6 ──────────────────────── 象에 曰利用禦寇는 上下가 順也라.

『상전에 말하기를 도적을 막아줌이 이롭다고 함은 위와 아래가 순응함이라.』

◯ 상(上)은 상9요, 하(下)는 92이다. 92가 상9를 개발교육함에는 순종함이 있어야 할 수 있다. 만일 상9가 아집과 독선을 끝끝내 굽히지 않는다면 이것은 어찌할 도리가 없는 것이다.

새가 죽어갈 때에는 그 울음소리가 처량하고, 사람이 죽어갈 때에는 그 말이 착한데 이는 사리사욕을 모두 끊어버린 까닭에 마음 속에서 본심이 살아난 까닭이다. 일찍이 미몽을 버리면 곧 참세계요, 사악한 생각을 버리면 곧 참사람이라 하였거늘, 부질없이 밖으로만 군자인 척하면서 속마음을 감추고 꾸미려는가?

5 수(需)괘

5-1-1 ——————————— 需는 有孚하야 光亨코 貞吉하니 利涉大川하니라.

『수패는 믿음이 있어 빛나게 형통하고 바르게 지켜 길하니 큰 시내를 건넘이 이로우니라.』

◉ 건(乾)은 내괘로 건실하고 감(坎)은 외괘로 험난하여 건실한 실체가 위험한 구조 속에서 때를 기다리는 상이다. 때를 기다림은 하는 일이 전혀 없이 음식만 먹는 것이다. 그러므로 수(需)는 음식의 도이며, 교육을 마쳤어도 모름지기 기회를 기다려야 하는 까닭에 몽괘(蒙卦) 다음에 놓였다.

수패는 비록 앞에 위험이 있다고 하지만 전체적인 구조가 거의 안정되어 있고, 그 개체적인 실존도 각각 착실하여 무한한 가능성을 가지고 있는 까닭에 조급하게 안정을 깨고 위험에 도전할 필요도 없고, 마침내 개혁을 시도하여 실패할 걱정도 없으니 충분히 안정을 누리다가 저절로 기회가 오면 힘차게 위험을 제거하면 된다.

수(需)는 음식의 도이며, 또 기다림의 뜻이다. 음식의 도는 하후상박(下厚上薄)하여 하건상청(下健上淸)해야 되므로 군자는 음식을 찾아 먹지 않고 기다린다. 부(孚)는 확고한 자신이요, 섭(涉)은 극복하여 건너가고 결단하여 실행함이며, 대천(大川)은 황량한 위험물이니 약자는 익사하고 강자는 건너가서 재활하는 것이다.

수패(需卦)는 스스로 확신이 있고, 앞으로 영광스러운 승리를 쟁

취하여 길이 형통하나 지금은 바르게 지켜 때를 기다림이 길하며,
마침내 기회가 오면 위험에 힘차게 도전하여 안전한 새 세상을 건설
함으로써 그 동안의 밥값을 다해야 한다.

5-2-1 ──────────────── 彖에 曰需는 須也니 險이 在前也나
剛健而不陷하니 其義가 不困窮矣라.

『단전에 말하기를 수괘는 기다림이니 위험이 앞에 있으나 강건하
여 빠지지 아니하니 그 의리가 곤궁하지 아니하니라.』

◐ 수(需)는 괘명이요, 수(須)는 기다림의 뜻이며, 험(險)은 외괘인
감(坎)의 성질이며, 강건(剛健)은 내괘인 건의 성질이다. 불함(不陷)
은 건괘의 밝은 식견이요, 기의(其義)는 수괘의 의리이며, 불곤궁(不
困窮)은 그 구조가 안정되어 있음이다.
　위험이 앞에 있어도 음식을 먹으면서 기다릴 수 있는 까닭은 그
위험이 차차 물러가는 형세에 있고, 이쪽의 힘이 점점 자라나는 형
편에 있기 때문이다. 그러므로 그 의리가 궁박하지는 않다.

5-2-2 ──────── 需는 有孚하야 光亨코 貞吉함은 位乎天位하야 以正中也요

『수괘는 자신이 있어 빛나게 형통하고 바르게 지켜 길함은 하늘자
리에 올라 바르고 때맞음으로써이요』

◐ 천위(天位)는 인류사회에서 최고 지도자의 자리이며 한 집단의
가장 어른의 자리이다. 여기에서는 95의 자리를 지적한 것으로서 한
괘의 우두머리이다. 정(正)은 95가 정위됨이요, 중(中)은 95와 92가
시중(時中)함이다. 수괘는 전체의 구조로 볼 때에 모두 정위가 되어
있고, 92는 비록 정위가 아니지만 강중(剛中)하였으니 그 능력이 충
만한데다가 95가 중정하여 지덕(知德)을 모두 갖춘 지도자이므로

이에 스스로 힘차고 상황 인식이 철저하여 실패가 없는 것이다.

 ────────────────────────── 利涉大川은 往有功也라.

『큰 시내를 건너감이 이로움은 나아가면 성공이 있음이라.』

☯ 네 개의 양으로 두 개의 음을 치는 것이 어찌 어려우리오? 다만 어린 양으로 늙은 음을 침에 피를 흘리지 않고 완승을 기약하기 위하여 대세가 갈라질 때를 기다릴 뿐이다. 이때에 양이 밀고 나가 싸우면 반드시 승리한다.

 ────────── 象에 曰雲上於天이 需니 君子는 以하여 飮食宴樂하느니라.

『상전에 말하기를 구름이 하늘로 올라감이 수괘이니 군자는 본받아 마시고 먹으면서 연회하고 즐거워 하느니라.』

☯ 운(雲)은 감(坎)의 상이요, 천(天)은 건(乾)의 상이다. 구름이 하늘로 올라가면 장차 음양이 조화하여 비가 내릴 것이요, 비가 흡족히 내리면 모든 연못에 물이 가득히 고여서 만물이 싱싱하게 자랄 것이니 그때를 기다려야 한다.
 이것은 마치 군자가 형이상의 진리를 깨달아 높은 이상을 간직하였으면 앞으로 쓰일 때를 기다려야 하는 것으로, 음식을 먹고 기운과 체력을 기르며 즐거운 연회를 베풀어 마음과 뜻을 화평하게 하다가 마침내 일을 할 수 있는 때와 자리가 생기면 인덕(仁德)을 베풀고 정도를 밝혀 그 덕택이 민중에게 흡족히 미치게 하는 것과 같다. 만일 높은 뜻을 끝까지 지키지 못하고 조급하여 그 사이에 뜻을 굽혀 다른 일을 한다면 이것은 순수한 기다림이 아니라 다른 일을 하는 것이니 때가 오기를 기다리지 않고 부질없이 때를 찾아 나섬이다.

『초9는 들판에서 기다린지라 바꾸지 아니하고 오래감이 이로우니 허물이 없도다.』

● 교(郊)는 위험한 시내로부터 멀리 떨어진 들판이요, 항(恒)은 항구불변의 자세이다. 초9는 강건한 실체로 음식이 처음 나오는 때이며 기다림의 시작이다. 아직 조급할 것이 없고 이미 정위가 되어 있으니 자리를 고칠 필요도 없다. 더욱이 64와는 정응(正應)이 되어 있으므로 모순관계가 아니요 화응관계이며, 상6은 위험하지만 제일 멀리 있는 사이이니 부담도 없다. 오직 평상시와 같이 먹고 마시고 자유롭게 즐기면서 일상생활을 경영해야 허물이 없다.

『상전에 말하기를 들판에서 기다림은 위험을 무릅쓰고 나아가지 아니함이요, 바꾸지 아니하고 오래감이 이로우니 허물이 없음은 떳떳한 도리를 잃지 아니함이라.』

● 불범난행(不犯難行)은 모험심으로 위난에 직접 뛰어들어 대항하며 나가지 않음이요, 상(常)은 평상의 도리이다.
초9는 강명(剛明)하니 기미를 보는 것이 정확하므로 음퇴양진(陰退陽進)의 대세를 이미 판단하였고, 위로 세 개의 양이 있으므로 조그만 위험의 초기에 자기까지 뛰어나가 가세할 필요가 없으니 평상의 도리에 충실함이 자기의 의리일 뿐이다. 이러한 상황에서 초9가 뛰어나간다면 이는 공명심이 아니면 위에 있는 양을 불신함이다. 공명심은 분수를 모름이요, 불신은 의리를 저버림이다. 이것은 마치 배고프지 않은 어린아이가 어른보다 먼저 음식상 앞에 다가가는 꼴이니 도리가 아니다.

『92는 모래밭에서 기다림이라 조금 말이 있으나 마침내 길하리라.』

◯ 사(沙)는 시냇물에 들어간 것은 아니나 바로 시냇물가의 옆이요, 언(言)은 비난하는 소리이며, 소유언(小有言)은 비난을 듣자마자 곧 반성함이다. 92는 강중하여 구시제난(救時除亂)의 재능을 갖추었으므로 위험 앞에서 물러서지 않으며 또한 강명한 식견이 있으므로 자제력도 있다.

92는 음효와는 응(應)이나 비(比)의 관계에 있지 않으니 위험과 아무런 직접적인 관계가 없다. 그런데도 자기의 재능만 믿고 부정위한 데도 앞에 나서서 위험과 근접한 모래밭에서 기다리니 급속히 진취하려고 한다는 비난의 소리가 있게 된다. 그 비난의 소리를 듣고 반성하여 자제력으로 끝까지 인내하여 해결하니 마침내 길한 것이다.

『상전에 말하기를 모래밭에서 기다림은 너그러운 융통성으로 때맞추어 있음이니 비록 조금 말이 있으나 길함으로 마치리라.』

◯ 연(衍)은 관대한 융통성의 뜻이요, 중(中)은 92가 내괘의 중이다. 92는 강중하여 용기와 자제력을 아울러 갖추었으니 그 규모가 커서 굳세게 나갈 수도 있고 확고하게 지킬 수도 있어서 그때에 알맞게 행동하므로 조금만 말이 있으면 즉시 반성하여 바른 길로 돌아가는 까닭에 길함으로 끝낼 수가 있는 것이다. 이것은 마치 배부른 불청객이 소탈하게 음식상 앞으로 가까이 가지만 비난하는 소리를 듣고 더 이상 다가가지 않고, 나중에 먹을 때에도 배가 불러 많이

먹지 않으니 마침내 예의에 벗어나지 않는 것과 같다.

 ───────────────────────── 九三은 需于泥니 致寇至리라.

『93은 흙탕물에서 기다리니 밖에서 도적이 이르게 되리라.』

☯ 니(泥)는 시냇물가의 물에 젖은 흙탕이니 이미 위험에 직접 마주치고 있음을 의미한다. 93은 비록 정위이나 과중(過中)하고, 64와는 친비(親比)하며, 상6과는 정응하여 음의 위험과 직접 관계하고 있다. 피하려고 해도 피할 길이 없고, 더욱이 아래의 두 양이 힘차게 밀어 올리니 앞으로 나가지 않을 수도 없다. 앞에는 늙은 두 음이 험악하게 가로막고, 뒤에는 두 젊은 양이 직접 대결하도록 등을 밀어댄다. 이와 같은 구조 속에 93은 강한 실체로서 강한 자리에 있으므로 결국 지나치게 강하여 때를 맞출 능력이 없는 것이다. 기다리지 못하고 처음부터 너무 위험에 가까이 가 버리고 말았으니 물러날 줄 모르는 성질에 앞으로 위험이 닥칠 상이다.

 ───────────────────────── 象에 曰需于泥는 災在外也라
自我致寇하니 敬愼이면 不敗也라.

『상전에 말하기를 흙탕물에서 기다림은 재앙이 밖에 있음이라. 스스로 내가 밖의 도적에게 이르러 갔으니 공경하고 신중하면 실패하지 아니하리라.』

☯ 외(外)는 외괘이다. 재재외(災在外)는 재앙이 외부에 있는 것이요, 자아치구(自我致寇)는 스스로 자기가 도적에게 이르러 간 것이며 처음부터 기다리지 못하고 조급하게 서둘렀던 젊은 예기(銳氣)의 소치이다. 맨주먹으로 호랑이를 잡으려고 달려들고, 맨발로 바다를 건너려고 뛰어들면 어찌 재난이 없겠는가! 정신을 수습하여 경건하

게 64와 상6의 위험한 현실을 파악하고, 아래의 세 개의 양이 한데 힘을 뭉쳐 위로 95의 구원을 받을 때까지 기다려 신중하게 추진한다면 어찌 공명정대한 양이 암매사곡(暗昧邪曲)한 음에게 지는 이치가 있겠는가? 이것은 마치 자기를 위하여 차려 놓은 음식상이라 할지라도 주인이 먹기를 권할 때까지 기다리지 못한 것과 같으니, 큰 손님이 예절을 지키지 않으면 나그네들도 다투어 음식에 손대어 가져가 버릴 것이다.

5-4-4 ──────────────────────── 六四는 需于血이니 出自穴이로다.

『64는 피에서 기다리니 구멍으로부터 나오리로다.』

◐ 혈(血)은 살상의 혈투이고, 혈(穴)은 음의 소굴이다. 64는 유약한 실체로 정위하였지만 승강(承剛)하여 위에서 95가 압박하고, 승강(乘剛)하여 아래에서 93이 공박하니 온 몸이 상처 투성이가 되어 피를 흘리고 있는데 초9의 정응은 아직 어려 도움이 안 된다. 그러므로 음의 본거지까지 밀려갔다가 더 버티지 못하고 마침내 항복하고 나오는 상이다. 이것은 허약한 실존은 위험 앞에서 도저히 기다리지 못하고, 또한 그 위험을 극복할 수도 없을 뿐더러, 그 위험으로부터 도피할 수밖에 없음을 밝힌 것이다.

5-5-4 ──────────────────────── 象에 曰需于血은 順以聽也라.

『상전에 말하기를 피에서 기다림은 순리로 운명에 순응함이라.』

◐ 64의 허약한 실체가 감당할 수 없는 험난한 구조에서 온 몸이 피투성이가 될 때까지 기다릴 수 있었던 것은 정위가 되어 있음이다. 이것은 운명에 순응한 것으로 아름답기 그지없는 바요, 간난을 참고 이겨 내지 못하여 탈출하거나 도피하는 것도 부득이한 것이니

탓할 수가 없는 것이다. 이것은 마치 배고픈 사람이 음식상을 보고
참고 참다가 마침내 훔쳐먹는 상이니 어찌 탓하겠는가!

5-4-5 ─────────────────────────── 九五는 需于酒食이니 貞코 吉하니라.

『95는 술과 밥에서 기다림이니 바르게 지키고 길하니라.』

◉ 95는 강명한 실존으로 정위하여 오로지 술과 밥에서 기다리고
있으며, 시중(時中)하여 때가 되는 것을 놓치지 않을 뿐만 아니라
최고의 지도자이므로 자유롭게 경영할 수 있는 권능이 있다. 이렇게
기다리니 어찌 편안하지 않으며, 또한 기다려서 얻지 못함이 있겠는
가!

5-5-5 ─────────────────────────── 象에 曰酒食貞吉은 以中正也라.

『상전에 말하기를 술과 밥으로 바르게 지켜 길함은 때맞고 자리
바름으로써이라.』

◉ 중정(中正)은 95가 양강으로 거중득정(居中得正)함이다. 위험을
극복할 수 있는 재능과 역량을 갖추고도 전체적인 총화와 안정을 위
하여 때를 기다리니, 이것은 위험을 하나의 시련으로 승화시켜 시험
장으로 삼아 극기훈련을 하는 것이다. 따라서 95는 현재의 위난보다
도 더욱 큰 위기에 대비하는 것이니 갑자기 놀라운 일이 생겨도 흔
들리지 않으며 장엄하고 경건하게 때맞추어 바르게 경영할 수 있는
솜씨를 다듬게 되는 것이다. 이것은 마치 음식을 대접함에 때와 장
소에 알맞게 차리는 것과 같다. 있다고 하여 질펀하게 차리는 것은
낭비요 허식이라 앞으로 다시 차리기가 어렵게 되고 만다. 또한 주
인은 음식을 대접함에 공평 균등하게 해야 되는바, 사람을 차별해도
안 되고 자리를 조급하게 파하게 해도 안 된다.

『상6은 구멍으로 들어감이니 빠르지 아니한 나그네 세 사람이 오
리니 그들을 공경하면 마침내 길하리라.』

☯ 상6은 기다림의 종말이다. 허약한 실존으로 험난을 극복하지 못
하고 지쳐서 마침내 쓰러지는 상이다. 혈(穴)은 위기에 몰려 더 기
다릴 수 없음이요, 불속지객(不速之客)은 위험에 현명하게 대처하는
양이며, 삼인(三人)은 하괘의 3양(三陽)이다.
　험난이 물러가면 태평이 올 것이요, 기다림이 다하면 기다리던 사
람이 찾아올 것이다. 상6은 험난의 극치요, 기다림의 종말에서 본분
을 지키다가 쓰러지지만 기다리던 사람이 늦게 오더라도 도리를 다
해 공경한다면 마침내 길하다.

『상전에 말하기를 빠르지 아니한 나그네가 오리니 그들을 공경하
면 길하리라고 함은 비록 자리를 감당하지 못하지만 크게 잃지 아니
함이라.』

☯ 부당위(不當位)는 허약한 실체로 기다림의 종극에 있어 3양(三
陽)이 상진(上進)하는 것을 감당하지 못함이요, 미대실(未大失)은
상6이 정위가 되었으므로 크게 실덕(失德)하지는 않으며, 더욱이 93
과 정응하고 95와 친비하므로 끝까지 대항하지 않고 원만하게 타협
하고 물러감을 뜻한다. 이것은 음식자리를 파할 때에는 여러 아랫사
람과 어린이들에게도 골고루 나누어 먹게 해야 하는 도리와 음식상
을 물린 다음에는 더 기다릴 필요가 없는 예의를 말하고, 비록 가난
한 늙은이라도 젊은이를 대접해야 하는 의리를 밝힌 것이다.

　없는 사람이 있는 사람을 대접함에 어찌 그 물질적으로 충분하게
할 수 있겠는가! 오직 형편대로 정결하게 할 것이며 경쟁심이나 증
오심을 내지 않고 지성으로 공경하여 대접하여 자기의 도리를 다하
면 이에 감격하고 감사할 것이다. 음식의 도는 곧 물질을 분배하는
원리인데, 그 차례는 어른이 먼저요 어린이가 뒤이나, 그 질량은 아
랫사람에게 많이 주고 윗사람에게 적게 주는 것이다.

6 송(訟)괘

건상(乾上)
감하(坎下)

6-1-1 ─────── 訟은 有孚하나 窒하여 惕하니 中은 吉하고 終은 凶하니,

『송사는 자신이 있으나 막혀 두려우니 중간은 길하고 끝은 흉하니,』

☯ 송(訟)은 재판의 길이요 송사의 도이다. 음식의 끝에는 반드시 송사가 따르므로 수괘(需卦) 다음에 송괘(訟卦)를 놓았다. 그 괘체가 수괘를 돌려놓은 것이니 음식의 도의를 잃어 버릴 때에는 반드시 송사가 일어남을 밝힌 것이다.

그 상으로 말하면 감(坎)은 수(水)이니 아래로 흐르고, 건(乾)은 하늘이니 위로 올라가 서로 교통함이 없이 괴리하여 이에 각각 주장하는 상이다. 더욱이 그 덕으로 보면 내괘의 감은 험난한 생활고에 묻혀 있고 외괘의 건은 강건하게 군림한다. 이에 곤궁한 민중이 끝까지 참고 기다리다가 마침내 밝은 95의 지도자에게 부익부하고 빈익빈한 실상을 고발하는 상이다. 사람은 안으로 의혹이 풀리지 않고 밖으로 공명한 법률이 있으면 소송을 하는 것이므로 이것도 또한 사람이 살아가는 한가지 길이다.

부(孚)는 확신이요, 질(窒)은 꽉 막혀 앞으로 갈 수도 없고 더 참고 기다릴 수도 없으며 또한 뒤로 물러날 수도 없는 것이다. 척(惕)은 두려워함이요, 중(中)은 알맞은 정도에서 화해함이며, 종(終)은 재판관의 판결에 불복하여 항고함이다.

소송은 본래 공평하지 못함을 확신하면서도 스스로 어찌할 수 없을 뿐만 아니라 두려운 현실에서 벗어나고자 함이다. 이것은 공론에 호소함이요, 자기의 권익을 찾으려는 것이므로 일단 길하지 않을 수 없는 것이다. 그러나 감정을 이기지 못하고 끝까지 송사만 일삼는다면 마침내 약자로서 강자와 극한 대립을 할 것이니 이렇게 되면 반드시 흉하게 된다.

6-1-2 ─────────────────────── 利見大人이요 不利涉大川하니라.

『큰 사람을 만나 봄이 이롭고 큰 시내를 건너감이 이롭지 아니하니라.』

◐ 대인은 95와 92이다. 95는 강건중정한 최고 지도자이므로 송사를 공명하게 판단하여 줄 것이요, 92는 강중(剛中)하여 현명하게 소송의 절차를 갖추어 줄 것이므로 큰사람을 만나 보면 반드시 도움을 받는다. 그러나 소송은 스스로 판단하지 못하여 하는 것인즉, 이미 마음속에 의구심이 있고, 또 이미 말을 다투어 의견이 분열되었으므로 큰 위험을 이겨낼 힘이 없으며, 또한 재판을 통해 큰일을 할 수는 없는 것이다.

6-2-1 ─────────────── 彖에 曰訟은 上剛下險하야 險而健이 訟이라.

『단전에 말하기를 송괘는 위에는 강건하고 아래는 험난하여 위태로우면서도 씩씩함이 재판이라.』

◐ 송(訟)은 괘명이요, 상강(上剛)은 상괘의 강건한 건이며, 하험(下險)은 하괘의 험난한 감(坎)이다. 험이건(險而健)은 내험외건(內險外健)이니 괘의 성질로서 송사의 의리를 밝혔다. 만일 건실하여 험난하지 않으면 소송을 하지 않을 것이요, 험난하면서도 건실하지

않으면 소송을 할 수 없을 것이다.

6-2-2 ——— 訟은 有孚하나 窒하여 惕하니 中은 吉함은 剛來而得中也요,

『송사는 자신이 있으나 꼭 막혀 두려우니 중간이 길함은 강건함이
와서 가운데를 얻었음이요,』

☯ 강(剛)은 92의 양강이요, 래(來)는 송괘(訟卦)가 본래 돈괘(遯
卦)에서 온 것이니 93이 92로 내려와 이 괘가 이루어진 것이다. 중
(中)은 하괘의 중이니 초6과 63을 대표하여 95에게 재판해 주기를
요구하는 원고이다. 만일 험난함을 당하였는데 명확하게 주장할 수
있는 92가 없다면 비괘(否卦)가 될 것이므로 아예 소송도 없게 된
다.
　이것은 괘가 이루어지는 원인을 밝혀 그 동기의 중요성을 말하는
것으로 송사에는 원인과 동기가 매우 중요함을 밝혔다.

6-2-3 ———————————————— 終은 凶함은 訟不可成也요,

『끝까지 함이 흉함은 송사는 끝까지 할 수 없는 것이요,』

☯ 소송이 그른 일은 아니나 부득이하여 험난에서 벗어나고자 함
이다. 빈천한 사람이 부귀한 사람을 상대로 극한적인 법정투쟁을 하
면 마침내 모두 파멸하게 된다. 이것은 약자가 자기구제를 하려는
뜻이 원한의 보복으로 바뀐다면 원고와 피고가 모두 훼상하게 된다
는 뜻이다.

6-2-4 ———————————————— 利見大人은 尙中正也요,

『큰 사람을 만나 봄이 이로움은 때에 알맞고 자리에 바름을 숭상 함이요.』

◉ 중정(中正)은 95의 대인이 정덕(正德)으로 중도를 행함이다. 오 직 큰사람만이 옳고 그름을 바르게 심판한다. 소송은 본래 중정함을 숭상하므로 원고가 지나치게 요구하거나 미리 포기해 버려도 안되 며, 피고도 예의와 염치를 갖추어야 되며, 재판관은 불편부당하여 엄 정중립해야 된다. 그러한 가운데서만 공평한 판결이 나올 수 있고, 공명정대한 판결이 나와야 모두 승복하여 분쟁을 해결할 수 있는 것 이다.

6-2-5 ──────────────────────────── 不利涉大川은 入于淵也라.

『큰 시내를 건너감이 이롭지 아니함은 연못으로 빠져 들어감이 라.』

◉ 연(淵)은 깊은 연못이므로 허약한 사람이 헤쳐 나올 수 없는 곳 이다.

송괘(訟卦)는 전체의 구조가 부정위하여 있는바, 내허외실(內虛外 實)하고 하약상강(下弱上強)한 구조인 까닭에 조화가 없고, 비록 95 와 92의 실체가 강중(剛中)하여 지도력은 있으나 서로 불응하니 화 합이 없다. 그러므로 현상의 개혁을 시도하다가는 도리어 헤쳐 나올 길 없는 심연 속으로 떨어지고 만다. 언로가 막히고 교통이 끊어진 까닭에 송사가 벌어졌거늘, 이러한 상황에서 무슨 큰 일을 이룩할 수 있겠는가!

6-3-1 ──────────────────────── 象에 日天與水가 違行이 訟이니
君子는 以하여 作事謀始하느니라.

『상전에 말하기를 하늘과 물이 어그러져 나가는 것이 송사이니 군
자는 본받아 일을 새로 착수함에 시작 단계에서 잘 계획하느니라.』

◑ 천(天)은 양기로서 위로 올라가고, 수(水)는 음질로서 아래로
흘러가니 점점 사이가 벌어지는 상이다.

　같은 일에 종사하는 사람은 합심협력하여 오래 될수록 더욱 친밀
해 아름답게 결실을 얻을 터인데 갈수록 점점 소원해져서 마침내 불
신과 의혹이 깊어지면 함께 일할 수 없게 된다. 그러므로 군자는 일
을 시작할 때부터 주밀하게 계획하여 불신과 의혹의 바탕을 없게 하
고, 공명한 제도, 정직한 경영으로 추진함으로써 어려운 사람에게 은
덕을 베풀고, 옳은 일에 의무를 다하여 분쟁이 일어날 곳이 없게 한
다. 그러므로 성왕은 나라를 세움에 먼저 문물제도를 밝혀 의무를
다하게 하고 법률을 정하여 권익을 누리게 하였으니, 이에 나라의
기강이 세워져 분쟁이 저절로 사라지게 하였던 것이다.

6-4-1 ────────────────── 初六은 不永所事니 小有言하나 終吉하리라.

『초6은 일하는 바를 오래하지 못하니 조금 말이 있으나 마침내 길
하리라.』

◑ 초6은 유약한 실체로 부정하여 소송을 할 수 있는 역량이 없다.
다만 부정한 94와 화응하고 강중한 92와 친비하여 있으므로 이에 힘
입어 소송을 해 보지만 95의 강건중정(剛健中正)함을 이길 수 없음
을 자인하고 즉각 소송을 철회한다. 그리하여 분수를 몰랐던 데 대
하여 비난을 받지만 그 자신의 어려운 형편을 위에서 알게 되므로
마침내 은덕을 입게 될 것이다.

6-5-1 ────────────────── 象에 曰不永所事는 訟不可長也니

『상전에 말하기를 일하는 바를 오래 하지 못함은 송사를 오래 할 수 없음이니』

◉ 비천하여 소송을 계속할 힘이 없고, 우매하여 시비와 득실에 어두우며, 허약하여 한번 세운 뜻을 지키지 못한다. 그러므로 소송을 계속하지 못하고 초기에 포기해 버린다.

6-5-1′ ───────────────────────── 雖小有言이나 其辯이 明也라.

『비록 조금 말이 있으나 그 분별함이 밝으니라.』

◉ 부정하고 유약한 처지에 중정하고 강건한 사람에게 소송을 하는 것은 비난받을 일이지만 곤궁하고 위태로움을 밝은 지도자에게 호소하는 것은 구원을 요청하는 것이므로 이는 민중의 도리이다. 홀로 견디기 어려운 고통을 지도자에게 하소연하지 않는 것은 오히려 지도자와의 관계를 끊어 버림이니 민중의 도리가 아니다.
초6은 우매하므로 소송을 시작할 때부터 가까운 92의 어진 사람에게 물어서 하고, 또한 친절한 94의 지시를 따라서 소송을 철회하여 어리석게 혼자 마음대로 하지 않고, 아는 사람에게 물어서 순순히 따르는 것이 밝은 지혜이다.

6-4-2 ── 九二는 不克訟하야 歸而逋하니 其邑人이 三百戶면 无眚하리라.

『92는 소송을 이기지 못하여 돌아와서 도망가나니 그 읍에 사람이 삼백집이면 재앙이 없으리라.』

◉ 92는 강건한 실체요 득중(得中)한 처지이므로 비록 험난한 가운데 있을지라도 초6이나 63에 비교하여 대단히 안전한 위치에 있는 까닭에 소송을 할 수 있는 명분이 없고, 초6과 63의 고통을 동정

하여 그들을 규합하여 집단으로 소송을 한다고 해도 초6은 94의 설득으로 이탈하고, 63은 상6의 지시로 탈락하니 홀로 남아 송사를 계속할 수가 없게 된다. 더욱이 소송의 상대가 강명중정(剛明中正)한 95이므로 도저히 이길 수가 없는 것이다.

귀(歸)는 92가 본래 돈괘(遯卦) 93에서 왔으니 제자리로 돌아감이요, 포(逋)는 자구책으로 몸을 숨김이며, 삼백호(三百戶)는 작은 읍이다.

92는 자기의 문제로 소송을 할 수 있는 여건이 안 되고 주위의 일로 실상을 지적하여 상소하면 의리에 편안할 것을 위아래로 군중을 모아 송사를 주동하였으니 이것은 다중의 세력으로 지도자에 대항하려는 행동이므로 마침내 95가 적대하게 될 것이다. 이에 몸을 피하여 작은 지역에 가서 숨어 살면 더 이상의 추궁은 없으리라. 현명한 사람은 소송을 할 수 없다. 왜냐하면 나보다 뛰어나면 이길 수 없고, 나보다 못하면 상대할 수 없기 때문이다.

6-5-2 ──────────────────────── 象에 曰不克訟하여 歸而逋竄也니,

『상전에 말하기를 송사를 이기지 못하여 돌아와 도망가나니,』

◑ 송사를 하는 가운데 아래의 증인들로부터 배신을 당하고 위의 강력한 사람들로부터 문책을 받으므로 이길 길이 없다. 포(逋)는 미리 도망가서 숨는 것이요, 찬(竄)은 잡히면 유배를 가게 됨이다.

6-5-2′ ──────────────────────── 自下訟上이 患至를 掇也라.

『아래로부터 위를 소송함이 환난이 이르름을 채찍질함이라.』

◑ 아랫사람은 윗사람이 자기들을 버리기 전에는 윗사람에게 진정하거나 상소하거나 간쟁할 도리는 있어도 소송할 의리는 없다. 소송

은 양립하여 대적함이므로 독립된 평등한 사이의 다툼이다. 그러므로 상하의 주종관계를 벗어나서 소송을 해야 한다.

환(患)은 환난이요, 철(掇)은 스스로 빨리 취함이다. 92가 강건한 실체로서 유약한 자리에 앉아 부정하고 또 불응하여 송사에 주밀하지 못하고 조급하게 서둘러서 환난을 스스로 불러온 것이다.

6-4-3 —————————————— 六三은 食舊德하야 貞하면 厲하나 終吉하리라.

『63은 옛날 은덕을 얻어 먹고 바르게 지키면 위태로우나 마침내 길하리라.』

◑ 구덕(舊德)은 지금까지 쌓은 은덕이다. 63은 허약한 실존으로 위난 속에 있으나 상9의 화응과 94와 92의 친비가 있어 그들의 도움으로 오래 견뎌 왔는데, 이제 머지 않아 하괘의 험난에서 해탈하여 상괘의 건실함으로 올라갈 운명이다. 이제 와서 소송을 함은 그 동안의 우호가 깨어지고 공덕이 무너질 것이므로 참는 끝에 조금만 더 참고 바르게 지키면 지금은 견디기 어려우나 마침내 길하게 된다.

6-4-3′ ——————————————————— 或從王事라도 无成이리라.

『혹시 지도자의 일을 따를지라도 이루어지는 것이 없으리라.』

◑ 만일 63이 92의 주장에 따라 집단으로 소송을 하다가 마음에 공포심을 느껴서 스스로 소송을 취하고 다시 95의 지도자를 도와 따른다고 해도 이미 오래된 사이의 믿음이 깨어진 까닭에 옛날과 같은 정분이 있을 수 없다. 이것은 간교한 모리배로 타락한 것이니 95와 92의 두 쪽에서 모두 믿지 않는다.

『상전에 말하기를 옛날의 은덕을 얻어 먹음은 위를 따르면 길하니
라.』

　◑ 상(上)은 95의 강건중정한 지도자이다. 어찌 63의 간고(艱苦)함
을 알지 못하겠는가? 아직 시련을 극복하는 동태를 관찰하고 있을
뿐이다. 능동적으로 운명을 개척할 수 있는 역량이 없으니 피동적으
로 지도자를 따라서 구원을 받도록 함이 길하다.

6-4-4 ────── 九四는 不克訟이라 復卽命하야 渝하야 安貞하면 吉하리라.

『94는 송사를 잘할 수 없으니 돌아와 법률과 명령에 따르고, 선입
관을 버리어 양심에 의하여 편안하고 바르게 지키면 길하리라.』

　◑ 송괘(訟卦)의 아래 세 효는 소송을 거는 사람이요, 위의 세 효
는 소송을 당하는 사람인데 95는 심판관을 겸한다. 이것은 소송이란
원고와 피고 및 재판관 등의 상황이 설정되어야 심리할 수 있는 까
닭이다.
　94는 강건한 실체이지만 부중부정(不中不正)하여 시대상황이나
현실여건을 전혀 이해하지 못하고 초6과 화응하고 63과 친비하여
얄팍한 인정으로 은혜를 베풀어 어루만지다가 그들로부터 소송을
당하니 격분하여 대결하지만 편벽(偏僻)하여 이기지 못한다. 차라리
바른길로 돌아와 여론을 따르고, 새로운 자세로 바꾸어 그들을 편안
히 포용하여 화해하고 바르게 지켜야만 길하다.
　극(克)은 능(能)이요, 복(復)은 복귀이며, 즉(卽)은 나아감이며,
명(命)은 법률 명령의 정당한 논리이며, 투(渝)는 옛 고집을 버리고
새로운 자세로 고침이다.

『상전에 말하기를 돌아와 바른 도리로 나아가 자세를 바꾸어 편안하게 포용하고 바르게 지킴은 잃지 아니함이라.』

◐ 소송에 임하여 감정을 누르고 이성을 찾아 스스로 반성함은 용기가 있음이요, 소송의 동기를 살피고 그 결과를 추리함은 지혜가 있음이며, 자세를 고쳐 편안히 포용하며 화해하여 바르게 지킴은 인애(仁愛)가 있음이니 마침내 자기의 몸을 지키고 지도자를 바르게 보필하며 인심을 잃지 않는다.

『95는 송사에 처음은 크게 길하리라.』

◐ 95는 강명중정하여 본래 송사가 없을 지도자이지만 불응하고 불비하여 기층민중과 교통이 없으므로 그 실정을 알지 못하던 중에 소송이 일어났으니 이것을 통해 그 실상을 확인하였다. 이에 즉시 바르게 처리하므로 크게 길하다. 또한 95는 법률과 양심에 따라 공명정대하게 심판하는 재판관이므로 처음은 크게 길하다.

그러나 최고 지도자로서 소송을 거울삼아 크게 징계하여 근원적으로 소송이 일어나지 않도록 다스리는 데 힘써야지 그렇지 않고 한갓 벌어진 소송만 바르게 심판하는 데 그친다면 나중에는 크게 흉하게 될 것이다. 이에 성인은 소송이 아예 생기지 않도록 교육으로 선덕을 배양하고 정치로 정의를 구현하여 예의염치(禮義廉恥)를 숭상하도록 힘썼던 것이다.

『상전에 말하기를 송사에 처음은 크게 길함은 때맞추어 자리를 바르게 함으로써이라.』

◑ 적시에 살폈으니 때가 늦지 않았고, 정당하게 판결하니 조화가 깨어지지 않는다. 이것은 소송을 제기한 사람이나, 소송을 당한 사람이나, 심판을 하는 사람이 모두 의혹이 없도록 함이니 소송의 본의이다.

6-4-6 ———————————— 上九는 或錫之鞶帶라도 終朝三褫之리라.

『상9는 가죽 띠를 상으로 받을지라도 아침을 마침에 세 번 옷을 도로 빼앗길지니라.』

◑ 혹(或)은 의문의 말이요, 석(錫)은 큰 상을 내림이며, 반대(鞶帶)는 혁대이니 굳은 유대로 결합함을 상징하는 상품이다. 종조(終朝)는 아침밥을 다 먹을 때까지이니 즉시의 뜻이며, 치(褫)는 주었던 옷을 다시 벗김이니 3치(三褫)는 여러 번 강등하여 문책당함을 상징한다.

상9는 부중부정한 강골로 소송에 끝까지 대항하는 사람이다. 그 법을 고집함이 자연법으로써가 아니라 실정법으로써이요, 그 뜻이 정의가 아니라 세리(勢利)에 있으며, 그 노력이 사건의 해결이 아니라 문제의 은폐에 있다. 교지(巧智)와 사술과 위압으로 공작하여 미사여구로 수식하며 곤고(困苦)한 사람들을 우롱하니 비록 재판에 이겨 공명과 이익을 얻었다고 할지라도 승복하지 않고 분노한 민중에 의해 규탄되므로 그것을 누리지 못하게 되고 만다.

성인이 무리하게 승리하려고 집착하는 사람들에 대한 소송의 종말을 밝혀 크게 경계하였다. 그 흉화가 어찌 한 몸만을 망치고 말 것인가? 반드시 가정과 국가를 어지럽게 하는 법이다.

『상전에 말하기를 송사로써 옷을 상품으로 받음이 또한 공경하기
에 부족하니라.』

◑ 끝까지 재판으로써 문제를 해결하려는 사람은 스스로 문제를
꿰뚫어 보는 지능도 없고 스스로 자신을 반성하는 양식도 없다. 이
것은 물욕에 눈이 가리우고 양심이 마비된 인간이니 어찌 존경할 수
있겠는가! 더욱이 남의 재판을 가로맡아 비리와 불법으로 이겨 주고
큰 상을 받아 승진하였다면 이거야말로 천인공노의 규탄을 면하지
못할 것이다. 이것은 사건을 해결함이 아니요 오히려 문제를 일으키
는 것이다.

7 사(師)괘

곤상(坤上)
감하(坎下)

 ———————————————— 師는 貞이니 丈人이라야 吉코 无咎리라.

『군대는 바르게 지킴이니 사나이여야 길하고 허물이 없으리라.』

☯ 사(師)는 군대길이며 군사의 법도이다. 그 괘체가 하감상곤(下坎上坤)으로 험난한 가운데 순리로 운명을 개척하는 길이므로 송괘(訟卦) 다음에 놓였다. 악법과 학정으로 고통받는 민중을 구제하는 수단으로 소송에 의지할 수 없을 때에는 이제 전쟁을 할 수 밖에 없는 까닭이다.

그 괘상이 땅 가운데 물이 있는 상이므로 국토를 보존함에 대중을 모아 힘을 기르는 상이요, 그 성질이 위험 속에서 순리로 해결하는 덕이 있는 까닭에 민중과 더불어 함께하는 역량이 있으며, 92가 내괘의 괘주로서 용맹과 지략을 겸비하여 5음(五陰)의 허약한 구조를 통솔하고 전권지휘하니 대장군의 위세가 있다.

군대가 가는 길은 국가의 주권을 위난으로부터 지키는 것이다. 그 자체를 바르게 지킴이 정도(正道)요, 전쟁을 함에는 반드시 이겨야만 민중의 생명을 보전하고 국가의 안전을 보장하므로 임시의 편법도 쓸 수밖에 없는 것이다. 그러므로 그 전략은 정도(正道)로 함이 본의이고, 그 전술은 권도(權道)로 함이 본질이다.

정(貞)은 정도를 지킴이요, 장인(丈人)은 임기응변에 능통한 사나이의 씩씩하고 날랜 주도력을 말한다. 옛날 정의로운 전쟁은 천하의 대의로써 천하의 불의를 치는 것을 말하는바, 이익 따위를 위한 것

은 전쟁이라고 하지 않고 구적(寇賊) 또는 침난(侵亂)이라고 하여
달리 구별하였다.

『단전에 말하기를 군대는 많은 무리요, 바르게 지킴은 바르게 함
이니 능히 많은 무리를 바르게 할 수 있으면 최고의 지도자가 될 수
있으리라.』

◉ 군대는 다중의 장병으로 구성되어 자체를 일사불란하게 통솔해
야 한다. 만일 자체를 통솔하는 힘이 없으면 오합지졸에 지나지 않
아 저절로 혼란이 일어나서 싸우기도 전에 이탈하여 자멸하고 만다.
이에 대장군의 덕망이 한 시대에 빛나고 그 위세가 사해에 떨쳐 모
든 장졸이 흠모하고 감동하여 그 명령에 모두 복종해야만 적진에 힘
차게 뛰어들어 정의를 지키고 생명을 가볍게 버려 용맹을 발휘할 수
있을 것이다. 군대의 사기가 여기에 이르러서야 정벌하여 성토할 것
이며, 그래야 전쟁에서 승리할 수 있다. 그렇지 못하면 눈앞의 이익
을 탐내어 위태로운 혼란을 틈타 부질없이 아무 데나 침입하여 공격
과 약탈을 일삼을 것이다. 이렇게 되면 간궤(姦宄)의 폭도에 지나지
못할 것이다.

『힘차게 때맞아 호응하고 가는 길이 험난하여도 따르나니』

◉ 92는 보잘것 없는 신분으로 대장군이 되었으나 65의 국가 지도
자와 화합하여 전권을 위임받아 힘차게 군대를 통솔할 수 있는 권능
이 있다. 따라서 대장군의 위엄이 맹호에게 날개가 달린 것처럼 사
해를 비상할 수 있으므로 그 휘하의 장졸들이 명령일하에 가는 길이

비록 살상의 전장이라도 순종하는 것이다. 이것은 괘의 구조와 괘의
성질로 대장군의 절대권능과 전쟁의 주도역량을 밝힌 것이다.

7-2-3 ─────── 以此毒天下라도 而民이 從之하니 吉하고 又何咎矣리오.

『이로써 천하를 해롭게 할지라도 민중이 따라오니 길하고 또한 무
엇을 허물하리오.』

◐ 무기는 살상의 도구요, 전장은 사망과 파괴의 현장이다. 이것은
곧 민중을 해치고 물자를 소모하는 것으로 인류의 해독이 아닐 수
없다. 그러나 민중이 대장군을 끝까지 따라가는 것은 불의를 미워하
여 정의를 따름이요, 포악을 제거하여 자유를 찾으려고 함이다. 자유
와 정의를 지키는 데 어찌 흉하며, 어찌 허물이 있을 것인가! 그러
므로 적군이 동쪽에서 오면 동쪽으로, 서쪽에서 오면 서쪽으로, 북쪽
에서 오면 북쪽으로, 남쪽에서 오면 남쪽으로 달려가고, 산에서 오면
산으로, 바다에서 오면 바다로 달려가니 적군이 오는 데로 쫓아가지
못함이 없는 것이다.

7-3-1 ─────── 象에 曰地中有水가 師니 君子는 以하여 容民畜衆하니라.

『상전에 말하기를 땅 가운데 물이 있음이 사괘이니 군자는 본받아
민중을 포용하며 군대를 기르느니라.』

◐ 물은 낮은 땅으로 모이고, 민심은 덕있는 사람에게 모인다. 군대
는 국민을 보호하고 국가를 수호하는 것이므로 전력의 증강은 국민
총화가 그 바탕이요, 정예로운 전략전술이 그 다음이며, 신예의 강력
한 무기가 또한 그 다음이다. 그러므로 나라의 최고 지도자는 밝은
정치를 베풀어 민심을 한데로 모으고 공평한 행정으로 민중의 생활
을 안락하게 경영한다.

군대는 본래 십 년을 양성하여 하루 싸움에 쓰는 것이므로 위난에
미리미리 대비가 있으면 근심이 없을 것이지만 일찍 세워 놓은 계책
이 없다면 갑자기 닥쳐온 일에 손을 묶어 놓은 것처럼 꼼짝 못할 것
이다.

7-4-1 ──────────────── 初六은 師出以律이니 否면 臧이라도 凶하니라.

『초6은 군대는 정의로운 도덕과 떳떳한 법률로써 출동하나니 악
독하면 잘 싸워 이길지라도 흉하니라.』

◐ 율(律)은 대의명분의 합리성으로 인류도덕의 대경대법(大經大
法)이요, 부(否)는 사악이며, 장(臧)은 선승(善勝)이다.
　초6은 양병(養兵)의 시초요, 출사(出師)의 선봉이다. 먼저 양병의
목적과 출사의 목표가 엄중 신성해야 한다. 초6은 허약한 실존으로
부중·부정·불응하여 스스로를 구원할 역량도 없는 허약한 장졸이
다. 이들을 조직하여 강병으로 육성하기 위해서는 인간의 의리와 국
가의 대의를 밝혀 스스로 자신과 용기가 용솟음치게 해야 한다. 더
욱이 군대를 출동하여 전선에 나아감에는 반드시 엄정한 군율(軍
律)로써 통제해야만 전술을 응용할 수 있을 것이요, 전술을 활용해
야만 전략목표를 달성할 수 있는 것이다.
　만일 전쟁의 대의명분이 떳떳하지 못하거나, 전략목표를 외면하고
국지전투의 승리에만 급급하면 이것은 비록 선승하였다고 할지라도
적국이 패배를 자인하지 않게 되어 끝없는 변란이 계속 생기므로 흉
하게 되는 것이다. 그러므로 옛날 성인은 전쟁 시초에 천지의 광명
정대한 도덕과 인간의 순진선량한 양심에 호소하여 그 포학무도함
을 성토하고 개과천선을 기다린 다음에 정벌하는 까닭에 싸우면 반
드시 이기고, 토벌하면 곧 항복을 받았던 것이다.

7-5-1 ──────────────── 象에 曰師出以律이니 失律하면 凶也리라.

『상전에 말하기를 군대는 군율로써 출동하나니 군율을 잃으면 흉하리라.』

◐ 나라의 최고 지도자는 출사의 대의명분을 국내외에 분명하게 밝혀야 하는 사명이 있는데 이것을 못하면 적으로부터 모략중상을 받게 된다. 대장군은 엄정한 군율로 전군을 통제할 책임이 있다. 대개 대장군이 군법을 시행하여 기율을 세움에 중용을 얻음이 중요한 바, 지나치게 엄격하면 군심(軍心)이 이반하고, 너무 해이하면 군정(軍情)이 의혹하므로 강유완급(剛柔緩急)을 배합하여 때와 장소에 알맞게 조절하는 묘를 얻어야만 질서와 조화를 끝까지 유지할 수 있을 것이다. 만일 군부의 자체 내부에 질서도 없고 조화도 없다면 어찌 흉하지 않겠는가!

7-4-2 ———————— 九二는 在師하야 中하니 吉코 无咎하여 王三錫命이로다.

『92는 군대에 있어서 때맞으니 길하고 허물이 없으므로 나라의 최고 지도자가 큰 상을 세 번 내리도다.』

◐ 왕(王)은 정의로운 지도자요, 삼석(三錫)은 상을 자주 많이 내려줌을 말하며, 명(命)은 공훈으로 작위를 주는 상이다.

92는 강중하여 승리를 자임하므로 고통받는 민중의 희망이요, 위로 위태로운 65와 응하여 신임이 두텁다. 따라서 전군을 전권통제하여 험난한 난세를 구원할 유일한 영웅이며 인자(仁者)이다.

용기와 지능과 인애(仁愛)를 모두 갖추어 내강외유의 인격과 견기발동(見幾發動)하는 지략과 신무불살(神武不殺)하는 인덕(仁德)이 있으므로 무적의 인자요, 불노(不怒)의 선전자(善戰者)이며, 싸우면 반드시 이기고 공격하면 반드시 빼앗는 대장군이다. 제세구민의 대의명분이 천지를 감동시키고, 외로운 충의가 해와 달처럼 뚜렷하며, 전략목표를 달성하려는 강건한 의지와 유연한 전술응용의 재능이 있어서 때에 알맞게 조치하니 전력의 낭비가 없이 성공하므로 길

하여 허물이 없는 까닭에 나라의 원수(元首)가 자주 그 공훈을 기려
상을 내리는 것이다.

『상전에 말하기를 군대에 있어서 때맞으니 길함은 국가 최고 지도
자의 신임을 받음이요, 나라의 최고 지도자가 세 번 큰 상을 내림은
세계만방을 보호함이라.』

◉ 천(天)은 천자로서 천명에 순종하는 인류사회의 최고 지도자요,
왕(王)은 대인으로 인심에 화응하여 인류의 모범이 되는 나라의 지
도자이다. 자연의 질서와 조화를 수호하는 군대는 천군(天軍)이요,
국민의 생명과 안녕을 보호하는 군대는 의병이다. 천명을 받들고 인
심을 따름에 마땅히 대장군에게 군사의 전권을 위임해야 하며, 대장
군은 마땅히 임무에 충실하여 책무를 완수해야 한다. 정의로운 전쟁
의 승리는 인류를 재생시키는 공덕과 문명을 수호하는 공명이 만세
에 길이 빛나게 되어 한 몸의 영광만이 아니고 국가의 자랑이요 인
류의 영원한 광명이 되는 것이다.

『63은 군대가 간혹 시체를 수레로 싣고 오니 흉하니라.』

◉ 혹(或)은 간혹인데 63이 대장군의 명령을 어길 때를 말한다. 여
(輿)는 큰 수레로서 많다는 뜻이며, 시(尸)는 전투에서 죽은 아군의
시체이다.
　63은 허약한 실존으로 강력한 자리에 있어 부정(不正)하여 인화
를 이루지 못하면서 지방군대를 지휘한다. 아군의 실력도 파악하지

못하고 적군의 실상도 알지 못하는 내유외강의 소인이다. 부중(不中)하여 천시(天時)도 살피지 못할 뿐만 아니라 불응(不應)하여 지리(地利)에도 밝지 못하면서 오직 승강(乘剛)하여 92와 세력을 다투고 공명이나 탐하는 장수이다.

항상 92가 큰 공을 계속하여 세우는 것을 보고 초조하고 조급하여 눈앞의 적을 가볍게 보고 분수를 벗어나 독자행동을 하니 진격해도 응원이 없고, 물러나 지키려고 해도 의지할·데가 없다. 그러므로 항상 의혹 속에서 때를 놓치고, 혼자이면서도 과욕을 부리니 이것이 대패하게 되는 동기가 된다.

7-5-3 ──────────────────────── 象에 曰師或輿尸면 大无功也라.

『상전에 말하기를 군대가 간혹 시체를 수레로 실으면 대군에게 공이 없으리라.』

◉ 대(大)는 대군 또는 대장군이다. 전쟁에서 각 전투부대의 전술적인 실패는 연합작전을 수행하는 대군의 전략적인 목표를 달성하는 데 커다란 타격을 준다.

허약한 부하 장병들의 독자행동은 전기(戰機)를 놓쳐 주동력을 잃게 하므로 대군은 진퇴공수의 작전계획을 추진하지 못하게 되고, 전력이 약화되며, 자신을 잃어 버려 전공을 세울 수 없을 뿐만 아니라 스스로 괴멸될 우려가 있는 것이다.

7-4-4 ──────────────────────── 六四는 師左次니 无咎로다.

『64는 군대가 물러나서 멈추니 허물이 없도다.』

◉ 좌(左)는 후퇴요, 차(次)는 주둔함이다. 64는 유순한 실존으로 정위하여 대장군의 지휘에 절대 순종하는 장수이다. 이제 부중(不

中)하여 전세를 살필 재능도 없고, 불응(不應)하여 원군도 없으며, 불비(不比)하여 의지할 데도 없으니 전선에 임하여 오직 대장군의 명령에 복종하는 양장(良將)이다. 그러나 외괘로서 이미 성 밖에 나아가 큰 적을 만남에 중과부적임을 깨닫고 부대를 온전히 후퇴시켜 안전지대에서 대장군의 작전지시를 기다리니 아무런 허물이 없는 것이다.

군대가 때를 기다려 바르게 지킴은 정도이다. 유약한 군대로도 강력한 적을 이길 수도 있으므로 큰 적을 보고 놀란 나머지 부하를 버리고 혼자 도망치는 것은 용서할 수 없으나, 부하장병을 온전하게 이끌고 적당한 곳으로 물러나서 수비하는 것은 장수의 재량이다.

7-5-4 ─────────────────────────── 象에 曰左次니 无咎는 未失常也라.

『상전에 말하기를 물러나서 멈추니 허물이 없음은 떳떳함을 잃음이 아니라.』

◉ 상(常)은 일상의 도리로서 상법이다. 모든 군부대는 상급 지휘관의 직접 명령을 받을 수 없는 곳에서는 적세를 헤아려서 대응하는 진퇴공수의 자유 재량권이 있다. 다만 국경 내에서는 국토사수의 의리가 있고, 국경 밖에서는 장병안전의 책무가 있으니 64가 국경 밖에서 후퇴하는 것은 상법(常法)을 잃은 것이 아니다.

7-4-5 ─────────────────── 六五는 田有禽이어든 利執言하니 无咎리라.
長子가 帥師요 弟子가 輿尸면 貞이라도 凶하리라.

『65는 밭에 날짐승이 들어왔거든 말로 밝혀 따짐이 이로우니 허물이 없으리라. 큰 아들이 군대를 거느릴 것이요, 아우나 작은 아들이 시체를 수레로 실으면 바르게 지켜도 흉하리라.』

☯ 전(田)은 영토요, 금(禽)은 침범한 외적이며, 집언(執言)은 천하에 대의를 밝혀 전쟁의 대의명분을 세워 주도권을 장악함이요, 장자(長子)는 92의 사나이이며, 제자는 63의 소인이다.

65는 국토를 수호해야 되는 책무를 가진 최고 지도자이다. 영토 안에 외적이 침범하면 즉시 이 사실을 내외에 밝혀 대비하게 하면서 정의와 인도정신으로 내침의 부당성을 지적하여 물러가도록 엄중히 경고해야 한다. 이에 적병이 물러가면 허물이 없겠지만 만일 독이 든 이빨을 드러내고 무리한 행동으로 사악한 속셈을 보이면 결연히 그 광포패역(狂暴悖逆)함을 성토하고, 날래고 씩씩한 사나이 92를 대장군으로 임명하여 군사를 전권위임하여 군대를 출동시켜 외적을 격멸토록 해야 한다. 그러나 만일 92를 신임하지 못하여 63에게 군권을 나누어 주고 92를 감독하게 하거나 견제하도록 하여 경쟁적으로 싸우게 만들어 아군의 살상피해가 많게 되면 비록 영토는 수호했다고 하더라도 군심이 분열하고 민심이 외면하여 흉함을 면치 못할 것이다.

나라의 최고 지도자는 전쟁에 임하여 능률적인 전쟁 수행의 방법을 모색해야 하고, 인명과 물질의 피해를 최소화하는 데 노력해야 하며, 최단시일에 승리를 쟁취할 수 있도록 주밀하게 주선해야 한다. 그러나 이러한 노력은 대장군을 후원하는 데에 그쳐야지 대장군의 지휘권을 간섭하거나 작전권을 압박해서는 절대로 안 된다. 전쟁은 군대가 하는 것인데 군사령관이 자유자재하지 못하고서는 전쟁의 주도권을 획득할 수 없고, 전쟁의 주도권을 상실하면 지구전, 소모전으로 변해 버리거나 또는 패전을 면하기 어렵게 된다. 그러므로 전선이 있으면 나라의 지도자는 국민의 원기를 진작하여 전쟁에 대한 혐오감을 크게 경계하고 화평을 주장하는 안일한 사고를 엄금해야 한다.

7-5-5 ──── 象에 曰長子가 帥師는 以中行也요 弟子가 輿尸는 使不當也라.

『상전에 말하기를 큰아들이 군대를 통솔함은 때를 맞추어 행함으

로써요, 아우나 작은아들이 시체를 수레로 실음은 부림이 적당하지
못함이라.』

　● 나라의 최고 지도자는 전쟁에 임하여 가장 큰일이 국가의 안위
와 인민의 생사를 한 몸에 질머질 주장(主將)을 뽑는 것이다. 인재
는 사방에서 나오거늘, 초야에 있는 유능한 장재(將材)는 항상 소원
한 관계에 있고, 측근의 친근한 관계에 있는 사람은 대부분 부귀권
세에 빠져서 우유부단하고 용렬한 인물들이다. 유약한 65가 만일 남
을 믿지 않고, 소원한 인재를 등용하지 않으며, 자기만 못한 사람을
부리기 좋아하여 측근에서 찾아 부린다면 이는 국가존망의 중대성
을 망각하고 한 몸의 안위(安危)에만 집착한 것이니 어떻게 흉변(凶
變)을 면하겠는가!
　중행(中行)은 홀로 책임을 맡아 스스로 주장하여 전쟁의 주도권
을 장악해 나감이요, 사부당(使不當)은 사람을 쓰는 것이 잘못됨과
동시에 충동적인 명령으로 작전계획의 일관성이 없음을 뜻한다.

7-4-6 ─────── 上六은 大君이 有命하야 開國承家리니 小人은 勿用이니라.

『상6은 위대한 국가의 지도자가 상을 주어 지방장관이 되고, 중앙
정부의 고급 공무원이 되리니 소인배는 채용하지 말지니라.』

　● 상6은 전쟁의 종극으로 논공행상의 때이다. 대군(大君)은 연방
국가의 최고 지도자요, 명(命)은 상훈(賞勳)이며, 개국(開國)은 지방
자치의 장이 됨이다. 승가(承家)는 중앙정부의 고급 공무원이 됨이
며, 소인(小人)은 전쟁에서 공을 세우지 못하거나 과실이 있는 사람
이다.
　전쟁을 종결했으면 최고 지도자는 마땅히 공적을 헤아려 거기에
알맞은 상훈을 내려 그 높은 충의정신과 그 굳건한 호국정기를 드러
내서 영원히 기리도록 해야 한다. 상과 벌은 나라의 기강을 세우는
권능이다. 신상필벌(信賞必罰)의 엄정한 표준이 있어야 하고, 공훈으

로 관직을 줌에는 공무를 맡을 수 있는 덕망과 능력이 있을 때에만
줄 것이요, 만일 그 능력이 없을 때에는 절대로 공직을 주어서는 안
된다. 더욱이 소인은 전공(前功)을 내세워 교만과 방종을 일삼으므
로 절대로 소인을 공직에 등용해서는 안 된다.

상6은 유순하게 정위하였고 부중(不中)하여 이제 때가 지나갔으
므로 대장군에서 퇴임하여 국가의 일반 공직을 맡게 되었다. 이에
영광을 국가와 민족에게 돌리고 새로운 직분을 성실히 수행하면 그
명성이 청사에 길이 빛날 것이다. 만일 논공행상에 불만을 품고 난
동을 일으키면 혁혁한 전공(前功)이 모두 물거품이 될 뿐만 아니라
후세에 웃음거리가 되고 말 것이다.

7-5-6 ──────────────── 象에 曰大君이 有命은 以正功也요
小人은 勿用은 必亂邦也일새라.

『상전에 말하기를 나라의 위대한 지도자가 상을 줌은 공훈을 바르
게 평가한 까닭이요, 소인은 쓰지 말라고 함은 반드시 나라를 어지
럽힘이라.』

● 위대한 지도자는 대장군의 전공을 바르게 평가하지만, 용렬한
지도자는 커다란 위험에서 벗어나자마자 곧 큰 공을 혼자 차지하기
위하여 시기하고 질투하여 전과(戰過)를 뒤져서 전공을 깎아 내리거
나 남상(濫賞)을 하여 공과를 뒤섞어 버린다. 그러므로 전공을 정당
하게 평가하는 것은 위대한 지도자의 일이다. 소인은 공직을 얻어도
임무를 감당하지 못할 뿐만 아니라 공신과 결탁하여 정권을 농락하
는 혼란을 일으킬 것이다.

8 비(比)괘

8-1-1 ──────────── 比는 吉하되 原筮하여 元永貞이라야 无咎리라.

『친함은 길하되 스스로 점을 쳐서 추리하여 착하고 한결같고 바르게 지켜야 허물이 없으리라.』

● 비괘(比卦)는 화친(和親)의 길이다. 곤(坤)이 아래요, 감(坎)이 위에 있으므로 그 상이 땅 위에 물이 있는 밀착된 모습이다. 그 전체의 구조가 사괘(師卦)를 돌려놓은 것으로 다섯 음이 하나의 양에게 귀의하고 있으며, 5음의 실존이 허약하여 무리를 이루고 하나의 양과 화친하여 친비하는 길이다. 전쟁이 끝나면 정복자와 피정복자가 이제는 화친하여 새로운 문명사회를 세워야 하므로 이에 사괘(師卦) 다음에 비괘(比卦)가 놓였다.

무릇 전쟁은 역천패리(逆天悖理)를 징계하고 무도악덕(無道惡德)을 바로잡으려는 것이므로 잔학한 도적을 제거했으면 그 지역 주민에 의하여 새로운 지도자를 뽑아 자치케 하고 전군은 귀환해야 한다. 만일 양민을 학살하고, 포로를 잡아가며, 국가의 중요 문화재를 훔치고, 일부 토지를 빼앗는다면 이것은 천군의병(天軍義兵)이 아니요, 더욱이 총통을 주재시켜 국무를 감독하게 하거나 영토를 합방하여 주민을 추방하고 식민지로 만드는 데 이른다면 이것은 전쟁이 아니라 잔학한 폭행이므로 영원한 복수의 의리가 있을 것이니 어찌 투쟁의 종결이 있겠는가! 그러므로 국가의 전쟁은 항복함에 있어 사신을 통한 문서로 그치는 것이요, 그 이상의 것을 강요하지 않는 것이 옛날 예법이다.

전쟁을 예법으로 종결하면 패전국도 전승국도 모두 여한이 없어서 쉽게 화친할 수 있는 것이다. 전쟁은 일시이나 우호는 영원하니 어찌 한때의 욕망을 채우기 위하여 영원한 화평을 깨어 버릴 것인가? 친비하여 우호함은 길한 도리인데, 그 화친함이 힘이 모자라 역복(力服)한 것인가, 아니면 마음속으로부터 우러나서 즐겁게 심복(心服)한 것인가를 스스로 점쳐서 따져 보아야 한다.

역복(力服)을 심복(心服)으로 오인하면 화가 미치고, 심복을 역복으로 곡해하면 복을 쫓는다. 마음속으로 진실하게 항복했으면 인덕(仁德)을 널리 베풀어 모두 사랑할 것이요, 만일 힘이 모자라서 항복하는 척했으면 광명정대한 대의를 밝혀 의혹을 깨끗하게 풀어 주어야 할 것이다. 그러나 그들을 실망시키면 한때의 심복도 곧 바뀔 수 있으니 오래오래 우호하기 위해서는 인애의 정신으로 한결같은 관계를 유지하여 바르게 분수를 지키는 도리가 갖추어져야만 틈이 벌어지지 않을 것인즉 허물이 없는 것이다.

8-1-2 ──────────────── 不寧이어야 方來니 後면 夫라도 凶하니라.

『편안치 못하여야 바야흐로 오나니 뒤로 하면 사나이라도 흉하니라.』

☯ 불녕(不寧)은 세력이 미미하고 힘이 다하여 스스로 지탱할 수 없음이요, 방래(方來)는 마음에서 우러나오는 열복(悅服)이 아니라 버티고 버티다가 힘이 부쳐 역복(力服)함이며, 후(後)는 항복의 선후에 따라 차별함이다. 사람의 마음은 항상 고분고분한 사람에게 따뜻한 정을 느끼고 억센 사람에게 미움을 느끼지만 널리 친밀한 관계를 이룩하려면 차별이 없이 고루게 품어 주어야 된다. 만일 늦게야 항복함을 미워하여 차별하면 비록 95의 대장부라고 할지라도 반드시 이탈이 생길 것인즉, 이에 흉함을 면치 못하는 것이다.

　한 사람이 만방을 어루만지고 사해가 한 사람을 우러러 받듦에 어찌 앞뒤를 나누어 차별하고 힘이 모자라서 따르기를 강요하겠는가? 반드시 한결같이 사랑하여 즐겁게 저절로 따르도록 해야만 친비할 수 있고, 친교할 수 있을 것이다.

8-2-1 ───────────────────────────── 象에 曰比는 吉也며,

『단전에 말하기를 비괘는 길하며,』

　◐ 비괘(比卦)는 허약한 실존이 집단사회를 이룩하여 건실한 지도자를 따라서 받드는 상이므로 길한 도이다.

8-2-2 ──────────────────────── 比는 輔也니 下가 順從也라.

『친밀함은 서로 도움이니 아랫사람이 순종함이라.』

　◐ 비(比)는 서로 뜻이 맞아 합함이요, 보(輔)는 수레의 두 바퀴와 새의 두 날개처럼 서로 도움이며, 순종은 우매한 사람이 고명한 사람을 따름이다. 친비(親比)는 우중(愚衆)이 현인을 찾아 따름이요 지도자가 대중의 여론에 굴복함이 아니다.

8-2-3 ───────────────── 原筮하여 元永貞이라야 无咎함은 以剛中也라.

『스스로 점을 쳐서 추리하여 착하고 한결같고 바르게 지켜야 허물이 없음은 밝게 때맞음으로써이라.』

　◐ 강중(剛中)은 95의 강건한 실체로 중정(中正)하고 정응친비(正應親比)한 구조이다. 95는 착하게 시작하여 대동세계를 이룩할 수 있는 인덕과 영원히 변치 않을 수 있는 지조와 끝까지 바르게 지킬

수 있는 지혜가 갖춰져 있으므로 온 인류가 모두 즐거이 승복할 수
있는 도량이 있는 것이다. 괘사의 원영정(元永貞)은 친비의 일반적
인 도요, 여기서의 원영정은 95가 친비할 수 있는 역량이다.

『편안치 못하여야 바야흐로 오는 것은 위와 아래가 서로 호응함이
요』

◑ 상은 95요, 하는 62이니 응(應)은 정응(正應)이다. 62는 중정하
여 자기구원이 된 사람이다. 그러므로 자기 한 몸은 편안하다. 다만
초6과 63이 허약하고 부중·부정·불응·불비(不中·不正·不應·
不比)하여 구원을 바라고 있으니 62는 내괘의 주(主)로서 95와 정응
하므로 부득이 이들을 위하여 95를 스스로 찾아가지 않을 수 없는
것이다. 지도자는 인민을 안녕하게 다스려야 할 책임이 있고, 초야의
선비는 소외당한 민중을 보호할 사명이 있으므로 선비가 소외당한
민중을 대변하기 위하여 국가의 바른 지도자에게 친부(親附)함은 그
의 도리를 다함이다.

『뒤로 하면 사나이라도 흉함은 그 도리가 궁색함이라.』

◑ 기도(其道)는 친비하는 도요, 궁(窮)은 불통(不通)이다. 심복
(心服)을 앞으로 하고 역복(力服)을 뒤로 하여 차별하면 뒤에서 소
외당한 사람들이 반드시 이탈할 것이니, 이에 아무리 힘이 있는 지
도자라고 해도 친비하려는 도가 통하지 않아 분열이 일어나고 마는
것이다. 친함에 도가 있고 만남에 예가 있으니 어찌 앞뒤를 다투며,
어찌 안팎을 나눌 것인가!

『상전에 말하기를 땅 위에 물이 있음이 비괘이니 옛날 위대한 영도자는 본받아 일만 나라를 세우고 지방자치국가의 지도자를 친하니라.』

◐ 비괘(比卦)는 밀접하게 화친하는 상이요, 선왕(先王)은 고대에 훌륭한 연방정부의 지도자이며, 만국은 세계만방의 지방자치국이요, 제후(諸侯)는 지방자치국의 지도자이다.

왕도정치에 있어서 천하를 경륜함에는 천명과 인심의 두 가지를 원칙으로 한다. 천명의 원칙은 천하를 하나로 통일하는 사상이다. 하나의 하늘 아래 모두 한 덩어리가 되는 것이다. 인심의 원칙은 한 지역의 주민이 독립하여 자치하는 주권으로 같은 영토 안에서는 함께 모여 살도록 함이다.

따라서 천리(天理)를 밝히는 정치의 공통성에 의하여 연방정부가 세워지고, 지리(地利)를 활용하는 행정의 특수성에 의하여 지방정부가 만들어지는바, 지방자치가 잘됨으로써 연방의 총화가 이룩될 수 있는 것이다. 만일 중앙집권으로 친부(親附)를 강요하면 이것은 문을 닫아놓고 들어오기를 강요하는 것과 같다. 친비는 스스로 친한 마음이 우러나와야만 되는 것이요, 친하기를 강요하면 강요할수록 오히려 더욱 멀어지는 것이다.

『초6은 믿음을 두고 가까이 친해야 허물이 없으리니』

◐ 초6은 친비의 시초요, 부(孚)는 마음속에 믿음이 있음이니 곧 자신이다. 초6은 허약하여 부정부중하므로 독립할 수 없고 불응불비하여 외롭다. 이에 처음으로 믿고 따르며 친함에 오직 갖추어야 할

것은 믿음이다. 사람이 하늘과 만날 수 있는 길은 정성이요, 사람이
귀신과 만날 수 있는 길은 공경이며, 사람이 사람과 처음 만날 수
있는 길은 신의이다. 사람이 신의가 없다면 서로 만나 가까워질 수
없는 것이다.

8-4-1' ──────────────────────── 有孚가 盈缶면 終에 來有他吉하리라.

『믿음을 둠이 질박한 장군 속에 가득 채우면 마침내 다른 길함도
찾아옴이 있으리라.』

◐ 부(缶)는 입이 적고 배가 큰 장군으로 질박한 그릇이다. 초6은
허약하고 부정하여 의혹과 변동이 많은 상이다. 따라서 처음에는 비
록 친하게 사귀지만 곧 배신하여 흉악하게 되기 쉽다. 그러나 만일
심기일전하여 소박한 본질을 간직하여 확신을 갖고 부동한 관계를
충실히 유지한다면 처음에는 소원한 사이로 사귀겠지만 나중에는
친밀한 사이가 될 것이며 또한 반드시 의외의 길함이 있을 것이다.
부신(孚信)은 사람과 사람이 사귀는 기본 요건이요, 사람으로부터
도움을 받는 최소한의 조건이다.

8-5-1 ──────────────────────── 象에 曰比之初六은 有他吉也니라.

『상전에 말하기를 비괘의 초6은 다른 길함이 있으리라.』

◐ 비(比)는 괘명이다. 초6은 허약하므로 독립하여 자존할 수 있는
역량이 없고, 95를 떠나 달리 갈 만한 곳도 없으므로 운명적으로 오
직 95에 순종하는 도리밖에 다른 방법이 없다. 그러므로 처음부터
끝까지 힘을 다하여 오로지 95만을 가까이 따르게 되고 마침내 그
성실함에 감동하여 다른 길함이 있게 된다.

『62는 친함이 속으로부터 하니 바르게 지켜 길하도다.』

◐ 비(比)는 친비요, 자내(自內)는 62가 내괘의 중(中)으로 시중(時中)하여 소신있게 감응함이며, 정(貞)은 62가 유순하게 정위함이다. 학자는 선비가 되기를 바라고, 선비는 어진이가 되기를 바라며, 어진이는 성인이 되기를 바라는 까닭에 학자는 선비를 찾아가 사귀고, 선비는 어진이를 찾아가서 사귀며, 어진이는 성인을 찾아가서 사귄다. 화친의 시대에 62가 초야의 어진 선비로서 95의 고귀한 대인을 찾아가 사귐은 부귀와 권세와 문벌을 초월하여 오직 도덕과 학문으로써 만남이다. 이것은 교제의 정도요, 소덕(小德)이 대덕(大德)을 찾아가 사귀는 것인즉, 상견(相見)하는 예를 갖추었으니 길함이 그 가운데 있는 것이다.

그러므로 만승(萬乘)의 천자(天子)에게도 포의(布衣)의 사우(師友)가 있는 것이요, 시정의 백두(白頭)에게도 공경(公卿)의 붕우(朋友)가 있는 것이니, 오로지 뜻이 같거나, 학문이 깊거나, 도덕이 높으면 누구나 친근하게 사귈 수 있는 것이다. 만일 자기의 소신을 바꾸어 가며 교제한다면 이것은 선비가 사귀는 길이 아니다.

『상전에 말하기를 친함이 속으로부터 함은 자기를 잃지 아니함이니라.』

◐ 62는 유순중정하고 95와 정응하니 무위(無位)의 성인(聖人)이 어진이를 찾는 상이다. 훌륭한 지도자를 찾아감은 제세구민의 도덕과 평난제악(平亂除惡)의 사업을 이루고자 함이니 분수를 저버리거나 예의를 잃음이 아니다. 그러므로 공자가 천하를 두루 돌고, 맹자가 제량(齊梁)의 군주를 찾아간 것은 모두 떳떳한 소신을 잃음이 아

니다.

『63은 친함에 사귈 만한 사람이 못되니라.』

🌒 63은 허약한 실존으로 부정·부중·불응·불비한데다가 때가 지나간 뒤에야 사귀려고 찾아오니 그 성질이 음흉하고 의심이 많으며, 달면 삼키고 쓰면 뱉어서 못하는 짓이 없고 안가는 데가 없는 사람이다. 소신도 없고 의리도 몰라서 세리(勢利)를 보면 달려와서 아첨하고, 이익이 다하면 배신할 것인즉, 어찌 이런 사람을 사귀어 친할 것인가? 끝끝내 교화할 수 없으면 마땅히 끊어야 된다.

『상전에 말하기를 가까이 친함에 사귈만한 사람이 못되니 또한 다치지 아니하겠는가.』

🌒 만물은 환경에 영향을 받는다. 원천의 물은 맑지만 하류의 물은 탁하며, 쑥이 삼밭에서 자라면 꼿꼿하지만 들판에서 자라면 굽으며, 먹을 싼 종이는 검어지고 향료를 담은 그릇은 향기가 난다. 사람이 교제하여 살매, 인격의 완성이 안 되었는데도 자기만 못한 이와 더불어 사귀어 날로 타락한다면 어찌 두렵지 않겠는가? 반나절 대화의 화제가 의와 선에 미치지 못한다면 자리를 함께 할 가치가 없는 것이다.

『64는 밖으로 찾아가 친하니 바르게 지키어 길하도다.』

◐ 64는 정위하여 승강(承剛)하므로 유약한 실체의 분수를 지켜 강명(剛明)한 95를 외면적으로 친부(親附)함은 바른 도리이다. 외(外)는 95가 외괘의 중이니 밖으로 찾아가서 그와 사귐이요, 정(貞)은 64가 정위함이다. 전체의 구조로 볼 때에 95는 강명(剛明)한 최고 지도자이며, 64는 유순하게 95를 보필하는 중책이 있는바, 64는 95에게 은밀하게 건의하고 외면으로 순종하는 의리가 있다. 그러므로 왕도정치체제에서 하급관리인 간관(諫官)은 공개규탄하는 것이 도리였고, 고급관리인 대신은 비밀건의가 의리였다. 만일 언관이 은밀하게 직간하면 아첨함이요, 대신이 공개하여 건의하면 교만함이니 어떻게 총화가 이루어지겠는가! 유약한 64가 고급공무의 직에 있으면서 현명한 95의 지도자에게 외부적으로 친부(親附)하는 것은 당연한 직분이므로 바르게 지켜 길하도다.

8-5-4  象에 曰外比於賢은 以從上也라.

『상전에 말하기를 밖으로 어진이에게 친함은 위를 따름으로써이라.』

◐ 현(賢)과 상(上)은 모두 95가 강명하게 중정응비(中正應比)하여 지도자의 위치에 있음이다. 국가사회의 구조 속에서 요직에 있는 사람은 그 직무를 성실히 수행하기 위하여 밖으로 사방의 현인을 찾아가 인재를 발굴하여 추천하고, 공론을 찾아서 건의하는 것이 본분이다. 사무실 안에서 자리만 지키는 것이 능사가 아니다. 반드시 문호를 활짝 열어 놓고 체제 밖에까지 귀와 눈이 미치고 손과 발이 닿아야 되는 것이다. 이것은 천하의 현명으로 지도자를 보필하고자 하는 노력이요, 천지의 선인(善仁)으로 지도자를 계도하고자 하는 성의이다.

8-4-5 ──── 九五는 顯比니 王用三驅에 失前禽하며 邑人이 不誡니 吉토다.

『95는 친함을 나타내니 나라의 지도자가 세 방향의 몰이를 함에 앞에 있는 짐승을 놓치며 읍에 사는 사람들이 경계하지 아니하니 길하도다.』

◑ 95는 강명한 실체로 중정응비의 완전한 구조에 있는 나라의 최고 영도자이다. 국가의 지도자는 친밀한 사이를 반드시 공개해야 하고 또한 공개적으로 친밀한 사귐을 맺어야 한다. 지도자는 사인이 아니라 공인이므로 오직 지공무사(至公無私)해야 되는 까닭에 현비(顯比)하여 친근(親近)함을 반드시 드러내지 않으면 안 된다.

또한 최고 지도자는 총화단결을 강요하거나 이탈하는 사람을 차별해서도 안 된다. 친근한 사이는 서로 뜻이 맞아야 하며, 그 뜻은 자유의지에서 나와야 한다. 강제로 친하고자 하면 오히려 사이가 벌어지게 되는바, 대동단결을 위하여 단합이 필요할 때에도 마치 사냥할 때에 세 방면으로 그물을 치는 것처럼 법률로 다스릴지라도 반드시 한쪽 방향은 터 주어서 선택의 자유를 주어야 한다. 그래야 호감을 가지고 찾아오는 사람을 기쁘게 맞이할 수 있고, 기어코 떠나가는 사람을 나중에라도 다시 돌아오게 할 수가 있는 것이다. 더욱이 위대한 지도자는 공평무사하게 시정(施政)하여서 자파(自派)의 측근이라고 하여 친애하거나 시정의 민초라고 하여 소외함이 없다. 그러므로 최고 지도자와 아무런 연줄이 없는 읍에 사는 사람들까지도 모두 거리낌 없이 자유롭게 살 수 있는 까닭에 길하다.

8-5-5 ──────────────────────── 象에 曰顯比之吉은 位正中也요

『상전에 말하기를 친함을 나타냄이 길함은 자리가 바르고 가운데에서 공평함이요』

◑ 나라의 최고 지도자는 단독 면담이 없다. 언관이 감찰하고 사관

이 기록하여 당시의 인민뿐만 아니라 뒷날의 인류가 모두 알게 함으로써 그 일거일동과 일언일사가 모두 공개되는 것이다, 만일 그 하는 바가 착하지 못하고 공평하지 못하다면 어찌 화친할 수 있겠는가? 반드시 정의롭고 공평한 뒤에야 길할 수 있는 것이다. 95는 현명한 지도자로서 중정하여 정의를 지키고 공평을 유지할 수 있는 능력이 있으므로 길한 것이다.

　대개 중정(中正)의 중은 시중(時中)하여 알맞음을 말하는데 송괘(訟卦)와 수괘(需卦)가 그것이요, 정중(正中)의 중은 중립하여 공평함인데 비괘(比卦)와 수괘(隨卦)가 그것이다.

8-5-5′ ──────────────────────────── 舍逆取順이 失前禽也요,

『거스르는 사람은 놓아 주고 순응하는 사람은 받아들이는 것이 앞에 있는 짐승을 잃음이요,』

　◐ 역(逆)은 상6이요, 순(順)은 아래의 네 음이며, 금(禽)은 구속을 싫어하고 자유를 좋아하는 새이다.

　가는 사람을 붙잡지 않고 오는 사람을 막지 않음은 큰 사람이 교제하는 도량이니 사람의 자율의지를 존중하는 까닭이다. 나는 새도 가지를 골라서 앉거늘, 하물며 사람이 어찌 골라서 사귀지 않겠는가? 그러므로 예법은 모두 선택의 자유를 주었으니 경영자는 일꾼을 고르고 일꾼은 경영자를 고르며, 사나이는 아내를 고르고 아내는 남편을 고르며, 벗은 서로 고르게 하였다. 이는 그 사이를 더욱 친밀하게 하고자 함이다.

　세상은 넓고 사람은 많으니 온갖 관계의 구속을 싫어하여 자유자재하고자 하는 사람도 있으므로 그러한 사람까지도 인정하여 내버려 두면 언젠가는 저절로 찾아올 날이 있을 터인즉, 그때에는 더욱 친밀하게 될 것이다.

『읍에 사는 사람이 경계하지 아니함은 위에서 부림이 가운데로 하여 공평함으로써이라.』

☯ 나라의 대동단결을 위해서는 공평무사한 행정을 해야 하므로 나라의 지도자가 공명정대하게 인사행정을 실시하여 측근의 친밀한 사람을 쓰지 않고 불편부당하게 적재를 적소에 임명하면 지방의 공무원까지도 기강이 확립되어 공명균평하게 일을 하므로 그 주민들이 아무런 두려움과 걱정이 없이 살아간다는 뜻이다.

군자는 도로써 사귀고 예로써 만나니 서로 자유롭고 담담한 사이가 되나, 소인은 이(利)로써 사귀고 세(勢)로써 만나니 굳게 약속하고 뜨거운 것이다. 그러나 소인의 사귐은 이익이 사라지고 세력이 다하면 저절로 풀어져 버리므로 오래가지 못한다. 위대한 지도자가 어찌 힘으로 한때의 추종을 요구하겠는가? 반드시 도덕으로 하여 영원히 잊지 못하는 사이가 되는 데 이르는 것이다.

8-4-6 ──────────────────── 上六은 比之无首니 凶하니라.

『상6은 친함이 머리가 없으니 흉하니라.』

☯ 상6은 비록 정위이나 부정불응(不中不應)하여 갈 데가 없다가 마지막에 와서야 아래로 95에게 친부(親附)하는 상이다.

친비의 종말에 만절(晩節)을 손상하였고 아래로 지도자에게 붙으려 하면서도 교제를 시작하는 예절을 갖추지 못하였으니 어찌 흉하지 않겠는가? 수(首)는 양물이요 시원(始元)이니 무수(无首)는 음흉하게 접근하고 무례하게 만남이다. 이는 애당초 친해질 수 없을 뿐만 아니라 또한 가까워졌다고 해도 곧 스스로 부끄러워서 저절로 탈락하고 말 것이다.

『상전에 말하기를 친함이 머리가 없음은 끝낼 바도 없느니라.』

☯ 소신도 없이 찾아오고, 만남에 예법을 갖추지도 않았다. 이것은 아무런 신의도 없이 따라왔으므로 함께 가까이 사귀어야 할 의리도 없는 것이다. 그리고 시작하는 상견례(相見禮)가 없었으니 돌아서서 떠나감에 정리하고 결산할 것도 없다.

9 소축(小畜)괘

9-1-1 ─────────────────── 小畜은 亨하니 密雲不雨는 自我西郊일새니라.

『재물을 저축함은 형통하니 빽빽한 구름이 비를 내리지 못함은 우리 서쪽 들판으로부터 일새니라.』

◑ 소축(小畜)은 저축의 길이다. 하나의 음이 두 개의 양 아래 엎드려 있는 까닭으로 그 상이 풍(風)이나 목(木)이요, 그 성질이 입(入)이나 손순(巽順)이다. 소축괘(小畜卦)는 건하손상(乾下巽上)이므로 그 상이 바람이 하늘로 올라가는 모습이요, 그 덕이 안으로 건실하고 밖으로 손순(巽順)하며, 아래에서 튼튼하여 위로 들어가는 형세에 있다. 그러므로 축적의 뜻이 있고 소(小)는 음으로 물질이다. 대축(大畜)은 정신의 축적이요, 소축(小畜)은 물질의 축적을 뜻한다. 사람이 모여 힘을 합치고 친비(親比)하면 반드시 물질을 축적하므로 비괘(比卦)의 다음에 놓였다. 소축괘는 그 개체의 실존이 모두 건실하면서도 64의 한 음이 정위함을 즐거워하는 구조이며, 현실적으로 매우 안정되어 있으나 대외적으로는 적극적인 활동을 하지 못하는 상황이다.

사람의 물질적인 충족은 매우 형통하지만 오로지 축적하고 값지게 쓰지 못하는 것은 아직 쓸데가 없는 까닭이다. 밀운(密雲)은 유통하지 못하고 정지하여 음물(陰物)이 가득 모이는 상이요, 우(雨)는 음양의 기가 서로 조화하여 만물을 윤택하게 살리는 것이니 불우

(不雨)는 은혜와 덕택을 주지 못함이며, 아(我)는 문왕으로 물질을
주관하는 주인이요, 서교(西郊)는 음방(陰方)으로 문왕이 서백(西
伯)으로 있을 때로서 포악한 주(紂)의 측근에 아직 어진 충신이 있
는 까닭에 정벌할 수 없음이다. 또한 멀리 있는 주변은 연방정부의
내정에 깊이 간여할 수 없는 것이다. 따라서 잉여의 물질을 계속 축
적하여 가득하면 값있게 쓸 곳이 있게 될 것이다.

9-2-1 ─────────── 彖에 曰小畜은 柔得位而上下가 應之할새 曰小畜이라.

『단전에 말하기를 소축괘는 유순한 것이 제자리를 얻어서 위아래
가 호응하니 말하기를 물질을 축적한다고 하니라.』

◐ 유(柔)는 64요, 득위(得位)는 정위이며, 상(上)은 95와 상9이고,
하(下)는 하괘의 세 개의 양이며, 응(應)은 각각 건전하면서도 서로
손순(巽順)함이다. 양은 주의(主義)하고 음은 주리(主利)하는바, 이
제 다섯 양의 다수가 유일한 음에게 순응하므로 물질을 축적하게 되
는 것이다.

9-2-2 ───────────────── 健而巽하며 剛中而志行이라 乃亨하니라.

『건실하면서도 유순하며 강건함이 가운데 하여 뜻이 행하므로 이
에 형통하니라.』

◐ 건이손(健而巽)은 괘덕(卦德)을 말함이니 양으로서 음에게 순응
함은 조화를 찾는 것이요 추종이 아니다. 소축괘(小畜卦)가 이루어
진 근거는 비록 64의 주동에 있으나 그 전체의 구조는 2효와 5효가
강중하여 전국을 주도하므로 결국 64가 끝끝내 양의 진출을 막지 못
한다. 따라서 다섯 양이 일시적으로 64의 주동 아래 물질을 축적하
는 데 협력하지만 그 풍족한 부를 이룩하면 반드시 사회에 환원하

여 예의를 닦을 것이므로 이에 형통하게 된다.

9-2-3 ─────────────密雲不雨는 尙往也요 自我西郊는 施未行也라.

『빽빽한 구름이 비를 내리지 못함은 더욱 올라감이요, 우리 서쪽 들판으로부터 함은 베풀어 줌을 행하지 못함이라.』

◉ 구름은 산이 막혀 흘러가지 못하므로 빽빽하게 모여 쌓이는바, 만일 위에서 양기가 하강하여 교류하여 감응하면 비가 되어 내리는데 위에서 양기가 더욱 위로 올라가므로 빽빽한 구름도 더욱 위로 올라가서 비가 오지 않고 더욱 많은 구름이 쌓인다. 이것은 계속하여 더 많이 축적하는 까닭이다. 시미행(施未行)은 교제가 없어서 은덕을 베풀 길이 없음이다. 그러나 물질이 있으면 반드시 쓸데가 있는 것이니 쓸데가 없다고 하여 물질생산을 중지해서는 안 되고 계속 향상매진하여 크게 쓸데에 대비해야 함을 밝혔다.

9-3-1 ─────────象에 曰風行天上이 小畜이니 君子는 以하여 懿文德하느니라.

『상전에 말하기를 바람이 하늘 위로 올라감이 재물을 저축함이니 군자는 본받아 문덕을 아름답게 하느니라.』

◉ 바람이 하늘 위로 올라감은 아래에서부터 점점 위로 올라가는 형세를 탐이다. 조금씩이라도 끊임없이 저축하면 마침내 기세를 타고 크게 이루어지는 상이다. 군자는 학문을 이룩하여 도덕을 행하는 사람으로 문덕(文德)은 문화인의 인격이다. 군자의 대축(大畜)은 도덕과 경륜이요, 소인의 소축은 부귀와 공명이다.

9-4-1 ──────────────初九는 復이 自道어니 何其咎리오 吉하니라.

『초9는 돌아옴이 스스로의 길이거니 무엇을 허물하리오 길하니라.』

◑ 초9는 물질축적의 시초요, 양기가 싹트는 시작이다. 이때에 초9로 하여금 물질생산에 종사하게 해서는 안 된다. 비록 64와 정응이 되었으나 아직은 일터에 나설 때가 아니므로 홀로 돌아와 그 강명한 덕성을 함양하고 그 재능을 길러 익히는 것이 자기의 도리이다. 이것은 유약한 노동력이므로 있어도 보탬이 없고 없어도 손실이 없는 까닭에 협동생산에서 이탈했다고 허물할 수도 없는 것이다. 그러므로 차라리 자기 본분에 충실하는 것이 급선무인즉, 어린이는 모름지기 학업에 힘써야 한다.

9-5-1 —————————————————————— 象에 曰復이 自道는 其義吉也라.

『상전에 말하기를 돌아옴이 스스로의 길이라고 함은 그 의리가 길하니라.』

◑ 유치한 실체는 안정된 구조에서 자기구원이 급무요, 타인구원에 나섬은 분수 밖에 일이다. 그러므로 사람은 반드시 가르치고 길러낸 다음에 쓰는 것이 인간의 의리이다. 가르치지 않고 쓰면 사람을 버리는 것이요, 기르지 않고 부리면 사람을 해치는 것이다.

축적의 시초에는 마땅히 자기 역량을 축적함으로부터 할지니 외물축적을 앞세워서는 안 된다. 초9는 강명하게 정위가 되었을 뿐만 아니라 아직 때가 오지 않았으므로 자기 역량의 축적이 도의에 알맞은 것이다. 도(道)는 천지자연의 진리요, 의(義)는 인생사의 당연한 원칙이다.

9-4-2 —————————————————————— 九二는 牽復이니 吉하니라.

『92는 이끌고 돌아오니 길하도다.』

◉ 92는 강건한 실체로 내괘의 중(中)이 되어 위로 95를 힘차게 보
필하고, 아래로 초9를 선도하며, 93에게 충고하여 물질축적에 탐닉
함을 경계시키고 정신문화의 중대한 가치를 깨우치는 사람이므로
길하다. 나라의 산업을 부흥하고 힘을 축적함은 문명사회를 개발하
며 아름다운 인류문화를 창조하는 데에 있는바, 만일 물욕에 탐닉하
여 이익만을 다투는 황금만능의 물질시대가 된다면 이것은 인간이
물질의 노예가 되는 것이다. 그러므로 92는 초9를 이끌어 교육하고,
95에게 나아가 물질에 초연하도록 직언하여 길하다.

9-5-2 ——————————————象에 曰牽復은 在中이라 亦不自失也라

『상전에 말하기를 이끌어 돌아옴은 가운데에 있는지라 또한 스스
로 잃음이 아니라.』

◉ 이끌고 돌아옴에 밝지 못하면 따라오지 않을 것이요, 정성이 모
자라면 오래 감동시키지 못할 것이다. 그러나 92는 강중하였으므로
현명하고 성실하여 때에 알맞게 이끌어 와서 흔들리지 않고, 또한
스스로도 물질에 초연하여 타락하지 않으니 이에 자기의 인격을 떨
어뜨리지 않는다.

9-4-3 ——————————————九三은 輿說輻이며 夫妻反目이로다.

『93은 수레가 바퀴살이 빠지며 남편과 아내가 서로 미워하도다.』

◉ 여(輿)는 큰 수레요, 탈(說)은 탈(脫)이며, 폭(輻)은 바퀴살이
요, 반목(反目)은 눈을 돌림이니 서로 미워함이다.
93은 강건한 실체로 강건한 자리에 있어 지나치게 강하고, 과강부

중(過剛不中)하여 때가 이미 지나갔는데도 향상에만 매진하다가 64와 친비하여 문득 물질에 대한 탐욕이 생겨서 지금까지의 학문도덕을 외면하고 새로운 물질이익을 추구하니 곡학아세(曲學阿世)하여 유속(流俗)과 타협하고 세리(勢利)를 도모하여 더 이상 향상할 수 없는 상이다.

　군자는 진리를 찾고 먹을 것을 찾지 않으며, 도의를 앞으로 하고 이익을 뒤로 하는바, 평생의 학생(學行)을 팔아 부귀를 산다면 아무도 용인하지 못할 것이므로 심지어 아내까지도 미워하여 떠나가 버릴 것이다. 큰 수레는 물질을 많이 실음이요, 바퀴살이 빠지는 것은 물질에 타락하여 도리어 물질의 노예가 됨이며, 부부는 가장 가까운 사이인데 물욕에 가리고 이익을 다투면 부부 사이도 깨어짐을 밝힌 것이다.

9-5-3 ──────────────────────────象에 曰夫妻反目은 不能正室也라.

『상전에 말하기를 사내와 아내가 성이 나서 눈을 붉힘은 가정을 바로잡을 수 없음이라.』

　● 사나이가 도의로써 이익을 삼지 않고 재물로써 이익을 삼으면 반드시 몸을 망쳐서 재화를 증식할 것이다. 이것은 인권보다도 물권을 중시하는 의식이다. 모든 인간관계가 파괴되어 마침내 인류까지 저버리게 되므로 자기의 가정에서까지 물질의 이익을 다투어 화합이 깨어져 버린다. 부(夫)는 양이요, 처(妻)는 음이니 부처의 갈등은 양심과 욕심의 갈등이며, 정신과 물질의 갈등이다.

9-4-4 ────────────────────六四는 有孚면 血去하고 惕出하여 无咎리라.

『64는 믿음을 두면 다치지 아니하고 두려움이 사라져 허물이 없으리라.』

◑ 64는 물질축적의 주동이지만 유순하게 정위하여 초9와 정응하고, 95와 친비하여 재화를 독점자용(獨占自用)하지 않는 상이다. 만일 음흉하게 정상모리(征商謀利)하여 홀로 소유축적한다면 반드시 군양(群陽)으로부터 불신과 성토를 면하지 못할 것이다.

부(孚)는 95로부터의 신임이요, 혈(血)은 93과의 혈투이며, 척(惕)은 재화의 위험이다. 64는 지도자를 보필하는 사람으로서 물질을 축적관리하여 지도자의 공무비용을 공급하는 역할을 충실히 해야지 만일 사재로 한다면 재화로 인한 재난을 면할 길이 없다.

9-5-4 ─────────────────────象에 曰有孚면 惕出함은 上合志也라.

『상전에 말하기를 믿음을 두면 두려움이 사라진다고 함은 위와 뜻을 합하는 것이라.』

◑ 상(上)은 95요, 지(志)는 문명사회를 건설하려는 뜻이다. 공직을 기화로 사리를 추구하거나 윗사람을 빙자하여 사욕을 채운다면 이는 잔학한 모리배의 행동이다. 창고의 출납을 공정명확하게 관리하고 95의 강명중정한 지도자의 뜻에 항상 부응하여 신임을 잃지 않아야만 허물이 없다.

9-5-5 ─────────────────────九五는 有孚라 攣如하야 富以其隣이로다.

『95는 믿음이 있어 매어 놓은 듯하여 넉넉함이 그 이웃으로 하도다.』

◑ 95는 강건중정한 자질로 최고의 지도자의 자리에 올랐으니 지공무사(至公無私)하게 경영할 뿐만 아니라, 재정의 출납을 담당한 64가 유순하게 정위하여 지시를 잘 받들어 공명정확하게 경리하고, 더욱이 92가 강중하여 직언을 다하므로 물질을 넉넉하게 축적하되

정의를 더욱 밝히고, 국가를 힘써 부강하게 하되 세계의 안녕에 더욱 노력하여 인류의 이상을 구현하려는 확고한 의지가 있다.

유부(有孚)는 물질 앞에서 정의를 생각하는 신념이요, 연여(攣如)는 일체로 단결하는 굳은 구조이며, 부(富)는 유리한 재물이며, 기린(其隣)은 이웃집이나 이웃 나라이다.

국민이 부유하면 국가가 어찌 빈약할 것이며, 사방의 나라가 기아에 허덕이면 어찌 한 나라만 안락할 수 있을 것인가? 그러므로 세율을 낮추어 국민의 재력을 축적하고, 관세를 없애 무역을 장려하는 것이다.

9-5-5 ————————————————— 象에 曰有孚攣如함은 不獨富也라.

『상전에 말하기를 믿음이 있어 매어 놓은 듯함은 홀로만 넉넉함이 아니라』

☯ 독부(獨富)는 재물을 독점함이다. 지도자는 국가의 경제정책을 세워 국민생활의 향상을 적극적으로 추진하는 데 있어서 그 이익을 공평균등하게 분배하여 같이 살고 함께 번영하는 사회를 이룩해야 한다. 이와 같은 지도자의 의식이 뚜렷이 밝혀질 때에 국가의 자본이 축적될 것이요 민생의 수준이 향상될 것인바, 만일 지도자가 부를 독점하려고 하면 부익부하고 빈익빈하여 생산이 계속되어도 가난한 사람은 도탄에서 헤어나올 길이 없을 것이다. 그러므로 반드시 국민과 더불어 부를 균평하게 공유하도록 해야 한다.

9-4-6 ————————— 上九는 旣雨旣處는 尙德하야 載니 婦가 貞이면 厲하리라.

『상9는 벌써 비가 내렸고 이미 그쳤음은 도덕을 숭상하여 실음이니 아내가 재산을 지키면 위태하리라.』

◐ 상9는 물질축적의 종극이니 모였다가 흩어지는 것이 자연의 섭리이다. 더욱이 재물은 오래 축적해 두면 변질하고, 독점하면 원한이 따르는 물건이므로 종극에는 사회에 환원해야 한다.

기우(既雨)는 구름이 양기와 조화하여 비가 되어 내리는 것처럼 이제 의리를 밝혀 축적된 재물을 분배하거나 증여하여 재생산에 기여함이요, 기처(既處)는 때가 바뀌고 형세가 다하여 이제는 재물의 축적을 정지함이다. 상덕(尚德)은 줄 때는 후하게 주고 받을 때는 적게 받으며 예법을 준수하고 문화를 숭상함이다. 재(載)는 재물(載物)이니 물욕을 극복하여 물질의 노예가 되지 않고 물질을 경영하는 주인이 됨이다. 부(婦)는 물욕을 이겨내지 못한 아낙네요, 정(貞)은 전재산을 온전히 간직함이며, 려(厲)는 물욕에 탐닉하여 물질의 노예가 되어 도덕을 저버리고 의리를 외면하는 위험이다.

군자는 때를 알고 형세를 깨달아 멈추어야 될 곳에서 멈추므로 저절로 만족할 줄을 알고, 분수에 편안하며, 도덕을 숭상하고, 윤리에 밝음으로 스스로 은덕을 베풀어 운명에 순응한 까닭에 절대로 물질의 노예로 전락하지 않는다. 그러나 황금의 위력을 맛본 소인은 유한한 물질을 무한히 추구하여 그칠 줄을 모르고, 축적된 물질을 이용하려고 하지 않고 사장시켜 버리면서 오직 사욕의 충족만 일삼아 방종사치하니 이에 위태로운 것이다.

9-4-6 ──────────────────── 月幾望이니 君子가 征하면 凶하리라.

『달이 거의 가득 찼으니 군자가 이익을 추구하면 흉하리라.』

◑ 월(月)은 음물이니 물질을 상징하고, 망(望)은 보름으로 기망(幾望)은 14일의 달이 거의 둥근 모습이요, 정(征)은 이익추구로서 세금징수이다.

물질만능의 사회가 되면 예의도 염치도 모두 사라지고 혼탁한 암흑시대가 온다. 이때에 청빈하게 지조를 지키던 군자가 세태속류에 뛰어들어 황금의 이익을 추구하면 경쟁의 혈투를 이겨내지 못할 뿐만 아니라, 말년의 지조를 더럽히고 파멸하게 되므로 그 흉함을 크게 경계하였다.

상9가 비록 강건하지만 부정·부중·불응·불비하므로 이와 같은 걱정이 있으니 학자는 평생의 지키는 바를 끝에 와서 버리지 말라. 공자는 일찍이 늙은이의 물욕에 대한 욕구를 크게 경계하였고, 정자(程子)는 아사(餓死)하는 것은 작은 일이요 실절(失節)하는 것은 큰 일이라고 하였다.

9-5-6 ──────────────────── 象에 曰旣雨旣處는 德이 積載也요,
君子가 征하면 凶함은 有所疑也니라.

『상전에 말하기를 벌써 비 내렸고 이미 멈추었음은 덕이 쌓여서 경영함이요, 군자가 이익을 추구하면 흉함은 의혹한 바가 있음이니라.』

◐ 물질의 경영주는 인간이다. 물질을 경영함에 인간정신이 없으면 정성이 엉기지 못하고, 정신을 발휘함에 물질이익이 따르지 않으면 실용성이 없다. 정성이 깃든 물질은 고귀하고, 실용이 있는 정신은 위대하다. 하늘땅의 도덕정신을 두텁게 응결하고 물질을 경영하여 인류를 구원함에 어찌 재화를 사장시킬 것이며, 어찌 이익을 독점할 것인가! 그러나 군자가 만년에 정신과 물질의 배합 위에 무궁한 정성과 무한한 실용이 있음을 깨닫고 물질의 이득만을 오로지 추구함은 의혹이 생긴 것이다.

군자는 도덕을 밝히고 신의를 지켜 위로 위대한 정치를 하도록 깨우치고 아래로 바른 교육을 하도록 가르치는 것이 본분이다. 이러한 책무는 물질의 이익을 다투는 난세에 더욱 중대한 사명이다. 이와 같이 소중한 책무를 저버리고 스스로 물질만능의 의혹에 떨어져 본분을 내던지고 속물로 전락하는 것은 비단 그 자신이 안타까울 뿐만 아니라 세상도 쓸쓸해진다.

10 리(履)괘

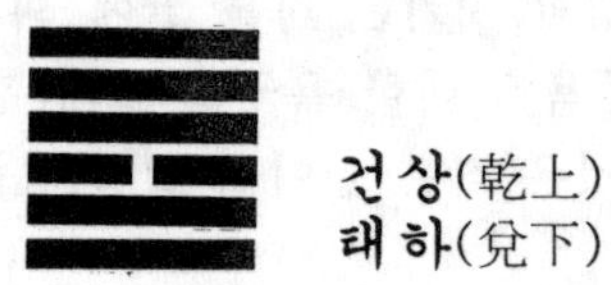

10-1-1 ──────────────────────── 履虎尾라도 不咥人이라 亨하니라.

『범의 꼬리를 밟을지라도 사람을 물지 아니하니 형통하니라.』

☯ 리(履)는 예절의 법도이다. 태(兌)는 3획괘의 이름이니 1음이 2양의 위에 있는 까닭으로 그 상이 택(澤)이요, 그 성질이 열(悅)이다. 리괘(履卦)는 건상태하(乾上兌下)이므로 그 성질이 안으로 화열(和悅)하고 밖으로 건전하므로 예절을 뜻하며, 그 형상이 하늘이 위에 있고 연못이 아래에 있어 만물이 각각 분수를 지키는 모습이다. 그러므로 소축(小畜) 다음에 놓였으니 사람은 의식이 풍족해야 예의를 알고, 물질이 풍부하게 갖추어진 다음에 문화사회를 세울 수 있는 까닭이다.

리괘의 전체구조는 매우 건실하고 1음이 5양을 따름에 유순하게 기뻐하는바, 소축괘(小畜卦)를 돌려놓은 것으로 소축을 주동하던 64가 리괘의 63으로 와서 기쁨을 주도하고 있다.

리(履)는 천이(踐履)요, 호(虎)는 종류가 다른 맹수이며, 미(尾)는 절박하고 가까운 거리이며, 절(咥)은 이빨로 무는 것이다. 하괘가 즐거이 상괘의 강건한 후미를 바싹 따라 올라가는 까닭에 호랑이 꼬리를 밟는다고 하였으며, 공경하고 사양하고 감사하는 예절을 잘 갖추었으므로 아무리 가까워져도 물어서 해치거나 싫증을 내지 않으니 형통하다고 하였다.

『단전에 말하기를 리괘는 유순함이 강건함을 밟아 따라감이라.』

◑ 유(柔)는 하괘의 유순화열함이요, 강(剛)은 상쾌의 건실관용함
이다. 리(履)는 교통왕래하는 행동이요, 예(禮)는 직접 교통이다. 아
래에 있는 사람이 위에 있는 사람을 공경하고, 위에 있는 사람이 아
래에 있는 사람에게 사양하는 관계에 있으므로 만남에 아름다운 조
화가 이루어진다.

10-2-2 ────────── 說而應乎乾이라 是以로 履虎尾라도 不咥人하여 亨하니라.

『기쁘게 하늘에 순응함이라 이래서 호랑이 꼬리를 밟아도 사람을
물지 아니하여 형통하니라.』

◑ 열(說)은 열(悅)이요, 즐거이 순응함은 하괘 태(兌)이며, 건은
상쾌의 건(乾)이다. 안으로 기뻐하고 밖으로 순응함은 존경하여 감
사함이다. 마음속으로 공경하여 직접 찾아가 배우고 따름은 예를 다
하여 만남이니 어찌 거절을 당하겠는가! 반드시 너그럽게 포용하여
거두어 가르쳐 줄 것이다. 지극한 정성으로 예의를 갖춘 일에 어찌
감동하지 않은 것이 있겠는가! 반드시 하늘도 감동하고 귀신도 감응
하거늘, 하물며 지각이 있는 금수어충(禽獸魚蟲)이 어찌 감화가 없
을 것인가!

10-2-3 ──────────────── 剛中正으로 履帝位하여 而不疚하니 光明也라.

『씩씩하며 때에 알맞고 자리에 바름으로 최고 지도자의 자리에 올
라 오래도록 병들지 아니하니 빛나고 밝으니라.』

　● 강중정(剛中正)은 95의 강명중정함이요, 제위(帝位)는 95의 지도자의 자리이다. 불구(不疚)는 안으로 기뻐하고 밖으로 건전한 덕성이니 자연스러운 감정이요 당연한 도리이므로 오래 되어도 병들지 않는 것이다. 광명은 95의 광명이다. 물리(物理)에 밝은 다음에 자기의 몸을 성실하게 할 수 있으므로 예절을 닦아 자기 몸을 건전하게 간직하는 것은 곧 밝은 지혜가 있기 때문이다.

10-3-1 ───────────────────象에 曰上天下澤이 履이니 君子는
　　　　　　　　　　　　　　　　　　以하여 辯上下하여 定民志하느니라.

　『상전에 말하기를 위는 하늘이요 아래는 연못이 리괘이니 군자는 본받아 위아래를 분별하여 백성의 뜻을 안정하느니라.』

　● 하늘이 위에 있고 연못이 아래에 있음은 천리(天理)의 자연질서이다. 리(履)는 예이니 예는 조리이다. 천지자연의 질서가 곧 인사당위(人事當爲)의 질서이므로 본말·상하·내외·전후·좌우의 현상질서가 곧 아버지와 아들, 지도자와 일꾼, 사내와 아내, 어른과 어린이, 벗과 동지의 사회윤리가 되는 것이다.

　사람이 먹고사는 데 넉넉하면서도 예의를 모르면 짐승과 다를 것이 없으므로 군자는 사리를 분별하여 예법제도와 음악곡조를 제정함으로써 각각 분수에 편안하고 도리에 충실하도록 하였다. 그러므로 만민이 편안히 뜻을 고정하여 자기의 직분에 전념할 수가 있는 것이다.

　무릇 하늘은 높고 땅은 넓으니 온갖 것이 모두 서로 달라서 똑같은 것이 없으므로 예법을 제정하여 자유롭게 독자적으로 살아가는 삶의 체계를 세운 것이요, 만물은 흐르고 흘러 마침내 모두 한데로 돌아가므로 음악을 창작하여 평등하게 전체로 돌아가는 삶의 보람을 얻어 각각 신바람이 나도록 한 것이다.

『초9는 소박한 예로 찾아가도 허물이 없으리라.』

◉ 초9는 예의 시초로 처음 만남이다. 소리(素履)는 소박한 예로서 아무런 꾸밈이 없이 질박한 인사(人事)이다. 왕(往)은 먼저 찾아가 교제함이다.

초9는 강건한 실체로 정위하였으니 자기의 분수를 분명하게 아는 사람이다. 민중 가운데 빈천하게 살아가는 몸으로 아직 예를 두루 갖추고서 교제할 능력이 모자란다. 그러나 인사를 하지 않을 수 없어서 소박한 예로써 인사를 닦고 사귐에 허물이 없는 것이다. 만일 예물이 보잘것없다고 인사를 하지 않으면 사람의 도리를 저버리게 되니 무례가 될 것이요, 분수를 넘어 후례(厚禮)로 찾아가서 사귀면 이것은 오히려 실상을 과장한 허례가 될 것이므로 모두 허물이 있는 것이다. 그러므로 초면교제의 질박함은 빈천한 사람들이 만나보는 상도이다.

『상전에 말하기를 소박한 예로 찾아감은 오로지 소원을 행함이라.』

◉ 사람이 만나 사귐에 아래에 있는 사람이 먼저 찾아가야 하는 의리가 있다. 학문과 도덕이 낮은 사람이 더 높은 사람을 먼저 찾아가야 하며, 부귀와 연령이 낮은 사람이 더 높은 사람을 먼저 찾아가야 한다. 따라서 빈천우소(貧賤愚少)한 사람이 부귀현로(富貴賢老)한 이를 찾아감에 어찌 예를 모두 갖출 힘이 있겠는가? 다만 사람은 서로 모여서 사는 것이 인도(人道)이므로 인간의 도리를 다하려는 성의로 찾아갈 따름이다.

독(獨)은 유독(唯獨)이니 오로지요, 행(行)은 실천이며, 원(願)은 정성스러운 소원이다. 오직 사람답게 살려는 깊은 뜻을 실천함이거늘, 어찌 형식에 얽매여 정성을 외면할 것인가! 예의 형식은 물질과 절차이고, 예의 내용은 정성과 축원이다. 그 형식이 빈약하다고 하여 그 내용까지 저버릴 수는 없는 것이다.

10-4-2 ─────── 九二는 履道가 坦坦하니 幽人이라야 貞하고 吉하니라.

『92는 예절의 도리가 넓고 탄탄하니 그윽히 겸손한 사람이라야 바르게 지키고 길하리라.』

◉ 92는 강중하여 스스로 성실하고 사리에 밝으므로 예절을 갖추어 만남을 아름답게 할 수 있는 능력이 있다. 리도(履道)는 예법의 절도요, 탄탄(坦坦)은 안전평이함이며, 유인(幽人)은 겸퇴(謙退)하여 은거함이다.

예(禮)는 어진 사람으로부터 밝혀지나니 92는 예절에 익숙하여 자연스럽게 절도에 맞아 정성과 물질이 저절로 일치하고 정신과 절차가 스스로 부합하여 쉽고 간결하게 예식를 거행할 수 있다. 그러나 95와 불응하여 찾아가서 교제할 의리가 없고, 초9와도 불비할 뿐만 아니라 아래로 먼저 찾아가서 교우할 의리도 없으니 겸퇴은거(謙退隱居)하여 그윽히 살아서 자기의 분수를 바르게 지켜야 하고, 만일 알고 찾아와 예교(禮交)를 요청한 사람에게 기쁘게 응하면 길할 것이다.

10-5-2 ───────────── 象에 曰幽人이라야 貞하고 吉함은 中不自亂也라.

『상전에 말하기를 그윽한 사람이라야 바르게 지키고 길함은 가운데가 스스로 어지럽지 아니함이라.』

◉ 중(中)은 92가 득중(得中)함이요, 자란(自亂)은 자체 혼란이다.

예절은 안정하는 원리이므로 때에 알맞게 예절을 지키는 사람은 스스로 편안하다. 92는 안으로 화락하고 밖으로 건전하여 95와 사귐에 조급하지 않고, 초9와 63의 교우에 난잡함을 용인하지 않으니 스스로 예법에 편안한 사람이다. 이것은 그 중심이 확고하게 안정되어 있는 까닭이니 오직 때를 따라 예절을 갖추어 도를 지킬 따름이다.

10-4-3 ──────────────── 六三은 眇能視며 跛能履리오 履虎尾하야
咥人이니 凶하고 武人이 爲于大君이로다.

『63은 애꾸눈이 잘 볼 것이며, 절룩발이 잘 걸으리오. 범의 꼬리를 밟았다가 사람을 물었으니 흉하고 군인이 나라의 지도자가 됨이로라.』

☯ 63은 허약한 실존으로 부정하여 자기의 주제도 모르고, 부중하여 때도 알지 못하면서 상6과 응하고 92 및 94와 친비하여 교제를 일삼는 사람으로 무례의 극치이다. 묘(眇)는 애꾸눈이니 사물의 인식기관이 불비함이요, 파(跛)는 절름발이니 자신의 운전능력이 부족함이며, 무인은 생사를 돌보지 않고 용왕매진(勇往邁進)하는 군인이며, 대군(大君)은 왕도정치의 재덕(才德)을 겸비한 왕이 아니라 패도정치의 힘으로 통치하는 군주이다. 소인이 허식으로 과장하고 아첨으로 교류하여 허례로 만나고 무례로 사귀니 어찌 오래 교제하는 관계를 맺겠는가? 반드시 분수를 모르고 방자할 것이요, 사람을 몰라보고 능멸할 것이므로 가까워질수록 방자하고 오래 될수록 능멸 당하면 어찌 용서를 받겠는가! 그 흉폭함을 징계하는 데 이를 것이다.

무인이 질서와 절차를 가볍게 여기고 목표의 달성만을 중대하게 여기는 습관으로 예의도 염치도 없이 정변을 일으켜 정권을 탈취한다면 천인공분(天人公憤)하여 성토할 것이다. 그리하여 호랑이 꼬리를 밟은 것처럼 붙잡고 있자니 힘이 모자라고 놓아 주자니 자기가 물리는 어려운 처지에 떨어지게 되는 것이다.

10-5-3 ——————— 象에 曰眇能視는 不足以有明也요 跛能履는 不足以與行也요

『상전에 말하기를 애꾸눈이 잘 보는 척하는 것은 족히 밝음이 있지 못하고, 절룩발이가 잘 걷는 척하는 것은 족히 더불어 함께 가지 못함이요』

☯ 6은 유약한 실존이요, 3은 강건한 자리이니 허약한 재질로 강건한 의욕을 가지고 있는바 과대망상이다. 선비는 선비의 예가 있고, 군자는 군자의 예가 있으며, 지도자는 지도자의 예가 있어서 각각 빈부귀천의 형편에 따라 알맞게 거행해야 함에도 불구하고 63은 무리하게 억지로 과분한 예를 거행하려고 하니 마침내 감당하지 못하는 것이다. 잘 보지도 못하면서 잘 아는 사람과 더불으려 하고, 잘 걷지고 못하면서 멀리 가는 사람과 함께 가려고 하니 어찌 오래도록 함께 더불어 갈 수 있겠는가!

10-5-3′ ——————— 咥人之凶은 位不當也요 武人이 爲于大君은 志剛也라.

『사람을 물어서 흉함은 자리를 감당하지 못함이요, 군인이 나라의 지도자가 됨은 뜻이 굳음이라.』

☯ 예법의 본의는 공경하는 마음이요, 그 본질은 사양하는 행실이다. 교만하고 무례하여 자기의 능력을 돌아보지 않고 한갓 높은 자리만 탐내어 다투고, 후안무치하게 천명을 거역하고 공론을 어기면서 나라의 대권을 빼앗아 거머쥐니, 이는 사람을 해치게 되는 까닭으로 흉하지 않을 수 없다. 자리를 감당하지 못함은 무식한 까닭이요, 뜻이 굳음은 부정위하여 강력한 직권을 남용함이다.

10-4-4 ——————————————— 九四는 履虎尾니 愬愬하면 終吉하리다.

『94는 호랑이 꼬리를 밟았으니 두려워하고 사과하면 마침내 길하리라』

◑ 94는 강건한 실체로 유순한 자리에 있어서 부정·부중·불응하고 아래로 63과 친비하니 예법을 갖출 수 있는 능력이 있으면서도 편리하고 간소함을 주장하여 예를 생략하는 사람이다.

편리함만 찾으면 아랫사람에게 실례하게 되고, 간소함만 내세우면 윗사람에게 결례하게 되는 것이다. 능력이 있으면서도 예를 행하지 않는 것은 사람을 모독함으로 범의 꼬리를 밟았다고 하여 그 위태함을 밝혔고, 실례나 결례는 무례보다는 나은 까닭에 송구함을 사과하고 다시는 그와 같은 실례나 결례를 범하지 않는다면 마침내 길하다. 과실을 스스로 인정하지 않는 것은 정말 큰 죄악이요, 과실을 자인하여 두려워하고 사과하며 되풀이하지 않는 것이 바른 예절이다. 이호미(履虎尾)는 95에게 범접함이요, 삭삭(愬愬)은 송구하여 사과함이며, 종길(終吉)은 개과천선하여 예법을 실천함이다.

10-5-4 ──────────────────── 象에 曰愬愬이면 終吉은 志行也라.

『상전에 말하기를 두려워하고 사과하면 마침내 길함은 뜻으로 행동함이라.』

◑ 9는 양강(陽剛)의 실체이니 정직하고, 4는 유순한 자리이니 온화하다. 예법이 사람을 엄격하게 분별하므로 이에 예법을 생략하여 친밀감을 느끼게 하고 조화를 얻으려는 뜻으로 행동하였던 것이니 그 저의가 불순하지 않을 뿐만 아니라 정직하게 사과하고 다시는 소홀하게 범접하지 않으므로 마침내 길한 것이다.

63은 예를 거행할 능력이 없으면서도 지나치게 예를 지키려 하고, 94는 예를 거행할 능력이 있으면서도 간략하게 세속과 유행을 따르니 과분함과 부족함이 모두 예가 아니다. 군자는 속에 간직하고 있는 정성과 겉으로 나타내는 절도를 일치하도록 하니, 이에 지나치거나 모자람이 없게 중용을 지킨다. 그러므로 공경에 등급이 있고, 사양에 횟수가 있는 까닭에 지나치게 공경함도 예가 아니고, 청하여 권하지 않는 것도 예가 아니다.

 ─────────────────────── 九五는 夬履니 貞이라도 厲하리다.

『95는 자신있게 결단하여 밟으니 바르게 지킬지라도 위태하리라.』

◐ 쾌(夬)는 자신있게 결단함이다. 95는 강건한 실체로 중정한 자리에 있어 엄격하고 분명하게 예법을 실천하는 사람이다. 그러나 나라의 최고 지도자로서 엄격하고 분명한 예절을 실천함은 너그럽게 만민을 포용하는 지도자의 도량을 협소하게 하므로 이것은 지도자의 도량이 아니다. 대저 지도자는 겸허하게 포용하고 공손하게 화합하는 것이 그 본분이니 자기의 주장을 버리고 공론을 따르며 천리를 받드는 것이 도리이다. 만일 나라의 지도자가 영도자의 대의를 저버리고 부질없이 접견의 사소한 예법에 얽매인다면 이것은 그 자리를 바르게 지킨다고 해도 위태로움을 면할 수 없는 것이다. 그러므로 지도자의 인격에 대한 자신감은 우월감을 가지게 하고 교만심을 일으키니 높은 자리에서 더 높이면 반드시 굴러 떨어지고 만다.

 ─────────────── 象에 曰夬履니 貞이라도 厲함은 位正當也일새라.

『상전에 말하기를 자신있게 결단하는 예절이니 바르게 지킬지라도 위태함은 자리가 정당함으로써이라.』

◑ 위정당(位正當)은 강건한 실체로 강력한 직위에 있으므로 너무 엄격하여 감히 접근할 수 없는 상이다.
　지도자는 중화(中和)의 원리를 체득하여 중용의 덕을 이루어야 한다. 정성은 무한하므로 예법정신은 무궁하고, 물질은 유한하므로 예식절차는 끝이 있는 것이다. 어찌 부질없이 예식의 절차에 자신이 있다고 하여 무한한 예법정신에 자만할 수 있겠는가! 지도자의 무한한 정성은 천지만물을 모두 감동시키는 데까지 이르러야 지극한 것이다. 그 한번 움직이고 한번 말함에 반드시 삼가고 신중히 하여 조금이라도 자기 혼자 독단하지 말고 책임자에게 물어서 해야 한다. 그러므로 왕도정치의 체제에서 천자의 예는 공손하고 안정함이 기본이요, 제후의 예는 근신하고 화순함이 기초이다.

10-4-6 ──────────────── 上九는 視履하여 考祥하되 其旋이면 元吉하리라.

『상9는 예절을 보아 상서로움을 고찰하되 그것을 잘 주선하면 시작이 크게 길하리라.』

☯ 상9는 예식을 마치는 종례(終禮)의 시기이다. 관(冠)·혼(婚)·상(喪)·제(祭)·상견(相見)·향음주(鄕飮酒) 등의 제반 예식을 거행함에 절차가 끝날 때쯤 되어서는 지금까지의 진행상황을 살펴서 잃어버리고 빠진 것은 없는지, 잘못한 것은 없는지 침착하게 헤아려 보고, 정성을 다하여 복을 받겠는가, 아니면 소홀경망하게 하여 일이 벌어지겠는가를 고찰해야 된다. 만일 빠지고 잘못된 것이 있으면 이제라도 늦지 않으니 두루 주선하여 온전하게 바로잡아서 갖추면 크게 길할 것이다.

　상9는 부정·부중하나 강건한 실체로 이미 예법을 실행하여 거의 끝내는 시점에까지 이르렀으니 그 철저한 예법정신이 가상하고, 63과 응(應)이 되어 경건한 예식장을 질펀한 유흥장으로 유도하려는 것을 뿌리치고 착실하게 예식을 끝내려고 하니 그 엄숙한 예식절차가 장엄하다. 이에 사람의 정신에 일월성신이 따라 감응하므로 상서로운 복을 미리 점칠 수 있는 것이다. 시(視)는 감시요, 고(考)는 고증이며, 선(旋)은 주선이다.

象에 曰元吉在上이 大有慶也라.

『상전에 말하기를 시작이 크게 길하므로 위에 있음이 크게 경사가 있느니라.』

◑ 원길(元吉)은 예절을 엄숙하게 거행하여 진실하게 종료한 보답이요, 재상(在上)은 상6이 최상의 자리에 있음이다. 상6은 끝까지 성실하였으니 다음에 나올 새싹이 반드시 튼튼할 것이요, 위에 있는 사람이 건전하게 감시하니 아래에 있는 사람이 착하여 머지 않아 큰 경사가 반드시 있다. 예법은 때가 바뀌었거나, 자리를 옮겼거나, 사람이 달라졌을 때에 거행하는 것이다. 그것은 만남의 시작을 아름답게 함이요, 변화의 절도를 밝히는 것이니 곧 일의 시작이다. 그러므로 예식을 거행함은 일의 시작이다. 시작을 아름답고 착하게 하면 반드시 복이 있을 것이나 반대로 시작을 그릇치면 끝이 좋을 수가 없을 것이다.

11 태(泰)괘

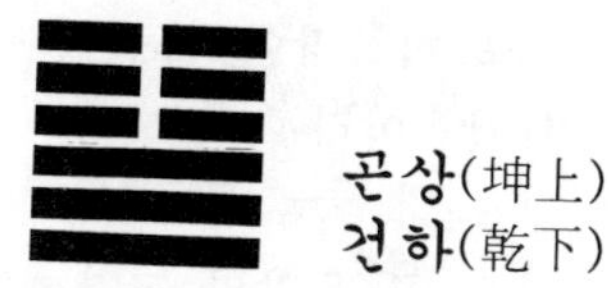

곤상(坤上)
건하(乾下)

 ——————————— 泰는 小가 往하고 大가 來하니 吉하여 亨하리라.

『사귀어 통함은 작은 것이 가고 큰 것이 오니 길하여 형통하니라.』

☯ 태(泰)는 교통왕래하는 통태(通泰)의 길이다. 예절을 갖추어 만나면 서로 안전하게 교통하여 왕래하므로 리괘(履卦)의 다음에 놓였다. 태괘(泰卦)는 그 실체가 건(乾)이 아래에서 강건하고 곤(坤)이 위에서 유순하여 음양이 균등하게 배합하였다. 그 본질은 양기가 상승하고 음기가 하강하여 교통왕래하는 조화의 상이다. 그러므로 그 전체의 구조가 3양이 아래에서 건실하게 성장하고 3음이 위에서 저절로 유순하게 물러가는 향상발전의 형세이다. 이는 정월의 괘이니 동지에 1양이 부활하여 12월을 지나 신춘을 맞이하는 시절에 해당한다.

소(小)는 음이요, 왕(往)은 안에서 밖으로 나감이며, 대(大)는 양이요, 래(來)는 밖에서 안으로 들어옴이니 곤(坤)이 외괘로 나가 있고, 건(乾)이 내괘로 들어와 있는 형상이다. 길함은 직접 만나 서로 사귀어 통함이요, 형(亨)은 양의 선덕이 자라나고 음의 악습이 사라짐이다. 태괘(泰卦)와 비괘(否卦)는 흥망성쇠하는 역사의 발전법칙을 보이고 있으므로 학자는 깊이 연구하라.

11-2-1 ───────── 象에 曰泰는 小가 往하고 大가 來하니 吉하여 亨함은
則是天地가 交而萬物이 通也며 上下가 交而其志가 同也라.

『단전에 말하기를 사귀어 통함은 작은 것이 가고 큰 것이 오니 길
하여 형통한다고 함은 곧 바로 하늘땅이 사귀어 만물이 서로 통하
고, 위아래가 사귀어 그 뜻이 같음이라.』

◉ 대소(大小)가 왕래교통함은 곧 음양의 교역하는 원리이다. 음과
양이 관계하는 원리는 세 가지 있는바, 불역(不易)과 교역(交易)과
변역(變易)이다. 불역은 양은 양의 성질이 있고 음은 음의 성질이
있어서 음양이 상극하여 그 형질이 일정하고 바뀌지 않아 유유상종
하는 원리이고, 교역은 음과 양이 서로 상대하는 배합의 관계를 이
룩하여 양은 음을 앞에서 거느리고 음은 양을 뒤에서 따라가는 조화
의 원리이며, 변역은 양이 극성하면 음이 생기고 음이 극성하면 양
이 생겨 양은 음을 낳고 음은 양을 낳는 상생의 변화원리이다. 우주
의 만물은 하나의 유기체로서 음양의 조화 속에 있는데 사물이 발생
하여 오래되면 궁박해지고, 궁박하면 변화하며, 변화하면 통태(通
泰)하고, 통태하면 오래간다. 이것이 음양의 발전법칙으로서 그 가운
데 불역·교역·변역의 현상이 있는 것이다.
　태괘(泰卦)는 아래의 3양이 불역하고 위의 3음이 교역하여 그 전
체의 구조가 양이 자라나고 음이 소멸하는 변역의 상이다. 천기(天
氣)가 아래에서 위로 힘차게 올라가고, 지기(地氣)가 위에서 부드럽
게 아래로 내려와서 서로 교역하여 음양이 배합조화하므로 만물이
통태하고, 상의(上意)가 하달(下達)하고 하의가 상달하여 교통왕래
해야 정분이 생기고 의지가 같을 수 있나니, 천지자연의 사물이나
인간사회의 사업이 모두 교통왕래하는 데에서 조화가 이루어지고
성장할 수가 있는 것이다.

11-2-2 ───────── 內陽而外陰하며 內健而外順하며 內君子而外小人하니
君子道는 長하고 小人道는 消也라.

『양이 안으로 오고 음이 밖으로 가며, 속은 건실하고 밖은 공순하며, 군자를 안으로 하고 소인을 밖으로 하니 군자의 도가 자라나고 소인의 도가 사라짐이라.』

◑ 양이 와서 내괘에 머물고 음이 가서 외괘에 머무니 양이 올라가고 음이 물러가는 상이다. 그 덕으로 보면 내괘의 건은 강건하고 외괘의 곤은 유순하니 안으로 강건하고 밖으로 유순한 군자의 덕이다. 군자가 안에 있어 지도자가 되고 소인이 밖에 있어 일꾼이 되니 이에 군자의 공명정대한 양심세력이 자라나고 소인의 사욕사곡(私欲邪曲)한 부정부패가 사라져서 태평한 세상이 돌아오는 것이다. 이것은 음양이 교역하여 만물이 자라고 군자와 소인이 교통하여 인간의 도덕이 발전함을 밝힌 것이다.

11-3-1 ──────── 象에 曰天地交가 泰니 后는 以하여 財成天地之道하며
輔相天地之宜하야 以左右民하느니라.

『하늘과 땅이 서로 사귐이 태괘이니, 나라의 지도자는 본받아 하늘땅의 진리를 재단하여 이룩하며, 하늘땅의 일을 북돋아 이루어서 인민을 지도하느니라.』

◑ 재성(財成)은 재단하여 제정함이요, 보상(輔相)은 보조이며, 의(宜)는 사업이다. 하늘땅이 서로 사귀어 음양이 조화함으로써 만물이 생성하는 까닭에 나라의 지도자는 천지의 자연법칙을 체득활용하며 천지의 현상조화를 보조이용하여 국민을 태평하게 한다.

서전(書傳)의 홍범(洪範)에 첫째가 5행〔一曰五行〕이라고 하였다. 지도자가 나라를 경영하고 국민을 지도함에 천지의 진리와 자연의 물리에 철저해야 됨을 제일 중대하게 여긴 뜻이다. 천시(天時)를 이용하고 지리(地利)를 활용하여 삼라만상의 변화생육하는 현상발전을 도우면 풍부한 이익을 얻을 수 있으므로 부지런히 자연과학을 연구하여 자연의 힘을 이용하는 법을 밝혀 국민을 지도해야 한다.

11-4-1 ──────────────── 初九는 拔茅茹라 以其彙로 征이니 吉하리라.

『초9는 띠뿌리를 뽑음이라 그 무리로 떼를 지어 치니 길하니라.』

☯ 초9는 정위하여 교제의 시초에 독자적으로 가서 사귀지 못하고 집단교제에만 참여한다. 모(茅)는 띠니 풀 이름이며, 여(茹)는 뿌리이다. 띠의 뿌리는 한데 엉겨 있어 연합을 상징한다. 휘(彙)는 무리요, 정(征)은 출병하여 성토함이니 무리로 출진함은 집단출동을 상징한다.

해 보았자 별 수 없는 비색(否塞)한 때에는 은둔하고, 할 수 있어도 나설 필요가 없을 때에는 잠복하며, 하면 되고 나서기를 요구할 때에는 협력하는 것이 초효의 도리이다. 통태(通泰)한 운을 만나 군자가 진출하고 소인이 소멸하는 때에는 초9도 92 및 93과 연합하여 협력하고 집단적으로 위로 올라감이 길하다.

11-5-1 ──────────────── 象에 曰拔茅라 征이니 吉함은 志在外也라.

『상전에 말하기를 띠를 뽑음이라 나아가 치니 길함은 뜻이 밖에 있음이라.』

☯ 서민이 천운이 회태(回泰)하는 때를 만나 어찌 초야에서 떨치고 일어나지 않겠는가! 학생이 은거하여 글을 읽음은 그 뜻이 장차 성현이 되어 인민을 구제함에 있으니, 하늘이 준 기회를 붙잡아 어진 사람을 따라 나서고, 동지를 모아 세상에 나아가서 더불어 착한 일을 하고 함께 도의를 밝히며, 책임자의 자리에 오르는 것이 사람의 이상이다. 초9는 아직 비천하므로 책임이 무겁지 않고, 63과 정응하였으니 직접 나서서 단독대결을 할 수 없으며, 태안(泰安)의 초기라 급속하게 진출할 수 없는 구조이다. 그러므로 동지와 연합하여 차례를 따라 점점 위로 나아가는 방법을 택한 것이다.

『92는 거칠고 무성한 것을 포용하고 용감하게 황하를 건너가며 먼 곳에 있는 것을 버리지 아니하고 벗끼리만 함이 없으면 중용의 도를 행함에 거의 하리라.』

◐ 92는 강중하여 65와 응하니 지인용(知仁勇)을 모두 갖추었다. 그래서 현상을 능히 조절하여 천운의 회태(回泰)를 주도할 수 있는 역량이 있다.

포황(包荒)은 황폐하고 거친 지역으로 상류층의 부정과 부조리를 모두 포용함이요, 빙하(馮河)는 황하를 걸어서 건너감이니 호랑이를 맨손으로 잡으려는 것처럼 현실을 광정(匡正)하고 이상을 세우려는 용맹이다. 불하유(不遐遺)는 모두 융회관통(融會貫通)하여 일체로 사랑함이니 소원한 것을 버려 두지 않는 것이고, 붕(朋)은 파당을 지음이니 붕망(朋亡)은 불편부당하여 탕탕평평(蕩蕩平平)함이며, 상(尙)은 서기(庶幾)니 거의 함이요, 중행(中行)은 중도를 실행하여 자기의 실체와 전체의 구조를 모두 온전히 함이다.

92는 65와 응(應)이 되었으므로 그를 포용하여 강력히 운수를 돌이키는 일을 주도해야 된다. 64나 상6의 소원한 세력을 버려두지 말고 깨우쳐 바로 이끌며 또한 초9와 93의 이웃들과 작당하여 3음과 적대하지 않으면 상하·내외·전후·좌우가 모두 균제방정(均齊方正)함으로써 통태(通泰)하게 되는 것이다. 이것은 중화(中和)의 덕으로 중용의 도를 거의 실행한 것이다.

『상전에 말하기를 거칠고 무성한 것을 포용하여 중용의 도를 행함에 거의 함은 빛나고 큼이라.』

◉ 광(光)은 광명한 지혜요, 대(大)는 광대한 도량이다. 92는 강중하여 전체를 포용하고, 하의를 상달하고 상의를 하달하며, 각각의 의사를 모두 통하게 하여 통일된 공론을 밝힌다. 또한 현실의 부조리한 구조를 개혁하여 음지와 양지를 배합교체하게 하고, 개혁을 주도하되 앞에 나서지 않고 뒤에서 공론으로 조절하며, 뜻을 이룩하되 천운을 따라 순리로써 역사발전의 법칙을 준수하니 이에 빛나고 큰 공덕이다.

11-4-3 ──────── 九三은 无平不陂며 无往不復이니 艱貞이면 无咎하고
勿恤其孚면 于食에 有福하리라.

『93은 평평하여 기울지 아니함이 없으며, 가서 돌아오지 아니함이 없으니 어려움 속에서 바르게 지키면 허물이 없고, 그 믿음을 걱정하지 아니하면 먹고 삶에 복이 있으리라.』

◉ 93은 강건한 실체로 강력한 자리에 있어 정위하였으나 과강부중(過剛不中)하여 때가 지나갔는데도 지나치게 평안함을 마음껏 누리려는 사람이다. 그러나 평안한 자리는 반드시 위험이 따르고, 안락한 시절이 지나가면 반드시 비통한 때가 돌아온다. 그러므로 3양의 위에 있어 안전한 것만 생각지 말고 사명의 중대성을 인식하여야 되며, 3음이 위에 있어 통하지 않는 것이 없는 것만을 자랑하지 말고 직분에 충실할 것을 깨달아야 한다. 아래로 3양의 건전한 발전을 도모하는 일과 위로 3음의 안녕을 보살피는 일이 서로 모순충돌하여 처신하기가 쉽지 않으니 이에 어려움 속에서 92를 도와 스스로의 분수를 바르게 지키면 허물이 없고, 92가 유능하게 통태(通泰)함을 주도하는 것을 확고하게 믿어 의혹하지 않으면 마침내 평안함을 누리는 날 복이 있게 된다.

11-5-3 ────────────────────── 象에 曰无往不復은 天地際也라.

『상전에 말하기를 가서 돌아오지 아니함이 없음은 하늘 땅이 서로
만남이라.』

● 음양의 취산(聚散)하는 작용은 굴신왕래(屈伸往來)의 반복하는
현상을 일으켜 적게는 밤과 낮이 되풀이 하고 사시사철이 순환하며,
크게는 세운이 비(否)와 태(泰)로 회전하며 역사가 흥망성쇠를 반복
하여 나선형으로 발전한다.
　천기(天氣)가 하강하면 반드시 상승하고, 지기(地氣)도 상승하면
반드시 하강하므로 한번 교제하면 한번 이산하는 것이다. 만나면 헤
어질 것을 알고, 헤어지면 또 만날 것을 깨달아야 무상한 현상 가운
데서 변함없는 도리를 지킬 수 있을 것이다. 그러므로 주역을 읽은
사람은 평안한 데서 위험을 생각하고 미리 방비하며, 험난한 곳에서
안녕을 생각하고 미리 준비하는 것이다.

11-4-4 ───────────────────── 六四는 翩翩히 不富以其鄰하여 不戒以孚로다.

『64는 뻔질나게 넉넉하지도 못하면서 그 이웃으로 하여 경계함도
없이 믿음이로다.』

● 64는 허약한 실존으로 유순한 자리에 있어 그 재질이 경박하고
그 뜻이 유약하여 주관이 없는데다가 부중하여 때를 알지 못하는 사
람으로 초9와 정응하고 93과 친비하여 아무 실속도 없이 교통왕래
만 자주하면서 그 이웃들에게 태평안락함을 자랑하는 상이다.
　편편(翩翩)은 새가 빨리 나는 모양이니 뻔질나게 찾아다니는 모
습을 상징함이요, 불부(不富)는 실익이 없음이니 모두 음질의 허망
함이다. 기린(其鄰)은 65와 상6이요, 불계(不戒)는 자기의 정위만을
의식하고 부중(不中)임을 판단하지 못함이며, 부(孚)는 자기 마음의
순박성만을 확신함이니 상대방의 처지와 위신을 고려하지 않는 것
이다. 64는 통태한 운을 만나 외면의 잦은 사교적 접촉으로 마음과
마음이 서로 통한 것으로 착각하고 부지런히 사교하여 태평안락을

누리려는 것이나 오히려 그 허식과 경망함으로 인해 실속을 얻지 못
한다.

『상전에 말하기를 뻔질나면서 넉넉하지도 못함은 모두 알맹이를
잃음이요, 경계함이 없이 믿음은 속마음의 바람이라.』

◐ 하늘땅이 만나매 만물이 살고, 위와 아래가 만남에 그 뜻이 합
쳐져야 하거늘, 뻔질나게 자주 드나들면서도 마음을 터놓고 흡족하
게 진실한 대화를 하지 못하니 예를 갖추어 참으로 만남이 아니요,
경계도 하지 않고 믿음은 맹목적인 믿음이니 허약한 사람의 자기소
원일 따름이다. 64는 65를 보필함에 상의를 하달하고 하의를 상달케
해야 하는 요로에 있지만 한갓 허언만을 농하고, 초야의 현인을 후
임으로 추천하고 물러가야 함에도 오히려 눌러앉아 어진 이의 진출
을 막고 있으면서 부질없이 자기 속셈만 채우고 있는 것이다.

『65는 제을이 누이를 시집보냄이니 복되며 크게 길하리라.』

◐ 65는 태괘(泰卦)의 주(主)로서 전체의 구조를 통태하게 주재하
는 지도자의 자리에 있다. 제을(帝乙)은 은나라의 임금이요, 귀(歸)
는 여자를 시집보냄이며, 매(妹)는 공주이다. 공주를 시집 보냄에는
어진 사나이를 골라야 하고, 혼인을 함에는 예를 갖추어야 하며, 부
부는 아내가 남편의 뜻을 존중해야 한다. 이것은 65가 사람과 만나
사귐에 어진이를 골라야 함과 동시에 훌륭한 사람이 있으면 찾아가
서 예를 갖추어 사귀어야 함과 또한 사귀되 반드시 어진 사람의 가
르침을 받들어 시행하면 복을 받고 크게 길한 것을 비유하여 밝힌

240 상경

것이다. 그러므로 65는 64나 상6의 소인배를 물리치고 아래로 92와
밀접하게 예로 사귀어 마치 혼인한 부부처럼 오로지 신임하고 따라
야만 한다.

 ──────────────── 象에 曰以祉며 元吉함은 中以行願也라.

『상전에 말하기를 복되며 크게 길함은 중용의 도로 소원을 실행함
이라.』

◑ 중(中)은 65가 득중하여 중용의 도를 실천함이요, 원(願)은 92
와 통태하고자 하는 염원이다. 지도자가 나라의 안정을 위해 어진
이와 교통함에 중화(中和)의 덕이 없으면 아첨배와 친할 것이며, 중
용의 도가 아니면 편벽될 것이다. 비록 어진이와 사귄다고 해도 뒤
로 아첨배와 더불어 친하고 편벽되게 행동한다면 복을 받지 못할 것
이요, 크게 길할 수도 없을 것이니 이에 어진이와도 더 이상 사귀지
못할 것이다.
　지도자는 어진 사람과 사귐에 오직 정성과 공경으로 받들고 진실
하게 따라야 한다. 이것은 마치 왕실의 공주라고 해도 민가로 시집
을 왔으면 남편을 오로지 공경하고 따를 때에만 행복할 수 있는 것
과 마찬가지이다.

 ──────────────── 上六은 城復于隍이라 勿用師요
自邑告命이니 貞이라도 吝하리라.

『상6은 성벽이 마른 도랑으로 무너져 내리는 지라 군대로 싸우지
말고 읍으로부터 임명장을 받아 바르게 지켜도 안타까우리라.』

◑ 상6은 통태의 종극이다. 곧 운명이 비색(否塞)하게 되고 민심이
흩어져 다시 합할 수 없게 된다.

오랜 태평으로 성을 수리하지 않아 성벽이 무너지고, 성 아래 연 못에도 물이 말라 무너진 흙으로 메워져 아무런 대비가 없이 역경을 만나는 상이다. 이러한 상황에서 액운을 물리치고 이탈자를 정토하 려고 군대를 출동해도 그 군대까지 도망가 버릴 것인즉, 군대를 출 동하여 정면으로 전력투쟁하는 것은 스스로의 비운을 재촉할 뿐이 다. 이와 같이 위태로운 때가 되면 나라의 지도자는 초야에 있는 어 진 이에게 중책을 맡기는 임명장을 내려 관청을 통해 화급하게 부를 것이다. 그러나 이때에 어진 이가 관직에 나아가 바르게 지킨다고 해도 이미 기울어진 국가운명을 돌이키지 못하고 함께 순직할 것이 니 안타까운 일이다. 황(隍)은 성 아래 못에 물이 없는 것을 말하고, 사(師)는 군대이며, 읍(邑)은 어진 이가 사는 고을이다.

11-5-6 ──────────────────────────── 象에 曰城復于隍은 其命이 亂也라.

『상전에 말하기를 성벽이 무너져 마른 도랑을 메움은 그 명령이 어지러움이라.』

◑ 기명(其命)은 지도자의 명령이요, 난(亂)은 혼란이다. 상6이 허 약한 재질로 주견이 없고, 유순한 지조로 소신도 없이 안일에 병들 고, 의혹에 사로잡혀 때를 허송하고 민심을 잃은 것이다. 밖으로 비 색(否塞)한 운명이 달려오고 안으로 민심이 사방으로 이산하니 안타 까우나 어찌할 수 없는 것이다.

12 비(否)괘

건상(乾上)
곤하(坤下)

『막힘은 사람 노릇이 아니니』

　☯ 비(否)는 비색(否塞)의 길이니 꼭 막혀 닫힘이다. 사물이 무궁하게 통태할 수 없는 까닭에 태괘(泰卦)의 다음에 놓였다. 비(否)는 7월의 괘이니 태괘와 정반대이다. 그 전체의 구조가 건이 위로 가고 곤이 아래로 와서 태괘를 돌려놓은 상이며, 천기는 상승하고 지기는 하강하여 결렬폐색하는 구조이고, 내유외강하니 소인의 본질이요, 빈천한 민중은 허약하고 부귀한 상류는 건실하니 불평등한 사회현상이다.

　하늘땅이 교통하여 만물이 생성해야만 사람이 그 가운데에서 사람답게 살 수 있는 것이다. 사람은 만물의 영장이므로 사회생활을 통해 천리를 밝히고 인심을 바로잡으며 완전한 정치를 이룩하여 화목한 가정, 안락한 국가, 태평한 세계를 세울 수 있는 것이다. 그러므로 음양이 괴리하여 천지가 폐색하고 사람이 이산함은 사람의 갈 길이 아니다.

　음양의 소장(消長)과 천지의 합벽(闔闢)이 서로 인연하므로 태(泰)가 다하면 원상으로 돌아가고, 비(否)가 끝나면 현상이 무너져서 새로운 시대가 열린다. 어찌 인간의 도덕이 끝내 없어지겠는가! 잠깐 비색(否塞)하다가 곧 트이는 것이다.

『군자가 바르게 지킴에 이롭지 아니하니 큰 것이 가고 작은 것이
오니라.』

◐ 건의 3양이 밖으로 나가고 곤의 3음이 안으로 들어와 천리의 대
도가 사라지고 물질의 소리(小利)를 앞다투어 사리사욕을 채우는 세
상이 되었다. 그러므로 군자가 자리를 바르게 지켜도 고립무원하여
도의를 수호하기 어려운지라 이롭지 못하다고 하였다.

　대저 상하가 교통하고 강유(剛柔)가 조화해야 군자가 덕을 베풀
고 도를 행할 수 있거늘, 상하가 불통하고 대소가 불화하는 상황에
서는 아무 것도 할 수 없는 까닭에 어진 사람은 물러가는 것이다.

　군자는 떳떳하게 사는 사람이다. 구차하고 용렬하게 자리에 미련
이 있는 사람이 아니다. 그러므로 공직에 나아가 말이 통하지 않으
면 물러나는 것이요, 대기발령을 받으면 물러나는 것이다.

『단전에 말하기를 막힘은 사람의 길이 아니니 군자가 바르게 지킴
에 이롭지 아니하니 큰 것이 가고 작은 것이 온다고 함은 곧 이것은
하늘과 땅이 사귀지 아니하여 만물이 서로 통하지 아니하며, 위아래
가 사귀지 아니하여 천하에 연방국가가 없음이라. 음을 안으로 하고,
양을 밖으로 하며, 속은 부드러우면서 겉은 굳세며, 소인이 안에 있
고 군자가 밖에 있으니 소인의 도가 자라나고 군자의 도가 사라지느
니라.』

◑ 하늘땅에 음양의 조화가 없으면 만물이 생성할 수 없고, 천하국가에 상하의 화합이 없으면 나라를 다스릴 수 없는 것이다. 음양이 괴리하여 음의 살기를 안으로 하고 양의 원기를 밖으로 하면 만물이 조락하게 될 것이요, 천지가 폐색하여 안으로 유약한 본질이 밖으로 강경하면 자멸할 것이며, 상하가 불신하여 아첨하는 소인배를 가까이하고 정직한 군자를 멀리하면 국체를 보전할 수 없을 것이다. 음양의 생기가 사라지고, 천지의 대도가 무너지며, 국가의 기강이 어지러워지면 군자의 의리정신이 사라지고 소인의 생존경쟁만 치열하게 된다.

12-3-1 ──────────────────── 象에 曰天地不交가 否니 君子는 以하여
儉德辟難하야 不可榮以祿이니라.

『상전에 말하기를 하늘땅이 사귀지 아니함이 비괘이니 군자는 본받아 덕을 거두어 피난하여 나라의 봉록으로서 영광스럽지 아니하니라.』

◑ 검(儉)은 렴(斂)이요, 피(辟)는 피(避)이며, 영(榮)은 영화요, 녹(祿)은 국록이다. 사람이 사람답게 살지 못하고 부모처자까지 사방으로 흩어지는 때에는 군자의 도를 실행할 수 없으므로 그 덕을 감추고 피난하여 때를 기다려야 되는 것이다. 구차하게 벼슬 자리에 앉아서 국록을 받는 것은 영예로울 것이 없다. 선비는 예법을 수호하고, 군자는 민중을 보호하고, 나라의 지도자는 국토를 방위하는 것이 본의이다. 예법이 어지럽고 민중이 고통을 하소연할 데가 없으며, 영토가 쪼개어지는 곳에 도대체 무슨 영광이 있을 수 있겠는가!

12-4-1 ──────────── 初六은 拔茅茹라 以其彙로 貞이니 吉하여 亨하니라.

『초6은 띠 뿌리를 뽑음이라 그 무리로써 바르게 지키니 길하여 형

통하니라.』

　● 초6은 비색(否塞)의 시초인데 허약한 실존이므로 독자적으로
해결할 수 없으나 62와 63과 연합하여 그들을 뒤따르면서 위로 94
와 응하여 의지하니 아직 운명이 그렇게 비색한 것은 아니다. 무릇
비천하고 고독한 사람이 비색한 운을 만나면 가장 먼저 시련을 당하
는 까닭에 이것을 크게 경계하여 서로 힘을 합치고 위로 구원을 요
청함은 바른 도리요 길하게 형통하는 수단이다.

12-5-1 ──────────────── 象에 曰拔茅라 貞하니 吉함은 志在君也라.

　『상전에 말하기를 띠를 뽑음이라 바르게 지키니 길하다고 함은 뜻
이 나라의 지도자에게 있음이라.』

　● 초6은 유약한 실존으로 강건한 자리에 있으므로 그 재질은 허약
하지만 그 뜻은 건전하여 나라의 지도자를 믿고 하소연하는 상이다.
따라서 3음이 연합함은 자구책이요, 94와 응하여 95에게 진정함은
매우 현명한 구명운동이니 바르게 지켜 길하고 형통한다. 군(君)은
나라의 지도자요, 홀아비·과부·고아·자식없는 늙은이는 세상에
하소연할 데가 없는 곤궁한 민중이다. 이들은 나라에서 먼저 보호하
여 줄 책임이 있다.

12-4-2 ─────── 六二는 包承이니 小人은 吉하고 大人은 否라야 亨하리라.

　『62는 무리를 포용하여 지도자를 받드니 소인은 길하고 대인은 막
히어야 형통하리라.』

　● 62는 유순한 실존으로 중정하여 자기를 구원할 수 있을 뿐만 아
니라 또한 95의 지도자와 정응하여 안전하게 구원을 받을 수도 있으

므로 개인적으로 절대 비색한 운명이 아니다. 소인은 이러한 때에 소재(小財)와 말리(末利)로 초6과 63의 고통을 동정하여 포용하고, 95와 유일하게 교통하여 유리한 형세를 구축하므로 길하다. 대인은 개인의 안위를 돌아보지 않고 민중을 사랑하며 국가를 걱정하는 까닭에 나라의 기틀이 점점 어그러지고 있음을 위로 직언해도 들어 주지 않고, 비색한 운명이 닥쳐왔음을 지적하여 아래로 위기의식을 고취해도 깨닫지 못하며, 스스로도 능력이 모자라 비색하지만 덕을 감추고 지조를 고결하게 지키면 마침내 형통할 때가 돌아올 것이다.

12-5-2 ──────────────── 象에 曰大人은 否라야 亨함은 不亂群也라.

『상전에 말하기를 대인은 막히어야 형통하다고 함은 무리를 어지럽히지 아니함이라.』

◉ 대인은 군중의 희망으로 비색한 운명에 순리로 대처함은 큰사람의 도량이다. 소인은 운명이 비색하면 거부하고 탈출을 시도함에 못하는 짓이 없는바, 수단과 방법을 가리지 않는 까닭에 사회혼란이 일어나 시비가 뒤섞이고 선악이 뒤바뀌어 힘이 곧 정의요 결과가 곧 정당하게 되고 만다. 그러나 대인이 곤궁한 가운데서도 끝까지 도의를 지키고 꿋꿋하게 살고 있으면 군중이 이에 희망을 걸고 자제하여 난동하지 않게 된다.

12-4-3 ──────────────────────────── 六三은 包가 羞로다.

『63은 포용함이 부끄러움이로다』

◉ 63은 허약한 실존으로 비색한 운명에 정면으로 도전하여 새로운 운명을 개척하려고 하지만 부정부중하여 동지를 규합할 수 없고, 또한 상9의 무력한 사람에게 구원을 요청하는 까닭으로 아무런 효과

를 얻을 수 없다. 비색한 운명을 벗어나려고 온갖 짓을 다하면서 날 뛰다가 오히려 궁지에 몰려 떨어지니 한갓 웃음거리에 지나지 않도 다.

『상전에 말하기를 포용함이 부끄러움은 자리가 바르지 아니함이 라』

◉ 비색한 운명을 부정한 방법으로 탈출하려고 날뛰니 오히려 스 스로 비운을 재촉하게 되었다. 억지로 무리함은 통태(通泰)한 때에 도 통하지 않거늘, 하물며 비색한 때에 억지로 만들고 무리하게 나 아가는 것이 통할 것인가! 비색한 시대에 궁박한 것은 동정을 받을 일이거든 어찌하여 비웃음을 받고 부끄럽게 살겠는가? 이것은 사람 이 갈 길이 아니다.

『94는 공동운명체의 의식이 있으면 허물이 없으며 짝들이 복을 나 누리라』

◉ 94는 강건한 실체로 비색한 운명에서도 여유가 있어 안전하다. 하지만 부중부정하고 아래로 초6과 응하여 어려운 시국에 혼자만 안 녕함을 뽐낼 걱정이 있다. 그러나 95를 보필할 책무가 있음을 깨달 아 전체가 비색한 공동운명체임을 인식하고, 지도자의 어려움을 돕 는 데 전력을 기울이며, 서민과 동고동락하면 허물이 없고 3양이 함 께 복을 누리게 될 것이다.

　명(命)은 천명이요, 주(疇)는 3양의 동지이며, 리(離)는 리(麗)이 니 걸림의 뜻으로 공동체 관계에 있다는 뜻이다.

『상전에 말하기를 공동운명체의 의식이 있으면 허물이 없음은 뜻이 행함이라.』

❋ 지행(志行)은 자율의지에서 나온 행동이다. 만일 타의에 의하여 피동적으로 서민을 구원하거나 공론이 두려워 가식적으로 지도자를 돕는다면 하늘이 용서하지 않을 것이니 반드시 후환이 따를 것이다. 위와 아래가 모두 곤궁한 가운데 홀로 안녕할 수 있는 의리가 없는 것을 깨달아 고통을 나누어 가져야만 나중에 복지생활을 함께 누릴 수 있는 것이다.

12-4-5 ── 九五는 休否라 大人의 吉이니 其亡其亡이라야 繫于苞桑이리라.

『95는 막힘을 아름답게 하는지라. 대인의 길함이니 그 망할까 그 망할까 하여야 뽕나무 뿌리로 얽어 매리라.』

❋ 95는 강건한 실체로 중정하게 지도자의 자리에 있고, 또한 아래로 62와 정응하여 비색한 국면에서도 힘차게 개혁을 주도할 수 있는 역량과 널리 의사를 소통할 수 있는 도량이 있으니 비색한 운명에서 발전을 이룩하는 상이다.
　휴(休)는 아름답게 함이요, 대인의 길함은 어려움을 훌륭하게 극복함이며, 기망기망(其亡其亡)은 급박한 위기에 처하여 바람 앞의 등불처럼 깜박깜박함이요, 계우포상(繫于苞桑)은 뽕나무 뿌리처럼 질긴 새끼줄로 얽어매는 것이니, 어려우면 어려울수록 튼튼한 기초를 확립하는 것을 말한다.
　어리석은 지도자는 커다란 위기를 안일하게 여겨서 부질없이 미봉책만 강구하다가 멸망하지만 95는 커다란 위기에서 근본적인 대책을 세워 그 구조를 개혁하고 언로를 개방하여 튼튼한 국기를 확립하고 민생을 안정하여 혼란을 극복하니 재앙을 복으로 되돌린다.

『상전에 말하기를 큰 사람의 길함은 자리를 바로 감당함이라』

◑ 지도자의 직분은 국태민안에 있으므로 어떠한 위기라도 대처하여 극복할 수 있는 역량을 가졌다면 능히 지도자의 자격이 있다고 할 것이다. 만일 위기의 원인을 살필 수 있는 안목이 없고, 사태를 원만하게 수습할 솜씨가 없으며, 민심을 깨우쳐 바로잡을 힘이 없다면 지도자의 책무를 완수하기가 어려울 것이다. 유능한 지도자는 신임을 얻어 위기에 국론을 통일하고 민심을 화합할 것이나, 무능한 지도자는 불신을 당하여 위기에 국론이 분열되고 민심이 이반(離叛)하게 되는 것이다.

12-4-6 ─────────────────────────── 上九는 傾否니 先否하고 後喜로다.

『상9는 막힘을 무너뜨리니 앞은 막히고 뒤는 기쁘도다.』

◑ 상9는 비색(否塞)의 종말이요 통태(通泰)의 시초이다. 상9는 강건한 실체로서 비색의 종극에 와서 마지막까지 악전고투하여 결정적인 운명타개책을 쓴다. 그리하여 먼저는 비색하였지만 드디어 악운이 물러가고 재앙이 걷히면서 좋은 시절이 새로이 열리는 소생의 기쁨이 있게 된다. 만물이 극도에 이르면 쇠퇴하여 돌아가므로 궁하면 통하고 비색하면 통태하는 것이 천도의 순한법칙이요 역사의 발전법칙이다.

12-5-6 ─────────────────────────── 象에 曰否終則傾하나니 何可長也리오.

『상전에 말하기를 막힘이 끝나면 기울어지나니 어찌 오래가리오.』

　◑ 비색한 운수에서 끝까지 견디는 것은 강건한 재질로 유순하게 대처한 결과이다. 이제는 막혔던 장벽이 저절로 무너지고 교통왕래가 시작되리니, 여기까지 와서 좌절하지 말라. 밤이 어두우면 새벽이 가까운 징조요, 겨울이 추우면 봄이 가까운 조짐이니 아무리 시련이 고달퍼도 더욱 인내력을 발휘하여 절대로 희망을 버리지 말라. 태괘의 상6에서는 성이 무너져 마른 연못으로 돌아온다고 말하고, 비괘의 상9에서는 비색함이 무너져 물러간다고 하였으니 그 뜻이 깊도다.

13 동인(同人)괘

건상(乾上)
리하(離下)

13-1-1 ──────── 同人于野면 亨하리니 利涉大川이며 利君子貞하니라.

『사람과 들판에서 함께 하면 형통하리니 큰 시내를 건너감이 이로
우며 군자가 바르게 지킴이 이로우니라.』

☯ 동인(同人)은 협동사회의 길이다. 리(離)는 3획괘의 이름이니 1
음이 2양의 사이에 걸려 있는 까닭에 그 성질이 리(麗)요 또 문명하
며, 그 상이 불〔火〕이요 해〔日〕이며 번개불이다. 동인(同人)은 사람
을 같이 합침이니 운명이 비색하면 사람이 서로 힘을 합하여 해결하
니 이에 비괘(否卦) 다음에 놓였다.

동인(同人)은 그 구조가 건이 위에 있고 리(離)가 아래에 있어 화
(火)가 염상(炎上)하여 위로 하늘과 함께 하는 상이요, 95와 62가
중정하게 정응하여 대동단결하는 의리가 확립되었으며, 또한 5양이
1음과 함께 하고자 하는 상황이다. 그 성질이 안으로 문명하고 밖으
로 건실하여 사람을 감동시켜 따르게 하는 능력이 있다.

무릇 사람이 대동화합하는 조건은 양심과 진리에 철저함이다. 사
적인 감정이나 권세는 일시적이거나 또는 부분적인 공감을 얻을 수
있을지언정 천하만민을 대동화합시킬 수는 없는 것이다.

야(野)는 광활한 광장이다. 일정한 문호나 은폐물이 없는 것으로
들판에서 사람과 함께 한다고 함은 속이 좁은 편견이나 어리석은 욕
심으로 만남이 아니라 마음을 활짝 열어 놓고 공명정대하게 만남을

뜻한다. 사람은 서로 동심합력하면 형통하고 또한 뜻이 같고, 도가
같으면 협동하여 시내를 건너가 이상을 추구함이 이롭다. 군자는 화
합의 중심체이니 끝까지 양심과 진리를 바르게 지켜서 불편부당하
고 대공무사(大公無私)해야만 이로우니 만일 권세에 흔들리고 어리
석게 고집하면 모두 실망하여 흩어질 것이다.

13-2-1 ────── 彖에 曰同人은 柔가 得位하며 得中而應乎乾할새 曰同人이라.

『단전에 말하기를 동인괘의 구조는 부드러운 것이 제자리를 얻었
으며 때를 만나 하늘에 순응하므로 말하기를 사람을 함께 함이라고
하니라.』

◑ 유(柔)는 62요, 득위(得位)는 정위이며, 중(中)은 내괘의 중이
요, 응호건(應乎乾)은 95와 정응함이다. 동인(同人)은 하천미약한
62가 고귀강건한 95에게 동심합력함이니 현명한 철인이 우매한 소
인에게 이끌려 감이 아니다.
　배(配)는 합친 수보다도 많아지는 것이요, 합(合)은 합친 수와 똑
같은 것이며, 동(同)은 아무리 많이 합쳐도 오직 하나인 것이니 동
인(同人)은 지도자를 중심으로 일사불란하게 동심합력하는 관계이
다.

13-2-2 ─────────────────────────────── 同人曰

『동인에서 말하기를』

◑ 정자(程子)와 주자(朱子)는 모두 쓸데없는 문구라고 하였다.

13-2-3 ───────────────── 同人于野면 亨하리니 利涉大川은 乾行也요

『사람을 들판에서 함께 하면 형통하리니 큰 시내를 건너감이 이로움은 하늘의 운행이요』

● 건은 상괘의 이름이며 건행(乾行)은 지극히 성실하여 그침이 없음이다. 하늘의 진실한 원리는 오직 성(誠)일 따름이다. 선덕(善德)은 성의 실체요, 공리(公理)는 성의 진리이다. 선덕은 스스로 떳떳한 덕이요, 공리는 저절로 영원한 도이므로 이에 형통하고 일을 성공할 수 있는 것이다. 지도자가 스스로 인의예지(仁義禮智)의 선덕을 밝히고 원형리정(元亨利貞)의 천도를 실행하면 이에 사해의 인류를 모두 감동시켜 떨치고 일어나게 하여서 마침내 대동세계를 건설하여 천하를 화평하게 할 것이다.

13-2-4 ──────────────────────────── 文明以健하고 中正而應이 君子正也니

『문채나게 밝으면서 힘차고 때를 맞추고 자리를 바르게 하여 순응함이 군자의 바른 길이니』

● 문명은 리(離)의 덕이요, 건(健)은 건(乾)의 덕이며, 중정이응(中正而應)은 95와 62를 말함이다. 선덕에 밝으면서 힘찬 것은 군자의 실체요, 천리에 중정하게 순응하는 것은 군자의 도리로서 이것이 지도자의 바른 몸가짐이다.

13-2-5 ──────────────────────────── 唯君子이어야 爲能通天下之志하느니라.

『오직 군자이어야 능히 천하의 뜻을 통하느니라.』

● 군자는 선덕을 확충하여 천덕(天德)에 합치고 공리에 철저하여 천도와 더불으니 천하의 사물이 많아도 원리는 하나요, 천하의 사람이 많아도 선성(善性)은 하나인 까닭에 마침내 천하의 뜻을 모두 통

하여 감동시킬 수 있는 것이다. 그러므로 위로 하늘의 뜻을 통하고,
아래로 사람과 만물의 뜻을 통하며, 앞으로 옛 성현의 뜻과 합하며,
뒤로 만세의 현명한 철인들과 그 뜻을 합치는 것이다. 그리하여 능
히 인류를 대동화합할 수 있고 통천입극(統天立極)하여 이상사회를
세울 수 있는 것이다.

13-3-1 ─────────────────── 象에 曰天與火가 同人이니
君子는 以하여 類族으로 辨物하느니라.

『상전에 말하기를 하늘과 불이 동인괘이니 군자는 본받아 같은 겨
레로 사물을 분별하느니라』

　◯ 천지의 사물은 동류끼리 서로 친하다. 천류(天類)인 일월성신
(日月星辰)은 하늘에 모여 있고, 지류(地類)인 산천초목은 땅에 모
여 있으며, 인류(人類)인 사농공상(士農工商)은 사회에 모여 있다.
하늘의 양기와 불의 양기가 함께 상승하여 어울려 친함이 바로 동인
(同人)이다. 만물은 서로 합동하여야 친근하다. 그러므로 군자는 나
라를 세움에 민족끼리 화합하도록 독립하여 자치케 하였고, 농사를
지음에 같은 종류의 씨앗을 한 곳에 심게 하였으며 짐승을 치는 데
도 같은 종류를 한 곳에 기르도록 하였다.

13-4-1 ─────────────────── 初九는 同人于門이니 无咎리라.

『초9는 사람을 문에서 함께 하니 허물이 없으리라.』

　◯ 초9는 동인의 시초에 강건하게 정위하였지만 부중하여 때가 되
지 않았으므로 조급하지 않으며, 94와 불응하므로 멀리 찾아갈 필요
도 없고, 다만 62와 친비하여 찾아오면 사심없이 문 밖에 나아가서
공개적으로 합동하는 상이다. 사람이 이웃과 동심합력하는 것은 서

민이 함께 모여 사는 의리이므로 아무런 허물이 없다.

13-5-1 ────────────────── 象에 曰出門同人을 又誰咎也리오.

『상전에 말하기를 문 밖에 나아가 사람을 함께 하는 것을 또한 누가 허물하리오.』

◑ 출문(出門)은 공로(公路)이다. 동인의 시초에 사문(私門)을 벗어나 불편부당하게 공의로써 함께 합함은 정도이므로 아무도 허물하지 못하는 것이다.
처음부터 마음의 문을 활짝 열지 않으면 사람을 포용하지 못할 것이요, 시작부터 대도로 나아가지 않으면 모두 함께 합치지 못할 것이다.

13-4-2 ────────────────── 六二는 同人于宗이니 吝하도다.

『62는 사람을 큰 집에서 함께 하니 안타깝도다.』

◑ 62는 유순한 실존으로 중정한 자리에서 95와 정응하고 초9 및 94와 친비하여 그 의리가 두터우므로 달리 밖의 사람들과 친목할 여유가 없다. 종(宗)은 종당(宗黨)이니 종파나 당파끼리만 두텁게 합심협력하고 다른 사람과는 함께 하지 못하여 파당심만 더욱 굳어져서 마침내 배타적인 폐쇄사회를 형성하므로 안타깝다고 하였다. 그러므로 군자는 무리를 모으되 당파를 짓지는 않으며, 두루 사귀되 편을 가르지 않는다.

13-5-2 ────────────────── 象에 曰同人于宗이 吝道也라.

『상전에 말하기를 사람을 큰 집에서 함께 함이 안타까운 길이라.』

◑ 종족(宗族)의 의리와 종교의 교리와 종사(宗社)의 예의에 각각 동심합력해야 되는 도의가 있는데 이것은 모두 그 구조 속에서의 직분이다. 인간의 실존은 인(仁)으로서 사람은 인간성을 발휘하여 모두 함께 같이 살아야 하는 사회적 성분이 있는 것이다. 만일 현재 당위의 직분에 얽매여 인간 본연의 성분을 외면한다면 작은 것을 움켜쥐고 큰 것을 버리는 것인즉 안타깝기 그지없는 일이다. 직무에 충실하기 위하여 인간성을 저버리는 사람은 또한 그 직무도 아름답게 완수하지 못하는바, 사람을 차별하여 문을 걸어 잠그고 배척해서는 안 된다. 그러므로 옛 성인의 예법은 모든 예식에 스스로 참여하는 것을 권장하였고, 주인은 모든 손님을 골고루 대접하게 하였다.

13-4-3 ──────────── 九三은 伏戎于莽하고 升其高陵하여 三歲不興이로다.

『93은 칼을 우거진 풀속에 감추고 높은 언덕에 올라가 3년이 되어도 일어나지 못함이로다.』

◑ 93은 강건한 실체로 정위하였으므로 함께 같이 할만한 자질은 있다. 그러나 그 뜻이 과강부중(過剛不中)하여 조급하게 서둘고 상9와 적응(敵應)하여 고립하니 이에 62와 친비함을 인연으로 해서 억지로 함께 같이 할 것을 강요하지만 62는 95와의 의리에 충실한 사람이고, 95는 강건중정한 지도자인 까닭에 감히 대적할 수 없어 부득이 숨어서 기회를 엿보는 상이다.
　복(伏)은 뉘어서 숨김이요, 융(戎)은 병기이며, 망(莽)은 풀이 우거져 가려진 곳이다. 병기를 풀숲 속에 숨김은 끓어오르는 사욕을 감추어 둠이요, 높은 언덕에 올라감은 다른 사람을 꺼려 배척하고 오직 홀로 62와 함께 할 기회를 노림이다. 이것은 모두 동인의 도가 아니므로 3년이라는 긴 세월이 흘러가도 일어나 사람을 맞이할 수 없는 것이다. 모자라는 사람이 분수에 넘치는 사람과 오로지 함께 하려는 것은 짝사랑이요 과대망상에 지나지 않는다.

13-5-3 ─────── 象에 曰伏戎于莽은 敵剛也요 三歲不興이어니 安行也리오.

『상전에 말하기를 칼을 풀이 우거진 곳에 숨김은 적이 굳셈이요,
3년이라도 일어나지 못하거니 어찌 행하리오.』

　◑ 적강(敵剛)은 95가 강건중정하여 62와 정응함이요, 안행(安行)
은 어찌 뜻을 행하리오이다. 사람은 누구나 잘난 사람을 흠모하고
못난 사람을 동정한다. 훌륭한 사람이 지도자가 되면 국민이 따르고,
위대한 사람이 스승이 되면 학생이 기뻐하는 것이다. 어찌 강제로
국시를 제정하여 엄벌할 것이며, 어찌 집집마다 찾아 다니며 유혹하
고 설득하여 따르게 할 것인가!

13-4-4 ──────────── 九四는 乘其墉하되 弗克攻이니 吉하니라.

『94는 그 작은 성 위에 오르되 칠 수 없으니 길하니라.』

　◐ 94는 강건한 실체로 유순한 자리에 있어 책임자의 자질은 있으
나 뜻이 유순하여 힘차지 못한 데다가 부중·불응·불비하여 따르
는 사람이 없다. 그러나 호기심은 있어서 담장에 올라 93의 건너에
있는 62를 바라보지만 그 거리가 너무 멀고, 또한 옆에 그 짝인 강
력한 95가 있으므로 감히 62와 함께 하려는 생각을 내지 않으니 이
에 분수를 지켜 길한 상이다.
　승(乘)은 승강(乘剛)이요, 용(墉)은 작은 성이나 또는 담이니 93
을 지적한다. 자기의 주제를 알고 주위의 상황을 밝게 살펴 생각을
고쳤으니 어찌 길하지 않겠는가! 극(克)은 능(能)이요, 공(攻)은 공
벌(攻伐)이니 강제로 설득함이다.

『상전에 말하기를 작은 성 위에 오름은 의리를 지키지 못함이요, 그 길함은 어려우면 원칙으로 돌아옴이라.』

　☯ 94는 95를 보필하여 그 안전을 책임진 사람이다. 그 의리가 62를 직접 만나서 함께 할 수 없으므로 작은 성 위에 올라가서 멀리 바라보았을 따름이다. 멀리 살펴보건대 62와 정응한 95는 강건중정하고, 93과 초9는 강건하게 정위하여 62와 친비하니 이에 스스로 부정위한 자기는 아무런 인연도 없음을 알고 제자리로 돌아오는 것은 당연한 법칙이다.

『95는 사람을 함께 함이 먼저 호령하여 꾸짖은 다음에 웃나니 큰 군대로 쳐서 이겨야만 서로 만나리로다.』

　☯ 95는 강건한 실체로 중정하게 지도자의 자리에 있어 62와 정응한다. 95의 영도자는 초야의 현인을 사모하여 만나서 함께 같이 하기를 희망하지만 95의 측근에는 94와 상9가 부정·부중·불응·불비한 사람들이라 대동화합을 가로막고 있고, 62의 주위에도 초9와 93이 친비하여 95와 호응함을 말리므로 그 전체의 구조가 쉽게 동심합력할 수 없는 상황이다. 그러므로 95의 영도자는 대동화합의 문호를 널리 개방하기 위하여 먼저 측근의 사문(私門)을 엄히 징계하고 다음에 개혁과 개방으로 대동화합할 것을 천명해야 한다. 그렇게 해도 파당을 지어 배타심으로 화합하지 않고 오히려 95에게 호응하려는 62의 길을 막는 무리가 있으니 곧 초9와 93의 강폭한 집단이다. 이를 침에 적은 군대로는 실패의 걱정이 있으므로 반드시 대군을 출동하여 정벌하여야 성공을 거두어 62를 만날 수 있는 것이다.
　영도자가 대동세계를 건설함에는 먼저 천하의 큰 현인을 만나야

하고, 천하의 현인과 뜻이 같고 도가 같은 다음에는 온 인류와 동심
합력할 수 있다. 그런 까닭에 계사(繫辭)에서 말하기를 두 사람의
마음이 같으면 그 날카로움이 쇠를 끊고, 마음이 똑 같은 말은 그
향기가 난초와 같다고 하였으니, 천하의 어진 지도자와 천하의 큰
스승이 뜻을 합치고 힘을 합치면 어찌 평화로운 세계를 만들지 못하
겠는가!

13-5-5 ── 象에 曰同人之先은 以中直也요 大師라야 相遇는 言相克也라.

『상전에 말하기를 사람을 함께 함이 먼저 함은 가운데가 곧은 까
닭이요, 큰 군대라야 서로 만남은 서로 이기려고 충돌함을 말하니
라.』

☯ 중직(中直)은 마음이 도를 통하여 한결같음이니 95가 득중거정
(得中居正)하여 천리(天理)에 밝고 인사(人事)를 다함이며, 상극은
서로 모순관계에 있어 배타적으로 작용하고 함께 만나면 충돌하여
서로 쳐서 이기려고 함이다. 95의 공평무사하게 천하를 대동통일하
려는 이상과 초9및 93의 권세를 독점하여 분리독립(分離獨立)하려
는 현실은 서로 양립공존할 수 없는 모순관계이므로 부득이 95가 천
군의병(天軍義兵)을 출동하여 정벌한 뒤에 공생공영의 길이 트이는
것이다.

13-4-6 ──────────────────────── 上九는 同人于郊니 无悔니라.

『상9는 사람을 교외에서 함께 하니 뉘우침이 없으리라』

☯ 상9는 동인의 종극이요 이별의 시초이다. 강건한 실체이지만 의
지가 유약하고 부정·부중·불응·불비하니 함께 할 사람이 없는
고립의 상이다. 그런데도 애당초 연분이 없는 사람을 우연히 만나

함께 하였으나 이제 헤어져야 할 때가 왔으니 아무리 해도 붙잡을 수 없다.

교(郊)는 도성의 밖인데 교(郊)의 밖은 야(野)이다. 야(野)는 공평무사함이요, 도(都)는 자기를 주장함이며, 교(郊)는 도(都)와 야(野)의 사이에 끼어 있으니 반사반공(半私半公)의 위치를 상징한다. 그러므로 만남에 저의와 의혹이 각각 있어서 지금까지 만나서 함께 하였으나 이제 서로 그 실상을 확인하고 미련 없이 이별하므로 아무런 뉘우침이 없는 것이다.

13-5-6 ——————————————— 象에 曰同人于郊는 志未得也라.

『상전에 말하기를 사람을 교외에서 함께 함은 뜻을 얻지 못함이라.』

◉ 동인(同人)하려는 뜻은 있으나 눈이 높아서 연분을 모두 놓쳤고, 늦게야 우연히 만나 함께 하여 보았지만 곧 서로 실망하여 저절로 헤어지니 이별함에 뉘우침은 없으나 결국 동인하려는 소원은 이루지 못함이다.

14 대유(大有)괘

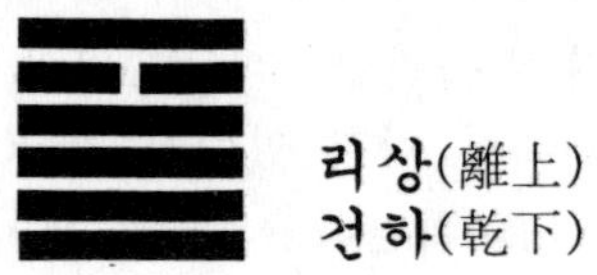

리 상(離上)
건 하(乾下)

 ———————————————————————— 大有는 元亨하니라.

『크게 소유함은 크게 시작하고 형통하니라.』

☯ 대유(大有)는 크게 소유함이니 소유물이 광대하고 풍부함이다. 사람이 대동화합하여 동심합력하면 생산이 늘어서 소득이 많아지게 되므로 동인괘(同人卦) 다음에 놓였다. 그 괘상은 건(乾)이 아래로 내려오고 리(離)가 위로 올라가서 불이 하늘 위에 있으므로 그 광명이 비치지 않는 곳이 없고, 1음의 지도자를 5양이 받드니 광대하고 풍부한 뜻이 있다. 대유(大有)는 동인괘를 돌려놓은 것으로 동인의 62가 지도자의 자리에 올라 65가 된 것이다. 그래서 대동세계에서는 초야의 어진 이를 지도자로 선출하여 추대함을 뜻한다. 민주적 선거로써 사해를 통일하여 광대하게 소유하고 또한 안으로 성실하며 밖으로 문명하니 이에 크게 시작하여 형통하는 이치이다.

 ——————————————————— 象에 曰大有는 柔가 得尊位하고
大中而上下가 應之할새 曰大有니

『단전에 말하기를 대유괘는 부드러운 것이 지도자의 자리를 얻었고 크게 가운데 하여 위아래가 순응하므로 말하기를 크게 소유함이니』

◐ 유(柔)는 6이요, 존위(尊位)는 5이며, 대중(大中)은 광대한 중심이다. 허심무욕함은 대중(大中)의 덕이요, 수시처중(隨時處中)함은 대중의 도이다. 65가 내성외명(內誠外明)하여 대중의 자리에 있음으로 대중이라고 하였다. 상은 상9요, 하는 아래의 4양이며, 응(應)은 친화하여 순응함이다.

65가 유약한 실존으로 강건한 구조에서 지도자의 자리에 올라 공겸하여 스스로 낮추고, 자기의 뜻을 버리고 민중의 공론을 따르며, 양심에 성실하고 진리에 밝으므로 민주공화를 실현하여 성대하게 소유할 수가 있는 것이다.

14-2-2 —— 其德이 剛健而文明하고 應乎天而時行이라 是以로 元亨하니라.

『그 덕이 강건하면서 문명하고 하늘에 순응하여 때로 행하는지라 이런 까닭으로 크게 시작하고 형통하니라.』

◐ 기덕(其德)은 65의 덕이요, 강건은 내괘의 천덕(天德)이며, 문명은 외괘의 해와 달과 별의 덕이다. 천(天)은 건상이요, 시행(時行)은 일월성신(日月星辰)의 운행하는 법칙이다.

소유물이 아무리 풍부해도 그 소유주가 덕이 없으면 형통할 수 없는 것이다. 인심과 물정이란 덕이 있는 사람에게 모여들고 덕이 없는 사람에게서는 떠나가기 때문이다. 그러므로 그 실체가 성실하고 현명해야 소유물을 온전하게 보존할 수 있을 것이요, 그 절도가 천리에 순응하여 때를 따라 경영해야 소유물을 잘 이용할 수 있을 것이니 이에 착하게 시작하고 형통할 수 있는 것이다.

14-3-1 ———————————— 象에 曰火在天上이 大有니 君子는 以하여
遏惡揚善하여 順天休命하느니라.

『상전에 말하기를 불이 하늘 위에 있는 것이 대유괘이니 군자는

본받아 악을 막고 선을 드날려 하늘에 순응하고 운명을 아름답게 하느니라.』

◉ 불이 하늘 위로 올라가면 널리 비치지 않는 데가 없어서 만상이 뚜렷이 그대로 드러나는 까닭에 감출 수가 없는 것이다. 그러므로 군자는 이것을 본받아 스스로 근신하여 악한 생각을 발본색원하고, 착한 본성을 기르며, 또한 사람을 다스림에 사악을 엄히 징계하여 감히 숨기지 못하게 하고, 선행을 널리 찬양하여 장려한다. 양심에 충실함이 하늘에 순응함이요, 진리에 철저함이 운명을 아름답게 함이다. 사람이 소아의 사욕을 버리고 대아의 성리를 깨달아 보존하면 이보다 더 큰 소유물이 없을 것이다.

14-4-1 ──────────────────── 初九는 无交가 害니 匪咎나 艱則无咎리라.

『초9는 사귐이 없음이 해로우니 허물은 아니나 어려워하면 허물이 없으리라.』

◉ 초9는 대유(大有)의 시초요 하천한 신분이므로 교제가 없어서 94와 불응하고 92와 불비하는 상이다. 광대하고 풍성하게 소유한 사람이 교제가 없으면 덕을 베풀 데가 없고 예를 행할 곳이 없으니 어찌 해롭지 않겠는가! 그러나 초9는 강건한 실체로 정위하였으니 다만 아직 때를 만나지 못하고 있을 뿐이므로 그의 허물이 아니다. 머지 않아 반드시 쓰일 때가 오리니 그때까지 교만하거나 인색하지 말고 어렵게 지키면 허물이 없지만 만일 사치교만하거나 탐욕인색하면 어찌 크게 소유하겠는가!

14-5-1 ──────────────────── 象에 曰大有初九는 无交가 害也라.

『상전에 말하기를 크게 소유한 초9는 사귐이 없음이 해로우니라.』

◉ 소축(小畜)은 물질을 조금 축적함이므로 사유물이요, 대유(大有)는 물질을 성대하게 소유하니 공유물이다. 그러므로 소축(小畜)의 초9는 교통이 없어도 허물이 없으나, 대유의 초9는 교제가 없으면 해로운 것이다. 마땅히 널리 은혜를 베풀어서 신망을 얻어야 된다.

소(小)는 사(私)요, 대(大)는 공(公)이니 공유재산을 사유물로 사장함은 이보다 더 큰 손해가 없다. 그러므로 공공의 이익을 위하여 위로 어진 이와 교제하고 아래로 일꾼과 교통해야 한다.

14-4-2 ─────────────── 九二는 大車以載니 有攸往하여 无咎리라.

『92는 큰 수레로써 실었으니 갈 바를 두어 허물이 없으리라.』

◉ 대거(大車)는 강중함이요, 재(載)는 대유의 물이며, 유유왕(有攸往)은 65와 응함이다. 92는 강중하였으니 성대한 소유물을 활용할 수 있는 역량이 있는 데다가 또한 쓸 때를 얻었으므로 미련없이 모두 수레에 실어서 65에게 아낌없이 바치는 까닭에 허물이 없다. 이것은 거대한 재산을 모두 국가사회에 헌납하는 것인즉 이재발신(以財發身)함이다. 만일 거대한 소유물을 사회가 필요로 하는데도 스스로 헌납하지 않으면 반드시 재앙이 미치는 것이다.

14-5-2 ─────────────── 象에 曰大車以載는 積中不敗也라.

『상전에 말하기를 큰 수레로써 실음은 가운데에 쌓음이 뭉개지지 아니함이라.』

◉ 큰 수레에 짐을 가득히 포개어 실었어도 속의 것이 뭉개어지지 않는 것은 정성스럽게 다루어서 소중하게 바친다는 말이다. 이는 마음속에 다른 뜻이 전혀 없이 순수한 생각으로 되돌려 줌을 뜻한다.

노력으로 얻은 적은 물질은 사유물이지만 시세를 타고 얻은 많은 물
질은 본래 공유물이다. 그러므로 풍부하게 혼자만 간직하는 독점물
은 반드시 사회로 환원시켜야 허물이 없고, 큰 덕을 세운다.

14-4-3 ──────────────── 九三은 公用亨于天子니 小人은 弗克이니라.

『93은 지방자치정부의 지도자가 연방정부의 영도자에게 드림이니
소인은 이겨내지 못하느니라.』

◐ 93은 과강부중(過剛不中)하여 스스로 거대한 소유물을 오래 유
지할 수 없는 상이요, 불응불비하여 교제도 없으니 풍부한 물질을
값지게 쓸 수 있는 위인도 아니다. 다만 대유의 시대에 하괘의 상에
있으니 대유의 사물을 위임받아 관리하고 있는 상이다. 그것은 마치
나라의 지도자로부터 지방장관에 임명되어 지방을 자치하는 지위에
있는 것과 같다. 자기의 거대한 소유물을 남에게 위탁관리하는 사람
은 그 관리인이 충실하지 않으면 언제든지 교체할 수 있는 권능이
있으므로 관리인은 마땅히 일정한 기간마다 성실하게 현황을 보고
하고 이익을 거두어 주어야 된다. 93은 정위하였으니 이와 같은 직
분을 잘 지킬 것이나 소인은 사욕이 발동하여 상하를 속이고 부정하
게 착복하는 까닭에 그 책임을 감당하지 못하여 오래 그 자리에 있
을 수 없을 것이다. 형(亨)은 향(享)으로 통하니 헌(獻)의 뜻이요,
극(克)은 극복(克服)이다.

14-5-3 ──────────────── 象에 曰公用亨于天子는 小人은 害也리라.

『상전에 말하기를 지방자치의 행정책임자가 중앙정부의 지도자에
게 드림은 소인은 해로우리라.』

◑ 공공기관이 거대한 재정의 관리를 소인에게 맡김은 결국 공과

사 모두에게 손해를 끼친다. 소인은 심술이 부정하고 책임감이 박약하여 횡령과 배임을 능사로 자행하는 까닭에 아래로는 잔학하게 거두어 들이고 위로는 각박하게 섬겨 풍부하던 재정을 고갈시켜 버리니 이것이 첫째 손해요, 소인이 거대하게 소유하면 분수를 지키지 못하고 함부로 사치를 일삼아 예법과 풍속을 문란시키니 이것이 둘째 손해이며, 마침내 배임횡령의 죄가 드러날 때에 폭동반역하여 극형을 받게 되니 이것이 셋째 손해이다. 이것은 모두 공유물을 사유물로 착각하는 데서 생긴 재앙이다.

14-4-4 ─────────────────────────── 九四는 匪其彭이면 无咎리라.

『94는 그 성대하지 아니하면 허물이 없으리라.』

☯ 팽(彭)은 성대한 모양이다. 94는 부중부정하여 거대한 소유를 오래 유지할 수 없을 뿐더러 불응하니 달리 교통하여 쓸데도 없다. 오직 65와 친비하여 지도자의 은덕으로 거대하게 소유하였고, 또한 그것을 지도자를 위해서만 쓰는 상이다. 대유(大有)의 시대에 위로 지도자를 보필하고 아래로 인민을 보호할 책임이 있는 사람은 국록과 은급(恩給)만으로도 충족할 것이므로 추렴이나 부업을 해서는 안 된다. 공직을 빙자하여 사리를 꾀하는 것은 독직이니 마침내 형벌을 면하지 못할 것이다.

14-5-4 ─────────────────────── 象에 曰匪其彭이면 无咎는 明辨晳也라.

『상전에 말하기를 그 성대하지 아니하면 허물이 없음은 밝게 분별하는 밝음이라.』

☯ 석(晳)은 밝은 모습이다. 위로 지도자를 받드는 사람은 그 소유물이나 권위가 윗사람을 능가해서는 안 된다. 94는 재질이 강명하지

만 재하자(在下者)요, 65는 재질이 허약하지만 재상자(在上者)이다.
만일 94가 사적인 재질만 믿고 공적인 권위에 도전한다면 이것은 하
극상이요 소적대(小敵大)로서 역천난륜(逆天亂倫)인즉 난신적자(亂
臣賊子)의 벌을 면하지 못할 것이다. 94는 강명하여 밝은 지혜가 있
어서 이러한 구조를 분명하게 판단하므로 절대로 거대하게 소유하
였을지라도 지도자에게 되돌리고 지나치게 소유하지 않는다.

14-4-5 ──────────────────────── 六五는 厥孚가 交如니 威如면 吉하리라.

『65는 그 믿음이 사귀듯이 하니 위엄으로 하면 길하리라.』

◉ 교(交)는 믿음으로 사귐이요, 위(威)는 위엄이다. 65는 천하가
대유(大有)한 세상에 겸손하게 지도자의 자리에 있어 92와 응하여
아래를 신임하므로 아래도 정성을 다하여 위를 섬기는 까닭에 믿음
으로 사귀어 왕래하는 상이다. 광대하고 풍성한 소유를 어찌 반드시
지도자가 독점관리할 수 있겠는가! 사방에 위임하여 자치하게 하고,
국민이 풍족하게 소유하도록 함이 곧 국가가 부강하는 길임을 확신
하고서 지도자는 허심하게 신의를 가지고 다스려야 된다. 그러나 지
도자는 강건한 지도력을 발휘해야 하는바, 유순하게 신임만 하고 위
엄을 잃으면 결국 태만하고 사치한 기풍이 일어날 것이다.

14-5-5 ──────────────────────── 象에 曰厥孚가 交如는 信以發志也요

『상전에 말하기를 그 믿음이 사귀듯이 함은 믿음으로 뜻을 나타냄
이요』

◉ 지도자가 신임하면 책임자가 충직하나니 65는 공개적으로 92와
화응하여 신임의 뜻을 나타내야 한다. 사람에게 일을 맡기고 의심하
는 것은 실패의 원인이다. 믿지 못하면 쓰지 말고, 쓰면 믿어야 하는

것이 지도자의 도량이다. 지도자가 믿음으로 사귀는 것은 크게 소유하는 민주사회를 이룩하는 첫걸음이다.

『위엄으로 함이 길함은 소홀히 하여 방비가 없음이라.』

◉ 나라의 지도자는 크게 소유함에 있어서 말이 없어도 서로 믿고, 성내지 않아도 서로 두려워하는 기풍을 진작해야 한다. 민주주의에 투철함은 믿음을 두는 길이요, 공화정치에 철저함은 위엄을 간직하는 길이다. 착하기만 하고 원칙에 철저하지 못하면 기강이 문란하게 되어 만만하게 여기고 예법을 갖춤이 없게 되는 까닭에 지도력을 잃어버리고 만다. 지도자는 마땅히 믿음으로써 사람을 감동시켜야 할 것이나 우유부단하여 권위를 상실하지는 말아야 할 것이다.

『상9는 하늘로부터 도우는지라 길하여 이롭지 아니함이 없도다.』

◉ 상9는 대유(大有)의 종극이다. 광대하고 풍성한 소유를 끝까지 보전함은 이미 가득하여도 넘치지 않는 큰 도량을 간직 하였음이요, 가득하여도 넘치지 않는 큰 도량은 사람을 끝까지 신임하고 원칙을 온전하게 지킴이다. 상9는 강건한 실체로 유순한 자리에 있어 부정·부중·불응이나 오직 65와 친비하여 유순하게 지도자의 뜻을 따르며 거대한 소유를 사사로이 취하지 않은 사람이다. 길(吉)함은 하늘이 도움이요, 이로움은 사람이 도움이다.

『상전에 말하기를 대유괘의 상효가 길함은 하늘로부터 도움이라.』

◐ 인간의 선덕을 발휘하고 천도의 진리를 준수함은 사람을 사랑
하고 하늘을 공경함이다. 이에 하늘의 도움을 받게 된다. 그러므로
계사전(繫辭傳)에서 말하기를 하늘이 돕는 바는 순(順)이요, 사람이
돕는 것은 신(信)이니 신의를 지키고 순리를 생각함은 또한 어진이
를 숭상함이라고 하였다. 사람이 거대하게 소유하고도 또한 현명함
을 숭상한다면 이 사람은 부귀에 대한 의식을 초월하여 천리와 인간
의 도덕을 깨달은 영걸이다.

15 겸(謙)괘

곤상(坤上)
간하(艮下)

15-1-1 ———————————————————— 謙은 亨하니 君子가 有終이니라.

『겸손은 형통하니 군자가 끝이 있나니라.』

☯ 겸(謙)은 겸손(謙巽)의 도이다. 스스로를 낮추어 다투지 않으며 저절로 감추어 자랑하지 않음이다. 그 전체구조가 1양 5음으로 매우 허약하고, 곤(坤)의 땅이 위에 있고 간(艮)의 산(山)이 아래에 있어서 숭고한 산이 낮은 땅의 가운데에 있는 상이다. 내욕(內欲)이 사라져 정지하고 외물에 순응하는 성질이므로 겸손의 뜻이 있으니 크게 소유하면 반드시 겸손하므로 대유괘(大有卦) 다음에 놓였다.

겸손(謙遜)은 형통하는 도리이다. 사양하여 자기를 낮추고, 존경하여 남을 높이며, 감사하여 은덕을 잊지 않으므로 반드시 형통한다. 더욱이 군자의 덕은 겉과 속이 한결같아 진실정직하고 시작과 끝이 일관하여 성실공명하므로 아무리 낮추어도 마침내 고명하게 되고, 아무리 숨겨도 끝끝내 뚜렷이 나타나게 되어서 이에 끝이 있는 것이다. 주역의 64괘 가운데 여섯 효가 모두 좋은 것은 겸괘(謙卦)밖에 없으니 이것은 9덕괘의 하나이다. 학자는 모름지기 깊이 생각하라.

15-2-1 ———————————————— 彖에 曰謙이 亨함은 天道가 下濟而光明하고
地道가 卑而上行이라.

『단전에 말하기를 겸손이 형통함은 하늘의 도가 아래로 그치니 빛나고 밝으며 땅의 도가 낮추니 위로 가느니라.』

☯ 천체와 지구는 모두 운행한다. 하늘은 북극성과 남극성을 중심축으로 하여 행성이 좌전(左轉)하고 지구는 태양을 중심으로 날로 자전하면서 해로 공전하는바, 그 공전하는 궤도가 천적도(天赤道)를 기준으로 봄과 여름에는 하강하고 가을과 겨울에는 상승하니 이것이 지도가 낮아졌다가 올라감이다.

지구를 기준으로 일월성신의 운행을 관찰하면 모두 동녘에서 떠올라 서쪽으로 넘어가니 아래에서 그침이요, 지구궤도를 표준으로 하면 황도(黃道)가 하강하여 동지에 이르니 또한 아래에서 그침이다. 이것은 물론 지구의 자전과 공전의 현상이지만 보는 사람으로 하여금 자연히 그렇게 인식하게 하는 것이 바로 겸손(謙巽)이다.

천도는 천체의 운행하는 길이요, 지도는 지구궤도로서 곧 황도이다. 제(濟)는 정지이니 그치지 않으면 다시 떠오를 수가 없는 것이다. 천도는 날과 달과 해로 그침이 있으므로 영원히 새롭고, 지도(地道)는 낮은 자리에 있어야 따뜻하다.

15-2-2 ──────────────────────────────── 天道는 虧盈而益謙하고

『하늘의 도는 가득한 것을 덜어다가 겸손한 것을 보태주고』

☯ 천도운행의 기수(氣數)로 말하면, 양이 극단에 이르면 변역하고 음이 왕성하면 변화하여 순환발전하므로 해가 떠올라서 일중(日中)이 되면 기울고, 달도 차서 보름이 되면 이지러진다.

15-2-3 ──────────────────────────────── 地道는 變盈而流謙하고

『땅의 도는 가득한 것을 변하여 겸손한 것을 채워주고』

◑ 지질변동의 형태로 말하면, 높은 것은 무너지고 넘치는 것은 흘러내려 융기와 침강을 반복하며 발전하니 오행(五行)의 상생과 상극이 이와 같은 것이다.

15-2-4 ──────────────────────── 鬼神은 害盈而福謙하고

『귀신은 가득한 것을 해치며 겸손한 것을 복주고』

◑ 귀신은 사물의 신령한 정기요, 자연의 신묘불측한 조화능력이다. 그 현상은 곧 자연법칙으로 나타난다. 만물이 극성하면 쇠퇴하고 만사가 성공하면 무너진다. 따라서 항상 교만하고 가득 찬 것은 손해가 따르고, 겸손하고 물러난 것은 복을 받는다.

15-2-5 ──────────────────────── 人道는 惡盈而好謙하고

『사람의 도는 가득한 것을 미워하고 겸손한 것을 좋아하고』

◑ 사람의 감정은 사악한 것을 미워하며 바르고 착한 것을 좋아하여 사리사욕으로 독점하는 것을 미워하고 예의염치가 있어 겸양하는 것을 좋아한다. 하늘과 땅의 사이의 만물 가운데에서 가장 고귀한 것은 사람이니 사람을 존경하는 겸손은 인간의 기본적인 자세이다.

15-2-6 ──────────────── 謙은 尊而光하고 卑而不可踰니 君子之終也라.

『겸손은 높은 자리에서는 빛나고, 낮은 자리에서는 무시당하지 아니하니 군자의 마침이라.』

◐ 높은 사람이 겸손하면 그 인격이 더욱 빛나고, 낮은 사람이 겸손하면 얕보지 못한다. 군자는 하늘과 땅이 아무리 크다고 해도 사람도 또한 그 이치를 모두 받아서 태어났으니 사람의 마음이 곧 하늘의 마음이요, 사람의 정기가 곧 하늘땅의 정기임을 깨달아 아는 까닭에 사람을 모두 존중하므로 높은 자리에 있어도 겸손하니 이에 빛난다. 또한 군자는 진리가 영원하고 정신이 무한한 것을 깨달아 아는 까닭으로 아무리 낮은 자리에서라도 인간의 성분을 다하고 자기의 직분을 완수하면서 이에 겸양하나니 그 누가 감히 가볍게 대할 것인가! 그리하여 군자는 겸손으로 마친다.

15-3-1 ──────────────────────── 象에 曰地中有山이 謙이니
君子는 以하여 裒多益寡하여 稱物平施하느니라.

『상전에 말하기를 땅의 가운데에 산이 있음이 겸괘이니 군자는 본받아 많은 것을 덜어내어 적은 데에 보태주어 만물을 저울질하여 공평하게 베풀어 주느니라.』

◐ 땅은 비록 낮으나 그 가운데는 숭고한 산이 있다. 안으로 높으면서도 사방으로 낮추는 땅의 상이 겸양의 뜻이다. 가득한 것은 천도·지세·물리·인정이 모두 싫어하므로 넉넉한 것을 덜어다가 부족한 데에 보태어 줌에 있어서 천하공통의 일정한 도량형기를 창제하여 균등한 기회, 평등한 생활을 누리도록 조절해야 한다.

15-4-1 ──────────────── 初六은 謙謙君子니 用涉大川이라도 吉하니라.

『초6은 겸손하고 겸손한 군자이니 큰 시내물을 건너갈지라도 길하니라.』

◐ 초6은 유순한 실존으로 낮은 자리에 있어 부정·부중·불응·

불비하니 처음부터 겸손하고 사양하지 않을 수 없는 상이다. 스스로
계신공구(戒愼恐懼)하여 겸손으로 시작하니 일에 임하여 두려워함
은 책임감이 있음이요, 여러 사람의 지혜를 모아 힘을 합치는 것은
성공하는 방법이다. 이에 조심하여 큰 시내를 건너갈 수 있는 까닭
에 길하다. 지나친 공손이 예가 아님은 비굴한 아첨이기 때문이요,
지나친 겸양이 예임은 신중하여 자신을 단속하기 때문이다.

15-5-1 ──────────────────── 象에 曰謙謙君子는 卑以自牧也라.

『상전에 말하기를 겸손하고 겸손한 군자는 낮추어서 스스로 기름
이라.』

◉ 낮은 땅에 물이 고이듯이 자기의 몸을 낮추어서 힘을 모으고,
뜻을 낮추어서 사람에게 배우며, 양기를 감추어서 호연한 정기를 기
름이다. 예법에 3청(三請)과 3사(三辭)가 있으니 처음 요청함이 예
청(禮請)이요, 이에 대하여 사양함이 예사(禮辭)이며, 다시 권함이
고청(固請)이요, 이에 대하여 거듭 사양함이 고사(固辭)이며, 또 다
시 세번째 명령함이 강청(強請)이요, 이에 대하여 끝까지 따르지 않
음이 종사(終辭)이다. 겸겸은 종사(終辭)함이요, 자목(自牧)은 스스
로 기름이다.

15-4-2 ──────────────────── 六二는 鳴謙이니 貞하고 吉하니라.

『62는 속에서 우러나온 겸손이니 바르게 지키고 길하니라.』

◉ 62는 유순한 실존으로 중정한 자리에 있고, 93과 친비하니 저절
로 자기의 분수를 넘어가지 않을 뿐더러, 진심으로 93에게 겸손한
뜻을 나타내어 호응하는 상이다. 저절로 음성과 안색에 겸양하는 모
습이 나타남은 스스로 성실하고 사리에 밝음이니 어찌 바르게 지키

지 못하며 길하지 않겠는가!

『상전에 말하기를 속에서 우러나온 겸손이니 바르게 지키고 길함
은 속마음이 스스로 깨달음이라.』

☯ 62는 유순한 실존이요, 겸괘(謙卦)는 허약한 구조이다. 어려운
처지에 있는 까닭에 스스로 마음속에서 전체를 구제할 수 있는 역량
이 없음을 깨닫고 중정하게 살면서 93에게 겸양하는 뜻을 나타내며
치하하는 것이다. 주위에서 유능한 사람이 어려운 일을 맡아 수고할
때 어진 사람은 마땅히 찾아가서 노고를 위로하고 감사를 표해야 한
다. 그러므로 어진 아내는 남편의 노고에 감사하는 뜻을 나타내고,
초야의 어진 사람은 지방장관의 노고를 위로하며 감사를 표한다.

『93은 수고하면서도 겸손하니 군자가 끝이 있어 길하니라』

☯ 93은 겸괘(謙卦)의 유일한 양효로 전체의 어려운 일을 혼자 맡
아서 노고하는 상이다. 그러나 강건한 실체로 지칠 줄을 모르고, 정
위하여 분수를 벗어나지 않으며 온갖 어려운 일을 모두 맡아 하면서
도 겸양하여 뽐내거나 자랑하지 않는 까닭에 위로 지도자가 더욱 큰
일을 맡길 것이요, 아래로 민중이 더욱 따르게 될 것이다. 군자는 의
리를 지키는 사람이다. 아무리 높은 자리에 올라도 교만하지 않고
아무리 어려운 일이라도 능히 감당하므로 끝이 있어 길하다. 소인은
처음에는 수고하면서도 겸손하지만 만일 알아주는 사람이 없으면
불평하고 대들어 화풀이를 하며 또한 원망하니 이에 스스로의 공로
를 허물어 버리거나 꾸준히 한결같이 끝내지 못하고 만다. 참으로

공로가 있으면서도 겸손하기는 어려운 일인즉, 영웅의 학문을 배운 사람은 공명을 세울 것을 걱정말고 세운 공명을 허물지 않을 것을 걱정해야 한다.

 ──────────────────────── 象에 曰勞謙君子는 萬民이 服也라.

『상전에 말하기를 수고하면서도 겸손한 군자는 만민이 감복하니라.』

◉ 아무도 못할 일을 혼자서 감당하는 것은 영웅의 솜씨요, 천하의 큰 공을 세우고도 자랑하지 않음은 영웅의 마음씀이며, 명성이 사해에 떨쳐도 부귀를 멀리함은 영웅의 행적이다. 이에 어찌 한갓 만민만 감복하겠는가? 반드시 귀신이 감격하고 하늘도 감동하리라.

비상한 시대에는 반드시 초야에서 비상한 사람이 나와 비상한 공을 세우고 청사에 그 이름이 뚜렷이 올라 만세에 인류로 하여금 잊지 못하게 하니, 영웅은 인류를 사랑하고 시대를 구제할 따름이요 그 밖의 것은 돌아보지 않는다. 그러므로 옛 사람은 공로를 세우고 명성을 얻으면 스스로 물러나와 초연하게 살았고, 예문(禮文)에 의하면 70세가 되면 모든 공직에서 물러난다고 하였다.

 ──────────────────────── 六四는 无不利니 撝謙이니라.

『64는 이롭지 아니함이 없으니 나타난 겸손이니라』

◉ 64는 유순한 실존으로 유약한 지도자를 보필함에 어려운 일을 만나 감당하지 못할 것을 알고 유능한 93을 추천하여 대명을 전권위임하도록 하였으니 이미 그 겸양하는 정신이 나타난 것이다. 더욱이 64는 정위하여 분수를 지키고, 승강(乘剛)하여 어질며, 능력이 있는 아랫사람이 받드는 바가 되었는지라 어찌 이롭지 않겠는가!

『상전에 말하기를 이롭지 아니함이 없으니 나타난 겸손은 원칙을 어기지 아니함이라.』

◯ 64는 정위하였으니 아랫사람의 의리로 65를 섬기고 윗사람의 도리로 93을 부려 공명정대한 원리원칙을 어기지 않는 상이다. 만일 사악하고 편협한 심술로 93의 공로를 시기하여 65에게 거짓으로 헐 뜯거나 또는 93의 위세를 이용하여 65를 위협하고 자리를 빼앗는다면 이것은 모두 복을 돌려 재앙을 부르는 짓이니 해롭지 않음이 없는 것이다.

15-4-5 ——————————— 六五는 不富以其鄰이니 利用侵伐이니 无不利하리라.

『65는 넉넉하지 아니하고 그 이웃으로 하니, 침노하여 토벌함이 이로우니 이롭지 아니 함이 없으리라.』

◯ 65는 유약한 실존으로 지도자의 자리에 있어 부정(不正)하였지만 득중(得中)하였으니 능히 겸양할 곳에서 겸양하는 상이다. 불부(不富)는 홀로 자만하지 않음이요, 기린(其鄰)은 93이다. 어려운 일에 홀로 자만하지 않고 93과 가까이하여 그에게 전권을 위임하는 겸양의 덕이 있다. 그러나 93의 주도에 불복하거나 그 공로에 반발하는 사람이 있으면 마땅히 제거하여 93이 전심전력할 수 있는 여건을 만들어 주고, 또한 그 성공을 아름답게 기리도록 상황을 조성해야 한다.

15-5-5 ————————————————— 象에 曰利用侵伐은 征不服也라.

『상전에 말하기를 침노하여 정벌함이 이롭다고 함은 복종하지 아니함을 정벌함이라.』

◑ 지도자는 강덕(剛德)과 유덕(柔德)을 모두 갖추고서 마땅히 굳게세 할 곳에서는 굳세고, 마땅히 부드럽게 할 곳에서는 부드러워야 한다. 65가 유순겸양의 미덕을 발휘하였으나 이에 불복한 사람이 있으면 당연히 힘으로 정벌하여 제거해야 한다.

15-4-6 ─────────────── 上六은 鳴謙이니 利用行師하여 征邑國이니라.

『상6은 속에서 우러나온 겸손이니 군대를 동원하여 도읍을 정벌함이 이로우니라.』

◑ 상6은 유순한 실존으로 정위하여 93과 정응하니 속에서 우러나온 겸양의 미덕을 끝까지 발휘하였다. 그러나 과중(過中)하여 때가 이미 지나갔으므로 아무런 일도 하지 못하고 최상의 자리에 앉아 겸양의 종극에 다달았다. 이것은 허약한 실존이 무력하여 진심으로 겸손하게 물러가는 것을 사람들은 능력을 갖고도 겸양의 미덕으로 고사하는 것으로 오인하여 지극히 숭상하는 상이다. 이것은 자기의 측근이 실상보다도 지나치게 선전한 까닭이므로 측근을 그냥 두지 말고 대노하여 단속해야 한다.
  행사(行師)는 대노하여 군대를 출동함이요, 읍국(邑國)은 자기나라 도읍이니 곧 자기의 측근이다. 군자는 명성이 실질보다도 지나치는 것을 부끄러워하니 지나친 명성을 사양하고, 소인은 명리를 탐하여 허명을 과장하며 겉으로만 겸양한다.

15-5-6 ─────────── 象에 曰鳴謙은 志未得也니 可用行師하여 征邑國也니라.

『상전에 말하기를 속에서 우러나온 겸손은 뜻을 얻지 못함이니 군대를 출동하여 도읍을 정벌함이 옳으니라.』

　● 지미득(志未得)은 상6이 겸퇴(謙退)하려는 뜻을 성취하지 못함
이다. 공덕을 이미 세우고, 명성도 이미 얻었으며, 몸도 또한 늙었으
니 이제는 힘이 없어서 용퇴하려고 하는바, 측근은 권세에 대한 미
련을 버리지 못하여 겸퇴의 진의를 겸양의 미덕으로 미화하여 자리
를 계속 지키려고 하므로 이에 대노하여 측근의 개인적 야망을 성토
하고 오해의 여지를 없애는 것이 옳다. 예로부터 부모조상의 공명을
자손이 뒤엎고, 지도자의 성대한 업적을 밑에서 추종하는 사람들이
그르치는 일이 많았으므로 영웅은 자가(自家)를 엄중하게 단속하였
다.

16 예(豫)괘

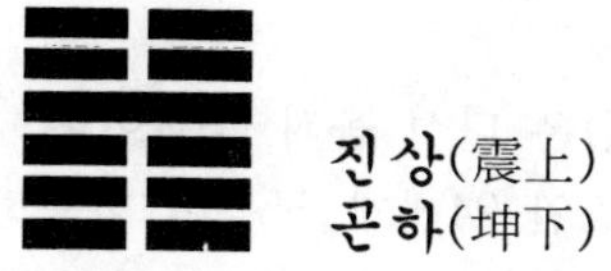

진상(震上)
곤하(坤下)

16-1-1 ——————————————————————————— 豫는 利建候行師하니라.

『미리함은 변방을 살피는 책임자를 세우고 군대를 출동함이 이로
우니라.』

● 예(豫)는 예비의 길이다. 사람이 미리 준비함이 있으면 서로 즐
거울 수 있으므로 또한 여락(豫樂)의 의미가 있다. 그 전체의 구조
가 매우 유약하고 5음의 실존도 또한 허약하여 미리미리 준비하지
않으면 어려움을 극복할 수 없는 상이다. 상괘는 진(震)이요 하괘는
곤이니 우뢰가 땅 위로 올라온 상으로 새봄이 와서 한 해의 일을 미
리 설계함을 상징하고, 안으로 화순하며 밖으로 힘차게 활동하는 성
격이니 반드시 대비가 있는 상황이다. 겸손(謙巽)은 인격을 보존하
기 위한 예방대책이다. 사람이 겸양하면 반드시 예비가 있으므로 겸
괘(謙卦) 다음에 놓였으며, 예괘(豫卦)는 겸괘를 돌려놓은 것으로
겸퇴(謙退)와 예비는 상승관계에 있음을 나타낸다.

예비의 큰 뜻은 현재안전과 미래안녕에 있으므로 현재의 안전을
유지하기 위하여 지역을 살피는 책임자를 세우고, 미래의 안전을 보
장하기 위하여 군대를 훈련시키는 것이다. 후(候)는 제후로서 지방
자치의 책임자요, 또한 척후(斥候)의 뜻이 있으니 군대를 출동함에
지역을 살피고 적군의 동태를 망보는 사람이다.

16-2-1 ────────────────── 象에 曰豫는 剛應而志行하고 順以動이 豫라.

『단전에 말하기를 미리 함은 굳센 것이 순응하여 뜻이 행하고 순리로 움직임이 예괘이라.』

◐ 강(剛)은 94요, 응(應)은 다섯 음과 응함이며, 지(志)는 94의 의지이다. 예괘(豫卦)의 주효인 94에게 군음이 화응하여 94의 상행(上行)하려는 뜻을 받아들임이다. 순(順)은 곤덕(坤德)이요, 동(動)은 진덕(震德)이니 순리로 출동함이 예괘의 예비하는 의미이다.

16-2-2 ─────────── 豫는 順以動故로 天地도 如之온 而況建侯行師乎아

『미리함은 차례로 움직이는 것이므로 하늘땅도 이와 같거늘 하물며 망군을 세워 군대를 출동함일까보나!』

◐ 순(順)은 순서요, 동(動)은 발동이다. 천도(天道)의 원형리정(元亨利貞)과 천시(天時)의 춘하추동과 오행의 상생상극이 모두 일정불변한 체계질서가 있어서 아무 것도 선후본말의 관계구조를 벗어나거나 어길 수가 없는 것이다. 천지자연의 변화도 차례가 있거늘 치국의 정도는 말할 것도 없으려니와 용병(用兵)의 권도(權道)에서도 능란한 임기응변의 술책은 자연의 순리를 따르는 데서 나오는 것임을 밝혔다.

16-2-3 ───────────── 天地가 以順動이라 故로 日月이
不過而四時가 不忒하고 聖人이 以順動이라.
則刑罰이 淸而民이 服하느니라.

『하늘 땅이 차례로서 움직이는지라 그러므로 날과 달이 지나가지 아니하고, 네 철이 어그러지지 아니하며, 성인이 차례로 움직이는지

라 곧 형벌이 맑고 국민이 복종하느니라.』

◉ 천지일월이 일정불변한 자연의 법칙을 지켜 움직이므로 하루는 24시간이요, 한 달은 30일이며, 일 년은 봄·여름·가을 겨울의 네 철이 있어서 24절기가 어그러지지 않는다. 성인도 자연의 순리를 본받아 순리로 예법을 제정하고 인간의 정리(情理)를 간추려 형법을 헤아리게 하니 형량이 천리와 인정에 합당하여 이의가 없으므로 사회가 맑아지고 만민이 감복하는 것이다.

16-2-4 ──────────────────────────────── 豫之時義가 大矣哉라.

『미리하는 때와 뜻이 크도라.』

◉ 예(豫)는 때가 왔을 때에 어려움을 극복하려는 준비요, 부족한 상황에서 노력을 다하려는 성의이다. 준비를 너무 일찍 시작하면 나중에 지쳐 버리고, 성의는 갑자기 다하기 어려우니 예비는 너무 빠르게 해도 안 되고 너무 늦어도 안 된다. 그러므로 아무리 대제(大祭)라도 7일계(七日戒)에 3일재(三日齊)가 예문(禮文)의 기준이다. 예비의 뜻은 정성을 모으려는 것이니 천지의 정성을 모으는 것은 일을 반드시 성공하려는 마음의 자세이다. 준비하는 때와 예비하는 뜻이 모두 중대한 것이다.

16-3-1 ──────────────────── 象에 曰雷出地奮이 豫이니 先王이 以하여
作樂崇德하여 殷薦之上帝하여 以配祖考하니라.

『상전에 말하기를 우뢰가 땅에서 나와 우뢰소리를 떨치는 것이 예괘이니 옛날 훌륭한 지도자는 음악을 제작하고 덕을 높이어 크게 하느님께 제사 드리며 시조와 돌아가신 아버지를 짝하여 함께 제사하니라.』

☯ 뢰(雷)는 양기가 발동함이요, 분(奮)은 뇌성벽력이다. 봄이 되면 땅속에 갇혀 억눌렸던 양기가 겨울의 매서운 음기를 뚫고 분출하여 나와 뇌성벽력하여 천지를 진동시키며 새봄을 예고한다. 이에 사람과 곤충이 모두 경칩에 겨울잠을 깨고 뛰어 나온다. 음악은 정서를 고무하는 노래요, 덕은 인격을 높이는 사랑이다. 천지가 화창한 봄 여름에 미리미리 준비하여 신바람이 나서 힘차게 일하고, 사람의 도리를 차례차례 모두 다하여 한 해의 일을 온전히 성공함으로써 마침내 하늘과 조상에게 감사할 수 있도록 미리미리 분발한다는 뜻이다.

가장 고상한 음악은 천지귀신을 감동시키는 제례악이요, 가장 고귀한 덕은 천지귀신을 감응시키는 제례정신이다. 이것은 모두 미리 익히고 미리 닦아야만 이룩할 수 있는 것이다. 천(薦)은 간소한 제사로 시식(時食)을 올림이다. 예문에 의하면 동지에는 환구(圜丘)에서 하느님께 제사하는데 시조를 함께 짝하고, 계추(季秋)에는 명당(明堂)에서 하느님께 제사하는데 돌아가신 아버지를 함께 짝한다고 하였다. 이것은 동지에는 한 해가 새로 시작함을 예고하는 것이요, 계추에는 한 해의 일이 성공하였음을 감사드림이다. 사람이 한 해의 일도 미리미리 준비하지 않으면 성공하지 못하고, 제사도 미리 정성을 모으지 않으면 귀신을 감격시키지 못하는 것이다.

16-4-1 ──────────────────────────────── 初六은 鳴豫니 凶하니라.

『초6은 우는 소리로 미리하니 흉하니라.』

☯ 초6은 예비의 시초에 허약한 실존으로 부정부중하여 예비할 수 있는 여력이 없는데도 94와 응하여 마음속만 조급하게 서둘러 미리 준비하고자 하는 상이다. 현재도 곤궁하니 예비할 여유가 없으며, 아직 때가 멀었으니 조급히 서두를 필요가 없는데도 충동적으로 다른 사람을 부러워하여 초조해 하니 분수를 모르고 과욕을 부리므로 흉하다. 아랫사람이 윗사람을 부러워하고, 빈천하면서 고귀한 것을 따르려고 하니 이것이 주제를 모르고 분수를 망각한 허욕이다.

16-5-6 ——————————————— 象에 曰初六이 鳴豫함은 志窮하여 凶也라.

『상전에 말하기를 초6이 우는 소리로 미리 함은 뜻이 곤궁하여 흉하니라.』

◉ 명(鳴)은 속이 불평하여 터져나온 우는 소리이다. 마음속에서 불안하고 답답한 것을 상징한다. 지(志)는 초6의 뜻이요, 궁(窮)은 곤궁하여 성공하지 못함이다. 학문에 순서가 있고, 사업에는 절차가 있으니 낮은 데로부터 높은 데로 올라가고, 가까운 데로부터 멀리 가는 것이다. 마음이 조급하여 낮은 기초를 버리고 높은 결과만 얻으려고 하면 끝끝내 뜻을 이루지 못한다.

16-4-2 ——————————————— 六二는 介于石이라 不終日이니 貞하고 吉하니라.

『62는 돌처럼 굳은 절개라, 하루 종일 하지 아니하니 바르게 지키고 길하니라.』

◉ 62는 유순하게 중정하여 불응불비하니 오로지 한 가지 일만 때를 따라 바르게 하는 상이다. 이것은 예비(豫備)의 본의이며 정성으로 일관함이다. 어느 때, 어느 곳에서라도 즉시 완성할 수 있는 만반의 준비가 항상 되어 있으므로 돌과 같은 견고한 지조를 바르게 지킴이다. 그리고 한 가지 일에만 오로지 하여 달통하면 때가 오는 것을 미리 보는 안목이 생기므로 기미를 보고 대비하는 까닭에 길하지 않음이 없는 것이다.

16-5-2 ——————————————— 象에 曰不終日이니 貞하고 吉함은 以中正也라.

『상전에 말하기를 하루 종일 아니하니 바르게 지키고 길함은 때맞추어 바르게 하는 까닭이라.』

● 부종일(不終日)은 즉시 완비하는 뜻이요, 중(中)은 2이며, 정(正)은 6이다. 중은 빠르거나 늦게 함이 없는 적시에 함이요, 정은 분수에 지나치거나 모자람이 없는 적당함이다. 62는 항상 때와 자리와 사람에게 알맞게 하는 중용의 도를 잘 지키는 사람이므로 구태여 예행연습을 할 필요가 없다.

16-4-3 ──────────────────── 六三은 盱豫라 悔며 遲하여도 有悔리라.

『63은 눈을 치켜올리고 미리 하는지라 뉘우치며, 더디게 하여도 뉘우침이 있으리라.』

● 63은 허약한 실존으로 부정부중하여 때와 장소를 예측하지 못하며, 불응하여 호응이 없는데도 이웃의 94를 본 충격으로 막연한 상황에서 갑자기 준비하는 상이다. 우(盱)는 눈을 부릅뜨고 설치는 꼴이니 반드시 소략할 것이므로 실례하여 뉘우치고, 착실히 하여 모두 갖춘다고 천천히 하면 때가 지나가서 결례하게 되는 까닭에 또한 뉘우침이 있는 것이다. 이미 준비할 때를 놓쳤고 성의도 없이 허겁지겁 허둥대다가 예비의 본의를 잃은 것이다. 한갓 허식에 지나지 않으니 아무래도 뉘우칠 수밖에 없는 것이다.

16-5-3 ──────────────────── 象에 曰盱豫라 有悔는 位不當也라.

『상전에 말하기를 눈을 부릅뜨고 미리 함이라 뉘우침이 있음은 자리를 감당하지 못함이라.』

● 63이 허약하고 부정하여 지방 자치단체장의 자리를 감당하지 못하므로 때를 놓쳐버려서 늦게야 서둘러 갑자기 준비한 것이 아무 쓸데가 없게 되는 것이다.

『94는 말미암아서 미리 함이라, 크게 신임을 얻음이 있나니 의심하지 아니하면 벗이 모여 도우리라.』

● 94는 강건한 실체로 비록 부정부중이나 위로 65의 지도자를 보필하는 사람이므로 65의 명령을 경유하여 예비하는 상이다.
　전체에서 오직 94만 양체이므로 홀로 예비의 대임(大任)을 감당할 능력이 있다. 이에 지도자의 명령에 따라 준비하니 크게 신임을 얻을 것이며, 또한 지도자의 명령에 의혹함이 없이 힘을 다하면 동지가 모여서 함께 도와주게 되니, 이것은 94의 충직한 정성에 감동한 까닭이다.
　유(由)는 경유요, 득(得)은 신임을 얻음이며, 물의(勿疑)는 확신이다. 붕(朋)은 동지이며, 합(盍)은 합(合)이요, 잠(簪)은 취(聚)이다.

『상전에 말하기를 말미암아 미리 함이라 크게 신임을 얻음은 뜻이 크게 행함이라.』

● 위로 지도자의 명령에 따라 미리미리 예비하여 근심이 없게 하니 이에 신임을 얻고, 아래로 동지와 민중으로부터 협력을 얻어 일을 완수하여 안전하게 하니 뜻이 크게 행함이다. 지(志)는 94의 뜻이니 5음이 94의 정성과 현명함에 감동하여 그 뜻을 따름이다.

『65는 바르게 지키되 근심스러우나 오래도록 죽지 아니하도다.』

◐ 65는 유순한 실존으로 허약한 구조의 지도자로서 유비무환을 모르는 바가 아니지만 부정하여 대비책을 세울 역량이 모자라고, 불응하여 대비책을 강구할 방략도 모을 수가 없으므로 오직 현재의 여건을 바로잡아 최선을 다하는 수밖에 없다. 이것은 대대적인 개혁을 통하여 적극적으로 예비함이 아니라 소극적인 예비인 까닭에 비록 준비가 있다고 해도 근심을 면할 수 없고 더욱이 그나마 준비도 94에게 위임하고 있어서 94의 권위가 올라가니 또한 이것도 걱정하게 된다.

그러나 65는 득중하여 시의적절하게 대비하므로 이 정도의 허술한 예비로도 오래도록 현상을 유지해 간다. 이것은 오직 운명에 자연스럽게 순응하는 것으로 대비책을 삼고 상황에 따라 유순하게 임기응변으로 대처하는 것이니 항상 걱정이 따르지만 파멸에 까지 이르지는 않는다.

16-5-5 —— 象에 曰六五는 貞하되 疾함은 乘剛也요 恒不死는 中未亡也라.

『상전에 말하기를 65는 바르게 지키되 걱정함은 강한 것을 탔음이요, 오래도록 죽지 아니함은 때를 얻어 멸망하지 아니함이라.』

◐ 강(剛)은 94요, 중(中)은 65이다. 허약한 주체로 강건한 사람의 위에 앉았으니 바르게 지켜도 스스로 불안하다. 그러나 94가 아니면 책임있게 예비할 수 있는 사람도 없으니 달리 방도가 없다. 예비는 때를 맞춤이 가장 중요하므로 65가 득중하여 요행히 때맞추어서 임시변통하지만 매우 구차스러운 것이다. 차라리 자리를 94에게 물려주고 용퇴함이 전체를 안전하게 하는 길이다.

16-4-6 ———————————————— 上六은 冥豫니 成하나 有渝면 无咎리라.

『상6은 멍청하게 미리 하니 성공하나 고침이 있으면 허물이 없으리라.』

◉ 명(冥)은 혼명(昏冥)이요, 투(渝)는 천개(遷改)이다. 상6은 예비의 종극이므로 예비에 철저하여 예비만 하고 때를 당해도 활용할 줄 모르는 상이다. 허약한 실존으로 부중·불응·불비하니 오로지 정위하여 예비에만 전념하는 사람이다. 이것은 맹목적인 예비로서 어느 때엔가 한 번은 성공할 것이나 이와같이 멍청한 예비는 힘의 낭비를 가져오므로 개과천선하여 지혜롭게 형세를 관망하는 안목을 갖추면 허물이 없는 것이다.

16-5-6 ─────────────────────── 象에 曰冥豫在上이어니 何可長也리오.

『상전에 말하기를 멍청하게 미리 하니 어찌 오래가리오.』

◉ 능력도 없으면서 우직하게 예비하려고만 하니 아래에 있는 사람들이 고통을 견디지 못하고 이탈할 것인즉, 어찌 오래 가겠는가? 즉시 예비를 중지하고 현재구원에 착수해야 한다. 오늘의 문제가 절박한 사람은 내일을 걱정할 틈이 없으니 오늘을 충실하게 살아야 내일의 일도 감당할 수 있는 법이다. 인생의 종말에서 오늘을 보람있게 살지 못하고 장래에 대한 예비만 하는 것이 멍청하게 미리 걱정함이다.

예괘에 있어서 예비의 뜻이 괘사와 효사에 차이가 있다. 괘사는 전체적, 집단적 조직사회의 경영윤리로 예비의 가치를 논하였기 때문에 예비가 있으면 즐겁다고 하였고, 효사에서는 부분적, 개인적 사생활의 생활윤리로 예비의 번거로움을 지적하였기 때문에 예비적 노력이 오히려 근심과 뉘우침의 짐이 될 수 있다고 하였다. 이것은 예비의 진정한 가치는 개인생활에 있어서보다는 국가사회조직을 경영하는 데 있음을 말한 것으로 집단윤리와 개인윤리의 차이점을 보여 준다.

17 수(隨)괘

태상(兌上)
진하(震下)

17-1-1 ──────────────────────── 隨는 元亨하니 利貞이라 无咎리라.

『따름은 크게 형통하니 바르게 지킴에 이로운지라 허물이 없으리라.』

☯ 수(隨)는 추종의 길이다. 예비가 있으면 때를 맞추어 순응할 수 있으므로 예괘(豫卦)의 다음에 놓였다. 그 괘체가 태상진하(兌上震下)이니 연못 속에 우뢰가 있어서 예민하게 감동하는 상이요, 그 성질이 내동외열(內動外悅)하니 감동하여 희열하므로 순종의 뜻이다. 그 전체의 구조가 3양 3음이 배합하여 강덕(剛德)과 유덕(柔德)이 조화하고, 정직하여 따르기가 쉬우며, 또한 그 개체의 실존도 충실방정하여 잘 따라갈 수가 있다.

따름이란 비천한 것을 버리고 고귀한 것을 따름이며, 사욕을 버리고 공론을 따름이며, 인심을 버리고 천리를 따름이라 크게 형통하고, 바르게 지켜 허물이 없는 것이다.

17-2-1 ──────────────────── 彖에 曰隨는 剛來而下柔하고 動而說이 隨니

『단전에 말하기를 수괘는 강한 것이 와서 부드러운 것의 아래에 있고 감동하여 기뻐함이 따름이니』

◐ 수괘(隨卦)가 이루어진 것은 비괘(否卦)의 상9가 초효로 내려
오고 초6이 상효로 올라가 효변(爻變)하여 되었다. 그리하여 양강
(陽剛)이 내려와 음유(陰柔)의 아래에 있으므로 감동하여 기뻐한다.
또한 괘변설(卦變說)로 살피면 곤괘(困卦)의 92가 초효로 내려와서
되며, 또 서합괘(噬嗑卦)의 상9가 5효로 내려와서 된다. 또한 미제괘
(未濟卦)의 92가 초효로, 상9가 5효로 내려와서 된다. 이것은 모두
강건한 것이 내려와서 부드러운 것을 따르게 함이니, 양이 사랑의
마음으로 스스로를 낮추어야만 음이 존경심으로 즐겁게 따라옴을
뜻한다.

17-2-2 ──────────── 大亨하고 貞하여 无咎하여 而天下가 隨時하나니

『크게 형통하고 바르게 지켜 허물이 없어서 천하가 때를 따르나
니』

◐ 음이 양을 따라가니 이것은 소인이 대인을 따르고, 부인이 남편
을 따르며, 몸이 마음을 따르는 격이므로 크게 형통하다. 삼라만상이
각각 제 모습을 바르게 지켜 자연의 변화에 따라서 바뀌므로 아무런
허물이 없으며, 천하의 만물이 다 같이 때를 따라서 저절로 생성변
화하는 현상이다.

17-2-3 ──────────────────── 隨時之義가 大矣哉라.

『때를 따르는 뜻이 크도다』

◐ 천도(天道)가 바뀌면 천시(天時)가 변하므로 천시를 따라야만
천도를 지킬 수 있는 것이다. 이것이 때를 따라 도를 따름이다. 만일
때를 버리고 따르지 않는다면 어떻게 도리를 다 할 수 있으리오! 그
러므로 때에 알맞게 하는 도리가 시중(時中)의 도이며, 시대에 떳떳

하게 사는 선비가 중행지사(中行之士)이니 사람이 때를 모르면 절도가 없고 시대를 외면하면 실용성이 없는 것이다. 항상 때를 따라 현실을 알맞게 개혁함이 곧 하늘의 뜻을 따르는 위대한 변혁의 정신이다.

17-3-1 ──── 象에 曰澤中有雷가 隨니 君子는 以하여 嚮晦入宴息하느니라.

『상전에 말하기를 연못 속에 우뢰가 있음이 수괘이니 군자는 본받아 어두워지면 들어가서 편안히 쉬느니라.』

◑ 연못 속의 우뢰는 평정과 파동을 서로 함께 하므로 따르는 것이다. 뢰(雷)는 2월에 땅을 나와 8월에 땅에 들어가니 연못의 물도 봄과 여름에는 땅 위로 솟아나오고, 가을과 겨울에는 땅속으로 스며드는 까닭에 서로 따르는 상이다.
　하늘의 도는 한번 양이 동(動)하면 한번 음이 정(靜)하는 절도가 있으므로 군자도 천시를 따라 한번 강건하게 활동하고 한번 유순하게 휴식하는 율동이 있다. 그러므로 낮에는 일하고 밤에는 쉬는 것이다. 예문에 의하면 군자는 낮에 집안에 머물지 않고 밤에는 밖에 있지 않는다고 했다.

17-4-1 ────── 初九는 官有渝니 貞하면 吉하니 出門交면 有功하리라.

『초9는 관직에 바뀜이 있나니 바르게 지키면 길하니 문을 나아가서 사귀면 공이 있으리라.』

◑ 초9는 따름의 시초로서 바야흐로 상황의 변화나 또는 구조의 개혁이 있는 것이다. 관(官)은 국가 공공기관의 조직이요, 투(渝)는 변화이니 곧 국가의 상황이나 사회구조에 변경이 생기므로 이에 순종해야만 할 여건에 놓인 것이다. 그러므로 피동적으로 바르게 따라가

고, 출문(出門)하여 사심으로 고집함이 없이 공정한 길로 따라가야 길하다. 만일 능동적으로 공정무사하게 사귀어 추종하면 성공이 있을 것이다.

『상전에 말하기를 관직이 바뀜이 있음에 바른 길을 따르면 길하니』

☯ 초9는 강건한 실체로 정위하였으나 부중불응하여 따름의 시초에 그 따르는 때를 잘 살피지 못하고 또한 그 따르는 대상을 잘 분간하지 못하다가 상황이 변경된 다음에야 따라야 되는 때를 인식하고 또한 공정한 것을 따르게 된다. 만일 상황의 동태를 살피지도 못하면서 사욕으로 성급하게 따르려고 하거나 자기의 고집만 지나치게 주장하다가는 정도를 어겨 뉘우침을 면하지 못하게 될 것이다.

『문을 나아가서 사귀면 성공이 있음은 잃지 아니함이라.』

☯ 초9는 스스로 따르는 때를 판단할 수 있는 능력이 없으나 다행히 62와 친비하였으므로 사심 없이 중정한 62를 찾아가서 사귀면 때를 잃음이 없게 된다. 종정(從正)은 바른 길을 따라감이요, 불실(不失)은 시기를 상실하지 않음이다.

『62는 어린 아이들에게 얽히면 대장부를 잃으리라.』

☯ 62는 유순한 실존으로 중정하였으니 시세에 민감하고 실용에 투철한 사람의 상이다. 그리고 95와 정응하였으므로 그를 따라야 되는 시대임을 잘 알고 있고, 또한 그를 따르려는 성실성도 있지만 한편으로 초9와 친비하여 이것을 따르는 형세의 쉬움과 또한 이것을 따르는 이용도도 잘 알고 있는 까닭에 위아래를 모두 아울러서 따르려는 과욕이 있을 수 있다. 그러나 약자가 강자를 따름에 두 곳을 아울러서 할 수 없으니 부득이 소인은 버리고 장부를 오로지 따르는 것이 바른 길이다. 소인은 초9이고, 장부는 95이다. 땅은 두 하늘을 섬길 수 없으며, 책임자는 두 지도자를 섬길 수 없으며, 아내는 두 남편을 섬길 수 없는 법이다.

17-5-2 ──────────────────────── 象에 曰係小子면 不兼與也리라.

『상전에 말하기를 어린 아이들에게 얽히면 아울러 더부르지 못하리라.』

☯ 따르는 도리는 순수전일함을 숭상한다. 위로 천시의 이상을 추구하면서 아래로 현실의 세력을 규합하며, 근본적으로 형이상의 의리를 밝히면서 부수적으로 형이하의 이용을 발명한다면 이것은 강건명철한 대영웅의 일이다. 62와 같이 유약한 사람으로는 난잡하고 어설픔을 면하기 어려우니 차라리 순수하게 오로지 한 가지만을 따르는 것이 옳다. 그러므로 국량이 크지 못한 초야의 단아한 선비는 예의를 고수하며 학문연구에 전념함이 옳은 것이다.

17-4-3 ──────────────────── 六三은 係丈夫하고 失小子하니
隨에 有求를 得하나 利居貞하니라.

『63은 장부에게 얽매이고 어린 아이들을 잃어버리니 따라감에 찾는 것을 얻을지나 바르게 지키는 자리에서 사는 것이 이로우니라.』

◐ 63은 허약한 실존으로 부정부중한 자리에 있는 까닭에 자체 판단력이 미약하고 또한 불응하니 고독하므로 오직 94와 친비하여 오로지 따르는 상이다.

　장부는 94요, 소인은 동체(同體)인 초9이다. 비천한 동체(同體)의 정을 버리고 고귀한 이체(異體)의 세력을 오로지 추종하는 인간에게 어찌 도덕의리를 찾겠는가? 한갓 부귀와 권세를 추구하여 얻을 것이나 94와 63이 모두 부정부중하니 방탕하고 사치한 폐단이 생길 것이다. 이에 크게 경계하여 분수를 바르게 지킴이 이롭다. 63은 분별력이 없어서 오직 목전의 실리만을 보고 따라가는 사람이므로 지방자치단체장의 본분을 지키라고 경계하였다.

17-5-3 ──────────────────────── 象에 曰係丈夫는 志舍下也라.

『상전에 말하기를 장부에게 얽혀매이는 것은 뜻이 아래를 버림이라.』

◐ 언제나 유력한 사람과 밀접한 관계를 맺어서 오로지 추종하는 것은 의리를 돌아보지 않고 눈앞의 공명과 이익과 권세만을 노려 탐욕함이다. 63은 그 의지가 오직 이해득실을 계산하여 높고 크고 귀한 것만 추구하고, 낮고 작고 천한 것은 버리는 변덕이 있다.

17-4-4 ──────────────────── 九四는 隨에 有獲이면 貞이라도 凶하니
有孚在道하야 以明이면 何咎리오.

『94는 따름에 이익을 얻음이 있으면 바르게 지켜도 흉하니 믿음을 두고 도에 있어서 밝으면 무슨 허물이리오.』

◐ 94는 강건한 실체로 지도자를 보필하는 공직에 있으므로 멸사봉공해야 할 책임이 있다. 이에 95의 대도를 오로지 따르지 않고 부

정·부중·불응한 식견으로 권세를 이용하고 명예와 이익을 도모하여 종파를 형성하며 추종하는 무리를 두면 아무리 바르게 지켜도 95의 대동정신을 해치고 마침내 그 은혜와 권위를 능멸하고 핍박하는 형세가 되므로 반드시 흉하다. 다만 천하의 민심이 자기를 따를지라도 지도자를 신임하고 스스로 도의를 지키면서 밝게 처신하여 모든 은덕과 위엄이 지도자로부터 나오게 하고 민심이 모두 지도자를 따르도록 하면 허물할 수 없는 것이다.

17-5-4 ─────── 象에 曰隨에 有獲은 其義가 凶也요 有孚在道는 明功也라.

『상전에 말하기를 따름에 이득을 둠은 그 의리가 흉악하고, 믿음을 두어 도리를 지킴은 명철한 공이라.』

◐ 지도자를 측근에서 따르면서 사사로이 종파를 형성하여 이익을 도모함은 공직에 있는 책임자의 의리를 저버린 것이므로 흉악하고, 지도자를 확신하며 아랫사람의 도리를 다함은 사리에 명철한 공적이다.

17-4-5 ──────────────────────── 九五는 孚于嘉니 吉하니라.

『95는 아름다움으로 믿으니 길하니라.』

◐ 95는 강건한 지도자로서 중정하여 위로 천명을 따르고, 아래로 62와 정응하여 민심을 따른다. 이에 사해의 인류가 모두 우러러 믿고 따르는 상이다. 가(嘉)는 착함과 아름다움이니 지도자가 말하면 믿고, 움직이면 본받아서 한번 손을 들고 한번 발을 놓음에 만민이 즐거워함이다. 이것은 모두 저절로 믿고 스스로 따름인즉, 억지로 권유하거나 위협함이 아니다.

『상전에 말하기를 아름다움으로 믿으니 길함은 자리가 바르고 가운데임이라.』

◐ 95는 중정하였으니 지도자의 큰 덕을 갖추고서 천하대공의 대동태평정치를 행하여 한 몸이 곧 인류의 사표요 어진 정치의 주체이다. 그 정성은 능히 하늘을 감동시키고, 그 신의는 족히 인류를 감화시키니 멀리 일월성신도, 가까이 산천초목도 감격하여 희노애락을 함께 한다.

17-4-6 ──────────── 上六은 拘係之요 乃從維之니 王用亨于西山이로다.

『상6은 붙잡아 읽어매고 이에 쫓아가 동아줄로 묶으니 지도자가 서쪽 산에서 하늘에 제사 올리고 맹세함이라.』

◐ 상6은 따름의 종결이니 이반(離叛)의 정(情)이 일어남이다. 상6은 허약한 실존으로 정위하여 현상유지는 할 수 있으나 부정·불응하여 때가 이미 지나갔고 또 호응하여 따르는 이도 없는 상이다. 그러므로 이제까지 충실히 따르던 사람들이 더 이상의 희망이 없는 것을 보고 이반하려고 하므로 붙잡아 못가게 하고, 또 쫓아가 이끌어 와서 영원히 함께 할 것을 하늘에 맹세하여 보여 주는 것이다. 이것은 구차하게 유혹하고 힘으로 강권하는 것이니 어찌 오래가겠는가?
　구(拘)는 배반자를 구속함이요, 종(從)은 이탈자를 쫓아가서 잡음이며, 계(係)는 새끼로 읽어매는 것이며, 유(維)는 동아줄로 묶음이다. 왕(王)은 지도자요, 서산(西山)은 하늘에 제사하는 곳의 하나이다.

17-5-6 ──────────────────────── 象에 曰拘係之는 上이 窮也라.

『상전에 말하기를 붙잡아 얽어매는 것은 지도자가 궁박함이라.』

◑ 지도자가 더 이상의 신망이 없어서 그 지도력이 한계에 다달은
까닭으로 위로 천명이 떠나가려고 하고 아래로 민중이 흩어지려고
하는 것이다. 이것은 모두 지도자가 스스로 취한 재앙이니 누구를
원망할 것인가? 스스로 하늘에 맹세하여 속히 뚜렷하게 개과천선하
는 길뿐이리라.

18 고(蠱)괘

18-1-1 ──────────────────────── 蠱는 元亨하니 利涉大川이니

『일은 크게 형통하니 큰 시내를 건너감이 이로우니』

◑ 고(蠱)는 사업의 길이다. 사물이 무너지고 어지러워져 일거리가
생김이다. 그러므로 일이란 변통의 뜻인바, 현상을 조절하여 새로운
질서를 구축함이다. 그 전체의 구조가 3양 3음으로 균형이 유지되었
으나 조직이 정비되지 못하였고, 개개의 실존은 건순(健順)하지만
분수를 알지 못하니 이에 손하간상(巽下艮上)하여 바람이 산을 넘지
못하고 산 아래로 돌면서 만물을 흔들어 어지럽게 하고, 유순하게
그쳐 버리니 일이 생긴 뜻이다. 고(蠱)는 수괘(隨卦)를 돌려놓은 것
으로 사람이 따르면 성분과 직분에 따라서 반드시 일이 있는 까닭에
그 다음에 놓였다.
　천하의 일은 한번 잘되고, 한번 어지러워지나니 예로부터 어지러
운 것을 다스려서 잘되게 하는 일은 크게 형통하고, 또한 무너지고
어지러워짐으로 인해 대개혁을 하는 것은 더 큰 발전을 이룩하므로
이미 벌어진 일거리라면 더 크게 일하는 것이 좋은 것이다.

18-1-2 ──────────────────────── 先甲三日하며 後甲三日이니라.

『일을 시작하기 전에 사흘을 생각하며, 일을 하고 나서 사흘을 살 펴지니라.』

◐ 갑(甲)은 천간(天干)에 있어서 수(數)의 첫머리요, 일의 실마리 이다. 갑일의 3일 앞은 신일(辛日)이요, 3일 뒤는 정일(丁日)이다. 만사가 갑(甲)에서 시작하여 경(庚)에서 변경되고 계(癸)에서 무너 지게 된다. 일이 무너지기 시작할 때에 그 원인을 규명하고 새로운 일을 설계함에 사흘을 연구함은 지극한 정성으로 완벽하게 준비함 이요, 일을 착수하고도 또다시 사흘을 살피라고 함은 새로운 변화에 대한 반응을 주시함이니 미처 생각치 못했던 폐단이 있을까 두려워 하여 속히 바로잡으려 함이다.

후세의 사람들은 일곱날 밤낮을 생각하고 살피는 원리를 깨닫지 못하여 즉흥적으로 일을 시키며 조급하게 끝내 버리고 다시 돌아보 지 않는다. 그리하여 천박한 생각으로 쉽게만 처리하는 까닭에 일이 성공하기도 전에 일백 가지 폐단이 함께 벌어져 힘을 배로 쓰고도 현실은 개혁되지 않는다. 일이란 근본이 있고 말단이 있으며, 만물은 각각 요처(要處)가 있고 지엽(枝葉)이 있다. 일의 근본요처를 다스 리면 쉽고도 완전하게 성공하려니와 지엽말단에 집착하면 일만 번 거로워지고 기약했던 성과도 거두지 못한다.

18-2-1 ─────────────────── 彖에 曰蠱는 剛上而柔下하고 巽而止가 蠱라.

『단전에 말하기를 고괘는 강한 것이 올라가며 부드러운 것이 내려 오고 공손하게 그침이 일이라.』

◐ 강(剛)은 상9요, 유(柔)는 초6이니 태괘(泰卦)가 변하여 고괘 (蠱卦)가 이루어짐이다. 또한 괘변설(卦變說)에 의하여 비(賁)·정 (井)·기제(旣濟)에서도 올 수 있으나 모두 강건명철한 사람이 위에 서 지도하고 유순하고 능력있는 사람이 아래에서 따르는 상이므로 일을 할 수 있는 구조요, 공손하게 그침은 일을 끝내는 법도인 까닭

에 모두 일을 상징하였다.

『일은 크게 형통하여 천하가 잘 다스려짐이요,』

☯ 사흘 밤낮을 되풀이하여 생각한 치밀한 계획과 착수한 다음에
도 3일을 관찰하는 성의는 비록 한 사람에 의해 일이 시작되지만 그
일을 공명하게 경영하여 만인의 협력을 얻게 되면 크게 형통하여 천
하까지도 잘 다스릴 수 있는 것이다. 일이란 사람이 천지의 주인이
요 우주의 경영자임을 확인시켜 주는 것으로 멋있는 가정을 꾸미고,
힘찬 나라를 세우며, 평화로운 세계를 만드는 것이 모두 사람의 일
이다.

『큰 시내를 건너감이 이로움은 찾아가서 일을 함이요,』

☯ 일은 하던 끝에 마저 해버려야 된다. 쉬었다가 다시 하려면 모
두 새로 준비를 해야 되므로 두 번 일이 되는 것이다. 일이란 하면
느는 것이니 경험을 통하여 지혜와 솜씨가 늘기 때문에 사람은 일을
찾아서 해야 된다. 그러므로 기초부터 튼튼하게 다져 착실하게 경영
하고, 민중의 자발적인 협조를 얻어 힘이 남거든 새로운 일을 찾아
서 추진함이 옳으니 작은 성공에 만족하지 말고 대성을 기약하는 사
람이 큰 일꾼이다. 그러므로 가는 곳마다 일이 있다고 하는 것이다.

『일을 착수하기 전에 사흘 밤낮을 생각하며, 일을 착수하고 사흘 밤낮을 살피는 것은 끝내면 시작이 있는 것이 하늘의 운행이라.』

◐ 큰 시작은 종극의 결과를 예정하고 시작하는 것이며, 큰 끝냄은 새로운 시초를 만들어 놓고 끝내는 것이다. 그러므로 앞일은 뒷일의 거울이요, 오늘의 일은 어제의 일의 연장인즉, 시원을 연구하면 종말을 알아낼 수 있는 것이다. 천도의 운행은 유구하여 시작이 없으니 또한 끝도 없어서 무궁한 가운데 시일월년(時日月年)의 절도가 바뀌어 끝나면 곧 다시 시작된다. 만물은 모두 철을 따라서 변화하므로 때가 바뀌면 반드시 일이 달라지게 되는 까닭에 천행(天行)의 종시(終始)와 인사(人事)의 종시가 함께 이루어지는 것이다.

18-3-1 ──────────────────────── 象에 曰山下有風이 蠱니
君子는 以하여 振民하며 育德하느니라.

『상전에 말하기를 산 아래에 바람이 있음이 고괘이니 군자는 본받아 민중을 떨치어 일어나게 하며 덕을 기르느니라.』

◐ 산 아래에 바람이 몰아쳐서 만물이 흔들려 어질러지니 일이 생기는 상이다. 군자의 큰일은 제세구민(濟世救民)의 사업과 대중지정(大中至正)의 도덕을 완성함에 있으므로 군자는 공리에 의한 공론의 정치를 베풀어 국민이 신바람 나도록 하고, 본성에 의한 선량한 인격을 닦아 인품을 높이도록 해야 한다. 진민(振民)은 사람을 다스리는 일이요, 육덕(育德)은 자기의 몸을 닦는 일이다.

18-4-1 ──────────────────────── 初六은 幹父之蠱니 有子면 考가
无咎하리니 厲하나 終吉이리라.

『초6은 아버지의 일을 주간하니 자식이 있으면 죽은 애비에게 허

물이 없도록 하리니 위태로우나 마침내 길하리라.』

◑ 초6은 무너지고 어지러워짐의 시초요 사업의 착수기이다. 유약한 실존으로 부정부중하고 또한 불응하니 고아가 아비의 일을 주간하는 상이다. 가사를 계승할 수 있는 장성한 아들이 있으면 죽은 아비에게 허물이 없을 것이며, 처음으로 가업을 이어 받은 아들은 경험이 없어서 위태로우나 성실하게 이웃 92에게 물어서 일을 처리하면 마침내 길하리라. 간(幹)은 주간이요, 고(考)는 죽은 아버지이다. 길(吉)하다 함은 일이란 반복하면 저절로 늘기 때문이다.

18-5-1 ———————————————————— 象에 曰幹父之蠱는 意承考也라.

『상전에 말하기를 아버지의 일을 주간함은 죽은 아비의 일을 이어받을 것을 생각함이라.』

◑ 가족은 혈연집단이므로 가문에는 종통(宗統)이 있다. 그러므로 비록 만세에 이르러도 그 항렬이 어그러짐이 없이 대대로 서로 이어지는 것이다. 조손(祖孫)이 일체요 부자가 동인(同仁)이므로 가사를 물려줄 자식이 있으면 아비의 사명을 저버리지 않았으니 허물이 없는 것이다. 자식은 어버지가 돌아가심에 마땅히 유지를 받들고 유업을 완수하여 아버지에게 허물이 없도록 하는 것이 자식의 도리이다. 효도는 사람 노릇을 하는 본분이니 일백 가지 아름다운 행실이 여기에서 비롯하고, 일만 가지 길한 복이 여기에서 나오는 것이다.

18-4-2 ———————————————————— 九二는 幹母之蠱니 不可貞이니라.

『92는 어머니의 일을 주간하니 바르게 지킬 수가 없으리라.』

◑ 92는 강건한 실체로 득중하고 정응친비하였으니 능숙한 솜씨로

여러 사람들의 어려운 일을 모두 도와주는 상이다. 92는 65의 지도
자와 정응하여 그를 돕지 않을 수 없는데, 65의 일은 곧 전체를 구
원하는 지도자의 책무이므로 92가 크고 작은 모든 일에 일일히 찾아
가서 도와 주어야 되는 것이다. 이것은 마치 어머니가 자상하게 보
살펴야 되는 일을 주간함과 같은 것으로서 자기의 몸을 돌볼 틈이
없이 처음부터 끝까지 정성을 다하고, 큰 일이나 작은 일이나 있는
힘을 다하여 남을 돕는 일이다. 사람의 재능은 천하의 것이지 한 사
람의 것이 아니다. 훌륭한 재능은 반드시 천하국가를 위하여 쓰여야
되는 것이므로 홀로만 사유해서는 안 됨을 밝힌 것이다. 특출한 재
능을 가지고 있는 사람은 인류에 대한 선지선각의 사명을 저버리지
말아야 한다.

18-5-2 ─────────────────────────── 象에 曰幹母之蠱는 得中道也라.

『상전에 말하기를 어머니의 일을 주간함은 때에 알맞는 도를 얻음
이라.』

◉ 일이란 할 수 있는 사람이 해야 될 때에 하는 것이다. 할 줄 모
르는 사람에게 맡기면 버려 놓고, 하지 않을 때에 하면 망쳐 버린다.
그러므로 훌륭한 재능이 있는 사람은 일을 해야 되는 때에 절대로
회피하지 말고 무조건 있는 힘을 다하여 일을 도와 주니 이것은 사
람으로서 떳떳한 길을 가는 까닭이다. 어머니는 이성(異姓)이니 어
머니의 일을 주간함은 나의 일과 남의 일을 구별하지 않음이다.

18-4-3 ─────────────────────── 九三은 幹父之蠱니 小有悔나 无大咎리라.

『93은 아버지의 일을 주간하니 조금 뉘우침이 있으나 큰 허물은
없으리라.』

◐ 93은 과강부중(過剛不中)하여 재능은 많으나 때가 지나간 다음에 일을 하는 상이다. 정위하여 불응하니 자기의 공동체를 유지하는 가장의 직분에만 충실하고 남의 집안일에 상관하지 않으므로 아버지의 일을 주간한다고 하였다. 때가 늦어진 다음에야 일을 착수하니 힘이 많이 들어가므로 조금 뉘우침이 있으나 재능이 충분하여 마침내 일을 감당하는 까닭에 큰 허물이 없는 것이다.

18-5-3 ──────────────────────── 象에 日幹父之蠱는 終无咎也라.

『상전에 말하기를 아버지의 일을 주간함은 마침내 허물이 없느니라.』

◐ 93은 지나친 이상만 추구하다가 현실에서의 자기 직분을 잊어버렸지만 늦게야 크게 깨달아 자기의 도리를 다하니, 어려서 못했던 효도를 늙어서 다하고, 어버이 살아서 못다한 효성을 죽은 뒤에 다하므로 마침내 허물이 없는 것이다.

18-4-4 ──────────────────────── 六四는 裕父之蠱니 往하면 見咎하리라.

『64는 아버지의 일을 너그러이 하니 그대로 가면 안타깝게 되리라.』

◐ 64는 유약한 실존으로 지도자를 도와서 멸사봉공하는 사람이므로 가사를 돌아볼 여유가 없는 상이다. 그러므로 선친의 사업을 등한시하게 되니 이대로 가면 부중불응하여 공직에 나아가서 별다른 기여도 못하면서 집안의 유업까지 폐하게 되어 안타깝게 된다. 이것은 제가(齊家)도 못하면서 치국(治國)에 나선 것으로 두 가지를 모두 망치게 되니, 속히 어진이를 추천하여 자리를 넘겨 주고 초야로 물러나서 집안 일을 힘써야 될 것이다.

『상전에 말하기를 아버지의 일을 너그러이 함은 더 나아가면 이겨내지 못하니라.』

◑ 효자의 문하에 충신이 있다고 하였다. 어찌 가사를 등한히 하면서 국사를 잘할 수 있겠는가? 재주 없고 의지가 약하며 식견이 짧은 사람은 밖으로 나아가서 어려운 일을 책임지면 낭패하게 되는 것이다. 반드시 자기의 능력을 헤아려서 일의 책임을 맡아야 되나니 일에 과욕은 금물이다.

18-4-5 ─────────────────────── 六五는 幹父之蠱니 用譽리라.

『65는 아버지의 일을 주간하니 명예로우리라.』

◐ 65는 비록 유순한 실체이나 득중하여 일을 해야 되는 때를 통달하고 92와 응하여 일을 할 수 있는 현능한 인재를 얻었으니 자체의 일을 함에 아무런 어려움이 없는 지도자의 상이다.
　무릇 지도자가 일을 함에는 먼저 일을 해야 되는 시기를 얻어서 적합한 인재를 골라 뽑아 적당한 임무를 맡기는 것이 가장 중요한 일이니 65는 때와 사람을 모두 얻었으므로 쉽게 일을 성공하여 명예가 따른다.

18-5-5 ─────────────────────── 象에 曰幹父用譽는 承以德也라.

『상전에 말하기를 아버지의 일을 주간하여 명예로움은 덕으로써 이음이라.』

◐ 65는 허약하여 자기의 직분을 벗어난 일은 감당할 힘이 없으므

로 아버지의 일만을 주간한다. 92는 초야의 현인이니 65가 부덕하고
무도하면 숨어 버리고 나와서 돕지 않는다. 오직 65가 분수를 지켜
자체 내부의 일에 충실하고, 아울러 선덕을 갖추어 사람을 포용하여
전권을 위임할 수 있는 도량이 있으므로 92의 도움을 받아서 일을
명예롭게 완수할 수 있는 것이다. 지도자에게 명덕(明德)이 있으면
천하의 도움을 받아 일을 쉽게 성공하고, 지도자에게 덕이 없으면
어진이가 먼저 떠나가 버린다.

18-4-6 ──────────────────────────── 上九는 不事王侯하고 高尙其事로다.

『상9는 나라의 지도자나 책임자를 섬기지 아니하고 그 일만 고상
하게 하니라.』

◉ 상9는 일을 종결하는 시점에서 강건한 실체로 일을 할 수 있는
여력은 아직 있지만 부정부중하여 일을 할 곳도 아니요, 일을 할 때
도 지나가 버렸으며 불응하여 도와줄 사람도 없는 상이다. 큰일이
이미 끝났으니 편안히 휴식을 할 때요, 할 만한 일거리도 없으니 나
설 자리가 아니다. 비록 경천동지(驚天動地)할 재능이 있고, 포풍도
룡(捕風屠龍)의 솜씨를 가졌다고 해도 아무런 쓸데가 없는 일이니
세상에 나서지 말고 자기의 인생사나 고상하게 끝내야 한다.

18-5-6 ──────────────────────────── 象에 曰不事王侯는 志可則也라.

『상전에 말하기를 나라의 지도자나 책임자를 섬기지 아니함은 뜻
이 본받을 만하니라.』

◉ 큰 재주를 작은 일에 쓰지 않음은 재주를 아낌이요, 재주를 팔
아 출세를 하지 않음은 법도를 지킴이다. 그 뜻이 가히 본받을 만하
다. 선비는 법도를 지키는 사람이니 아무리 힘이 많아도 남의 일에

함부로 나서서 간섭하지 않는다. 선비에게는 세상의 일에 상관하지 않고 홀로 고상하게 사는 길이 있다. 훌륭한 도덕을 간직하고도 때를 만나지 못하여 고결하게 홀로 지키는 사람이 있는가 하면, 때를 얻어 일을 다 마치고 그칠 줄을 알아 물러나서 스스로 분수를 지키는 사람도 있고, 능력이 모자람을 스스로 알고 세상에 알려지는 것을 싫어하여 숨어서 깨끗하게 사는 사람도 있으며, 세상의 일에 얽히는 것을 더럽게 여겨 고결하게 몸과 마음을 받들어 지키는 사람도 있다. 그 때의 얻고 잃음과, 그 능력의 많고 적음과, 그 일의 크고 작음에 따라 각각 그 일을 스스로 고상하게 하는 것이니 이에 그 뜻이 본받을 만하다.

19 림(臨)괘

19-1-2 ──────────────────────── 臨은 元亨하고 利貞하니

『가까이 이르러 보살핌은 크게 형통하고 바르게 지킴이 이로우니』

◉ 림(臨)은 감찰(監察)의 도이다. 위에서 아래로 임하는 것이니 가까이 이르러 보살펴서 키움이다. 림괘(臨卦)는 그 전체의 구조가 매우 허약하지만 아래의 2양이 위의 4음에게 억눌려 핍박을 받으면서도 억세게 자라나고 있으므로 천지신명이 임하여 보살펴 주는 상이다. 사람이 일을 하면 어른이 와서 보살펴 주므로 고괘(蠱卦) 다음에 놓였다. 그 괘체가 곤상태하(坤上兌下)로 연못 위에 땅이 있으니 언덕 위에서 호수를 임하는 상이요, 안으로 기뻐하고 밖으로 순응하니 끝없이 임하는 성질이며, 12월의 괘로서 새해를 임하는 달이다. 어려울 때에 보살펴 줌은 크게 형통하고 장차 크게 자라리니 바르게 지킴이 이로운 것이다.

19-1-2 ──────────────────────── 至于八月하면 有凶하리라.

『팔월에 이르면 흉함이 있으리라.』

◐ 음양에는 소멸·성장하는 원리가 있으므로 동지에 1양이 발동하니 복괘(復卦)이다. 림(臨)은 12월의 괘이고, 태(泰)는 정월의 괘이며, 대장(大壯)은 2월, 쾌(夬)는 3월, 건(乾)은 순양(純陽)이니 4월의 괘이다. 5월이 되면 하지에 1음이 생겨나오니 구괘(姤卦)요, 돈(遯)은 6월, 비(否)는 7월, 관(觀)은 8월, 박(剝)은 9월, 곤(坤)은 순음(純陰)이니 10월의 괘이다. 이와같이 12벽괘(辟卦)가 순환반복하여 왕래소장하므로 돈(遯)은 임(臨)의 반대적인 실존이요, 관(觀)은 림(臨)의 반대적인 구조이다. 따라서 8월이 되면 성장하는 구조가 도리어 쇠퇴하는 구조로 뒤바뀌므로 이에 흉하다고 하였다. 대체로 성인은 시초에 경계한다. 일이란 미리 조심하여 방비하지 않으면 나중에 너무 극성한 뒤에는 그 형세가 사나워서 걷잡을 수 없는 까닭이다.

19-2-1 ──────────────────────────── 彖에 曰臨은 剛浸而長하며

『단전에 말하기를 임괘는 굳센 것이 잠기어서 자라며』

◐ 초·2의 양이 4음의 강성한 위세에 핍박을 받으면서도 그 속에 스며들어 점점 자라고 있는 불굴의 원기와 불멸의 정신을 길러 강건한 생명력을 간직하므로 천지신명의 강림함이 있음을 밝혔다.

19-2-2 ──────────────────────────── 說而順하고 剛中而應하여

『기쁘게 따르고 힘차게 때맞추어 호응하여』

◐ 열(說)은 열(悅)이니 태(兌)의 덕이요, 순(順)은 곤(坤)의 덕이다. 강중(剛中)은 92가 양강득중(陽剛得中)함이요, 응(應)은 65와 화응함이다. 기쁘게 따르는 것은 위에서 임하게 하는 자세요, 힘차게 때 맞추어 호응함은 위에서 임하여 주는 방법이다.

『크게 형통하여서 바르니 하늘의 도이라.』

◑ 천지자연의 도는 영원하여 생생불궁하고, 만물은 천도의 변화에 각각 그 타고난 성질을 바르게 하니 크게 형통하여 바르게 지킴은 천도와 오로지 일치하는 것이다.
　대형(大亨)은 원형(元亨)을 해설함이요, 정(正)은 이정(利貞)을 풀어서 말함이다.

『팔월에 이르러 흉함이 있음은 소멸이 오래지 아니함이라.』

◑ 길흉소장하는 순환원리가 있으므로 2양이 바야흐로 자라날 때에 머지 않아 소멸하는 시기가 있음을 알고 이에 대하여 미리 경계하고 대비해야만 온전히 바르게 지킬 수 있는 것이다. 봄과 여름에 가을과 겨울을 대비해야 하는 것이요, 태평시대에 난세에 대한 방비책을 세워야 하는 것이다. 만일 흥성함에 도취되어 난세에 대한 예비가 없으면 금방 소멸하고 마는 것이다.

『상전에 말하기를 연못 위에 땅이 있음이 림괘이니 군자는 본받아 교육하는 생각이 끝이 없으며 국민을 포용하여 보호함이 가이없느니라.』

◑ 연못 위에 있는 땅은 택안(澤岸)이니 땅과 물이 만나는 곳이다.

만물이 서로 다달아 접함에 물과 흙처럼 밀접한 것이 없으므로 지상유수(地上有水)는 비괘(比卦)요, 택상유지(澤上有地)는 림괘(臨卦)이다. 언덕 위에서 연못을 바라볼 제 끝없이 광활한 가운데 일체의 현상을 모두 살필 수 있는 것이 아래로 임하는 뜻이다. 따라서 군자가 사람을 가르침에 사람을 차별하지 않아 교육의 기회를 평등하게 하며, 배우기를 희망하는 사람에게 끝까지 가르쳐 숨김이 없다. 이것이 교육에 임하는 생각이 끝이 없음이며, 또한 군자가 정치에 임하여 국민을 포용하여 보호함에 어진 정치를 베풀어 무한히 공명광대한 대동사회를 이룩하는 것이므로 인류구원에 국경이 없다고 하였다.

무궁(无窮)은 교육에 의한 감동이 끝이 없음이니 태괘(兌卦)의 상이요, 무강(无疆)은 정치에 의한 감복이 가이 없음이니 곤의 상이다.

19-4-1 ──────────────────────── 初九는 咸臨이니 貞하여 吉하니라.

『초9는 감동하여 이르러 보살핌이니 바르게 지켜 길하니라.』

◉ 초9는 감찰의 시초로 강건하게 정위하였고 64와 정응하였으니 직접 감응하여 정면으로 직시하는 상이다. 함(咸)은 감(感)으로 통용하니 하천한 민중은 성실과 정직이 아니면 윗사람을 감동을 시킬 수가 없고, 감동을 시키지 못하면 윗사람이 이르러 보살펴 주지 않으므로 먼저 꾸준한 정성을 모으고 털끝만큼도 숨김이 없는 정직한 자세를 갖추어 분수를 바르게 지켜야만 비로소 임하여 길한 것이다. 사람은 처음 보았을 때의 인상이 나쁘면 다시 돌아보기 어려우니 순결하고 단정한 품격을 나타냄이 중요하다.

19-5-1 ──────────────────── 象에 曰咸臨이니 貞하여 吉함은 志行正也라.

『상전에 말하기를 감동하여 이르러서 보살핌이니 바르게 지켜 길함은 뜻과 행실이 바름이라.』

　●　초9는 양명한 실체로 양위에 있으니 그 뜻이 바르고, 64와 정응
하여 직시하니 행실도 바르다. 림(臨)은 와서 임하도록 하는 길과
가서 임하여 주는 길이 있는데 초9는 뜻과 행실이 바른 까닭에 처음
으로 임함에 직시할 수 있는 것이나 아직 낮은 자리에 있으므로 감
응의 관계가 있는 곳에만 임할 뿐이다.

19-4-2 ──────────────── 九二는 咸臨이니 吉하여 无不利하리라.

『92는 감동하여 이르러 보살피니 길하여 이롭지 아니 함이 없으리
라.』

　●　92는 강건한 실체로 유순한 자리에 있어 그 뜻이 유순하고 득중
하여 임할 때에 밝으며 65와 응하여 밀접한 관계에 있으니 필요할
때마다 즉시 임하는 상이다.
　65의 지도자가 초야에 있는 92에게 자주 임함은 필부의 행복이니
길하고, 65의 지도자에게 초야의 강직한 현인이 때맞추어 임하여 직
언함은 이롭지 않음이 없는 것이다. 지도자에게 친밀하게 보살펴 주
는 대인이 있고 필부에게 가까이 이르러 보살펴 주는 지도자가 있음
은 모두 길하여 이롭지 않음이 없는 것이다.

19-5-2 ─────────────── 象에 曰咸臨이니 吉하여 无不利는 未順命也라.

『상전에 말하기를 감동하여 이르러 보살피니 길하여 이롭지 아니
함이 없음은 지도자의 명을 따르지 아니 함이라.』

　●　림괘(臨卦)는 그 전체의 구조가 2양이 4음의 핍박 속에서 줄기
차게 자라는 상이다. 그러므로 92는 천명을 받들고 정의를 붙잡아

발난반정(撥亂反正)의 대의를 석명하여 대도로 지도자를 탄핵하고
지도자의 비행을 바로잡아야 하는 감찰의 책임이 있다. 그런데도 65
와 타협하여 서로 자주 임하여 우호만 하면 이것은 인정에 이끌려
천리를 저버린 것이요, 성의에 감격하여 예의를 무너뜨린 것이다. 모
름지기 대인은 지도자의 간절한 명령에 순응하지만 말고 천지의 대
의를 밝혀야 하는 사명이 있다. 명(命)은 하늘의 명이 아니고 지도
자의 명령이다.

19-4-3 ——————————— 六三은 甘臨이라 无攸利하니 旣憂之라 无咎리라.

『63은 달콤하게 이르러 보살핌이라 이로울 바가 없으니 이미 걱정
하는지라 허물이 없으리라.』

☯ 63은 허약한 실존으로 강건한 자리에 있어 그 뜻이 굳지만 부정
부중하여 임할 자세가 갖추어 있지 못하고, 또한 불응하여 인연도
없으니 오직 92와 친비하여 감언이설로 임하도록 하지만 92가 현명
하게 끝내 임하지 않으니 스스로 단념하는 상이다.
　감언이설로 위에 아첨하여 아래로 임하게 함은 오히려 송구한 일
이요, 감언이설로 아랫사람에게 임함은 비굴한 일인즉, 모두 신의를
잃음이며 덕을 잃음이다. 가만히 있는 것만 같지 못하다.

19-5-3 ——————————— 象에 曰甘臨은 位不當也요 旣憂之하니 咎不長也리라.

『상전에 말하기를 달콤하게 이르러 보살핌은 자리가 마땅하지 아
니함이요, 이미 걱정하니 허물이 자라지 아니하리라.』

☯ 자기 자신도 구원을 못한 사람이 타인을 구원하려는 것이 자리
가 마땅하지 않음이다. 스스로 부족함을 알고 자기수양에 노력하는
것은 이미 개과천선할 것을 걱정함인즉, 허물이 더 이상 자라지 않

는다. 63은 승강(乘剛)하여 바로 옆에 훌륭한 인격자가 있어 익히 그 높은 덕망을 살펴 온 까닭에 속히 망상을 버리고 자기 인격의 함양에 눈을 돌릴 수가 있는 것이다. 감림(甘臨)은 소인배의 행태이니 아첨과 비굴함은 대인이 임하는 길을 막는 짓이다.

19-4-4 ——————————————————————— 六四는 至臨이니 无咎리라.

『64는 지극하게 이르러 보살피니 허물이 없으리라.』

◑ 64는 유순한 실존으로 정위하여 위로 지도자를 받들고 아래로 초9와 정응하였으니 그 직책으로 국민 앞에 임하여 직시하는 상이다. 책임자가 홀로 멀리서 나름대로 생각하지 않고 서민의 생활 속에 가까이 이르러 가서 그 정상을 직시하여 보살피는 것은 당연한 직무를 수행함이니 허물이 없는 것이다. 정치는 정의를 근본으로 하고 행정은 민심을 바탕으로 하므로 행정 책임자가 민정에 지극히 임함은 당연한 것이다.

19-5-4 ————————————————— 象에 曰至臨이니 无咎는 位當也일새라.

『상전에 말하기를 지극하게 이르러 보살피니 허물이 없음은 자리가 마땅함으로써이라.』

◑ 64는 비록 허약한 실존이나 책임자의 자리에 있어서 그 직분으로 임하니 편벽하지 않고, 또한 정위가 되었으니 그 직무를 잘 감당할 수 있는 까닭에 허물이 없는 것이다. 만일 지성으로 천도를 받들어 지도자를 섬기지 못하고, 지명(至明)으로 공론에 따라 민생을 보살피지 못한다면 위로 지도자를 오도하고 아래로 민중을 탄압한 죄를 어찌 면하겠는가? 지(至)는 지극함이니 지극한 정성과 지극히 밝음으로 임하여 상하가 감동함이다.

『65는 이르러 보살핌을 주재하니 나라의 최고 지도자의 마땅한 책임이니 길하니라.』

◐ 65는 임하여 감찰하는 주재자이다. 위로 천명을 받아 아래로 억조창생을 보살피는 자리에 있으니 사해의 광대함과 만기(萬機)의 번잡함을 어찌 구구하게 일일이 임하겠는가? 예법을 제정하여 만나는 절차를 세우고, 제도를 수립하여 만나는 도수를 정하며, 문서의 격식을 만들어 만나는 정분을 두터이 하도록 하여 보고와 순수(巡狩)가 이어지게 하며, 상소와 명령이 오고가게 하여 사해동포로 하여금 모두 하소연할 데가 있도록 법으로 제도하고 어진 마음으로 행정해야 한다. 비록 천하국가의 최고 지도자뿐만 아니라 모든 사회조직의 지도자는 그 전체의 구조를 제도적으로 원활하게 소통하도록 하여 한눈에 모두를 보살필 수 있도록 조직을 관리해야 한다. 조직이 작으면 직접 임하고 조직이 크면 간접으로 임할 수 밖에 없으나 반드시 때를 맞추어야 한다. 지(知)는 주재의 뜻이요, 의(宜)은 당연함이다.

『상전에 말하기를 최고 지도자의 마땅함은 가운데를 행함을 말함이라.』

◐ 중(中)은 지나치거나 모자람이 없는 것이요, 의지하거나 기울지 않는 것이다. 심중(心中)은 희노애락이 아직 나타나지 않은 완전하고 진실한 덕이요, 행중(行中)은 선덕(善德)과 도리에 철저한 원만한 행실이며, 시중(時中)은 때를 따라 알맞게 하는 자연스러운 절도이다. 천하국가의 최고 지도자는 하늘 아래를 두루 밝게 비춰 공명광대하게 직시하고 어둡거나 소외된 곳이 없게 하며 인류를 모두 구원함에 때를 놓쳐서는 안 된다. 봄에는 순찰하여 종자를 제때에 심

도록 하고, 가을에는 순시하여 곡식을 제때에 거두어 들이게 하며, 부족한 것을 도와주어 편안히 겨울을 나도록 감찰해야 한다.

『상6은 돈독하게 이르러 보살피니 길하여 허물이 없느니라.』

◐ 상6은 임종(臨終)의 시기로서 유순하게 정위하고 불응불비하여 오로지 임하다가 두터운 정분으로 결별하는 상이다. 한번 오면 한번 가는 것이 예절이요, 한번 모이면 한번 헤어지는 것은 기수(氣數)이니 어찌 오래도록 함께 하여 길이 임할 수 있겠는가! 상6은 이제 장엄하게 임종을 맞이할 때인즉, 분수를 지켜 정침(正寢)에서 정위하는 것이 중요하고, 92와 초9는 그 동안의 모든 감정을 전부 잊고 이제 조용히 물러가는 상6에게 경애의 정을 나타내서 여한이 없도록 해야 하는바, 이것이 인간의 도리이다. 그러므로 가는 사람도 보내는 사람도 모두 여한이 없으면 길하니 이 세상에서 영원히 떠나가는 임종에 이르러 그 동안 인연이 있었던 사람이 참여하여 영결하면 허물이 없지만 만일 임종에 참여하지 못하면 허물이 될 것이다.

『상전에 말하기를 두텁게 임함이 길함은 뜻이 속에 있음이라.』

◐ 지(志)는 상6의 뜻이요, 내(內)는 92와 초9이다. 상6이 이제 떠나 감에 걱정과 기대는 오직 2양에게 있으므로 그 유언이 간절하고 그 유풍여덕(遺風餘德)이 방정한 것이다. 하늘이 장차 큰 임무를 맡기려고 함에는 반드시 고난과 시련을 주어 시험하고, 심모원려(深謀遠慮)한 사람은 큰 사람을 가르침에 반드시 핍박하여 괴롭히니 그 뜻을 굳세게 만들고 그 능력을 크게 배양하려고 하는 까닭이다. 상6

의 임종에 92와 초9가 그 위대한 뜻을 깨닫고 그 거룩한 유지를 길
이 받들 것을 다짐하는 것이다.

20 관(觀)괘

손상(巽上)
곤하(坤下)

 ──────────── 觀은 盥而不薦이면 有孚하여 顒若하리라.

『보여줌은 손을 씻고 제수를 올리지 아니하면 믿음이 있어 우러러
보리라.』

◉ 관(觀)은 인식(認識)의 길인데, 위에서 아래로 보여 주는 뜻과
아래에서 위를 보는 뜻이 있다. 관괘(觀卦)는 그 전체의 구조가 매
우 허약하여 위에 있는 2양이 아래의 4음에게 모범을 보여 주고, 아
래의 4음이 위의 2양을 본받아 새롭게 감화하는 상이다. 그 괘체가
손상곤하(巽上坤下)로서 바람이 땅 위로 지나가서 만물이 흔들리며
감동하는 상이요, 안으로 유순하고 밖으로 공손하니 허심하게 감응
하는 성질이므로 또한 관감(觀感)의 뜻이 있다. 사람이 이르러 보살
펴 주면 반드시 보고 배움이 있나니 이에 임괘(臨卦) 다음에 놓였고
그 괘체도 임괘를 돌려놓은 것이다. 사람이 보고 느낌에 엄숙히 삼
가하지 않으면 감동이 일어나지 못하고, 확신이 없으면 오래 눈길을
끌지 못한다. 엄숙히 삼가함과 확신은 제사보다도 더한 것이 없는
까닭에 제사의 절차로써 관괘를 해설하였다.
　관(盥)은 종묘의 제사에 손을 씻음이니 제례의 시작이요, 천(薦)
은 술과 음식을 제상에 올림이다. 손을 씻고 제수(祭需)를 올리지
않을 때까지는 제주가 지극한 정성을 모아 신령이 강림하기를 기다
리는 엄숙한 순간이다. 정성이 있으면 귀신이 감응하고 정성이 없으

면 귀신이 이르지 않으니 지극한 정성을 모아 신령의 강림을 확신한 다음에야 우러러 존령(尊靈)이 계시는 것처럼 엄숙함이 나타나는 것이다.

상고시대의 제정일치가 중고시대의 정교일치로 발전하였으니 곧 제사에 교육적인 감화의 기능을 중요하게 여겼던 것이다. 그러므로 고대의 제사는 축제로 이어졌는데 곡식을 거두어 들인 가을에 많았다.

관괘(觀卦)는 8월의 괘이므로 의식이 넉넉하면 교육을 베풀어야 하는 뜻을 가지고 있는바, 사람이 엄숙히 삼가하면 날로 씩씩해지고, 멋대로 하면 날로 게을러지는 것이다. 나라의 지도자는 제사에서 직접 만인에게 엄숙한 의표(儀表)를 모범으로 보여 국민으로 하여금 정신을 수습하여 씩씩하게 사는 길을 깊이 인식시킨다.

20-2-1 ──── 彖에 曰大觀으로 在上하여 順而巽하고 中正으로 以觀天下니

『단전에 말하기를 크게 보임으로 위에 있어 유순하며 공손하고 때 맞추어 바르게 천하에 보여주니』

◑ 대관(大觀)은 웅대하게 보임이니 명통공보(明通公溥)한 실체이다. 상(上)은 95의 지도자의 자리이며, 순(順)은 곤덕(坤德)이요, 손(巽)은 손덕(巽德)이며, 중정(中正)은 95가 양강(陽剛)으로 거정득중(居正得中)함이다. 웅대한 장관은 나타내지 않는 덕, 자랑하지 않는 공, 말을 하지 않는 가르침이다. 이와 같은 도덕과 공업과 교육을 베푸는 지도자가 천지의 자연공리에 순응하고 인류의 자율의사를 존중하는 정치를 행하면서 중정한 자세로서 천하에 모범을 보임은 인간사회에서 가장 위대한 보임이요 가장 인상적인 인식이다.

20-2-2 ───────── 觀은 盥而不薦이면 有孚하야 顒若은 下가 觀而化也라.

『보임은 손을 씻고 제수를 올리지 아니하면 믿음이 있어 우러러
보리라는 아래가 보고 감화함이라.』

● 제사는 엄숙하고 경건함을 숭상하나니 제주가 제례를 처음 시
작함에 먼저 엄숙경외(嚴肅敬畏)하면 아래에 있는 사람도 따라서 엄
숙정제(嚴肅整齊)하게 되는 것이다. 손만 씻고 그 다음 동작으로 바
로 들어가서 제수를 올리지 않고 잠깐 멈춤은 지극한 정성으로 신명
의 감응을 기다림이니 순간적으로 사람과 귀신이 한데 어울리는 장
엄하고 경건한 기운이 피어나와 모두 보고 감화하는 것이다.

20-2-3 —————————————— 觀天之神道而四時가 不忒하니
聖人이 以神道設敎而天下가 服矣니라.

『하늘의 신비한 도를 보건대 네 철이 어기지 아니하니 성인이 귀
신의 도로 교육을 베푸니 천하가 따르니라.』

● 신도(神道)는 음양이 신묘하게 감응하는 귀신의 도이다. 천지신
도(天之神道)는 현상계의 작용은 본체계의 원리에 의하여 나타나므
로 형이상의 도가 형이하의 기(器)에 갖추어져 있고 사람의 의리가
사물의 기수(氣數)에서 생기는 것이다. 하늘에 원형리정(元亨利貞)
하는 도가 있으므로 춘하추동이 어그러지지 않고, 성인이 귀신을 인
식하는 신묘한 방법으로 스스로 사표가 되어 시범을 보이니 천하의
사람이 마음으로 따라 본받는 것이다. 도덕이 위대할수록 관감(觀
感)의 조화가 빠르고 넓어지는 것이므로 천하가 열복(悅服)하면 이
미 성인의 인격이다.

20-3-1 —————————————— 象에 曰風行地上이 觀이니
先王이 以하여 省方觀民하여 說敎하니라.

『상전에 말하기를 바람이 땅 위로 가는 것이 관괘이니 옛날 위대

한 지도자는 본받아 지방을 살피며 백성을 관찰하여 교육을 실시하
니라.』

　◑ 바람이 땅 위로 지나가면서 만물을 흔들어 움직이게 하는 자연
현상을 본받아 위대한 지도자는 사방으로 순행하여 민생을 관찰함
과 동시에 사람들에게 근검절도의 모범을 보여서 보고 배우게 하는
교화를 베푼다. 그러므로 나라의 위대한 지도자는 정치의 표준이 되
는 역할뿐만 아니라 교육의 사표가 되는 기능까지 다하는 것이다.
이것을 풍화(風化)라고 한다.

20-4-1 ───────────── 初六은 童觀이니 小人은 无咎요 君子는 吝이리라.

　『초6은 어린이의 보는 것이니 소인은 허물이 없고 군자는 안타까
우리라.』

　◐ 초6은 허약한 실존으로 부정·부중·불응·불비하여 인식주체
도 불완전할 뿐만 아니라 인식대상도 불명료하여 관찰의 시초에 표
피적인 외관으로 만족하고 더 가까이 살피지 않는 상이다.
　한번 보고 마는 것은 견식이 없음이요, 겉만 보고 짐작하는 것은
편견이 있음이다. 얕은 식견으로 멀리서 보고 편견을 가짐은 소인이
야 어찌할 수 없으려니와 군자는 중용의 도를 행하지 못하게 되는
것이다.
　동관(童觀)은 유치한 소견으로 외형만 보고 느낌이다.

20-5-1 ─────────────── 象에 曰初六이 童觀은 小人道也라.

　『상전에 말하기를 초6이 어린이의 보는 것임은 소인의 도이라.』

　◑ 사물의 이(理)에 밝아야만 내 마음의 지각이 높아지고, 높은 지

혜가 있어야만 사물을 꿰뚫어 볼 수 있는 것이다. 그러므로 마음이
도를 통하지 못한 소인은 보는 바가 명확할 수 없는 것이다. 대개
외관에 몰두하거나, 편견을 고집하거나, 지나치게 넘겨짚거나 하는
것이 소인에게 있어서 흔한 모습이다.

20-4-2 ——————————————————— 六二는 闚觀이니 利女貞하니라.

『62는 엿보는 것이니 여자의 바르게 지킴이 이로우니라.』

◑ 62는 유약한 실존으로 거시적인 인식능력은 없으나 득중·정응
하여 때맞추어 인식대상을 미시적으로 분명하게 보는 상이다. 이것
은 전체를 보지 못하고 부분만 정확히 본 것이니 경망하게 아는 척
해서는 안 되고, 처녀가 고요하게 정절을 지키는 것처럼 오래도록
정관함이 이로운 것이다. 한 가지를 보고는 열 가지를 짐작하고, 부
분을 알고는 전체를 판단하는 것은 여자들이 집에 앉아서 사물을 보
는 법이다.

20-5-2 ——————————————————— 象에 曰闚觀이니 女貞은 亦可醜也라.

『상전에 말하기를 엿보는 것이니 여자가 바르게 지킴은 또한 부끄
러울 것이라.』

◑ 우연히 한번 보았던 사실을 너무 고집하여 확고한 주견으로 내
세우고, 그 선입관으로 모든 것을 일괄하여 추리하여 버리니 어떠한
것을 보아도 관감(觀感)의 조화가 일어나지 않는다. 사람이 한평생
보고도 느낌이 없고 교화가 되지 못하면 추잡하게 되는 것이다. 안
목이 높으면 의론이 높고 크니 스스로 고상하게 발전하지만 협소한
편견만 끝까지 고집하면 인격의 향상이 있지 못한다. 동관(童觀)이
나 규관(闚觀)은 모두 이아관물(以我觀物)의 폐단이니 불완전한 아

상(我相)으로 물상(物象)을 짐작한 것이다.

『63은 나의 삶을 보와서 나아가고 물러나도다.』

☯ 63은 허약한 실존으로 인식능력이 모자라는 데다가 부정부중하여 멀리서 때가 지나간 다음에야 관찰하므로 보는 바가 불확실하지만 상9와 응하여 혹 공감을 얻기도 하고 얻지 못하기도 하니 마치 본 듯도 하고 안 본 듯도 하는 상이다. 그러므로 자기의 지각능력을 되돌아보고 꿈인가 생시인가를 확인하여 깨어 있으면 소견을 주장하고 꿈인 듯하면 물러나 못 본 척하는 것이다. 이것은 인식하려는 대상이 불명료할 때에 인식주체가 스스로 반관(反觀)하여 이아관아(以我觀我)하고, 그 인식기관인 5관의 성능을 확인함이다. 온전한 지각이 완전한 기관을 통하여 얻은 사실은 정확하게 주장하고, 흐린 지각이 불완전한 기관을 통하여 얻은 사항은 부정확하므로 버려두는 것이다.

『상전에 말하기를 나의 삶을 보아서 나아가고 물러 오니 도를 잃지 아니함이라.』

☯ 아(我)는 인식주체이요, 생(生)은 지각운동이니 곧 인식능력이다. 진(進)은 소견을 공감함이요, 퇴(退)는 소견을 공감하지 않음이다. 이것은 주견을 고집함이 없이 객관적인 타당성을 스스로 모색하는 까닭에 천지자연의 진리를 잃지 않는 것이다. 63은 반관(反觀)하여 객관에 이르고자 함이요, 64는 유관(遊觀)하여 객관적 진실에 이르고자 함이다.

『64는 나라의 빛을 보는 것이니 나라의 최고 지도자에게 손님이 됨이 이로우니라.』

☯ 64는 유순한 실존으로 정위하였다. 위로 강건중정한 지도자를 섬기고 아래로 유순한 국민을 다스림에 지치(至治)를 이루어 이상세계를 건설할 수 있는 여건을 갖추었으므로 마땅히 천하를 유관(遊觀)하여 두루 살펴서 이상국가의 표본을 찾아 본받아야 하는 상이다. 이것은 직분으로 책임을 맡는 일에 정통하는 길인즉, 소위 자기의 전문분야에 대하여 객관적인 공감을 얻음이다. 나라에 큰 책임이 있는 사람은 천하의 지식을 수용하여 물질문명을 개발하고 정신문화를 창조하여 국가를 영광스럽게 빛내야 하는바, 초야의 현인이 저절로 지도자를 찾아와서 친견(親見)하고 사방의 외국에서 다투어 문물을 교류하고자 외교사절이 찾아오면 능히 객관적인 공감을 얻었다고 할 것이다.

『상전에 말하기를 나라의 빛을 봄은 손님을 높임이라.』

☯ 국가의 영광은 책임자 스스로의 주관적인 선전보다는 제3자에 의한 객관적인 평가가 더욱 소중하다. 제3자에 의한 객관도 또한 동일하지 않으니 백두산을 보지 못한 사람은 산이 높은 것을 모르며 동해를 보지 않은 사람은 물이 깊은 줄을 모르는 것이다. 따라서 세상에서 가장 높은 손님이어야 사물을 가장 공정하게 보는 안목이 있으므로 이를 숭상하는 것이다.
　객관적인 안목을 높이는 것은 첫째, 자기 고정관념의 편견을 버리고 이물관물(以物觀物)할 것이요, 둘째, 시야를 넓혀서 이신관신(以身觀身)하고 이국관국(以國觀國)하며 이천하관천하(以天下觀天下)

하는 것이다. 널리 유관(遊觀)하면서 직관력을 함양해야만 엄정명확한 객관적 진실에 도달하여 천하의 공감을 얻을 수 있는 것이다. 그러므로 나라에 도덕이 높은 손님이 오는 것은 또한 문화교류 차원에서 나라의 영광이 되는 것이다.

20-4-5 ───────────────────────── 九五는 觀我生하되 君子면 无咎리라.

『95는 나의 삶을 보되 군자면 허물이 없으리라.』

☯ 95는 강건한 실체로 중정한 자리에 있는 지도자로서 62와 정응하고 64와 친비하여 그 인식능력이 충실하고 또한 그 인식대상이 분명하여 완벽하게 보는 상이다. 내 마음의 지각이 명통공보(明通公溥)하고 사물의 표리정조(表裏精粗)가 명각징청(明覺澄淸)하면 이것은 물아(物我)가 일체요 마음과 이치가 일반이니 이심관심(以心觀心)하며 이리관리(以理觀理)하여 즉시견종(卽始見終)하고 견차지피(見此知彼)한다. 그러므로 풍속이 자기로부터 일어나는 것을 알고, 먼 곳에 있는 것이 가까운 곳에 있는 것을 말미암는 것을 알며, 숨어 있는 미미한 것이 뚜렷이 나타남을 알아서 천하의 치란미추(治亂美醜)가 자기 한 몸에 매여 있음을 아는 까닭에 나라의 일을 알고자 하면 자기 자신을 보나니, 이것은 인식대상에 대한 인식활동을 정지하고 인식주체에서 파악하므로 이를 지관(止觀)이라고 한다.
　아(我)는 95 자신이요, 생(生)은 지각동작이니 그 자신의 위의처사(威儀處事)를 살펴 천하의 문물도수(文物度數)를 자지자각(自知自覺)하는 것이다. 군자는 뚜렷이 대관하니 길하고, 소인은 은폐굴절하여 위선독단하므로 허물이 있는 것이다.

20-5-5 ───────────────────────── 象에 曰觀我生은 觀民也라.

『상전에 말하기를 나의 삶을 보는 것은 국민을 봄이라.』

326 상경

◉ 지도자의 장점과 단점 그리고 선함과 악함이 민심의 후박미추(厚薄美醜)에 관계하고, 민심의 후박미추가 천명의 흥망성쇠에 관계하니 이것이 위대한 인식추리 과정이다. 천의(天意)를 알려면 민심을 보고, 천명을 들으려면 민성을 들을 것이며, 또한 민심을 보려면 자기 마음을 보고, 민성을 들으려면 자기 말을 살펴볼 것이다. 자기의 덕을 보려면 민심의 흐름을 보고 또한 민속을 살펴 자기의 길을 돌아볼 것이다. 무릇 웅대한 장관(壯觀)은 모두 한 가지로 감응하니 사람이 달관하여 지관(止觀)할 수 있지만 대관(大觀)이 아니면서 지관하면 오류를 범하게 되는 것이다.

20-4-6 ──────────────────── 上九는 觀其生하되 君子면 无咎리라.

『상9는 그 삶을 보되 군자면 허물이 없으리라.』

◉ 기(其)는 인식대상이요, 생(生)은 지각운동이며, 기생(其生)은 인식대상의 감동반응이다. 상9는 관시(觀視)의 종극으로 모두 보여주어서 더 볼 것이 없는바, 강건한 실체로 인식능력은 충실하지만 부정부중하여 바른 자리에서 때맞추어 보지 못하며, 오직 63과 응하여 오로지 감응하니 넓게 보지 못하고, 다만 63의 감동반응을 통하여 전체를 미루어 보는 상이다. 이것은 인식대상의 부분적 반응을 보고 그 전체를 달관함인즉, 하나를 보고 열을 아는 것이다. 사람을 사랑해도 친해지지 않으면 자기의 교우관계를 살필 것이요, 사람에게 예를 하였어도 응답이 없으면 자신의 주제를 반성할 것이다. 군자는 사물의 이치에 밝고 자기의 본분을 다하며 천명을 따르는 까닭에 한 가지 인식대상의 감동반응을 보고 모두를 달관할지라도 허물이 없으나, 소인은 자기 자신에게서 찾지 않고 남에게 찾으려 하기 때문에 마침내 사람을 허물하고 하늘을 원망하니 허물이 남는다.

20-5-6 ──────────────────── 象에 曰觀其生은 志未平也라.

『상전에 말하기를 그 삶을 보는 것은 뜻이 화평하지 못함이라.』

◑ 사물인식에 있어서 인식대상의 감동반응을 보는 것은 그 실상을 명확하게 파악하지 못하여 끝까지 관망하는 것이다. 이것은 불확실한 인식으로 인하여 마음이 화평하지 못함이다. 이제 그 결과를 보고서야 그 동기와 방법을 미루어 짐작하여 달관하게 되니 자기 인식능력에 아쉬움이 남게 된다. 이것이 모두 스스로 부정하고 부중한 소치인바, 마음속에 의혹이 있는 사람은 남을 믿지 않고 생각이 편협한 사람은 남을 백안시한다. 그러므로 불신배타적인 달관은 체념에 지나지 않는 것이다. 95는 인식기관이 완전하니 지관(止觀)하고, 상9는 인식기관이 불완전하므로 달관하는 것이다.

21 서합(噬嗑)괘

리상(離上)
진하(震下)

 ──────────────────────────────── 噬嗑은 亨하니 利用獄하니라.

『씹어서 합하는 것은 형통하니 형벌을 씀이 이로우니라.』

　☯ 서합(噬嗑)은 형벌의 도인데 씹어서 합침이다. 그 괘체가 외강
내허한 가운데 1양이 있으며, 리상진하(離上震下)니 상9는 위턱처럼
걸려 있고, 초9는 아래턱처럼 움직이는 입 모양이요, 94는 입안의 단
단한 물건으로 씹히는 상이다. 입안에 단단한 물건이 있으면 씹어서
한 가지로 합하므로 서합은 이물질을 동화하여 단합한다는 뜻이다.
사물의 웅대한 장관에는 모두 모여 공감하므로 관괘 다음에 놓였다.
　천하가 모두 다같이 공감하여 화합하면 저절로 형통하는 것이다.
그 사이에 홀로 유달리 화합하지 못하는 사람이 있으면 이것은 단합
을 깨고 화평을 방해하는 것이니 형벌로 다스려 기필코 그 기질을
변화시켜서 다른 사람과 똑같게 만들어야 되는 것이다.
　옥(獄)을 말함은 국법으로 다스려서 끝끝내 동화시켜야 함을 뜻한
다. 예(禮)와 법은 만인에게 평등한 것으로 인간의 모범인 예로 국
민을 이끌고, 인간의 기본인 법으로 국민을 가지런히 한다. 서민을
분발시켜 선비의 예를 쓰게 하니 예는 서민을 낮추지 않고, 지도자
나 책임자도 엄중히 국민의 법을 지키게 하니 법은 지도자를 높이지
않는다.

『단전에 말하기를 턱 속에 음식물이 있으므로 말하여 씹어서 합친
다고 하나니』

◑ 위턱과 아래턱 사이에 음식물이 있으면 잘게 씹어서 침과 배합
해야만 먹어서 소화할 수 있는 것이다. 만일 너무 단단하여 씹지 못
하고 그냥 삼키면 모름지기 건강을 해치게 되는 까닭에 입안에 있는
것은 모두 씹어서 합하는 것이다. 이(頤)는 초9와 상9의 상이요, 물
(物)은 94의 상이다.

『씹어서 합하여 형통하니라.』

◑ 다양한 이물질을 모두 모아서 합침은 여러 가지 영양소를 골고
루 섭취함이요, 여러 가지 기능을 가진 사람들을 한데 모음인즉, 이
에 모두 형통하는 것이다.

『굳은 것과 부드러운 것이 나누어지고 움직여서 밝고 우뢰와 번개
가 합하여 뚜렷하게 나타나고』

◑ 강(剛)은 양효요, 유(柔)는 음효로서 외강내허하는 입안의 구조
처럼 허와 실을 분명하게 구분하는 상이다. 동(動)은 진(震)의 성질
이며, 명(明)은 리(離)의 성질이니 씹을수록 맛이 있는 것처럼 우뢰
와 같이 신속하게 움직여서 판단하고, 번개와 같이 밝게 살피는 상
이다. 뢰(雷)는 진(震)의 상이요, 전(電)은 리(離)의 상이므로 우뢰

와 번개가 서로 같이 따르면서 나타나는 것처럼 밝은 양심과 존엄한 법이 합쳐져서 빛나는 상이다. 이것은 모두 이질적인 요소를 밝고 신속하게 살펴 힘차게 하나로 동화시키는 형벌의 원리를 말함이다.

21-2-4 ──────────────── 柔得中而上行하니 雖不當位나 利用獄也니라.

『부드러운 것이 때를 만나 위로 올라가니 비록 자리에 합당하지는 못하나 형벌을 씀이 이로우니라.』

☯ 유(柔)는 65로서 비괘(否卦)의 초6이 95의 자리로 올라가 자리를 바꾸거나 익괘(益卦)의 64가 위로 올라가서 가운데를 얻음이다. 부당위(不當位)는 65의 부정위를 지적함이다. 입안에 음식물이 있으면 이가 튼튼하거나 약하거나 씹어야 하는 것처럼 비록 나라의 지도자가 허약하여 능력이 모자랄지라도 나라를 다스림에 형정(刑政)을 밝게 살펴 기강을 세움이 이로운 것이다. 이것은 이가 약하면 약할수록 잘 씹어서 먹어야 하는 것처럼 지도자가 나약하면 나약할수록 국법에 충실해야 함을 밝힌 것이다.

21-3-1 ─────────── 象에 曰雷電이 噬嗑이니 先王이 以하여 明罰勅法하니라.

『상전에 말하기를 우뢰와 번개가 서합괘이니 옛날 위대한 지도자는 본받아 벌을 밝히며 법을 공포하니라.』

☯ 뢰전(雷電)은 괘상이 도치되어 물리에 어그러졌으니 전뢰(電雷)라고 해야 한다. 번개와 우뢰가 서로 따라서 함께 나타나는 것을 본받아 사물에 있었서도 이질감을 제거하고 동질성을 회복함에 번개처럼 밝고 신속하게 골라내고 우뢰처럼 고동시켜 화합하게 해야 한다. 나라의 지도자가 형벌을 밝힘은 이질악종을 골라내서 징계하여 다스리려는 바요, 법령을 공포하여 알리는 것은 사람을 고무하여

함께 모여 살도록 하려는 바이다.

 ───────────────────────────────── 初九는 履校하야 滅趾니 无咎하니라.

『초9는 족쇄를 발에 채워 발꿈치를 떼이니 허물이 없도다.』

◐ 서합(噬嗑)의 시초에 초9는 강건한 재질로 정위하였으므로 밝게 동화하여 이탈하지 않는 상이다. 초효와 상효는 직권을 가지고 있지 않기 때문에 수동적으로 동화되는 상이요, 가운데 네 효는 능동적으로 동화시키는 상이다.

초9는 동화의 시초에 가벼운 형벌을 받고 크게 징계하여 다시는 방자하게 항거하지 않으니 허물이 없는 것이다. 구교(履校)는 족쇄이니 가벼운 형벌이요, 멸지(滅趾)는 발꿈치를 떼임이니 크게 징계함이다.

 ───────────────────────────────── 象에 曰履校하여 滅趾는 不行也라.

『상전에 말하기를 족쇄를 발에 채워 발굼치를 떼이는 것은 행하지 아니함이라.』

◐ 구교(履校)는 적은 죄과에 신체의 자유를 빼앗아 구속함이요, 멸지(滅趾)는 크게 회개하여 대오각성함이며, 불행(不行)은 허물을 두 번 저지르지 않고 죄를 다시 범하지 않음이다. 초9는 아직 어린 백성으로 응이 없으니 홀로 자기의 주장을 고집하다가 국법에 의하여 제재를 받게 되면 곧 유순하게 공동체 사회에 동화하는 까닭에 허물이 없는 것이다.

 ───────────────────────────────── 六二는 噬膚하되 滅鼻니 无咎하니라.

『62는 살코기를 씹되 코를 떼이니 허물이 없느니라.』

◑ 62는 유순하게 중정하여 보는 것이 명확하고 말이 공정하지만 65와 불응하고 초야에 은거하여 있으므로 강력하게 제재할 수 있는 위세나 권능이 없는 까닭에 상대를 동화시킬 수 없는 것이다.

　서부(噬膚)는 중정한 도의로 유순하게 직언함이니 65의 지도자에게 천리와 공론으로 직간함이요, 멸비(滅鼻)는 유약한 65가 그 권세로 초야에 있는 현인의 말을 거역함으로서 부질없이 62만 체면이 깍이게 되었다는 뜻이다. 그래도 62에게 허물이 없는 것은 나라와 지도자에게 직언을 하는 선비의 도리를 다한 까닭이다.

21-5-2 ─────────────────── 象에 曰噬膚하되 滅鼻는 乘剛也일새라.

『상전에 말하기를 살코기를 씹되 코를 떼임은 굳센 것을 타고 있음이라.』

◑ 62는 65와 불응하고 초9와 친비하니 초9의 민중을 대변하여 65의 지도자에게 직언하지 않을 수 없는 것이요, 65는 62가 초9와 친비하는 것을 두려워하여 작은 일을 크게 문제를 삼아서 그 기세를 꺾고자 하는바, 이것이 모두 62가 초9의 위에 있어 승강한 까닭이다. 그러나 62가 허물이 없는 것은 중정한 도의로 유순하게 지도자를 동화시키려는 어진 태도와 한 몸의 안위를 돌아보지 않고 민중의 공의를 대변한 까닭이다.

21-4-3 ───────────── 六三은 噬腊肉하다가 遇毒이니 小吝이나 无咎리라.

『63은 말린 고기를 씹다가 독을 만남이니 조금 안타까우나 허물이 없으리라.』

◑ 63은 유약한 실존으로 강건한 지방단체장의 자리에 있으니 부정하고 또한 부중하여 사물을 동화시킬 능력이 없으나, 서합의 때를 만나 직권으로 부분적인 동화를 강행하는 상이다. 석육(腊肉)은 짐승을 통째로 말린 포이니 단단하여 그냥 씹어 먹을 수 없는 고기요, 우독(遇毒)은 맛이 변하여 입을 상하게 함이니 제재를 해도 불복하고 도리어 원한을 품어 도리에 어긋나는 일을 저지른 것이다. 소린(小吝)은 온전히 동화시키지 못하여 원한과 손상이 있음이요, 무구(无咎)는 상9와 화응하여 도움이 있고 또한 마침내 직권으로 동화시키게 되는 것이다.

21-5-3 ──────────────────────── 象에 曰遇毒은 位不當也일새라.

『상전에 말하기를 독을 만남은 자리가 정당하지 못함이라.』

◑ 63이 음유한 기질로 강건한 자리에 있어서 허약한 실존으로 강력한 작용을 하므로 이에 동화하려는 일이 도리어 불복하게 된다. 스스로 부정부중하면서 남을 동화시키는 어려움이 이와 같으니 학자는 깊이 생각하라. 그러나 사람이 모여 사는 길은 서로 동화함에 있으므로 직권으로 부분적인 동화를 시도함은 허물이 없는 것이다.

21-4-4 ──────────── 九四는 噬乾胏하여 得金矢니 利艱貞하니 吉하리라.

『94는 뼈있는 마른 포를 씹다가 금과 화살을 얻었으니 어렵게 바로 지킴이 이로우니 길하리라.』

◑ 94는 강명한 실체로 유약한 자리에 있어서 비록 그 의지는 굳으나 그 작용은 부드럽게 대처한다. 그 구조가 위로 65의 허약한 지도자를 보필하는 직무와 아래로 만민을 보호하는 사명이 있는바, 인민 전체를 모두 동화하여 대동태평사회를 건설함에 한 사람도 빠짐 없

이 두루 감화시켜야 된다. 이에 세상에는 건자(乾胏)와 같이 완고하고 억센 사람이 있는 것이다. 그러나 세상에 완고하고 억센 사람 가운데는 참으로 강직한 사람도 있는 것이니 어렵겠지만 이런 사람을 찾아서 등용하거나 또는 그 도를 바르게 지키게 함이 이롭다. 그러므로 이와 같은 도량이 있으면 반드시 길하리라.

금시(金矢)의 금(金)은 강고하여 변화시킬 수가 없는 상이요, 시(矢)는 정직하여 굴복을 시킬 수가 없는 물질이니 강직불굴한 사람의 상이다. 간정(艱貞)은 형벌의 시대에 특립독행(特立獨行)하는 것을 용납하기 어려우나 정도를 지켜 미혹하지 않음이다.

21-5-4 ─────────────────────── 象에 曰利艱貞하니 吉함은 未光也라.

『상전에 말하기를 어렵게 바로 지킴이 이로우니 길함은 빛나지 못함이라.』

◉ 지도자를 보필하는 책임자가 인류를 모두 동화하지 못하고 독립특행(獨立特行)한 사람을 그대로 인정하는 것은 지도자를 대공지명(大公至明)의 도로 섬기지 못한 결과이다. 나라의 지도자가 공명하지 못하면 반드시 따르지 않고 숨어서 사는 사람이 있는바, 항차 강명정직한 사람이 정부에 참여하기를 거부하고 고립독행(孤立獨行)한다면 어찌 빛나는 정부가 되겠는가? 그러므로 책임자는 따르지 않는 사람이 있으면 모름지기 지도자의 정치현실을 반성하도록 해야 한다.

21-4-5 ─────────────── 六五는 噬乾肉하다가 得黃金이니 貞厲면 无咎리라.

『65는 마른 고기를 씹다가 황금을 얻음이니 바르게 지켜 위태로워 하면 허물이 없으리라.』

◐ 65는 유순한 실존으로 강건한 자리에 있어 부정위하니 지도자로서 만민을 동화시킴에 어려움이 있다. 그러나 65는 득중하여 때에 알맞게 동화시키므로 이에 황금처럼 순수강직한 사람을 얻으며, 이와 같은 사람을 등용하여 대권을 위임하면 전체가 동화하리니 바르게 지키고 위태로움을 걱정하면 허물이 없는 것이다.

건육(乾肉)은 오래 씹으면 먹을 수 있는 것이요, 황(黃)은 중색(中色)이며, 금(金)은 강고한 물질이니 황금은 공명강직한 상이다.

21-5-5 ─────────────────────── 象에 曰貞厲면 无咎는 得當也일새라.

『상전에 말하기를 바르게 지키고 위태로움을 걱정하면 허물이 없음은 마땅함을 얻음일새라.』

◐ 나라의 최고 지도자는 때를 맞추어 현실을 정확하게 인식하고 대동화합을 이룩함에 반드시 순수강직한 사람의 말을 모두 들어 써야 한다. 이제 초야의 강직한 공론을 받아들여 씀에 65는 바른 자세를 확고하게 지켜야 하고 또한 위태로움을 절박하게 인식하여 멀리 대처해야만 허물이 없는바, 이것은 오로지 65가 득중했으므로 시대를 밝게 살펴 때에 알맞게 조치하는 능력에 달려 있는 것이다. 득당(得當)은 득중(得中)하여 때에 따라서 힘차게 동화하는 식견이다.

21-4-6 ─────────────────────── 上九는 何校하여 滅耳니 凶토다.

『상9는 형틀을 지고 귀를 떼이니 흉하도다.』

◐ 상9는 서합(噬嗑)의 종극이요 동화의 극치이다. 상9는 강건한 실체로 유약한 자리에 있어 부정부중하고, 63과 응하며 65와 친비하여 형벌의 때에 최후까지 동화하지 않다가 극형을 받은 다음에야 동화하니 이제는 오로지 한 가지로 동화순종하여 다른 말을 듣지 않는

다. 이것은 극형에도 초지를 굴복하다가 결국 동화한 다음에는 일체 다른 말을 듣지 않는 것으로 스스로 앞뒤의 행동이 서로 어그러지는 까닭에 흉하게 되는 것이다.

『상전에 말하기를 형틀을 지고 귀를 떼임은 귀밝음이 밝지 아니함이라.』

● 동화할 때에 동화하고 자립할 때에 자립하는 것은 때에 따라 바르게 사는 길이다. 상9는 때를 알지 못하여 극형을 받고서야 뒤늦게 동화하고 한번 동화해서는 자기의 주장을 세우지 못하고 주견을 완전히 상실하니 이것은 총명한 사람이 아니다. 나라의 법을 운용함에는 강유와 완급을 적절히 배합하여 자유롭고 평등한 사회질서를 유지해야 한다. 끝까지 극형으로 통제만 하는 것은 결국 인간성을 말살하는 포악으로 전락한다.

22 비(賁)괘

22-1-1 ──────────────────────── 賁는 亨하니 小利有攸往하니라.

『꾸밈은 형통하니 갈 바를 둠이 조금 이로우니라.』

비(賁)는 수식의 도로서 문식(文飾)하여 그 광채를 더함이다. 서합(噬嗑)은 만물을 모두 종합하여 동화함이니 사물이 집합하면 조리와 질서가 없을 수 없으므로 반드시 문식(文飾)이 있는 것이다. 그러므로 사람이 모이는 곳에 예의절도가 있는 것이요, 사물이 모이는 곳에 질서체계가 있는 것이다. 그 괘체가 간상리하(艮上離下)니 산은 모든 사물이 모이는 곳이요, 그 아래에 불이 있으면 위에 있는 만물을 밝게 비추어 광채를 나타내게 하는 상이다. 비(賁)는 서합괘(噬嗑卦)를 돌려놓은 것으로 그 다음에 놓였다. 사람이 예의절도로 문채를 더하고 만물이 질서조리를 찾아 수식하면 형통하니 그 본질에 어울리게 수식하는 까닭이다. 그 근본이 없으면 수식할 수 없고 실질이 없으면 문채를 낼 수 없는 것이니 수식의 도는 오로지 그 광채만을 조금 더할 뿐이다. 그러므로 갈 바를 둠이 조금 이로운 것이다.

22-2-1 ──────────────────────── 彖에 曰賁亨은 柔가 來而文剛故로 亨하고 分剛하여 上而文柔故로 小利有攸往하니 天文也요

『단전에 말하기를 꾸밈이 형통함은 부드러운 것이 와서 굳센 것을 문채내는 까닭으로 형통하고, 굳센 것을 나누어 위로 가서 부드러운 것을 문채내는 까닭으로 갈 바를 둠이 조금 이로우니 하늘의 문채요』

◑ 비괘(賁卦)는 문식의 상이 있다. 상하 2체가 강유를 서로 교환하여 문채를 더하였는데, 하체는 본래 건(乾)이요, 상체는 본래 곤(坤)인바, 상6이 62로 내려와 리괘(離卦)가 되고, 92가 상9로 올라가 간괘(艮卦)가 되어 서로 문식을 더하였다. 또한 손괘(損卦)로부터 왔으니 63이 와서 62를 문식하였고, 92가 올라가서 93을 광채나게 하였다. 그리고 기제(旣濟)로부터 왔으니 상6이 내려와 65를 문식하고, 95가 올라가 상9를 광채나게 하여 내괘는 리(離)요, 외괘는 간(艮)이니 문명이 있어 각각 분수를 지키는 상이다. 천하의 일은 수식이 없으면 아름답게 모일 수 없으므로 수식은 형통하는 도요, 음양이 조화하고 강유가 교대함은 자연의 현상인 까닭에 천문(天文)은 조화의 극치요 끝없는 교대이다.
　유(柔)는 62요, 문강(文剛)은 초9와 93이며, 분강(分剛)은 상9요, 문유(文柔)는 65와 64이다. 62가 2양 사이에 들어오고 1양이 2음 위에 올라가는 것이 또한 광채를 더하는 상이 있다.

22-2-2 ———————————————————————— 文明以止하니 人文也라.

『문명에서 멈추니 인류의 문화라.』

◑ 괘덕이 안으로 문명하고 밖으로 정지하여 스스로 문명하면서도 분수를 지켜 자족하는 상이다. 이는 만사에 조리가 있고 만물에 질서가 있음을 깨달아 상대적 조화를 이루고자 함인즉, 이것이 사람의 문채를 더하고 인류의 문화를 이룩하는 길이다. 천문(天文)은 무궁한 변역으로 아름다운 문채의 극치에 이르고, 인문(人文)은 문명하면서도 자기의 분수에 편안하게 멈추는 데에서 광채를 더한다.

『하늘의 문채에서 관찰하여 때의 변화를 살피며』

◐ 천문은 일월성신이 분포하여 운행하고 겨울과 여름, 그리고 밤과 낮이 교대로 변화하는 것이다. 이에 하늘의 현상을 관찰하여 사시(四時)의 자연 변화하는 법칙을 살피는 것은 하늘의 자연법칙을 본받아 사람의 생활을 조리있게 문채내고자 함이다.

22-2-4 ──────────────────────────────── 觀乎人文하여 以化成天下하느니라.

『인간의 문화에서 관찰하여 천하를 교화하여 이루나니라』

◐ 인문(人文)은 인류의 문화이다. 강상윤리(綱常倫理)의 도덕과 관혼상제의 예절을 관찰하여 천하만민을 교화하여 풍속을 이루니 이에 성인이 인류사회를 수식하는 도이다. 성인이 천문을 관찰함은 시중(時中)하는 도가 있는 까닭이요, 인문을 관찰함은 중화(中和)의 리(理)가 있는 까닭이다. 그러므로 때를 따라서 변역하는 것은 천문을 본받음이요, 현재의 절도에 편안하여 지나치거나 모자람이 없음은 인문을 밝힘이다.

22-3-1 ──────────────────────────────── 象에 曰山下有火가 賁니
君子는 以하여 明庶政하되 无敢折獄하느니라.

『상전에 말하기를 산 아래에 불이 있음이 꾸밈이니 군자는 본받아 온갖 정사를 밝히되 재판의 사건을 판결함에 과감하게 아니하느니라.』

◐ 산은 초목백물이 모여 사는 곳이요, 불이 그 아래에 있으면 위

로 모든 것들이 그 광명을 받아 비식(賁飾)하는 모양이 된다. 군자는 이와같이 산 아래에 불이 있음으로써 더욱 아름다워지는 모양을 관찰하여 온갖 정치를 아래에서부터 밝게 자치적으로 다스리되, 문명한 정치에 있어서 특히 재판사건에 신중히 하여 과감하게 처리하지 않나니, 인간문화의 아름다움이 인간의 존엄성을 높이는 데 있는 까닭이다. 재판은 그 실정을 밝게 보아야지 수식의 허상에 의혹되어서는 안 되며, 또한 소송으로 광채를 더하려는 것은 사람답게 사는 길이 아니다.

22-4-1 ──────────────────────── 初九는 賁其趾니 舍車而徒로다.

『초9는 그 발꿈치를 꾸밈이니 수레를 버리고 걸어서 가도다.』

◐ 초9는 비식(賁飾)의 시초로서 말단을 다듬기보다는 근본을 확립해야 하고, 문채를 내기보다는 실질을 구비해야 될 때이다. 초9는 강건한 실체로 정위하여 실질을 구비하였으나 전체의 구조 속에서 최하의 위치에 있으므로 아직 문식을 낼 때가 아니요, 오로지 건실하게 근본을 세워야 되는 때이다. 이에 그 본바탕을 잘 꾸며야 되는 까닭에 그 발꿈치를 꾸민다고 하였고, 분수에 지나친 수레를 버리고 도보로 간다고 하였다. 대개 꾸밈이란 기초가 튼튼해야 아름다움을 가꿀 수 있는 것이요, 그 기초가 허술하면 허식에 지나지 않게 되는 것이다.

22-5-1 ──────────────────────── 象에 曰舍車而徒는 義弗乘也라.

『상전에 말하기를 수레를 버리고 걸어서 감은 의리에 타지 못할지라.』

◐ 초9는 강건하게 정위하여 64와 정응하고 62와 친비하여 수식

(修飾)의 때에 사교성이 있으므로 수레를 탈 수 있는 여건이 안 되는 것은 아니나, 다만 초야의 하천한 신분을 바르게 지켜 충실하게 의리를 따름이 더욱 중요하다. 쉬운 길을 버리고 어려운 길을 가며, 세속에서 고귀하게 여기는 바를 버리고 천하게 여기는 바를 따름은 학자가 오직 주제를 알고 분수를 지키는 의리에 편안하고자 함이다.

22-4-2 ──────────────────────────────── 六二는 賁其須로다.

『62는 그 수염을 꾸밈이로다.』

☯ 62는 유순한 실존으로 중정하였으니 그 본질이 이미 충실하고 또한 그 아름다움이 밖으로 나타나서 동작위의(動作威儀)가 스스로 절중(節中)하는 사람이다. 이에 표리가 하나로 같고 이름과 실재가 서로 부합한지라 문채가 그 가운데 있고 광휘가 저절로 나타나는 상이다.

수(須)는 수염이다. 수염은 턱의 움직임에 따라 모양이 나는 것으로 그 본질에 따라 문식이 드러나는 것을 상징하는 것이다. 더욱이 62는 비(賁)의 주효이니 그 실질에 따라서 문식을 더하는 것이 수식의 도이기 때문에 비식(賁飾)으로 본질을 바꿀 수는 없는 것을 밝혔다.

22-5-2 ──────────────────────────── 象에 曰賁其須는 與上興也라.

『상전에 말하기를 그 수염을 꾸밈은 위로 더불어 움직임이라.』

☯ 상(上)은 입의 턱이요, 흥(興)은 동(動)이다. 수염의 움직임은 입과 턱이 움직이는 데 따라서 함께 움직이므로 아름다운 문식은 근본실질이 고와야 됨을 밝힌 것이다. 그러므로 중용의 도는 때와 장소와 신분에 알맞는 행실이니 이것이 곧 지나치거나 미치지 못함이

없는 도이다.

『93은 꾸밈이 곱고 윤택하니 길이 바르게 지키면 길하리라』

❂ 93은 강건하게 정위하였으므로 그 본질이 충실하나 과강부중하
여 때를 모르고 지나치게 적극적으로 수식하는 상이다. 충실한 본질
을 구비하고 적극적으로 문식하니 그 꾸밈이 곱고 윤택한데, 이것을
오래도록 간직할 수 있는 역량이 있으면 아름다운 광채가 있을 것이
나 만일 역량이 모자라서 한때 아름답게 꾸미다가 이어 쇠잔하면 이
것은 허세에 지나지 않게 되는 것이다. 그러므로 93의 문식은 아름
답게 꾸미는 것이 중요한 것이 아니고 그 아름다운 광채를 길이 바
르게 지키는 것이 중요한 것인즉, 영정(永貞)하면 반드시 길하리라.
여(如)는 어조사이다.

『상전에 말하기를 길이 바르게 지킴의 길함은 마침내 아무도 능멸
하지 못하리라.』

❂ 수식이 본질을 넘어가는 것을 싫어함은 오래도록 그 화려함과
아름다움을 간직하지 못하고 곧 쇠잔조락하여 버리는 데 있는 것이
다. 만일 지역사회 전체가 비천한 것을 버리고 고상한 것을 가꾸며,
누추한 것을 버리고 광채를 더하여 길이 문명을 이룩하여 지킨다면
이것은 고상한 뜻을 간직하고 힘차게 노력하여 매진하는 지도자이
니, 그 누가 감히 이 사람을 능멸하겠는가! 오히려 찬탄을 금치 못
하게 될 것이다.
　내면의 본질이 밖으로 나타나는 것은 성실성이요, 외면의 행실을

절제하여 내면을 바르게 하는 것은 교육이니 안팎을 교대로 수양하
고, 덕성과 학문을 함께 닦아야 한다.

22-4-4 ─── 六四는 賁如가 皤如하며 白馬가 翰如하니 匪寇면 婚媾리라.

『64는 꾸밈이 흰 모습이며 흰 말이 하얀 것 같으니 도적이 아니면
혼인하리라.』

☯ 64는 유순한 실존으로 정위하여 스스로 문식하려는 적극적인
의지도, 충분한 능력도 없으나, 다만 비식(賁飾)의 때를 만나 그 본
질만을 깨끗하게 간직하고 있는 소극적인 수식의 상이다.
　그 꾸밈이 하얀 것은 회사후소(繪事後素)이니 흰 바탕을 만든 다
음에 아름다운 그림을 그린다. 그리하여 64는 원형질만을 오로지 보
존하고 그 이상의 문식을 하지 않음이니 마치 하얀 말이 흰 것과 같
음이다. 한(翰)은 옛 유학자들이 모두 비상(飛翔)으로 보았으나 여
기서는 흰말로 보았다. 구(寇)는 밖에서 들어오는 도적이니 93의 적
극적인 수식의 풍조이다. 64의 정응은 초9이다. 초9는 문식을 버리고
실질을 추구하는 사람이므로 그와 혼인하기 위하여 64는 모름지기
지나친 수식을 하는 93의 친비를 도적처럼 생각해야 한다.

22-5-4 ───────── 象에 曰六四는 當位疑也니 匪寇婚媾는 終无尤也라.

『상전에 말하기를 64는 당한 자리가 의심스러우니 도적이 아니라
혼인함은 마침내 허물이 없으리라.』

☯ 64는 그 전체의 구조적인 위치가 매우 복잡하다. 위로 65를 보
필하는 책임과 아래로 만민을 보호하는 사명이 있으므로 그 책임이
막중한데도 능력이 유약하여 두루 미치지 못하고, 초9와 정응하였으
나 그 도움이 없으며, 93과 친비하였으나 지나친 문식을 따를 수 없

는 까닭에 그 실질만을 깨끗하게 보존할 뿐이다. 이것은 그 처지가
의혹이 많은 자리에 있는 까닭이다. 그러나 93의 친비에 유혹당하지
않고, 정응하는 질박한 초9와 혼인함은 마침내 허물이 없으니 그 광
휘를 서로 더하게 되리로다.

22-4-5 ——— 六五는 賁于丘園이니 束帛이 戔戔이면 吝하나 終吉이리라.

『65는 언덕 동산에서 꾸밈이니 묶은 비단이 얄팍하면 안타까우나
마침내 길하리라.』

◉ 65는 유순한 재질로 강건한 지도자의 자리에 있어 득중하였으
니 마땅히 그 실질을 숭상해야지 그 문식을 앞세워서는 안되는 자리
에 있다. 나라의 지도자가 수식을 앞세우면 나라에 사치허영의 풍속
이 일어 날 것인즉, 어찌 몸소 검소질박하지 않겠는가! 그러나 나라
의 지도자는 또한 공식의례를 거행하지 않을 수 없으므로 예를 갖추
되 유한한 물질에 무궁한 정성이 깃들도록 하여 스스로의 도리를 다
해야 할 것이다.
　구원(丘園)은 높은 광장이다. 공개된 장소로서 올려다 보는 곳이
니 곧 공식행사장이다. 속백(束帛)은 예물폐백으로 흔한 비단이요,
전전(戔戔)은 얄팍하게 쌓은 것이니 조금이라는 뜻이다. 한 나라의
지도자가 공개적인 예식을 거행함에 그 예물을 얄팍한 비단 묶음으
로 함은 인색하고 안타까운 느낌이 있지만, 사람으로 하여금 근본을
튼튼히 하고 실질을 숭상하는 기풍을 이루게 하여 마침내 길하다.

22-5-5 ———————————————————————— 象에 曰六五之吉은 有喜也라.

『상전에 말하기를 65의 길함은 기쁨이 있으리라.』

◉ 65가 유약한 자기의 본질을 바르게 인식하여 검소질박으로 예

식을 거행함은 곧 분수를 지키면서 예의를 따르는 것이다. 스스로
충실하고 법률에 철저하면 길하고 또한 기쁘리라. 길(吉)은 직분을
다하여 맞이한 전체의 길함이요, 희(喜)는 본분을 다하여 돌아온 개
체의 기쁨이다.

22-4-6 ────────────────────────────── 上九는 白賁면 无咎리라.

『상9는 꾸밈을 하얗게 하면 허물이 없으리라.』

◉ 상9는 비식(賁飾)의 종극으로 부정부중하고 또한 불응하니 더
이상 문식할 필요가 없는 상이다. 그러므로 그 꾸밈을 수수하게 하
면 허물이 없다고 하였으니, 이것은 오히려 근본의 실질을 가장 온
전하게 빛내는 것이다. 지나친 수식은 오히려 본질을 감추어 버리나
니, 문식의 극치는 참으로 그 본질을 빛내는 것임을 안다면 무색(無
色)으로 꾸며야만 본색이 가장 잘 나타남을 알 것이다. 백(白)은 무
색이요 꾸밈이 없이 수수함이다.

22-5-6 ────────────────────────── 象에 曰白賁无咎는 上得志也라.

『상전에 말하기를 꾸밈이 하얗게 하면 허물이 없음은 위에서 뜻을
얻음이라.』

◉ 상(上)은 무위(无位)의 처지요, 지(志)는 명통(明通)한 뜻이다.
상9는 비식(賁飾)의 때에 무위(無位)의 자리에 있으니 공식적인 행
사가 없는 까닭에 반드시 문식할 필요가 없다. 또한 상9의 양강(陽
剛)한 실체는 주관적인 의지를 확고하게 세우는바, 보는 것이 밝고
아는 것이 넓다. 온 세상이 모두 광채를 더하여도 한 사람의 원로는
초연히 어두컴컴한 가운데 숨어 영기(英氣)를 간직하고 있다. 이것
이 오히려 전체를 비식(賁飾)하는 도이다.

23 박(剝)괘

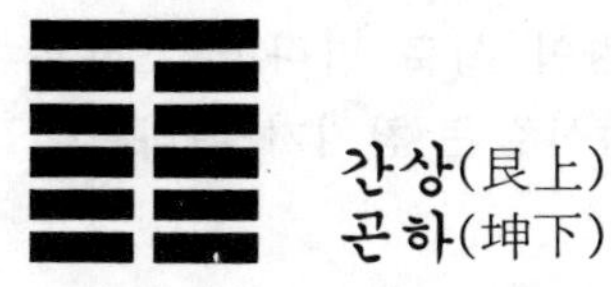

23-1-1 ──────────────────────────────── 剝은 不利有攸往하니라.

『떨어짐은 갈 바를 둠이 이롭지 아니하니라.』

☯ 박(剝)은 조락(凋落)의 길이다. 5음이 아래에서 강성하게 성장하여 1양이 위에서 조락하는 상이다. 만물의 수식은 모두 떨어지고 마침내 본질의 원형만 남게 되는 까닭에 비괘(賁卦)의 다음에 놓였다. 박(剝)은 9월의 괘이니 음이 더욱 극성하고 양이 점점 사라지며, 소인이 득세하고 군자가 은퇴하는 시기이다. 괘체가 내곤외간(內坤外艮)하니 유순하게 정지하는 덕이 있고, 산이 땅에 붙어서 높이 솟으니 높은 산이 땅으로 무너져 내리는 상이 있다. 박(剝)은 양이 쇠잔소멸하는 때인즉, 군자가 정지할 때이다. 이러한 상황에서 갈 바를 둠은 이롭지 못하니라.

23-2-1 ──────────────────────── 彖에 曰剝은 剝也니 柔가 變剛也니

『단전에 말하기를 박괘는 떨어지는 것이니 부드러운 것이 굳센 것을 변화시킴이니』

☯ 박괘(剝卦)는 5음이 1양을 밀어내서 떨어뜨리는 구조인즉, 유약

한 음이 아래에서 점점 자라나서 양을 변질시킴이다. 강건한 건(乾)을 음이 한 번 변질시키면 구(姤)이고, 두 번 변질시키면 돈(遯)이며, 세 번 변질시키면 비(否)이며, 네 번 변질시키면 관(觀)이며, 다섯 번 변질시키면 박(剝)이니, 더욱 변질시키면 순음(純陰)의 곤(坤)이 되는 것이다. 음양이 서로 만나서 조화를 이룸은 천지의 큰 도덕인즉, 음이 양을 퇴락시킴은 천지가 뒤바뀌는 것이다.

23-2-2 ──────────────────────────── 不利有攸往은 小人이 長也일새라.

『갈 바를 둠이 이롭지 못함은 소인이 자라남일새라.』

◐ 음이 양을 소멸시켜 몰락하게 함은 음양의 기수(氣數)요 사물의 추세이므로 아무리 강력한 양이라고 해도 마침내 견뎌 내지 못하고, 아무리 훌륭한 군자라고 할지라도 끝끝내 이기지 못하니, 군자는 갈 바를 둠이 이롭지 못하다. 음양이 상극하고 대소가 모순할새, 군자는 소인배들이 날뛰어 득세하는 때에는 마땅히 문을 닫고 숨어야 할 것이다.

23-2-3 ────────── 順而止之는 觀象也니 君子가 尙消息盈虛는 天行也일새라.

『순리로서 멈추는 것은 현상을 관찰함이니 군자가 사라지며, 자라나며, 가득 채우며, 비우는 것을 숭상함은 하늘의 운행일새라.』

◐ 순(順)은 곤덕(坤德)이요, 지(止)는 간성(艮性)이니 박(剝)의 덕이다. 군자가 1양이 5음으로부터 핍박을 받는 박괘(剝卦)의 현상을 관찰하고 일체의 사업을 화순하게 멈추어 버린바, 이것은 절망하여 포기하는 것이 아니라 시세의 불리에 순리로 대처하여 천운을 기다리는 것이다. 음양의 순환변화와 세도(世道)의 치란반복(治亂反復)이 자연의 법칙인 까닭에 군자는 소식영허(消息盈虛)의 변화하

는 법칙을 숭상하나니, 그것이 하늘의 운행인 까닭이다.

23-3-1 ─────────────────────────── 象에 曰山附於地가 剝이니
上이 以하여 厚下하여 安宅하느니라.

『상전에 말하기를 산이 땅에 붙음이 떨어짐이니 윗사람은 본받아
아래를 두터히 하여 집을 안전하게 하느니라.』

　◑ 간(艮)이 곤(坤)의 위에 있으니 산이 땅에 붙어 있는 상이다.
산은 땅에서 높이 솟아 있으나 밑은 땅에 붙어 있으므로 땅이 꺼지
면 산도 무너지게 되는 것이다. 상(上)은 위에 있는 지도자이고, 하
(下)는 아래에 있는 민중이니 윗사람은 박괘(剝卦)를 관찰해서 아랫
사람을 두텁게 하여 그 자리를 안전하게 한다. 아래는 위의 뿌리이
다. 뿌리가 튼튼해야 번영할 수 있는 것이므로 서전(書傳)에 말하기
를, '인민은 국가의 뿌리이다. 그러므로 국민의 생활이 튼튼해야 나
라가 안녕하다.'고 하였다.

23-4-1 ─────────────────────── 初六은 剝牀以足이니 蔑貞이라 凶하도다.

『초6은 상의 발을 떨어지게 함이니 바르게 지키는 것을 깎아내는
지라 흉하도다.』

　◑ 초6은 박락(剝落)의 시초에 그 실존이 허약하고 부정부중하며
불응불비하니 처음부터 갑자기 그 기초가 쇠락하는 상이다. 상(牀)
은 다리가 튼튼해야 안전한 물건인바, 그 다리의 끝이 떨어지면 곧
기울어져서 쓰러지는 까닭에 그 바름을 지킬 수 없는 것이므로 이에
손상이 있어 흉한 것이다.

『상전에 말하기를 상을 떨어지게 함이 발로써 함은 아래를 꺼지게 함이라.』

◐ 박락(剝落)의 시초에 기초가 무너짐은 그 근본을 허술하게 버려 둔 까닭이니 그 뿌리가 허약하면서도 끝이 좋은 것은 없는 것이다. 성인이 항상 먼저 대체(大體)를 세우고 근본에 힘쓸 것을 주장하는 까닭이 바로 여기에 있다.

『62는 상다리를 떨어지게 함이니 바르게 지키는 것을 깎아낸지라 흉하도다.』

◐ 62는 중정하였으나 박락(剝落)의 시대에 허약한 실존으로 불응 불비하니 이겨내지 못한다. 대개 62는 유순중정하니 어떠한 때, 어느 곳에서라도 안전하게 자체를 보전할 수 있을 것이라고 믿을 것이다. 그러나 이것은 박락(剝落)의 도를 모르는 소치이다. 한번 박락의 시대가 오면 허약한 물체는 모두 조락하지 않을 수 없다. 아무리 중정해도 허약하고 불응불비한 것은 조락을 면치 못하고, 설마하는 믿음으로 인해 미리 준비함이 없이 상다리가 떨어지므로 의외의 손상도 있을 것이다. 변(辨)은 상(牀)의 간(幹)이니 상다리이다.

『상전에 말하기를 상을 떨어지게 함이 다리로써 함은 더불음이 있지 못함일새라.』

◎ 상다리가 떨어짐을 미리 예측하지 못함은 의외의 박락이요, 또한 불응불비하여 기댈 만한 보조가 없음인즉, 미리 준비함이 없음이다. 사람이 기미를 미리 보면 길하고, 대비가 있으면 근심이 없나니, 조락의 시기에 허술하고 고독한 사람은 모두 조심해야 할 것이다. 여(與)는 응여(應與)이니 상부상조할 수 있는 구원자이다.

23-4-3 ——————————————————— 六三은 剝之无咎니라.

『63은 떨어짐에 허물이 없느니라』

◎ 63은 허약한 실존으로 부정부중하고 오직 홀로 상9와 응하니 스스로 허약함을 알고 상9에게 오로지 의지하여 비록 박락의 시대라고 해도 구제를 받아 이에 허물이 없는 것이다. 이것은 그 허약한 실상을 밝게 아는 까닭에 미리 예방하여 손상이 없도록 함이다.

23-5-3 ——————————————————— 象에 曰剝之无咎는 失上下也라.

『상전에 말하기를 떨어짐에 허물이 없음은 위아래를 잃음이라.』

◎ 상(上)은 45의 2음이요, 하(下)는 초2의 2음이니 허약한 동류를 떠나 강건한 상9에게 의지함이다. 또한 63은 예상되는 박락이니 상(牀)의 상하를 모두 치워서 비록 쓰러지더라도 다른 손상이 없게 한다. 아예 독립하거나 공직에서 사퇴하여 상을 아주 버려 버리면 또 다른 화를 막을 수 있는 것이다.

23-4-4 ——————————————————— 六四는 剝牀以膚니 凶하니라.

『64는 상을 떨어지게 함이 살로써 하니 흉하니라.』

◐ 64는 허약한 실존으로 정위하였으나 박락의 시기에 부중하여 위로 지도자를 보필하지 못하고 아래로 인민을 보호할 능력이 없다. 그런데다 불응불비하여 어진 이의 도움도 얻을 수 없어서 재난이 절박하게 닥쳐오는 것에 대처하지 못하므로 흉하다. 부(膚)는 자신의 피부이니 비단 타인을 제도하지 못할 뿐만 아니라 자기 자신도 구원하지 못하는바, 이것은 책임자의 도리가 아니다.

23-5-4 ──────────────────────── 象에 曰剝牀以膚는 切近災也라.

『상전에 말하기를 상을 떨어지게 하되 살로써 함은 재앙이 절박하게 가까움이라.』

◐ 중요한 직분을 맡은 책임자가 전체의 안전을 도모할 계책이 없으니 암담하다. 직위를 내놓고 물러가자니 위험에서 도피하는 비굴한 일이요, 그 자리에 앉아서 재난을 무릅쓰자니 너무나 참혹하다. 이것은 스스로 덕이 없어서 위험이 닦쳐옴에 측근이 먼저 박락하는 상인즉, 무능한 사람이 높은 자리에 올라 평상시에는 관례에 따라 행동하여 별일이 없으나 일단 비상한 때를 만나면 속수무책으로 좌시할 수 밖에 없는 사람을 경계함이다.

23-4-5 ──────────────── 六五는 貫魚하여 以宮人寵이면 无不利하리라.

『65는 고기를 꿰어 부인이 사랑을 받는 것으로 하면 이롭지 아니함이 없으리라.』

◐ 65는 박락의 시대에 전체의 운명을 주관하는 지도자인바, 스스로 허약부정하여 주재할 능력이 없으며, 또한 그 구조가 매우 허약하여 아래에서 보필하는 책임자도 모두 불응무력하니 별로 도움이 없으므로 속수무책으로 앉아서 박락의 위험을 당할 수 밖에 없는 것

이다. 그러나 65는 득중하였으므로 때에 알맞게 조치하여 위난을 극
복하는 용단이 있는 까닭에 스스로 5음을 모두 통솔하여 이끌고 친
비한 상9의 어진 이를 찾아가서 그의 지도를 충실하게 따르면 박락
의 위험을 슬기롭게 헤쳐 나가니 마침내 반드시 이로울 것이다.

　어(魚)는 음물(陰物)이니 관어(貫魚)는 5음을 차례로 이끌어 이
탈이 없음이요, 궁인(宮人)은 음의 아름다움이니 양의 절제를 잘 받
아들이는 것이다. 궁인총(宮人寵)은 부인이 남편을 잘 따라서 사랑
을 받음이다. 65는 한 나라의 수상으로 조락의 운을 만나서 지난날
의 잘못을 바로잡고 원로를 찾아가 곤란을 극복하는 착한 길로 힘차
게 나아가면 허물이 없는 것이다.

23-5-5 ─────────────────────── 象에 曰以宮人寵은 終无尤也라.

『상전에 말하기를 부인이 사랑을 받는 것으로 함은 마침내 허물이
없으리라.』

　◐ 박괘는 상9의 존재로 인하여 아직 양도일맥(陽道一脈)이 남아
있으므로 전체의 소멸을 겨우 면하고 있는 까닭에 현상의 체제나마
유지되고 있는 것이다. 만일 군음(群陰)이 1양을 끝까지 박락시키면
마치 원기가 끊어지고 정의가 사라진 것처럼 일시에 혼란이 일어나
멸망하고 마는 것이다. 65는 이와 같은 위기를 뚜렷하게 인식하고
모두 망하는 재난으로부터 구제할 임무가 있으므로 대동화합하여
상9에게 그 동안의 핍박을 사죄하고 큰 가르침을 받아서 그대로 따
라서 실천하여 상9의 마음에 들도록 행동하면 마침내 전화위복이 되
리니, 이에 끝내 허물이 없는 것이다.

23-4-6 ───────── 上九는 碩果不食이니 君子는 得興하고 小人은 剝廬리라.

『상9는 큰 열매는 따먹지 아니하니 군자는 수레를 얻고 소인은 집

을 무너뜨리리라.』

◑ 여러 양이 이미 모두 소멸되고 오직 상9의 1효가 남아 있다. 상9마저 박락되면 양이 없는 세상인즉, 천지가 뒤바뀌고 도의가 멸절한다. 이에 성인은 큰 과실은 따먹지 않고 두었다가 익으면 다음해의 종자로 쓰는 것처럼 오직 홀로 꿋꿋하게 원기를 보존하고 도덕을 지켜 곤궁하면 곤궁할수록 더욱 충실하게 성숙할 것을 교시하는 것이다. 음이 극성하면 극성할수록, 세상이 어지러우면 어지러울수록 군자는 더욱 고귀하고 희소한 존재로서 사회의 광명이요 인류의 희망이라 그의 사명이 더욱 큰 것이다. 만일 상9가 변질하면 순음(純陰)의 곤괘(坤卦)가 되지만 어찌 세상에 무양(無陽)의 이치가 있으리오? 곧 1양이 다시 출생하여 복괘(復卦)가 돌아오니 이것이 생생불궁(生生不窮)하는 천지의 마음인바, 양이 멸절한 것이 아니므로 곤괘의 10월을 양월(陽月)이라고 하는 것이다. 그러므로 박(剝)의 상9가 충실하면 충실할수록 복(復)의 초9가 건실하게 출생한다. 이에 박(剝)의 상9는 그 사명이 중대한 것이다. 인심은 천심이니 혼란이 극도에 이르러 절망이 커지면 사람은 반드시 잘 다스리는 정의사회를 그리워한다. 이때에 고난을 이겨낸 군자는 만인의 추대를 받아 사회정화의 대업을 성취하여 지도자가 되지만, 어려움을 극복하지 못한 소인은 마침내 변절하여 군음(群陰)과 타협하고 이익을 나누며 군음과 더불어 타락하므로 그들과 함께 멸망하고 만다.

  석과(碩果)는 상9의 노양(老陽)이요, 불식(不食)은 군음에게 이용당하지 않음이다. 군자는 겉과 속이 다르지 않고 처음과 끝이 일관하는 지조있는 사람이요, 여(輿)는 민중의 추대로 공직에 나아감이다. 소인은 겉과 속이 다르고 처음과 끝이 같지 않아 겉으로는 군자인 척하지만 속으로는 이권을 탐내고, 처음에는 의리를 주장하다가 나중에는 이익을 꾀하는 현실에 타협하는 사람이다. 박려(剝廬)는 멸문(滅門)이니 그 몸이 사회에 용납되지 못함은 말할 것도 없고 그 가문까지 파멸됨을 뜻한다. 양도(陽道)는 재생하므로 불가멸(不可滅)이요, 음도(陰道)는 멸절하므로 불가장(不可長)이다. 그래서 박(剝)의 상9는 불식(不食)이요, 쾌(夬)의 상6은 무호(无號)이니 그 뜻이 깊고 멀도다.

 ──── 象에 曰君子가 得輿는 民所載也요 小人剝廬는 終不可用也라.

『상전에 말하기를 군자가 수레를 얻음은 민중이 추대하는 바이요,
소인이 집을 무너뜨림은 마침내 쓸 수가 없음이라.』

　● 하늘이 장차 큰 임무를 맡기려고 하면 반드시 어려운 시련을 주
어서 시험하는바, 그 심지를 강인하게 하고 그 지능을 탁월하게 하
고자 함이다. 군자는 강인한 의지로 일체의 유혹과 위협 및 고난을
극복하고, 소신을 지키며, 탁월한 지능으로 해와 달을 다시 밝혀 혼
란을 제거하고 인민을 해방하여 새로운 정의사회를 건설하니 민중
으로부터 추대를 받는 것이다.
　소인은 공명을 꾀하여 일시적으로 충신·의사·열녀의 길을 걷지
만 의지가 굳지 못하고 지능이 뛰어나지 못하여 마침내 변절하여 굴
복한다. 이것은 사이비 군자이므로 아무 데도 쓸 수가 없는 사람인
즉 안타까운 일이다. 그러므로 절기가 추워진 다음에 소나무와 잣나
무가 뒤에 시든 것을 안다고 하였다.

24 복(復)괘

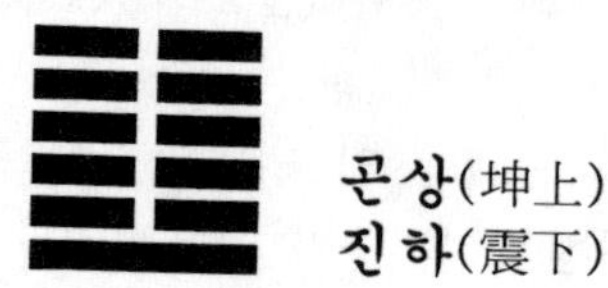

곤상(坤上)
진하(震下)

24-1-1 ——————————— 復은 亨하야 出入에 无疾하나 朋來라야 无咎리라.

『돌아옴은 형통하여 나아가고 들어옴에 해칠 이가 없으나 벗이 와
야 허물이 없으리라』

  ☯ 복(復)은 회복의 도로서 다시 돌아와 재생함이다. 음이 극도에
이르면 양이 처음 생기는 것이므로 만물은 마침내 모두 박락(剝落)
하게 할 수 없는 것이다. 위에서 곤궁하면 아래로 돌아오는 까닭에
박괘(剝卦) 다음에 복괘(復卦)가 놓였으니 주역의 변증법적 변화 논
리이다. 그 괘는 박괘를 돌려놓은 것으로 천지가 바로잡힘이요, 정의
가 되살아나서 소인이 물러가고 군자가 나타남이다. 복(復)은 11월
의 동짓달이니 1양이 처음 생겨 천지 도수(度數)를 변혁시키므로 한
해를 끝내고 새해를 맞이하는 신기원이다. 복(復)은 1양이 비록 미
약하나 천지의 원기요 인류의 양심이다. 강건한 용기, 명확한 원리,
순수한 선덕의 실체인 까닭에 극성한 군음도 감히 이를 상해할 수
없으니 이에 반드시 성장하여 형통한 것이다.
  출입에 무질(无疾)하다 함은 1양이 5음의 아래에 있으나 상곤하
진(上坤下震)이니 위는 유순하며 아래에서 강력하게 진동하여 거칠
것이 없고, 또한 그 활동이 밖으로 유순하니 두려워하지 않아 이에
크게 성장한바, 이것은 모두 1양이 순리로 발동하는 천지조화의 운
행원리요 인류역사의 발전법칙으로 아무도 감히 그의 활동을 해칠

수 없다는 뜻이다.

붕래(朋來)라야 무구(无咎)라 함은 1양이 홀로 경망하게 5음을 대적하면 서로 다치기 때문에 때를 기다려 음이 소멸하고 양이 성장하는 형세를 이룩해야 되므로 임(臨)·태(泰)·대장(大壯)·쾌(夬)·건(乾)으로 자연스럽게 진화하는 법칙을 따르면 허물이 없을 것이나 만일 조급하게 빨리 하고자 하여 다투면 허물이 있을 것이라는 뜻이다.

24-1-2 ──────────────── 反復其道하여 七日에 來復하니 利有攸往이니라.

『그 길을 되풀이하여 이렛날에 돌아오나니 갈 바를 둠이 이로우니라.』

◉ 원형리정(元亨利貞)은 천지의 정상적인 발전법칙이므로 만물의 생성변화에는 일정불변의 법칙이 있는 것이다. 그러므로 사시사철이 순환하고 인물이 교대하여 가서는 돌아오고, 와서는 돌아가니 일체 만상이 스스로 그 도를 반복함이다. 7일은 반복왕래의 일곱 번 변화로 제자리로 돌아오는 기간으로서 천지의 상수(常數)이다. 건(乾)의 양기는 구(姤)에서 초9가 변질하여 초6으로 바뀌었다가 돈(遯)·비(否)·관(觀)·박(剝)·곤(坤)의 여섯 단계를 거쳐 일곱 번 만에 복(復)의 초9가 다시 제자리로 돌아온다. 이것이 곧 7일에 다시 돌아오는 기수(氣數)이다. 그러므로 인사(人事)에 7일로 반복하는 의식이나 제도가 많으니 인간의 지능으로 안배함이 아니라 천지자연의 변수(變數)를 따름이다.

리유유왕(利有攸往)은 양기가 처음 생겨 군자의 도가 성장하고 음기가 소멸되어 소인의 도가 쇠퇴하니 군자가 유위(有爲)할 때임을 뜻한다.

24-2-1 ──────────────── 彖에 曰復이 亨함은 剛反이니

『단전에 말하기를 돌아옴이 형통함은 굳센 것이 돌아옴이니』

● 강(剛)은 초9의 강명한 양효이며, 반(反)은 유정(柔靜)한 5음의 가운데에서 힘차게 진동하여 처음 생김이다. 천운이 순환하여 양도가 거의 박멸되다가 다시 돌아와 살아나서 힘차게 장성하니 이에 형통하다.

24-2-2 ——— 動而以順行이라 是以로 出入에 无疾하고 朋來라야 无咎니라.

『움직이여 순리로서 가는지라 이래서 나아가고 들어옴에 해침이 없고 벗들이 돌아와야 허물이 없느니라.』

● 동(動)은 진(震)의 성질이요, 순(順)은 곤(坤)의 덕성이다. 안으로는 스스로 발동하니 그 힘이 무한하고, 밖으로는 유순하게 행동하니 그 발전이 무궁하다. 그러므로 초9는 나아가서 64와 정응하고 62와 친비하여 해침이 없고, 들어와서 홀로 양기를 잠복하여 저장하니 스스로 다치지 않는다. 오직 천지의 대도를 밝히고 인류를 도탄에서 구제하는 사명을 다할 뿐, 공명이나 권리나 영예를 사사로이 탐내지 않으므로 동지가 와서 협력함에 뽐내거나 자랑하지 않아야 허물이 없는 것이다.

24-2-3 ————————————————————————— 反復其道하여 七日來復은 天行也요

『그 길을 되풀이하여 이렛날에 돌아옴은 하늘의 운행이요』

● 1기(一氣)의 동정(動靜)으로 음양이 굴신왕래(屈伸往來)하고, 1기의 취산(聚散)으로 음양이 변역교대하여 소식(消息)하니, 이에 음양의 소식왕래(消息往來)하는 일정한 법칙은 천지자연의 변화하는 이치이므로 이것이 하늘의 운행하는 순리이다. 천도의 변역은 1기의

동정취산(動靜聚散)일 뿐이니 이에 천도의 운행이 순환반복하여 7일에 제자리로 돌아오는 것이다. 10은 리수(理數)의 운행 반복수요, 9는 기수(氣數)의 유행 반복수이며, 8은 운수(運數)의 진행 반복수이며, 7은 변수(變數)의 이행(移行) 반복수이다.

『갈 바를 둠이 이로움은 굳센 것이 자라남일새니』

◑ 장차 천운이 회태(回泰)하여 양강공명(陽剛公明)한 인도(仁道)가 일어나고 음유사곡(陰柔私曲)한 불인(不仁)의 도가 물러가는 때를 맞이하였으니 적극적으로 이상을 추구하여 노력해야 할 시기이다. 강(剛)은 초9의 양성(陽性)이요, 장(長)은 성장이니 초9의 건실한 성장에 일체 만물이 스스로 갈 바를 두는 것이다.

『돌아옴에 그 하늘 땅의 마음을 볼 것인저』

◑ 군음(群陰)이 극성한 때에 1양이 부활하니 천도가 거의 멸절하다가 다시 밝혀짐이요, 인심이 거의 상실되었다가 다시 찾음이다. 여기에 이르러 비로소 천지가 제자리로 돌아오고 만물이 생육하게 되는 까닭에 저 하늘과 땅의 인민애물(仁民愛物)하는 지극한 심정을 볼 수 있는 것이다. 그러므로 곤(坤)과 복(復) 사이는 도로 말하면 정(貞)의 종극에서 원(元)이 시작하는 곳이요, 기(氣)로 말하면 정(靜)의 극치에 동(動)이 시발하는 곳이며, 마음으로 말하면 허령(虛靈)한 지각이 깨어나서 처음으로 감응하는 곳이니 이는 곧 태극이며, 원기이며, 천심이다. 군자는 여기에서 태극의 절대불변하는 도와 원기의 영원불멸하는 생명과 천심의 순수 불매(不昧)하는 선을 뚜렷

이 보게 되는 것이다.

　대개 학자의 공부는 먼저 근본을 세우는 데 조급하여 태극의 성리(性理)를 밝히려고 주정치중(主靜致中)에만 열중하며, 그 전체를 완비하는 데서 천지의 원상을 찾으려고 하는데, 이것은 높은 곳에 올라가려면 낮은 곳을 말미암고, 먼 곳에 이르려면 가까운 데로부터 시작하는 중용의 길이 아니다. 태극의 도는 양동(陽動)으로 비롯하여 나타나고, 원기의 생명은 새봄에 다시 싹트며, 심성의 선덕은 감응해야 발로되는 것이니 발동의 신묘한 작용을 살펴 능동적인 조화에도 노력하고, 대용(大用)을 온전하게 하는 데서 천지의 본심을 찾도록 하는 것이 오히려 쉬운 길이다. 그러므로 공자는 극기복례(克己復禮)가 인(仁)함이라고 하였으며, 맹자는 측은한 마음과 부끄러운 마음과 사양하는 마음과 분별하는 마음의 사단(四端)을 확충하라고 하였으니, 모두 마음이 발동하는 동기에서 인간성을 살펴보도록 하는 것이다.

24-3-1 ──────────────── 象에 曰雷在地中이 復이니 先王이 以하여
至日에 閉關하여 商旅가 不行하며 后不省方하니라.

『상전에 말하기를 우뢰가 땅 속에 있음이 돌아옴이니 옛날 위대한 지도자는 본받아 동짓날에 관문을 닫아서 장사꾼과 나그네가 다니지 아니하며, 나라의 지도자도 지방을 순찰하지 아니하니라.』

☯ 뢰(雷)는 양동(陽動)하는 진상(震象)이요, 지(地)는 순음지정(純陰至靜)하는 곤상(坤象)이니 뢰재지중(雷在地中)은 1양이 순음의 지극히 고요 속에서 진동을 시작하는 것이다. 이것은 전체의 지극히 허약한 구조에서 강건한 하나의 실체가 출생함이다. 때로 말하면 동지에 해당하고, 육신으로 말하면 큰 병 뒤에 원기가 생기는 데 해당하며, 심령으로 말하면 미혹의 극치에서 양심의 실마리가 나타나는 데에 해당하니 새로이 발생하는 미소한 양기는 덮어서 감추어야만 힘차게 자라나는 까닭에 고요히 안정하여 보호하는 것이다.

그러므로 나라의 위대한 지도자는 천지의 원기가 회복되기 시작하는 동지에 모든 관문을 닫아 아래로 상인이나 여행객의 왕래를 금할 뿐만 아니라 지도자 스스로도 출입을 삼가하나니, 이날에 하늘땅의 마음을 살피고 인류의 양심을 돌이키려고 함이다.

24-4-1 ──────────────── 初九는 不遠復이라 無祗悔니 元吉하니라.

『초9는 멀지 아니하여 돌아오는지라 뉘우침에 이르름이 없으니 크게 길하리라.』

◉ 초9는 돌아옴의 시초이므로 가자마자 곧 돌아오는 상이다. 양도(陽道)는 멸절하지 않고 다만 생장과 소멸을 순환반복하는 원리가 있을 따름이다. 박(剝)의 상9가 박락하면 머지 않아 복(復)괘의 초9가 돌아오니 일찍이 간단없는 것이다.

초9는 강명한 실체로 정위하였고 64와 정응하며 62와 친비하여 강건한 주체를 확립했으면서도 두루 어진 사람과 조화하였다. 비록 전체의 허약하고 혼란한 구조에서 부중하여 때를 앞질러 나아가는 과실이 있을 것이나 스스로 명철하여 멀리 가지 않고 즉시 돌아오므로 뉘우침에 이르름이 없는 것이다. 이에 도를 따라 성장하여 크게 길한 것이다. 성인의 말씀이 매우 엄밀하니 길함은 개체의 길함이요, 원길(元吉)은 개체의 대길(大吉)함이다. 초9는 복(復)의 주효이므로 초9의 안전한 성장은 또한 전체의 희망이다. 지(祗)는 이른다는 뜻이다.

24-5-1 ──────────────── 象에 曰不遠之復은 以修身也라.

『상전에 말하기를 멀지 아니하여 돌아옴은 몸을 닦음으로써이라.』

◉ 사람이 배우지 않으면 도를 알지 못하고, 도를 알지 못하면 스

스로의 몸을 성실하게 간직하지 못하는 것이므로 이에 몸을 닦지 않을 수 없는 것이다. 학문으로 몸을 닦은 사람은 물리의 이해득실과 인심의 시비선악과 사회체제의 정사공사(正邪公私)에 밝아서 허물이 있으면 반드시 깨닫고 즉시 고치므로 뉘우침에 이르지 않으며, 한 번 고치면 허물을 두 번 저지르지 않으므로 크게 길한 것이다. 허물을 시초에 즉시 알아 밖으로 나타나기 전에 고침은 현명이요, 잘못을 두 번 저지르지 않음은 용기인즉, 모두 서민대중이 몸을 닦는 원리이다.

24-4-2 ——————————————————— 六二는 休復이니 吉하니라.

『62는 아름답게 돌아옴이니 길하니라.』

☯ 62는 유순한 실존으로 중정한 자리에 있으나 위로 65와 불응하니 난세에 초야에 물러나와 멀리서 소극적으로 위의 4음을 따르다가 아래에 초9가 힘차게 돌아오는 것을 보고 그와 친비하여 오로지 일체로 합심협력하는 상이다. 휴(休)는 중정하여 때와 자리에 알맞음이니 휴복(休復)은 때를 기다려 숨었다가 어진 사람이 나옴에 찾아가서 도와 세계의 도덕을 부흥함이다. 길(吉)은 62의 길함이니 만일 일찍이 민중주체인 초9에게로 돌아오지 않고 위로 포악한 지배집단인 4음과 함께 더불으면 그들과 함께 멸망하게 되는 것이므로 흉함을 면하지 못한다.

24-5-2 ——————————————————— 象에 曰休復之吉은 以下仁也라.

『상전에 말하기를 아름답게 돌아옴이 길함은 인으로 내려감으로써이라.』

☯ 하(下)는 위로 올라갔다가 아래로 내려가서 제자리로 돌아감이

다. 62는 위를 따르면 사리사욕을 채울 수 있고, 아래를 따르면 인도(人道)와 정의를 세울 수 있다. 인(仁)은 천지의 공리(公理)요 인류의 선덕이니, 하인(下仁)은 62가 위로 4음의 역천난륜(逆天亂倫)하는 사악을 멀리하고, 아래로 초9의 공명정대한 인도(仁道)의 주체에게로 내려옴으로써 마침내 길하게 되는 것이다.

24-4-3 —————————————————————— 六三은 頻復이니 厲하나 无咎리라.

『63은 자주 돌아오니 위태로우나 허물이 없으리라.』

◉ 63은 허약한 실존으로 부중부정하고 불응불비하여 난세의 어지럽고 허약한 구조에서 한 곳에 안정할 수 없는 상이다. 그러므로 갔다가는 돌아오고, 왔다가는 가버리니 안으로 조급하고 밖으로 불안한 까닭이다. 위태로우나 허물이 없음은 위로 3음과 함께 하되 곧 돌아오는 까닭이고 아래로 초9와 62와 내괘의 공동체이므로 형세가 커지면 즉시 돌아오는 까닭이다.

24-5-3 —————————————————————— 象에 曰頻復之厲는 義无咎也라.

『상전에 말하기를 자주 돌아옴이 위태로움은 의리에 허물이 없으리라.』

◉ 63은 재질은 박약하지만 뜻이 높고, 현실은 고단하지만 발전을 추구하는 사람이니 어리석으므로 술수에 쉽게 넘어가고, 곤궁하므로 유혹에 가볍게 끌려가면서도 자주 반성하고 초9의 떳떳한 길로 돌아온다. 위태로움은 위로 잔학한 3음의 앞잡이가 됨이요, 의리에 허물이 없음은 어려운 실정에서 잠깐 잘못된 것을 반성하고 돌아오니 용서해 줌이다. 그러나 만일 기회를 노려 어리석은 척하면서 이쪽 저쪽에 모두 눈치를 살피는 것이라면 그 어느 쪽에서도 용납되지 못한

다.

『64는 때를 따라 행하되 홀로 돌아오도다.』

◉ 64는 유약한 실존으로 정위하여 위로 65를 보필하고 아래로 민중을 구원하는 책임자의 자리에 있으나 스스로 능력이 부족하여 성공하지 못하고 다만 65의 불인(不仁)함과 초9의 인(仁)함 사이에서 중도를 바르게 행하다가 마침내 잔악한 65의 무리들을 버리고 떠나와 초9의 정응에게로 홀로 돌아오는 상이다. 64는 비록 득중(得中)은 아니나 65의 불인(不仁)함을 측근에서 목도하고 초9의 인도(仁道)를 정응하여 뚜렷하게 인식함으로써 이에 스스로 정위하여 때와 자리와 능력에 알맞는 중용의 도를 행할 수 있는 것이요, 마침내 악한 정권에서 용퇴하여 홀로 초9에게 돌아올 수 있는 것이다. 이것은 무리 가운데서 오직 혼자만 구원을 받는 것으로 위로 지도자를 버렸고, 아래로 신하를 잃었으니 일단 길흉회린(吉凶悔吝)을 말할 수 없는 것이다.

『상전에 말하기를 때를 따라 행하되 홀로 돌아옴은 도를 따름으로써이라.』

◉ 5음은 현재 극성하여 날뛰지만 멸절할 무리들이요, 초9는 현재 미소하지만 장차 대성하여 제세구민(濟世救民)할 주체이므로 64가 군음의 중심에서 탈퇴하여 초9에게로 돌아옴은 도의를 따르려는 까닭이다. 현실에 지나치게 안주하는 것은 보수요, 이상에 지나치게 과감한 것은 진취(進取)인즉, 중행(中行)은 현실 가운데서 이상을 찾

음이다. 독복(獨復)은 진취(進取)함이며, 도(道)는 인도(仁道)이니 천하의 정도를 따름은 현명한 처신이다.

24-4-5 ──────────────────────────── 六五는 敦復이니 无悔하니라.

『65는 돈독하게 돌아옴이니 뉘우침이 없으리라.』

☯ 65는 유순한 실존으로 득중하여 지도자의 자리에 있으므로 유순하게 때에 알맞게 따르는 상이다. 더욱이 65는 전체의 허약한 구조 속에서 스스로 부정하고 밖으로 불응불비하니 혼란한 가운데 외로운 지도자이다. 그러므로 아래에서 직언하면 두텁게 신임하고 따르지 않을 수 없는 상황이다.

지도자가 간언을 믿고 따름은 지도자의 아름다운 덕이니 천하의 선이 장차 모두 갖추어질 것이거늘 어찌 뉘우침이 있겠는가! 그러므로 지도자가 독단고집하지 않고 묻기를 좋아하며 직간을 잘 들으면 인재와 도덕을 함께 얻을 것이니 곧 돈독하게 돌아옴이다.

24-5-5 ──────────────────────────── 象에 曰敦復이니 无悔는 中以自考也라.

『상전에 말하기를 두텁게 돌아옴이니 뉘우침이 없음은 때를 맞추어서 스스로 이룩함이라.』

☯ 65는 위태로운 때의 외로운 지도자이다. 직언하는 사람을 신임하고 진리를 따르는 것이 모두 자기 자신의 판단에 매어 있으므로 위급한 상황에서 직언을 듣고 돈독하게 돌아오는 것은 자기가 스스로 살펴 판단함이다. 지도자가 때맞추어 자각하여 유순하게 포용하고 돈독하게 돌아옴은 중도로서 스스로 완성한 업적이다. 직언한 사람은 64와 62와 초9다.

『상6은 망설이다가 돌아옴이라. 흉하니 재앙이 있어서 군대를 출
동하면 마침내 크게 패배함이 있고, 그 나라를 다스리면 지도자가
흉하여 열 해가 되도록 바로잡지 못하리라.』

◉ 상6은 허약한 재질로 복귀의 종극에 있으니 미혹하여 잘 돌아오
지 못하는 상이다. 상6은 허약한 구조에서 정위하였으나 부중하여
때를 알지 못하고 불응불비하여 구원하여 주는 사람이 없으니 복귀
의 때가 된 줄을 알지 못하고, 스스로 정위한 것에 미혹되어 복(復)
의 종극에 가서야 최후로 돌아오니 이미 일은 그릇되었고 때는 모두
지나 가버렸으므로 흉한 것이다. 이것은 착각하여 미몽에 집착하는
것이니 반드시 재난을 당하게 되는바, 이와 같은 방식으로 전쟁을
하면 적군에게 마침내 대패하게 될 것이요, 이와 같은 방식으로 나
라를 다스리면 지도자가 민심을 잃어서 흉하여 십년 간의 장기적인
노력이 있다고 해도 바로 잡을 수 없을 것이다.
　재(災)는 천재요, 생(眚)은 인화(人禍)이다. 용(用)은 이(以)요,
대패(大敗)는 자멸이며, 이(以)는 위(爲)니 치(治)의 뜻이다. 군(君)
이 흉함은 자초한 것이며, 십 년은 장기이니 일의 어려움을 밝힘이
다.

『상전에 말하기를 망설이다가 돌아옴의 흉함은 지도자의 도리에
반함이라.』

◉ 군도(君道)는 지도자의 길이다. 지도자는 천시(天時)를 알고 형
세를 깨달아 현실을 조절하여 이상을 실현하는 사람이므로 마땅히

선지선각의 식견과, 전체를 포용조화하는 도량과, 영민탁월한 재능을 겸비해야 한다. 그런데 상6은 허약(虛弱)한 재질로 시세에 어둡고, 고루하게 자기의 자리에만 연연하여 떠나지 못하며, 미몽을 진실로 착각하고 사악을 선덕으로 오인하였으니 이것은 지도자의 도리에 전혀 반대되는 것이다. 여기에서 잘못 간 길을 돌이킬 수 없는 폐단이 얼마나 큰 가를 알 수 있을 것이다.

25 무망(无妄)괘

건상(乾上)
진하(震下)

25-1-1 ─────────────────────── 无妄은 元亨하고 利貞하니
其匪正이면 有眚하리니 不利有攸往하니라.

『망녕됨이 없음은 크게 형통하고 바르게 지킴이 이로우니 그 바르지 아니하면 재앙이 있으리니 갈 바를 둠이 이롭지 아니하니라.』

🌓 무망(无妄)은 성실의 도로서 진실한 지성(至誠)이다. 선덕(善德)을 회복하여 자연의 공리로 돌아가면 진실하고 정성스러운 까닭에 복괘(復卦) 다음에 놓였다. 사람이 도덕의 주체를 정립하면 바른 이치로 말미암아 저절로 진실정직하여 사망(邪妄)함이 없는 것이다. 그 괘체가 건상진하(乾上震下)니 진(震)은 동(動)이요, 건(乾)은 건(健)이다. 안에서 스스로 발동하여 밖으로 저절로 건전하면 이것은 천도자연의 성실함이니 무망(无妄)이고, 만일 양심을 회복하지 못하고 욕심으로 감동하여 억지로 하면 이는 곧 망녕됨이다. 성인이 복(復)의 다음에 무망(无妄)을 놓은 뜻이 크도다!

무망(无妄)은 곧 성(誠)이다. 성은 천도의 실리(實理)로서 지인용(知仁勇)의 총칭이므로 참되고 착하고 힘찬 것인 까닭에 크게 형통하니 바르게 일관하여 지킴이 이롭다. 만일 정심(正心)하지 못하고 방심하거나 동심(動心)하여 욕심이 끼어 들면 부질없이 스스로를 속이게 되고 하늘을 속이게 되어 반드시 재앙이 있다. 이것은 참으로 망녕됨이니 갈 바를 둠은 이롭지 못하다.

　정(正)은 정심(正心)이니 비정(匪正)은 부정한 마음으로 사악하고 망녕되게 함이다. 인간의 본성은 하늘의 이치인바, 군자는 수신하여 하늘을 섬기는 까닭에 길하고, 소인은 사욕에 이끌려 하늘의 뜻을 거역하여 흉한 것이다.

25-2-1 ──────────────── 彖에 曰无妄은 剛이 自外來而爲主於內하니

『단전에 말하기를 망녕됨이 없음은 굳센 것이 밖으로부터 와서 안에서 주체가 되니』

　◉ 강(剛)은 초9이다. 외래(外來)는 곤(坤)의 초효가 변화하여 진(震)이 되었으니 이에 초9가 밖으로부터 온 것이요, 또한 송(訟)의 92가 아래로 내려와서 무망(无妄)의 초9가 되었으니 이에 초9가 밖으로부터 온 것이다. 주(主)는 자체의 주동이요, 내(內)는 내괘이니 곧 초9는 내괘진(內卦震)의 주동적인 효이다.

　강(剛)은 절대불변하는 영원한 실체이니 천리의 본의요, 자외래(自外來)는 하늘이 음양5행으로 만물을 변화생성하여 기(氣)로는 그 형체를 이루고 동시에 그 형체에 따라 각각 리(理)를 부여하였으니 이에 만물은 모두 각각 하늘이 준 원리를 인연하여 건순5상(健順五常)의 덕을 삼았다. 이것이 곧 만물의 성리(性理)이다. 그러므로 만물의 성리는 하늘에서 받은 것이니 밖으로부터 온 것이다. 주어내(主於內)는 만물의 개체가 고유한 성리를 바탕으로 각각 자주(自主)하여 형체를 주관하니 안에서 주재함이다. 그러므로 무망(无妄)의 괘체는 하늘의 성실한 진리를 따르는 상이 있는바, 초9는 강건하게 정립하였으니 무망의 주체이고, 진(震)은 강건하게 발동하니 무망의 본질이며, 건(乾)은 건실하게 일관하니 무망의 작용이다.

25-2-2 ──────────── 動而健하고 剛中而應하여 大亨以正하니 天之命也라.

『움직여 굳세고, 씩씩하게 때를 맞추어 감응하여, 크게 형통하여 바르게 하니 하늘의 명령이라.』

◑ 진동건건(震動乾健)하니 본심이 발동하면 발동할수록 행실이 건전함이 마치 양기가 발동하면 발동할수록 강건해지는 것과 같다.

강중(剛中)은 95의 중정이니 무욕하여 정직강건함이요, 응(應)은 62와 정응함으로 스스로 성실하여 밝고 씩씩하게 때를 맞추고 자리를 바르게 하여 감응하니 망녕됨이 없는 것이다. 대형(大亨)은 진리는 영원하고 인도(仁道)는 삶을 경영하는 까닭에 천도(天道)가 번영함이다. 이정(以正)은 성(誠)은 스스로 성실하고 도는 자기의 도리이므로 지성(至誠)은 미혹하여 분수를 벗어남이 없어서 스스로 바르게 지킴이다. 천지명(天之命)은 지상명령인 천리이니 진실하고 망녕되지 않은 실천이성이다.

무릇 운동을 할수록 강건한 것은 양기이니 무망(无妄)의 체질이요, 씩씩하게 때를 맞추어 감응하는 것은 양의 성질이니 무망의 작용이며, 크게 형통하여도 법도를 바르게 지킴은 양의 길이니 무망의 업적이다. 이것은 모두 천리의 자연진실함이니 곧 천명의 대의이다.

25-2-3 ──────────────────────── 其匪正이면 有眚하리니 不利有攸往은
无妄之往이 何之矣리오 天命不祐를 行矣哉아

『그 바르게 지키지 아니하면 재앙이 있으리니 갈 바를 둠이 이롭지 아니하다고 함은 망녕됨이 없음의 감이 어디로 가리오? 천명이 돕지 아니함을 행할 것인가?』

◑ 무망(无妄)은 스스로 성실함이므로 자기의 도리를 다할 따름이요, 다른 것을 바라지 않는다. 만일 무엇을 바라는 것이 있어서 진실하려고 한다면 이것은 참으로 성실한 것이 아니다. 무망지왕(无妄之往)은 진실이 가는 길이니 천도의 자연스러운 진리를 따를 뿐이며 그밖에 다른 것을 희구하지 않는다. 하지의(何之矣)는 장차 또다시

무엇을 추구할 것인가의 뜻이며, 천명은 하늘이 만물에게 내리는 지
상절대의 명령인즉, 천리를 간직하면 생성하여 번영하게 되고 욕심
이 발동하면 사멸하게 된다. 이것은 곧 순천신도(順天信道)하면 하
늘의 보우(保祐)를 받아 번영하는 것이요, 역천난륜(逆天亂倫)하면
하늘의 징벌을 받아 멸망하는 것을 밝힌 것이다. 행의재(行矣哉)는
천명이 돕지 않는 사리사욕을 행하지 말라고 하는 경고이다.

25-3-1 ──────────────────── 象에 日天下雷行하여 物與无妄하니
先王이 以하여 茂對時하여 育萬物하니라.

『상전에 말하기를 하늘 아래에 우뢰가 치게 하여 만물마다 망녕됨
이 없도록 하여 주나니 옛날 위대한 지도자는 본받아 한창 때를 만
나 만물을 기르나니라.』

　◉ 천하뢰행(天下雷行)은 뢰(雷)가 2월에 땅을 나와 8월에 땅에 드
는바, 새봄에 음양의 기운이 서로 대치하여 마주 부딪치면 뇌성이
일어나 만상을 흔들어 깨우므로 온갖 벌레가 놀라서 깨어 나오고,
초목의 새눈이 싹터서 자라는 것이다. 물여무망(物與无妄)은 만물이
봄철을 만나면 각각 자기의 고유한 생존원리에 따라서 본래의 자기
모습을 펼치니 천지만물의 진실무망한 원상을 뜻한다. 위대한 지도
자는 때를 맞추어 감응하는 무망의 도를 본받아 만물을 양육함에 자
연의 법칙을 활용하고 부질없이 조급하거나 지나치게 억지로 함이
없다. 이것은 만물의 생리를 연구하여 그 고유한 물성을 아름답게
이루어서 각각 그 생명을 바르게 다하도록 함이니 또한 천지만물의
무망함이다.

25-4-1 ──────────────────── 初九는 无妄이니 往에 吉하리라.

『초9는 망녕됨이 없으니 나아감에 길하리라.』

☯ 초9는 무망의 시초이므로 동기가 진실함이다. 초9는 강명한 실체로 강건한 구조에서 정위하였으니 성(誠)의 주체요 선(善)의 근원이다. 천하의 일이 처음부터 착하고 성실한 동기에서 출발하여 한결같이 나아가면 반드시 길하다. 왕(往)은 성실로 일관하고 선덕으로 계속함이니 초지를 버리지 않음이다.

무릇 인간의 본성은 선하니 그 생각에 망녕됨이 없으면 그 인정도 또한 착한 것이다. 그러나 인심이 발동함에 그 생각을 불성실하게 하면 그 마음이 망녕되어 사악한 마음이 일어나는 까닭에 일념의 선악이 길흉의 동기가 되는 것인즉, 철인은 마음이 발동하는 구조를 알아서 생각에서 성실하고, 지사는 행실을 단속하나니 실천하는 데서 성실하다.

25-5-1 ──────────────────────── 象에 曰无妄之往은 得志也라.

『상전에 말하기를 망녕됨이 없이 나아감은 뜻을 얻음이라.』

☯ 강명한 재질이라고 해도 그 뜻이 박약하면 초지 일관하지 못하다. 대저 6효에 있어서 각 효의 실체는 재능을 상징하고 각 효의 위치는 의지를 상징하므로 체(體)는 재(才)요, 거(居)는 지(志)인바, 초9는 이강거강(以剛居剛)하여 정위가 된 까닭으로 그 착한 재질과 성실한 의지를 함께 갖추었으니 이에 망녕됨이 없이 힘차게 앞으로 나아갈 수 있는 것이다.

사람이 지성으로 초지 일관하면 성공하지 못할 것이 없다. 학문을 지성으로 일관하면 그 기질을 변화시킬 것이요, 일을 지성으로 일관하면 그 사업을 완수할 것이며, 사람을 지성으로 사귀면 그 사람이 감화할 것이다. 성실하고도 사물을 감동시키지 못하는 것은 없으므로 무망지왕(无妄之往)은 마침내 뜻을 얻나니 지성이면 하늘도 감동한다.

25-4-2 ──── 六二는 不耕하여도 穫하며 不菑하여 畬니 則利有攸往하니라.

『62는 밭을 갈지 아니하여도 거두며, 개간한 지 한 해도 아니 되어서 삼 년이 된 기름진 밭이 되니 곧 갈 바를 둠이 이로우니라.』

☯ 62는 유순한 실존으로 중정하고 또한 95와 정응하며 초9와 친비하였으니 강건한 구조 속에서 스스로 성경존심(誠敬存心)하고 자연진실(自然眞實)하는 상이다. 62는 그 재질이 허약하니 무망(无妄)의 때에 스스로 성실할 뿐이요, 그 자리가 또한 유약하므로 그 뜻에 저절로 욕심이 없어서 성경무욕(誠敬無欲)하니 그 동기가 진실하고, 그 구조가 중정응비(中正應比)의 완전한 관계를 유지하고 있는바, 이것은 때와 자리와 능력에 알맞는 공명정대한 중용의 도를 말미암는 까닭이므로 곧 그 방법이 선량함이다.

사람이 그 동기가 진실하고 그 방법이 선량하면 그 결과는 저절로 아름다워지는 것이니 하늘이 돕는 까닭에 의외의 복이 있는 것이다. 밭을 갈지 않아도 수확을 하고 개간한 지 한 해만에 삼 년된 밭이 됨은 모두 기대하지 않던 의외의 좋은 결과인즉, 그 동기가 진실하고 그 방법이 선량했기에 생긴 하늘의 보답이다. 선비가 하늘이 돕는 길을 어찌 가지 않겠는가!

괘사에서의 불리유유왕(不利有攸往)은 부정한 사의사심(邪意私心)을 가지고 다른 길로 가지 말라는 뜻이요, 효사에서의 리유유왕(利有攸往)은 선덕을 간직하고 진리의 길로 한결같이 매진하라는 뜻이다. 치(菑)는 일 년된 밭이고, 여(畬)는 삼 년된 밭이다.

25-5-2 ────────────────── 象에 曰不耕하여도 穫은 未富也라.

『상전에 말하기를 밭을 갈지 아니하여도 거둠은 넉넉하려고 함이 아니니라.』

☯ 성실공명한 중용의 도는 오직 스스로 성실하고 스스로 도리를

다할 따름이니 현재 자기 위치에서 실천하고 그 밖의 것을 바라지 않는 것이다. 그러므로 득중(得中)은 시중(時中)이니 과거에 집착하거나 미래에 기대함이 없이 오직 현재 적중함이요 현재 진실함이므로 미리 예정하거나, 아주 잊어 버리거나, 억지로 조장하면 망상으로서 저절로 시중(時中)할 수 없는 것이다.

정위(正位)는 그 의지가 자기의 분수를 벗어나지 않음이니 유순하게 정위함은 순리로 사물에 접응(接應)하는 것이다. 그러므로 의식적으로 조작하지 않으며, 반드시 기약하지 않으며, 한 가지만 고집하지 않으며, 사사로운 생각으로 하지 않으니 곧 제자리에서 안녕하여 사람을 허물하거나 하늘을 원망하지 않는 것이다.

정응친비(正應親比)는 법도를 지켜 아름답게 만남이다. 서로 마주봄에 저절로 즐거움이 있는 것으로, 있고 없는 것을 서로 바꾸고 형편에 따라서 서로 돕는 까닭에 앞으로 무엇을 바라고 사귐이 아니며, 뒤에 무엇을 요구하는 것이 아니다. 따라서 원한을 품고 밤을 새우지 않으며, 대답을 우물쭈물 미루지 않는 것이다.

62는 이와 같은 선비이거늘 어찌 사리사욕을 채우기 위하여 진실하겠는가! 부(富)는 결과의 풍족함이니 미부(未富)는 이익을 도모하고 공명을 계산하지 않음이다.

25-4-3 ──── 六三은 无妄之災니 或繫之牛하나 行人之得이 邑人之災로다.

『63은 망념됨이 없다는 재앙이니 혹 소에게 얽어 매나 지나 가는 사람의 얻음이 읍에 사는 사람의 재난이로다.』

☯ 63은 허약한 실존으로 부정부중하면서 상9와 응하고 94와 친비하나 또한 상9와 94도 모두 부정부중하니 스스로 천리를 깨닫지 못하고 사욕에 사로잡혀 있는 상이다. 진실한 세상에서 사욕을 천리로 착각하고 허위를 진실로 오인하니 미혹을 무망으로 잘못 믿어 맹종하는 것이다. 안목이 좁아서 편견을 가지고 있으므로 선악을 가리지 못하고 오직 목전의 이익만을 찾을 뿐이요, 그 밖에 형이상의 도가

있는 것을 알지 못하여 유한한 것을 무궁한 것으로 착각하고 사곡
(邪曲)을 정직으로 잘못 믿으니 답답한 지방장관이다.

　63은 음유부정(陰柔不正)하면서도 스스로 자신은 망녕됨이 없다
고 생각하는 사람이 단체의 장으로 있으니 어찌 집단적 재난이 따르
지 않겠는가! 우매하면서 현명을 자처하고, 약소하면서 강대하게 나
서면 반드시 재앙을 면할 수 없는 것이다. 혹계지우(或繫之牛)는 아
무리 확고하게 증명을 한다고 하여도의 뜻이다. 고삐를 소에게 매는
것처럼 사람들로 하여금 자기의 주장을 확신맹종하도록 든든한 보
증을 세움이다. 행인(行人)은 일시적으로 혼자 지나가는 사람이니
행인지득(行人之得)은 사람을 한 번은 설득할 수 있음이요, 읍인(邑
人)은 집단으로 영주하는 사람이니 읍인지재(邑人之災)는 집단을
영구적으로 추종하게 하면 오히려 망녕됨이 노출되어 집단적 재난
을 당하게 됨이다. 대공지정한 보편적 진리가 아니면 여러 사람을
오래도록 따르게 할 수 없는 것이다.

25-5-3 ──────────────────── 象에 曰行人이 得牛는 邑人의 災也라.

　『상전에 말하기를 지나가는 사람이 소를 얻음은 읍에 사는 사람의
재난이라.』

　◉ 특수한 경우의 일시적인 논리를 무책임한 행인이 확고하게 증
명함은 마치 지나가는 사람이 소를 얻음이 그 고을 사람에게는 소를
잃어 버리게 하는 것처럼 읍인(邑人)으로 하여금 일반적인 진리로
착각하게 하고 이를 맹신추종토록 유도하니 곧 읍인의 재난이다. 행
인이 요행으로 얻은 기적적인 이득을 여러 사람에게 간접 증언하는
것도 또한 부당한 논리를 비약하여 사람을 현혹시킨 것으로 곧 집단
적 재앙을 초래하게 된다.

25-4-4 ──────────────────── 九四는 可貞이니 无咎리라.

『94는 가히 바르게 지킴이니 허물이 없으리라.』

◑ 94는 양강한 실체로서 위로는 영명한 지도자를 보필하고, 아래로는 어질고 재능있는 선비와 선량한 민중을 다스리는 상이다. 95의 지도자가 강명중정하고 62와 정응하므로 감히 그 밑에서 성실하지 않을 수 없고, 아래로 중정응비한 62와 강건정위한 초9가 있으므로 삼가 진실하지 않을 수 없는 상황에 있는 까닭에 94는 구조적으로 바르게 지키지 않을 수 없는 것이다. 만일 진실하고 정직하지 못하면 곧 허물이 있어 용납되지 못하리라. 가정(可貞)과 리정(利貞)은 같지 않으니 가정은 그 구조가 바르게 지킬 수 있는 상황이요, 리정은 그 실체가 바르게 지킬 수 있는 역량이 있음이다.

25-5-4 ──────────────── 象에 曰可貞이니 无咎는 固有之也일새라.

『상전에 말하기를 가히 바르게 지킴이니 허물이 없음은 본래부터 그렇게 되어 있는 상황일새라』

◑ 94는 완벽한 조직체계에서 나오는 공무원의 구조적인 무망이다. 구조적으로 참된 관계에서는 감히 망동을 용납하지 않는 것이다. 훌륭한 사람이 있어도 아름다운 법제가 없으면 위대한 정치를 이룩하지 못하고, 아름다운 법제가 있어도 훌륭한 사람이 없으면 또한 정치를 일으키지 못하나니 모름지기 그 실체를 완성하고도 또한 그 구조를 구비해야만 사람들과 더불어 함께 착할 수 있고 천하를 아울러 지극한 선에 이르게 할 것이다. 그러므로 옛 사람이 말하기를 쑥이 삼밭에서 자라면 꼿꼿하고 풀속에서 자라면 구불구불하다고 하였다. 고유지(固有之)는 조직체계가 완벽한 구조에서 진실성을 굳게 가지고 있음이다.

25-4-5 ──────────────── 九五는 无妄之疾이니 勿藥이라도 有喜리라.

『95는 망녕됨이 없는 병이니 약을 쓰지 않을지라도 기쁨이 있으리라.』

◑ 95는 강명중정한 지도자로 초야의 현인인 62와 정응하여 진실무망한 정치를 베푸는 상이다.

순천응시(順天應時)의 대도정치를 행하는 95는 패권을 멀리하고, 인간윤리의 자연스러운 질서를 존중하여 강제로 공작하지 않으며, 스스로 진실한 동기를 말미암아 저절로 선량한 방법을 따라서 가장 아름다운 결과를 이룩하는 정치지도자요 교육의 사표이다. 그러므로 법률로 이끌고 형벌로 쫓지 않고, 도덕으로 이끌며, 예의로 일으키고자 한다. 그러나 천하는 넓어서 그 덕화(德化)의 자연감화가 늦어지고, 어린 백성이 스스로 반성하여 각성하기를 기다려야 되는 고통이 있는 것이다. 이것이 망녕됨이 없는 지도자의 고민인데 이때에 조급하여 의식적으로 편법을 쓰면 지금까지의 무위자연한 덕화가 모두 유위강제(有爲强制)의 술수가 된다. 오로지 몸과 마음을 화평하게 하여 건전하게 순리로 하면 한결같이 자연진실하리니 마침내 사람은 말할 것도 없고 금수와 곤충도 감화할 것이며 또한 천지산천까지도 감동하여 그 공이 하늘에 닿고 그 덕이 만세에 미치게 될 것이다.

약(藥)은 질병을 물리적으로 치료하는 물질이니 물약(勿藥)은 인위적으로 가공하여 조치하지 않음이며, 희(喜)는 자기만족이니 건강을 회복하고 고민이 해결됨이다.

25-5-5 ─────────────────────────── 象에 曰无妄之藥은 不可試也라.

『상전에 말하기를 망녕됨이 없는 약은 시험하지 못할 것이라.』

◑ 무망의 질병은 오직 무망의 약제로 고칠 수밖에 없다. 곧 진실에서 생긴 고민은 진실한 방법으로만 해결할 수 있는 바, 진실한 방법은 스스로 밝아 미혹하지 않으며, 저절로 착하여 의심하지 않으며,

홀로 힘차서 흔들리지 않는 것이므로 일찍이 시험함이 없는 것이다. 만일 흔들려서 미혹되게 의심하고 시험을 한다면 이것은 벌써 망상으로 망동하는 망녕이니 어찌 무망의 병을 치료할 수 있겠는가?

정치가는 깊이 음미하라. 일관하여 진실하기는 어렵지만 그러나 모든 문제는 진실만이 해결한다. 일은 거의 완성될 때가 위험하고, 병은 거의 쾌유될 때가 위태롭다. 시(試)는 시험이니 조금 맛을 보아 확인하는 것이다.

25-4-6 ─────────────── 上九는 无妄에 行이니 有眚하여 无攸利하니라.

『상9는 망녕됨이 없음에서 옮기니 재앙이 있어 이로울 바가 없느니라.』

◑ 상9는 무망의 종극이니 진실에서 떠나는 시점이다. 자연을 인위로 바꾸고 진리를 지략으로 고쳐 지선(至善)에서 멈춤이 없이 의식적으로 재삼 반복하는 상이다. 상9는 강건한 실체로 완전구조에서 무망의 종극에까지 왔으나 부정부중하여 분수에 편안하고 현실에 만족하면서 낙천열명(樂天悅命)하지 못하고 허약한 63과 응하여 무리하게 과도한 것을 또다시 추구하니 이것은 망녕된 허욕으로 재앙이 있고 이로울 바가 없는 것이다.

진리는 영원하니 지극한 선에 이르러 멈추어서 옮기지 않음이 영원불후한 덕이거늘 이르를 곳을 알지 못하고, 멈출 곳을 깨닫지 못하여 끝없이 떠돌아 옮겨 다니니 무슨 지조가 있으며, 어디에서 절개를 지키겠는가?

25-5-6 ─────────────── 象에 曰无妄之行은 窮之災也라.

『상전에 말하기를 망녕됨이 없음의 옮김은 다하여 막힌 재앙이라.』

◑ 진리를 의심하고 정성을 저버리면서 다시 더욱 나아가려고 망상하니 너무 무리하여 갈 수 없고, 또한 지나치게 방자하여 돌아올 수 없으므로 궁극에 이르러 불운하게 되는 재앙이다. 어찌 인위로 자연을 능가하고 지략으로 진리를 이기랴! 지극한 정성을 다하면 남은 일이 없는 것이요, 뚜렷한 진리를 모두 밝히면 다른 두려움이 없는 것이다. 이는 군자가 항상 화평서태(和平舒泰)하고 궁색하지 않는 까닭이다.

26 대축(大畜)괘

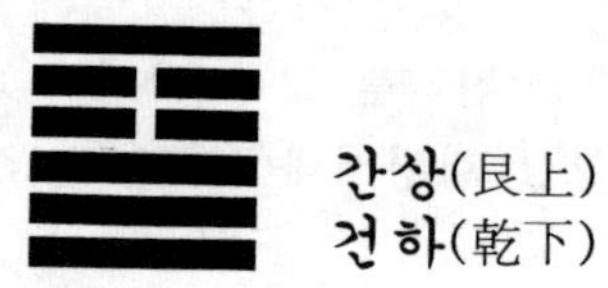

26-1-1 ──────── 大畜은 利貞하니 不家食하면 吉하고 利涉大川하니라.

『크게 쌓음은 바르게 지킴이 이로우니 집에서 먹지 아니하면 길하고 큰 시내를 건너감이 이로우니라.』

　◉ 대축(大畜)은 크게 충만한 정신의 길이다. 대(大)는 양이요, 축(畜)은 가득 쌓음이니 대축(大畜)은 도덕학술이 가득 쌓임이다. 사람이 진실무망하면 진리를 밝히고 선덕을 쌓으므로 그 학술이 고명하고 그 도덕이 광대하여 그 기상이 강건하고 그 정신이 위대해지는 까닭에 무망(无妄) 다음에 놓였다.

　대축(大畜)은 무망을 돌려놓은 것이다. 그 상은 건하간상(乾下艮上)으로 산이 하늘 위로 솟았는바 높고 크게 쌓은 모습이요, 또한 하늘이 산 속에 있으니 천리의 전체를 내부에 가득 쌓은 모습이다. 대축은 성질이 내건외지(內健外止)하여 건전하게 멈추고 안으로는 밝으며 밖으로 사욕이 없으니 스스로 자기의 덕을 밝혀 날마다 인격을 새롭게 하고 다른 사람을 교화하는 모범이 된다. 그리하여 지극히 착한 데 이르러서 멈추게 되는 까닭에 대도지덕(大道至德)을 이루는 것이므로 대축(大畜)은 바르게 지킴이 이롭다. 불가식(不家食)은 천하국가의 공직에 나아가 문명세계를 건설하는 데에 힘을 다하여 공인으로 사는 것이요, 가식(家食)은 때를 얻지 못하여 숨어서 사인으로 사는 것이다. 대덕정학(大德正學)이 공직에 있음은 천하의 행복이요, 한번 공무에 임하였으면 적극주선하여 반정혁신(反正革新)함이 이로운 것이다.

26-2-1 ──────── 象에 曰大畜은 剛健하고 篤實하고 輝光하여 日新其德이니

『단전에 말하기를 크게 쌓음은 굳세어 씩씩하고 돈독하여 착실하고 밝게 빛나서 날로 그 덕을 새로이 하나니』

☯ 강건은 건(乾)의 곧은 덕이요, 독실은 간(艮)의 방정(方正)한 덕이며, 휘광(輝光)은 대축(大畜)의 광대한 덕이다. 강직한 지조와 방정한 언행과 휘광한 공적으로 그 인격을 날로 높이는 것이 대축의 본의이다. 사람이 정기를 길러서 사악한 기운에 흔들리지 않고, 양심을 간직하여 사욕에 가리지 않으면 능히 강직할 수 있을 것이요, 때의 변화를 알고 공론이 있는 곳을 살펴 천리를 따라서 민심을 쫓으면 능히 방정할 수 있을 것이며, 이단을 멀리하고 정학(正學)을 숭상하며 민심을 바로 잡으며 인도사회를 건설하여 천하국가를 문명하게 하면 능히 역사를 빛낼 수 있을 것이다.

26-2-2 ─────────────────── 剛上而尚賢하고 能止健이 大正이라.

『굳센 것이 올라가서 어진 이를 높이고, 씩씩한 것을 능히 멈추게 함이 크게 바름이라.』

☯ 대축(大畜)은 1양이 위로 올라가서 상9에 멈추어서 이루어진 것이며 또한 수(需)의 95가 위로 올라가서 된 것이다. 그 구조가 모두 건실한 가운데 오직 65의 지도자가 한 괘의 괘주로서 손순 겸양하여 말이 없는 교육과 함이 없는 정치로 임하면서 위로 상9의 어진 이를 높이고 아래로 3양의 강건한 공민(公民)을 잘 다스려 따르게 하는 민주적 구조이다.

지도자가 능히 위로 천하의 큰 현인을 높여 가까이 교제하고, 아래로 나라의 정사(正士)와 은인(隱人)을 아껴 그 학문과 사업과 도덕을 크게 완성하도록 제자리에 가만히 머물러 있게 하는 것은 참으로 지도자가 크고 바른 까닭이다. 만일 지도자가 대덕정도(大德正道)로 공화자치의 길을 말미암지 않고, 권력을 독점하여 부귀로 사귀고 직권으로 시키면 현인군자는 오지 않을 것이며 정인달사(正人達士)는 떠나갈 것이다.

26-2-3 ──────────────────────────── 不家食하면 吉은 養賢也요

『집에서 먹지 아니하면 길함은 어진 이를 기름이요,』

☯ 지도자는 때를 만나서 뜻을 얻으면 모름지기 도덕을 부흥하여 천하를 널리 구제할 뿐만 아니라, 정학(正學)을 창명(倡明)하여 어진 사람을 배양함으로써 인류문화가 만세에 길이 빛나도록 해야 되므로 한가로이 집에서 밥먹을 여가가 없는 것이다. 그러므로 대도를 자임한 사람은 한 몸을 돌보지 않고 자기의 도리를 다하여 사명을 완수하나니, 우(禹)는 아홉 해의 치수(治水)에 집의 대문을 세 번이나 지나가면서도 들르지 않았고, 주공은 정치를 함에 한 번 밥을 먹음에 세 번 토하고 한 번 목욕을 함에 세 번 머리를 거머쥐었으며, 공자는 천하를 깨우침에 앉은 자리가 따뜻할 사이가 없었던 것이다. 현(賢)은 92와 초9로 어진 스승과 학생이다.

26-2-4 ──────────────────────────── 利涉大川은 應乎天也라.

『큰 시내를 건너 감이 이로움은 하늘에 순응함이라.』

☯ 학문은 자기의 지능을 계발하기 위하여 하므로 자기를 위한 학문이 크고, 정치는 국민의 생활을 보장하기 위하여 하므로 남을 위

한 정치를 해야 옳은 것이다. 사람은 학술을 연마하고 도덕을 수양하여 재능을 크게 계발하였으면 마땅히 공직에 나아가서 어려움을 무릅쓰고 있는 힘을 다하여 책임을 완수하는 것이 곧 천명에 순응함이다.

리섭대천(利涉大川)은 천명으로 말한 것도 있고, 형세를 타는 것으로 말한 것도 있으며, 당사자의 의지와 역량으로 말한 것도 있는바, 천명을 따름은 역사발전의 법칙으로서 성패리둔(成敗利鈍)을 논하지 않음이요, 형세를 탐은 절호의 기회를 이용하여 성공함이며, 인력으로 분발함은 스스로 뜻을 세움이다. 그러므로 지도자가 안일하게 직무를 유기하고 책임을 회피하는 것은 천명을 저버리는 것이다.

26-3-1 ──────────────────────────── 象에 曰天在山中이 大畜이니
君子는 以하여 多識前言往行하여 以畜其德하느니라.

『상전에 말하기를 하늘이 산 속에 있음이 대축이니 군자는 본받아 옛말과 지나간 행적을 많이 알아서 그 덕을 쌓느니라.』

◑ 산은 유한한 물(物)이요, 하늘은 무궁한 진리이니 유한한 개체가 무궁한 전체의 진리를 모두 완비한 상이다. 그러므로 군자는 이를 본받아 인류역사의 철학적 논리와 모범적 행실을 두루 고찰하여 천하의 선을 모두 갖추어 인간의 본성을 완전하게 간직하고 인도정신을 남김 없이 성취하는 것이다.

26-4-1 ──────────────────────────── 初九는 有厲리니 利已니라.

『초9는 위태함이 있으리니 그침이 이로우니라.』

◑ 초9는 대축(大畜)의 시초에 양강정위하였고 부중하여 아직 때를 얻지 못하였으므로 계속 잠복하여 수신을 해야 됨에도 불구하고

64와 정응하여 가볍게 출동할 걱정이 있는 상이다. 대장부는 그 사람이 아니면 나아가지 않고, 바른 자리가 아니면 앉지 않으므로 마침내 예의로써 만나고 도덕으로 사귀어 큰 덕을 쌓는다. 만일 처음부터 응원이 있는 것을 인연하여 마음이 흔들려서 따라간다면 이것은 대축의 도가 아니므로 위태로우니 그만두어야 되는 것이다.

26-5-1   象에 曰有厲리니 利已는 不犯災也라.

『상전에 말하기를 위태로움이 있으리니 그침이 이로움은 재난을 범하지 아니함이라.』

◉ 대축의 도를 처음부터 속성재배하여 작은 일에 써서 그르치는 것은 큰 인재를 버리는 것이므로 바로 재난을 범하는 것이다. 더욱이 위로 중정한 92가 65의 호응에도 따르지 않고 초야에 머물러 있거늘, 항차 어린 초9가 나서는 것은 자기의 주제를 모르고, 또한 세상이 넓은 것을 깨닫지 못한 경거망동이니 어찌 재앙을 면하겠는가? 이것은 자기를 망치고 세상을 어지럽히는 행동인즉, 모름지기 그만두고 책상 앞에 앉아서 공부를 계속해야 되는 것이다.

26-4-2   九二는 輿說輹이로다.

『92는 수레가 바퀴통이 빠짐이로다.』

◉ 92는 대축의 시대에 강명중정하였으니 현재 위치에서 크게 축적하는 상이다. 그러나 위로 65와 응(應)이 되었으니 나아가서 섬길 수 있는 길이 있으므로 수레에 올랐으나, 그 지도자가 허약부정하고 아래에 씩씩한 건괘의 주로서 강건한 의지가 있으므로 바퀴통이 빠져서 나아가지 못하는 것이다.
　탈(說)은 탈(脫)이요, 복(輹)은 수레의 바퀴통이니 수레에 바퀴통

384　상경

이 빠짐은 나아가지도 물러나지도 못하고 멈추어 있는 상징이다.

『상전에 말하기를 수레가 바퀴통이 빠짐은 때를 따름이라 허물이 없느니라.』

◉ 중(中)은 득중으로 말할 때도 있고, 시중(時中)으로 말할 때도 있고, 승세(乘勢)로 말할 때도 있다. 득중은 때를 만나서 뜻을 얻음이요, 시중은 때를 따라 알맞게 함이며, 승세는 기회를 얻어 형세를 탐으로서 각각 그 뜻이 다르다.

92는 내괘에서는 득중하였으나, 65와 화응함에는 음의 저지가 있으므로 형세가 불리하여 아직 시중해야 되는 까닭에 여기에서의 중은 시중이다. 우(尤)는 가장 위대한 인류정신을 가진 선비가 공직에 진출하지 않은 허물이다. 무우(无尤)는 세가 불리하므로 때를 따라 바르게 지켜 허물이 없음이다. 도덕군자는 대축을 함에 어떠한 곳에서라도 현재 위치에서 분발노력하며 구차하게 움직이지 않으므로 만일 끝끝내 때를 얻지 못해도 그에게는 허물이 없는 것이니 항상 활발하게 사는 까닭이다. 만일 학역군자(學易君子)가 때의 성쇠와 세의 강약을 살피지 않고 미혹되게 움직인다면 변역의 도를 모르는 것이다.

『93은 좋은 말이 쫓음이니 어려워도 바르게 지킴이 이로우니 날로 수레와 방위를 익히면 갈 바를 둠이 이로우리라.』

◉ 93은 양강한 실체로 양위에 있어 그 뜻이 과강부중하고 건체의 상효이니 발동의 극치에 있으므로 더는 멈추어 있을 수 없는 상이

다. 현재 위치에서 더 이상의 대축을 할 수 있는 힘이 없으므로 갈 바를 둠이 이로우나 부중불응하여 나아가서 덕을 잃게 될 근심이 있는 까닭에 어렵더라도 좀더 바르게 지키면서 날로 수레를 타는 법과 자기의 인격을 지키는 법을 온전히 익힌 다음에 나아가야 되는 것이다.

양마(良馬)는 92와 초9요, 축(逐)은 초·2가 웅거하여 93을 밀어올리는 것이며, 간정(艱貞)은 64와 친비하여 그가 끌어당기니 아래에서는 양이 밀고 위에서는 음이 끌어당기는 곳에 버티고 앉아 바르게 지키려는 어려움이다. 왈(曰)은 일(日)이니 짧은 시간이요, 한(閑)은 연습이며, 여(輿)는 차마(車馬)이고, 위(衛)는 방위이다. 이것은 공사를 그르치지 않고, 신망을 떨어뜨리지 않으려는 훈련을 쌓음이다.

26-5-3 ──────────────────── 象에 曰利有攸往은 上이 合志也라.

『상전에 말하기를 갈 바를 둠이 이로움은 올라감이 뜻에 맞음일새라.』

☯ 93은 하괘의 상효로 정신수양의 때가 이미 지나갔고 뜻이 지나치게 굳으니 상괘로 올라가는 것이 그 뜻에 합하는 것이다. 하괘는 덕성괘요, 상괘는 사업괘이다. 덕성을 이미 함양하여 더 이상 축적할 수 없으면 양성은 상진(上進)하므로 사업으로 진출하는 것이 그 뜻에 합당한 것이다.

26-4-4 ──────────────────── 六四는 童牛之牿이니 元吉하니라.

『64는 송아지의 뿔을 바로잡는 나무이니 크게 길하리라.』

☯ 64는 대축의 시대에 위로 유순한 지도자를 보필하고 아래로 강

건한 국민을 보호하는 책임자로서 유순하게 보호하였으니 그 인격을 완성하고 그 사업을 성공하기 위해서는 선견자의 밝은 지혜로 모든 것을 미리미리 예방해야만 되는 상이다.

64는 65를 측근에서 섬기니 지도자의 잘못된 마음을 미리 바로잡고, 초9와 정응하니 민중의 실정을 파악하여 미리 고치며, 93과 친비하니 행정의 구조를 살펴 미리 개선함으로써 큰일이 터지기 전에 막으면 크게 길한 것이다.

동우(童牛)는 뿔이 나오기 시작한 송아지요, 곡(牿)은 새로 나오는 뿔을 반듯하게 하기 위해 가로대는 막대기이다. 이것은 일을 미리미리 바로 잡으면 쉽고 간단하지만 이미 큰일이 터진 다음에는 손을 쓰기 어려운 것을 마치 소뿔을 처음에는 바로잡기 쉬우나 이미 소가 크고 뿔이 커져 버리면 바로잡기가 어려운 것에 비유함이니, 유약한 책임자가 강건한 조직체를 절제하여 빛나는 업적을 이루기 위해서는 일찍 도모하여 처음에 바로잡아서 고쳐야만 됨을 밝힌 것이다.

26-5-4 ──────────────────────── 象에 曰六四가 元吉은 有喜也라.

『상전에 말하기를 64가 크게 길함은 기쁨이 있음이라.』

☯ 위로 온순겸양한 지도자를 바르게 받들고, 아래로 건실강직한 국민을 다스림에 사심비리(邪心非理)를 미리 발본색원하여 온량공검(溫良恭儉)한 기풍을 조성하고, 기강을 세워 일의 실마리를 바로잡아 광명정대한 공적을 이룩하여 크게 길한 것은 64가 인(仁)으로 전체를 포용하는 넓은 도량이 있음이다. 이것은 곧 책임을 다하는 기쁨이 있는 징표이다. 만일 기미를 살피는 지혜가 없고, 모두 포용하는 인덕(仁德)이 없다면 일이 크게 벌어진 다음에야 손을 쓰게 되어 마침내 수습하기가 벅찰 것인바, 이에 위아래가 모두 훼손될 것이니 어찌 대축(大畜)을 하겠는가? 그러므로 예로부터 고위관료의 책임은 위로 최고 지도자의 마음이 그릇된 것을 바로잡고 아래로 천

하의 악을 제거함에 있다고 하는 것이다.

『65는 불알을 깐 돼지의 어금니이니 길하리라.』

　❷ 65는 대축의 주체로 유순하게 득중하여 때를 따라서 변화하고, 아래로 92와 응하여 민심에 순응하며, 위로 상9와 친비하여 도덕예의를 숭상하며, 측근에 64가 정위하여 책임을 다하는 완벽한 국가구조를 이룩한 상이다.

　위대한 지도자는 법제를 완비하여 구조적인 부조리를 바로잡아 공명정대한 사회를 만들고, 인재를 발탁하여 적재 적소에 배치하고 그 재능을 모두 발휘하게 하여 위대한 공덕을 이룩하게 하니, 곧 대도로 인정(仁政)을 하는 것이다. 그러므로 인위적인 지략으로 하지 않고 자연적인 도덕으로 하며, 물리적인 힘으로 하지않고 과학적인 문화로 하는바, 곧 무위(無爲)의 정치요 불언(不言)의 교육이다. 위에서 유위(有爲)하고자 하면 자치의 구조가 깨어질 것이요 위에서 강요하면 스스로 분발할 수 없는 것이므로 훌륭한 지도자는 만물의 근본을 배양하고 만사의 요체를 확립하는 데 힘쓸 따름이다.

　분(豶)은 불알을 깐 돼지이니 분시(豶豕)는 거세한 돼지로 강폭하게 날뛰고 조급하게 소리지르는 성질을 완전히 제거한 것이다. 아(牙)는 위협하고 깨무는 것이나 거세한 돼지는 유순하여 비록 어금니가 있어도 위협하거나 물어뜯지 않는 것인바, 이것은 또한 나라에 권세와 형벌이 있어도 쓰지 않는 것을 비유한 것이다. 길(吉)은 천하가 크게 다스리는 길함이다.

『상전에 말하기를 65가 길함은 경사가 있음이라.』

◑ 나라의 최고 지도자가 지극한 덕과 중요한 도로 자리를 지키고만 있는 정치를 행하고, 억지로 함이 없는 행정을 베풀며, 말을 하지 않는 교화를 진작하여 천하가 크게 다스리는 길함은 반드시 천우신조가 있어서 천재 지변이나 인화(人禍)가 없어야만 할 수 있는 것이다. 만일 재해가 일어나 민생이 도탄에 빠지고 나라가 크게 어지러우면 모름지기 좌시할 수 없으니 이에 지도자는 있는 힘을 다하여 천명을 경건하게 받들고 민심을 화합하여 극복하는 것이다. 경(慶)은 상서로운 복과 길함이다.

26-4-6 ──────────────────────── 上九는 何天之衢니 亨하니라.

『어느 날이나 네거리이니 형통하니라.』

◑ 상9는 강건한 실체로 대축(大畜)의 종극에 있으니 상9의 위대한 정신은 인류정신 문화로 이미 승화되었기 때문에 그 출처와 진퇴가 자유자재하여 날짜를 가릴 것도 없고, 갈 곳을 따질 것도 없는 해방의 상이다. 그 자리에 머물러 있으면 65의 지도자가 더욱 부지런히 존경하고, 그 자리를 물러나와서 안일자적(安逸自適)해도 천하가 태평하니 걱정이 없는 까닭에 그 처신이 활달하고 막힘이 없다. 이것은 그 덕이 자연스럽게 이루어짐이요, 그 도가 자연스럽게 감응함이다.
　하천(何天)은 어느 날이요, 구(衢)는 사방으로 갈 수 있는 네거리 길이니 언제 어디로 가든 막힘이 없는 것을 비유하였다.

26-5-6 ──────────────────────── 象에 曰何天之衢는 道가 大行也라.

『상전에 말하기를 어느 날이나 네거리는 도가 크게 행함이라.』

◑ 65가 상9를 어진 이로 숭상함은 그 도덕예의를 실행하고자 함

이니 이제 지도자가 그의 도를 써서 천하를 문명하게 하고 인간의
정신을 존중하여 인권을 온전하게 하였으니 그의 도덕예법이 크게
행해졌으므로 위대한 인간의 사명을 완수하였다. 따라서 상9는 바야
흐로 언제, 어느 곳으로라도 갈 수 있는 것이다. 도는 상9의 대축한
도요, 대행(大行)은 천하가 인류의 위대한 정신을 크게 축적한 행정
이다. 이것은 자기로 말미암아 천리가 밝혀진 것이다.

27 이(頤)괘

간상(艮上)
진하(震下)

27-1-1 ——————————— 頤는 貞하면 吉하니 觀頤하며 自求口實이니라.

『기르는 것은 바르게 지키면 길하니 기르며 스스로 입안이 가득
하기를 찾는 것을 볼지니라.』

　🉐 이(頤)는 양육의 길이다. 만물이 크게 축적된 다음에 양육할 수
있으므로 대축의 다음에 놓인 것이다. 대저 만물이 크게 축적된 다
음에 양육하는 바가 없으면 계속 발전할 수 없다. 그러므로 천지도
만물을 기르고, 성인도 인민을 기르는 것이다.

　이(頤)는 그 괘체의 구조가 마치 초와 상의 두 양이 네 개의 음효
를 입안에 머금고 있는 모양이니 외실내허하여 포용하는 상이요, 진
하간상(震下艮上)으로 상지하동(上止下動)하여 입의 위아래 턱의
모습이므로 말씨를 가다듬어 덕을 기르고 음식을 먹어 몸을 기르는
상이다.

　이양(頤養)의 도는 바르게 지킴이 중요하다. 운동과 호흡을 고르
게 하는 일과 철따라 몸을 조심함은 생기를 기르는 바요, 음식으로
영양을 고루 섭취하고 의복으로 체온을 유지함은 육체를 기르는 바
이며, 예절을 따르고 의리를 지키는 것은 덕을 기르는 바이며, 사랑
하며 용서하는 것은 사람을 키우는 바이니 한결같이 모두 정도를 지
키는 것이 근본이므로 바르면 길한 것이다.

　양육의 바른 길은 먼저 자기를 완성한 다음에 타인을 양육해야 되

며, 다음은 자기의 성장과 타인의 양육을 함께 이루어 가는 것이어
야 되므로 그 양육하는 도를 관찰함에 스스로 자기의 완성을 추구하
라고 하는 것이다. 관이(觀頤)는 사람이 양육할 바의 도리를 관찰함
이요, 자구구실(自求口實)은 인간의 생명은 끝까지 포기해선 안 되
므로 스스로 자기의 몸을 기르기 위한 충분한 영양의 요소를 찾아
먹도록 함이다.

27-2-1 ──────────────────── 彖에 曰頤는 貞하면 吉함은 養正則吉也니
　　　　　　　　　　　　　觀頤는 觀其所養也요 自求口實은 觀其自養也라.

『단전에 말하기를 기르는 것은 바르게 지킴이 길함은 기르는 것이
바르면 길함이니, 기르는 것을 봄은 기르는 바를 보는 것이요, 스스
로 입안이 가득하기를 찾는 것은 자기의 자라는 것을 봄이라.』

◉ 사물의 생리를 연구하여 생기를 길러서 의욕을 얻게 하면 양육
의 도를 바르게 지킨 것이므로 길하고, 무리하게 다루고 사기(邪氣)
로 다스리면 양육의 도를 거스르게 되어 흉할 따름이다. 그러므로
양육함에 그 양육되는 것을 관찰하고 자기의 소양을 반성할 것이니
양육되는 대상의 바르고 바르지 못함이 곧 양육하는 주체의 바르고
바르지 못함에 매달린 까닭이다. 그릇을 보면 장인의 솜씨를 알고,
논밭을 보면 농부의 노력을 알며, 학풍을 보면 스승의 덕을 아는 것
이다. 소양(所養)은 양육되는 대상이요, 자양(自養)은 양육하는 주체
의 함양이다.

27-2-2 ──────────────────── 天地가 養萬物하며 聖人이 養賢하여
　　　　　　　　　　　　　以及萬民하나니 頤之時가 大矣哉라.

『하늘땅이 만물을 기르며 성인이 어진 이를 길러서 만민에게 미치
도록 하나니 기르는 때가 크도다.』

◉ 이양(頤養)의 도를 극찬함이다. 하늘땅이 만물을 기르지 않으면 천지가 멸식할 것이요, 성인이 어진 이를 기르지 않으면 인류가 멸절할 것이니 천리와 인도가 유구하게 빛나는 것은 모두 이양(頤養)의 정도를 지키는 까닭이다. 천지가 만물을 기르고 성인이 어진 이를 기르는 원리는 오직 정직으로 일관한다. 봄이 오면 온갖 생물은 각각 고유한 자기의 모습을 그대로 펼치고, 글을 배우면 어진 사람은 인간의 본성을 깨달아 사람의 노릇을 하는 것이다. 성인이 현인을 길러서 지도자가 되게 하면 현인은 천리를 밝히고 인심을 바로잡아 이상적인 정치를 이룩하여 만민의 소원을 모두 성취하니, 이것이 어진이를 길러서 만민에게 미치도록 함이다. 이양(頤養)의 도는 양육할 시기를 얻음이 중대한즉, 너무 일러도 안 되고 너무 늦어도 안 된다.

27-3-1 ──────────────────────────────── 象에 曰山下有雷가 頤니
君子는 以하여 愼言語하며 節飮食하느니라.

『상전에 말하기를 산 아래에 우뢰가 있음이 기르는 것이니, 군자는 본받아 말씀을 삼가며, 음식을 절제하느니라.』

◉ 산의 아래에 우뢰가 있음은 굳은 땅을 흔들어 부드러운 흙으로 만들어서 나무가 잘 자라게 하는 모양이요, 또한 높고 크게 축적한 산이 그 아래의 만물을 감동시키는 모양이다. 위아래 두 괘의 성질로 말하면 위는 멈추어 고정되어 있고 아래는 움직이니 입의 위아래 턱의 모양이며, 괘의 형체로 말하면 밖은 건실하고 속은 허약하니 입의 모양이다. 입은 몸을 기르는 곳이므로 군자는 그 상을 관찰하여 그 몸을 기르니 입으로 나오는 말을 신중히 하여 덕을 기르고, 입으로 먹는 음식을 절제하여 몸을 기르는 것이다. 이것은 언설의 화근이 입을 통하여 나오고, 질병의 원인이 입을 통하여 들어가는 것을 방지하여 그 몸을 아름답게 기르고자 하는 절실한 책무이다.

『초9는 너의 신령한 거북을 버리고 자기를 보고 턱을 까불고 있으니 흉하니라.』

◐ 초9는 강건한 실체로 이양(頤養)의 시초에 정위하였으니 밝은 이성이 없는 것은 아니나 부중(不中)하여 때를 알지 못하고, 또한 64와 정응하고 62와 친비하여 그들의 푸짐한 식단을 보고 식욕이 동하고 입맛이 당겨 턱을 까불고 있는바, 마침내 음식에 대한 강렬한 욕구를 버리지 못하고 찾아나서는 상이다. 몽(蒙)괘는 학습으로 교육을 시키는 것이니 학문으로 인도하는 것이요, 이(頤)는 덕업으로 수양하는 것이니 스스로 함양하는 것이다. 그러므로 몽(蒙)은 도덕 학술을 전수하는 길이요, 이(頤)는 자기의 이성을 자각하여 수양하는 길이다.

사(舍)는 버리는 것이요, 이(爾)는 초9 자체를 가리키는 대명사이다. 영(靈)은 허령지각(虛靈知覺)한 마음이며, 구(龜)는 장수하여 점을 치는 생물로 명철한 실체이다. 자기의 고유한 이성인 영원히 명철한 실체를 버림은 대아의 실체를 자각하지 못하고 양심의 본체를 버림이다. 아(我)는 사아(私我)이니 초9 자신이며, 관아(觀我)는 소아의 사욕에 연연하여 잊지 못함이며, 타이(朶頤)는 턱을 까부는 모습이니 먹고 싶은 생각이 가득함이다. 식욕이 동하여 먹을 것을 찾음은 인간의 영명한 순수 지각이 물질의 노예가 되는 것이다.

『상전에 말하기를 자기를 보고 턱을 까불고 있으니 또한 족히 귀하지 아니하도다.』

◐ 강건한 실체가 고귀함은 천리를 보존하여 사욕을 제압하고, 떳떳하게 자립하여 비굴하게 굴복하지 않으며, 뜻을 얻어 공덕을 세우

는 데 있는바, 이제 초9는 사욕을 이기지 못하여 음식 앞에서 비굴하게 굴복하고 염치없이 일신의 입과 몸만을 기르고 있으니 어찌 족히 귀하겠는가? 그러므로 음식을 찾아다니는 사람을 사람이 비천하게 여기는바, 의리의 대체를 버리고 구복(口腹)의 소체만을 기르는 까닭이다. 초9는 이양(頤養)의 초기이므로 은둔하여 대아의 공리를 자각하고 뜻을 확고하게 세워서 정진하면 예의도덕을 지켜 고귀하게 될 수 있는 것이다.

27-4-2 ────── 六二는 顚頤라 拂經이니 于丘에 頤하여 征하면 凶하리라.

『62는 엎드려 기르는 것이라 바른 길을 어김이니 언덕 위에서 기르고자 하여 나아가면 흉하리라.』

☯ 62는 전체의 허약한 구조에서 유순중정하여 위로 65와 불응하고 아래로 초9와 친비하니 학문을 닦은 선비가 사회의 기층 민중에게 얻어 먹는 상이다.

　학자가 공부를 하여 고금의 진리를 탐구하고 동서의 사물을 연구함은 장차 세상에 쓰여 시대를 구원하고 인민을 제도하고자 함이거늘, 이제 62는 유순한 실존으로 거정득중(居正得中)하는 지성을 갖추고도 허약하고 부정불응한 지도자로 인하여 국가사회에 이바지할 수 있는 기회가 없으므로 궁핍한 형세에서 비정상적인 권도로 하천한 초9에게 친비하여 그를 교양하면서 봉양을 받는 것이다. 그러나 이와 같은 곤궁함을 면하기 위하여 권세있는 사람에게 푸짐한 대접을 받으려고 쫓아가면 이것은 선비의 지조를 파는 것이니 흉한 것이다.

　전(顚)은 거꾸로 함이니 전이(顚頤)는 윗사람이 도리어 아랫사람에게 봉양을 받음이다. 불경(拂經)은 상법(常法)을 어긴 것으로 곧 임시조치의 권도(權道)이다. 구(丘)는 흙이 모여 쌓인 작은 산이니 우구(于丘)에 이(頤)는 물질이 풍족한 권문세가에 의탁하여 얻어 먹는 것이다. 정(征)은 추종하여 나아감이다.

『상전에 말하기를 62가 쫓아서 나아가면 흉함은 행실이 무리를 잃음이라.』

◑ 선비는 지조를 지키는 사람이므로 세상이 어지럽거나, 지도자가 부정하거나, 대접이 소홀하면 물러나서 숨어 산다. 그런데 이제 62가 빈천함을 견디지 못하고 부귀하고 권세 있는 사람을 쫓아가서 곡학아세함은 그 행색이 추악하므로 사류(士類)로부터 버림을 받아 사적(士籍)에서 제명당하는 것이다.

선비가 뜻을 얻지 못하고 초야에 숨어 어린이를 계몽교육하는 것은 권도인즉 몸이 깨끗하고, 난세에 부정한 지도자를 도와 높은 자리에 오르는 것은 사악을 북돋아 전파시키는 것이니 그 죄악은 용납될 수 없는 것이다. 변절한 사이비 선비는 선비사회를 욕되게 하므로 선비들이 배척하는 것이다.

27-4-3 ───────六三은 拂頤貞이라 凶하여 十年勿用이니 无攸利하니라.

『63은 기르는 바른 길을 어기는지라 흉하여 십 년이라도 쓰지 말지니 이로울 바가 없느니라.』

◑ 63은 허약한 구조에서 유약한 실존으로 부정부중하고 상9와 응하니 이양(頤養)의 정도를 알지 못하고 역리패도(逆理悖道)로 양육하려는 상이다. 재질은 박약하고, 시기는 이미 지났으며, 환경 또한 부적당한 곳에 있으면서 양육하고자 하는 강렬한 욕망만 가지고 타인의 구원만을 오로지 기대하고 있으니 어떻게 자랄 수가 있겠는가! 오히려 흉하게 되고 십 년이 되어도 자라나지 못하는 것이므로 이로울 바가 없는 것이다. 십 년은 오랜 세월이니 십년물용(十年勿用)은 끝끝내 이루지 못한다는 뜻이다.

『상전에 말하기를 십 년이라도 쓰지 말라고 함은 도가 크게 어그러진 것이라.』

◉ 양육의 조건은 진실한 자세로 천리의 자연법칙에 순응하고 인사(人事)의 당위법도에 합당해야 하는 것이다. 바야흐로 무지 무능하면서 조급한 63은 상9가 크게 자란 것을 보고 지나치게 허욕을 가져 아무런 능력도 없이 양육의 조건을 무시한 채 막연한 기대를 걸고 무조건 기르려고 하니, 이것은 기르지 못할 뿐만 아니라 도리어 크게 해치는 것이므로 절대로 써서는 안 되는 것이다. 도(道)는 이양(頤養)의 도요, 대패(大悖)는 크게 위반하여 멸절하는 것이다.

『64는 엎드려서 기르는 것이나 길하니, 호랑이가 웅크리고 노려보듯하며, 그 하고자 하는 것을 기어이 하려고 기를 쓰면 허물이 없으리라.』

◉ 64는 유순정위하여 위로 허약부정한 지도자를 보필하고 아래로 강건한 초9와 중정한 62를 다스리는 상이다. 64는 65와 불비하고 초9와 정응하니 민심을 바르게 따르고자 하지만 스스로 유순정위하여 위로 65의 부정을 근절할 수 있는 힘이 모자란다. 그러므로 그 자리에 엎드려서 점진적으로 지도자의 비행을 극력으로 간언하고 민권을 적극 보호함으로써 덕을 기르고 세우는 것이다. 단아한 군자는 부정한 지도자를 극력으로 간언하다가 받아들여지지 않으면 그 자리를 물러난다. 그러나 64는 민중의 여망을 저버리지 못하여 그 직책을 떠나지 못하니 이것이 곧 전이(顚頤)이며, 비록 전이이나 공론을 따르니 길한 것이다.
호시탐탐(虎視耽耽)은 64가 초9의 하극상하는 뇌동을 미리 진압

하기 위해 감시함이니 위엄은 갖추면서 맹공하지는 않는 것이고, 기
욕축축(其欲逐逐)은 64가 65에게 극력 간언한 것을 기어이 이룩하
려는 뜻이다. 탐탐(耽耽)은 웅크리고 노려보는 모양이요, 축축(逐
逐)은 성실하게 기어이 하려고 애를 쓰는 모습이다.
  64는 비록 부정한 지도자를 섬기나 기강을 세워 아래로 염치의 기
풍을 기르고, 공론을 밝혀 위로 예의 도덕을 기르니 허물이 없는 것
이다.

27-5-4 ──────────────────── 象에 曰顚頤之吉은 上施가 光也일새니라.

『상전에 말하기를 엎드려서 기르는 것이 길함은 위에서 베푸는 것
이 빛이 남으로써이라.』

 ☯ 위로 어리석은 지도자를 섬기고, 아래로 어진 국민을 다스리는
책임자가 그 자리에 엎드려 있으면서 지도자의 잘못을 바로잡지 못
한다면 국민을 실망시키고 신망을 잃을 것이니 어떻게 길할 것인
가! 모름지기 위에서 정치사업을 베풀고 법률을 시행하는 것이 광명
정대하도록 해야만 덕망을 높이고 공훈을 세워서 길할 수 있는 것이
다.

27-4-5 ─────── 六五는 拂經이나 居貞하면 吉하려니와 不可涉大川이니라.

『65는 바른길을 어겼으나 바르게 지키는 곳에 있으면 길하려니와
큰 시내를 건너가지 못하리라.』

 ☯ 65는 허약한 구조에서 이양(頤養)의 주체인바, 스스로 득중하였
으나 부정불응하여 이양(頤養)의 도를 갖추지 못한 상이다. 양육의
도는 스스로 양육할 수 있는 역량을 먼저 길러야 되는바, 이제 65가
부정한 몸으로 불응한 이를 기르려고 하니 양육의 조건과 원칙을 거

스르는 것이다. 그러나 득중하였으니 64가 간하는 때를 맞추어 정도
를 준수하는 곳에 서면 길하려니와 마침내 천하만민을 양육할 수는
없으니 큰 발전을 하지 못하는 것이다.

　대천(大川)은 넓은 시내물이요, 섭(涉)은 험난함을 건너가는 것이
니 전체의 허약한 구조에서 유약한 주체로는 아무리 위로 현명한 스
승이 있고 아래로 선량한 신하가 있다고 해도 광대한 인류를 양육하
는 거대한 사업을 성취하지 못하는 것이다.

『상전에 말하기를 바르게 지키는 곳에 있는 것이 길함은 유순하게
위를 따름으로써이라.』

　☯ 65는 위로 상9의 양강명철(陽剛明哲)한 스승과 친비하였으므로
그의 가르침에 순종하면 아래로 64의 도움을 얻어 길할 수 있다. 상
9는 천리의 대도를 밝혀 65를 교양하고, 64는 인민의 공론을 찾아
65를 봉양하니, 이에 65가 정도를 준수하면 길한 것이다. 이와같이
지도자가 다른 사람의 구원을 받아 민중을 기르는 것은 이양(頤養)
의 정도는 아니나 천하의 선을 모아서 만민을 기르는 지도자의 임기
응변하는 권도(權道)는 되는 것이다.

『상9는 스스로 말미암아 기르는 것이라 위태로워하면 길하니 큰
시내를 건너감이 이로우니라.』

　☯ 상9는 강명한 실체로 이양(頤養)의 종극에 있으니 대아(大我)
의 공리를 모두 자각하여 혼연하게 천품을 그대로 완성한 사람이다.
더욱이 65의 지도자와 친비하여 스승의 자리에 있으니 이는 천지의

덕을 한 몸에 갖추고 천하의 도를 스스로 맡아서 밝히는 사람이다.
허약부정한 정치의 지도자를 교양하여 사회에 도덕을 밝힘에는 온
갖 의혹과 시기가 따르는 것이므로 위태로워하여 신중하고 근검 절
약하면 마침내 도덕을 밝혀 천하를 제도할 수 있는 것이다.

유(由)는 자기의 덕성을 말미암는 것이니 유이(由頤)는 자기의 덕
을 말미암아 천하의 도가 밝혀짐이요, 려(厲)는 부정부중하면서 자
리가 높고 책임이 무거운 까닭이다. 길(吉)은 뜻을 얻음이고, 리섭대
천(利涉大川)은 천지의 도덕이 밝혀져서 천하가 문명하게 되는 데
진력하는 것이다.

 ─────────────象에 曰由頤라 厲하면 吉함은 大有慶也라.

『상전에 말하기를 말미암아 기르는 것이라. 위태로워하면 길함은
크게 경사가 있는 것이라.』

◑ 도덕을 천하에 밝히되 자랑하지 않고, 공덕을 사해에 세웠으되
보답을 받지 않으며, 백세의 큰일을 하면서 오로지 근신으로 시종하
여 지덕(至德)을 이룩하니 이에 길이 하늘의 복이 있는 것이다.

지덕(至德)은 말을 하지 않고, 얼굴의 빛깔에도 나타내지 않으며,
행동으로 보이지도 않아 사람은 그것을 깨닫지 못하지만 하늘은 뚜
렷이 알고 있으니 이에 선을 쌓은 곳에 반드시 경사가 따르는 것이
다.

28 대과(大過)괘

28-1-1 ──────────────────大過는 棟이 橈니 利有攸往하여 亨하니라.

『크게 뛰어남은 쪼구미가 구부정하니 갈 바를 둠이 이로워 형통하니라.』

◑ 대과(大過)는 영웅의 길로서 크게 뛰어남이다. 무릇 만물은 잘 양육한 다음에 능히 성숙하고, 능히 성숙한 다음에 잘 활동하며, 잘 활동해야만 크게 뛰어날 수 있는 까닭에 이괘(頤卦)의 다음에 놓인 것이다. 대과(大過)는 이(頤)의 여섯 효가 각각 자체 변화하여 된 것이니 이괘는 괘체를 돌려놓아도 그 내용이 바뀌지 않는 까닭에 여섯 효를 각각 교환하였다. 이것은 자체 변역의 변증법적 논리이다.

4양이 중앙에서 건실하고 2음이 위아래에서 유약하니 양이 음보다 지나치게 충실하여 전무후무한 상이다. 그러므로 동요(棟橈)의 충실상으로 말하였으니, 동(棟)은 쪼구미인데 아래로는 땅에 있지 않고 위로는 하늘에 있지 않으면서 대들보를 버티고 있는 튼튼한 동자기둥이다.

대과(大過)는 하손상태(下巽上兌)이니 연못이 나무 위에 있어서 나무를 사라지게 하는 상이다. 연못은 본래 초목을 윤택하게 하는 것이거늘 이제 오히려 나무를 죽이고 썩게 하니 범상한 일이 아니므로 대과(大過)의 뜻이 있는 것이다. 또한 그 성질이 내손외열(內巽外悅)하여 안으로는 겸허공손하며 밖으로는 강동화열(强動和悅)하니 대과의 도이다. 요(橈)는 구부정한 나무 또는 약한 나무이니 가운데만 지나치게 충실하고 위아래가 너무 허약함을 상징한 것인바, 동요(棟橈)는 시초와 종말이 모두 허약하면서도 중간은 건전한 것이니 이것이 크게 뛰어난 일이요, 또한 과거도 미래도 기대할 것이 없으므로 갈 바를 둠이 이로우며, 현재 건실하므로 형통한 것이다.

『단전에 말하기를 크게 뛰어남은 큰 것이 뛰어나게 함이요』

◑ 대과(大過)는 초비상함이다. 대(大)는 양이요 과(過)는 뛰어남이니, 양이 비상하게 뛰어남이다. 소과(小過)는 음이 상하에서 지나치게 성대하므로 소인이 물질을 경영함에 뛰어난 것이요, 대과는 양이 가운데서 지나치게 성대하니 대인이 정신을 발휘함에 매우 뛰어난 것이다. 무릇 대인군자는 비상한 때에 비상한 능력을 발휘하여 비상한 공덕을 세우는 것이다.

『쪼구미가 구부정한 것은 뿌리와 끝이 허약함이라.』

◑ 본(本)은 초6이요, 말(末)은 상6이다. 2음이 쇠약한 것을 동자기둥이 약한 것으로 비유하였는바, 이것은 마치 위로 하늘의 도움이 없고 아래로 사람의 응원이 없는 고립무원의 절박한 상황을 상징함과 동시에 전무후무한 초능력을 발휘하여 스스로 절세의 공덕을 세우는 상이다.

『굳센 것이 지나치면서도 때를 맞추고 공손하면서도 기쁘게 하는
지라 갈 바를 둠이 이로우며 이에 형통하니.』

◐ 95는 강건한 실체로 강력한 지도자의 자리에 있으므로 과강(過
剛)이요, 또한 득중(得中)하였으니 강과이중(剛過而中)이다. 공손은
내괘의 덕이며, 기쁨은 외괘의 덕이니 95가 본말(本末)이 없는 실체
로 상하가 허약한 구조에서 비상한 능력으로 시대를 경영함에 스스
로 공손하고 만민이 기뻐하는 상이다. 비상한 시국을 수습광정할 수
있는 영명한 지도자가 있는 까닭에 갈 바를 둠이 이로우며, 비상한
공덕을 세우므로 이에 형통한 것이다.

28-2-4 ——————————————————————— 大過之時가 大矣哉라.

『크게 뛰어나는 때가 크도다.』

◐ 위로는 의지할 인재가 없고 아래로는 기대할 희망이 없을 때가
바로 대과의 시기이다. 천하가 크게 어지러운 암흑기가 독립특행(獨
立特行)할 수 있는 시기이고, 이미 이룩한 업적이 보잘 것이 없고
또한 앞날의 소망도 기대할 것이 없을 때가 분발노력할 시기이다.
그러므로 영웅은 초야에 숨어 있다가 사해의 혼란이 극도에 이르면
천하 대도를 홀로 책임지고 일어나서 인류의 역사적 사명을 스스로
다하는 것이다. 아직 때가 되지 않았는데도 일어나서 날뛰면 후회하
고, 때가 되었는데도 가만히 있는 것은 인색한 것이며, 때가 지나간
다음에 힘쓰는 것은 안타까운 일이다.

28-3-1 ——————————————————————— 象에 曰澤滅木이 大過니
君子는 以하여 獨立不懼하며 遯世无悶하느니라.

『상전에 말하기를 연못이 나무를 빠뜨리는 것이 크게 뛰어남이니

군자는 본받아 홀로 서서 두려워하지 아니하며 세상에 숨어 살아도 번민이 없느니라.』

◑ 나무는 연못에 뜨는 물건인데 이제 상태하손(上兌下巽)하니 나무가 연못 바닥에 빠져 있는 상이다. 이것은 매우 특이한 일이므로 군자는 이것을 본받아 세상 사람이 모두 물위에 떠서 파도에 휩쓸려도 오직 하나가 물속에 깊이 가라앉아 움직이지 않는 것처럼 홀로 자주독립한다. 그리하여 천하 사람들이 그르다고 하여도 두려워 하지 않으며, 온 세상 사람들이 알아 주지 않아도 번민이 없다. 이것은 오로지 선덕에 충실하고 공리에 철저함으로써 이룩한 뛰어난 행실이다. 대저 지혜가 있는 사람은 혹하지 않고, 인덕이 있는 사람은 근심하지 않으며, 용기가 있는 사람은 두려워하지 않으니 영원한 진리를 밝히고, 인류의 도덕을 세우며, 천하의 대명을 수행함에 오직 스스로 성실하고 자기의 도리를 다할 뿐이다. 영웅이 어찌 용왕매진(勇往邁進)하면서 천하를 돌아보고 여론을 의식하며, 어찌 스스로 은둔하면서 온 세상에 알아 주는 사람이 없다고 아쉬움이 있을 것인가!

28-4-1 ──────────────────────────── 初六은 藉用白茅니 无咎하니라.

『초6은 하얀 띠로써 깔으니 허물이 없느니라.』

◑ 초6은 대과(大過)의 시초에 유순한 실존으로 강건한 구조의 아래에 있으니 지나치게 공경하고 삼가하는 상이다. 천리길도 한 걸음부터 가며, 아름드리 나무도 실뿌리로부터 자라나니 천하의 큰 일이나 절세의 큰 공도 그 시작을 신중하게 하는 데서 성공할 수 있는 것이다.
자(藉)는 존귀하게 대접하여 자리를 깔아서 정성을 갖춤이요, 백(白)은 청렴하고 소박함의 뜻이며, 모(茅)는 천박한 띠풀이다.
초6는 유약빈천하니 소유물의 질량이 매우 보잘것은 없지만 정결

404 상경

하고 방정하게 예법을 갖추는 정성이 지극하므로 이에 허물이 없는
것이다. 지위가 낮으면서도 존경하고 정결하며 방정하게 하는 예법
정신을 간직하고 있으니 이것이 장차 크게 뛰어날 수 있는 기틀이
다.

28-5-1 ──────────────────────── 象에 曰藉用白茅는 柔在下也라.

『상전에 말하기를 하얀 띠로써 까는 것은 부드러움으로 아래에 있
음이라.』

☯ 유(柔)는 6이요, 하(下)는 초(初)이다. 빈천한 사람은 가정의 형
편에 따라서 예법을 행할 것이니, 물질이 있고 없는 데에 구애받지
말고 현재의 여건에서 예법정신에 충실하면 그만이다. 만일 물질이
빈약한 까닭으로 예법을 행하지 않고 그만두면 인사(人事)가 아니니
한갓 물질 때문에 예법정신까지 저버리고 마는 것이다. 옛날부터 영
웅호걸은 모두 초가집에서 나서 사방으로 떠돌아 다니던 사람 속에
서 나왔다. 비록 가진 것이 없고 알아 주는 사람이 없었지만, 큰 인
물은 스스로 예법정신에 철저하였다. 장차 큰 뜻을 품고 있는 사람
은 그 몸에 허물을 남기지 않는다.

28-4-2 ────── 九二는 枯楊이 生稊하며 老夫가 得其女妻니 无不利하니라.

『92는 마른 버들이 뿌리가 나오며, 늙은 지아비가 그 처녀 아내를
얻으니 이롭지 아니함이 없느니라.』

☯ 92는 강건한 실체로 유순한 자리에서 득중하여 95와 불응하고
초9와 친비하니, 대과의 시기에 강중한 재질로 스스로 겸손하여 민
중과 서로 기뻐하는 길로 나아가므로 대과인(大過人)의 공을 이룩하
는 상이다.

고(枯)는 마른 나무요, 양(楊)은 양기에 민감하니 고양(枯楊)은 95
와 불응하여 위로부터 따뜻한 햇빛을 받지 못하므로 어렵고 힘든 모
습이다. 제(稊)는 뿌리이니 생제(生稊)는 아래로 뿌리를 땅에 내리
는 것이니 초6과 친비하여 새로운 생명력을 얻음이다. 노부(老夫)는
92 자신이니 오래도록 초야에서 학덕을 고고하게 닦아 원숙한 인격
을 갖춘 모습이요, 여처(女妻)는 초6이니 처녀로 시집 온 아내로 순
결하고 아름다운 부덕(婦德)을 갖추었을 뿐만 아니라 자녀를 생산할
수 있는 것이다. 봄철은 만물이 소생하고, 혼인은 만복의 근원이다.
92가 대과의 시기에 강중하여 능히 기층민중과 더불어 제세구민의
사업을 성공함으로써 바야흐로 만물을 소생시키고 만복을 개척한
것을 비유함이다.

28-5-2 ─────────────────────────────── 象에 曰老夫女妻는 過以相與也라.

『상전에 말하기를 늙은 지아비와 처녀 아내는 지나치게 서로 좋아
함이라.』

☯ 음양은 대대(待對)의 원리가 있으므로 노양(老陽)이 소음(少陰)
에게 감동하고, 소녀가 노부에게 기뻐하여 지나치게 서로 좋아하는
배합구조도 있다. 92와 초6은 비록 구조적으로 정응은 아니지만 서
로 보충적 관계에서 친비하여 공생동락하며 희망에 찬 새로운 세상
을 맞이한다. 과(過)는 초6이 현재 영화로운 94의 부귀를 응하여 따
르지 않고 장래의 영광을 개척하는 92의 빈천한 사람을 따라가는 것
이요, 여(與)는 친비함이다.

28-4-3 ─────────────────────────────── 九三은 棟이 橈니 凶하니라.

『93은 쪼구미가 약하니 흉하니라.』

◑ 93은 양강(陽剛)의 실체로 정위하였으나 부중하고 상6과 정응하였다. 대과(大過)의 시기에 과강부중(過剛不中)하여 일에 임함에 두려워할 줄을 모르는 까닭에 위로 아무런 힘도 없는 상6의 유약한 것과 응하니 신중하게 도모하여 성공할 수 없는 상이다. 천하의 거대한 사업을 수행하는 막중한 책무를 깨닫지 못하고 범상하게 자신하고 안일하게 추진하니 곧 실패하는 길이다. 더욱이 공명심에 눈이 어두워 이미 지나간 때를 붙잡으려 하고 벌써 기울어진 형세를 돌이키려 한다면 곧 자멸할 것이다.

28-5-3 ─────────────────── 象에 曰棟橈之凶은 不可以有輔也라.

『상전에 말하기를 쪼구미가 약하여 흉함은 도와서 지탱하는 것이 있을 수 없는 것이라.』

◑ 동(棟)은 들보 위에 세워 상량을 받치고 있는 기둥이므로 한 건축물의 중추적인 중요기능인바, 이것이 허약하면 가옥이 쓰러지는 까닭에 동량재를 특별히 골라서 쓰는 것이다. 동량이 허약하여 가옥이 기울면 다른 나무를 덧붙여서 세울 수도 없는 것처럼, 과강부중(過剛不中)한 사람이 대사를 그르치면 아무도 도와줄 수 없는 것을 비유한 것이다. 약한 것은 무거운 것을 이겨내지 못하고, 어리석은 사람은 큰일을 감당하지 못하거늘, 한갓 의욕만 앞서서 사리를 깨닫지 못한 소치이다. 보(輔)는 상6이니 정응하여 보필하고자 하지만 93이 자의로 추진하다가 실패하는 까닭에 도움이 있지 못한 것이다.

28-4-4 ─────────────────── 九四는 棟隆이니 吉커니와 有它면 吝하리라.

『94는 쪼구미가 우뚝 섰으니 길하거니와 다른 것을 두면 안타까우리라.』

◐ 94는 강건한 실체로 유순한 자리에 있어 위로 강명한 지도자를 받들고 아래로 허약한 국민을 다스림에 스스로는 부정부중하니 오로지 95의 명령에 복종해야만 크게 뛰어난 사업을 완수할 수 있는 상이다. 고급 공무원은 대과의 시기에 마땅히 현인을 친하여 따르고 소인을 멀리해야 할 것이다. 만일 다른 뜻을 두어 세속을 따르며 사리사욕을 추구하면 작은 것을 탐내다가 큰 것을 잃을 것이다.

융(隆)은 융기이니 동륭(棟隆)은 쪼구미가 위로 우뚝 솟은 것으로 95와 친근하여 밀접한 모양이요, 타(它)는 초6이니 유타(有它)는 초6에게 응하여 다른 뜻을 둠이다. 대과의 사업을 추진하는 책임자로서 위로 영명한 지도자를 오로지 받들지 않고 아래로 사리사욕을 도모하면 뛰어난 일을 하고도 뛰어난 사람이 되지 못하여 안타까운 것이다.

28-5-4 ──────────────────────── 象에 曰棟隆之吉은 不橈乎下也일새라.

『상전에 말하기를 쪼구미가 우뚝 솟아서 길함은 아래에 약하지 아니함으로써이라.』

◐ 94가 비록 강건한 재질이나 부정하여 그 의지가 유약하고, 부중하여 때의 중대성을 깨닫지 못하며, 초6과 응하여 세속의 실리를 가까이 접하니 안타까운 걱정이 많은 것이다. 그러므로 오로지 95의 명령에 순종하고, 초6의 물질적인 유혹에 흔들리지 않음으로써 길한 것이다. 무릇 거대한 사업을 추진하는 책임자는 공인으로서의 막중한 사명을 통감하고 절대로 사사로운 감정을 두어서는 안 되는 것이다. 하(下)는 초6으로 쪼구미는 아래가 허약하면 위로 융기할 수 없는 것이다.

28-4-5 ── 九五는 枯楊이 生華하며 老婦가 得其士夫하니 无咎나 无譽리라.

『95는 마른 버들이 꽃이 피며, 늙은 과부가 그 선비 남편을 얻으니 허물은 없으나 명예도 없으리라.』

◐ 95는 강건한 실체로 중정한 지도자의 자리에 있어 대과의 주체인바, 아래로 강중(剛中)한 92와 불응하여 민심을 얻지 못하고, 94와 불비하여 측근의 도움이 없으며, 오로지 상6과 친비하여 홀로 천명을 받들 따름이다. 천상천하에 오직 자기만 독존하고, 천하사물을 오직 홀로 관장하며, 천지의 큰 공을 오직 홀로 세우는 상이다. 전체의 구조를 혼자 장악하고 온갖 일을 스스로 독재하였으니 비상한 시국을 초래한 책임이 있다. 그러나 그 책임을 피하지 않고 능히 홀로 맡아서 비상한 사업을 성취하여 비상한 공을 세우니 먼젓번의 실정한 죄과와 나중에 분발하여 성공한 영예가 상쇄되어 허물도 없고 명예도 없는 것이다.

고양(枯楊)은 말라서 죽기 직전이니 비상한 시국이요, 생화(生華)는 위로 생명의 정화를 발양함이니 열매를 맺지 못하는 버들꽃의 결실이 없는 영화를 상징함이다. 노부(老婦)는 월경이 없어서 아이를 잉태할 수 없는바, 상6의 현실성이 없는 이상론을 상징하였으며, 사부(士夫)는 95인바, 득기사부(得其士夫)는 현실적인 세속잡사를 떠나서 화려한 이상론에 심취되어 영웅심에 도취하는 것이다.

28-5-5 ──────────────────── 象에 曰枯楊이 生華하니 何可久也며
老婦에게 士夫는 亦可醜也라.

『상전에 말하기를 마른 버들이 꽃을 피우니 어찌 오래갈 것이며, 늙은 과부에게 선비 남편은 또한 더러운 것이라.』

◐ 마른 버들이 아래로 뿌리를 내리지 않고, 위로 꽃만 피우면 더욱 속히 말라 죽는 것을 재촉하는 것이다. 이것은 마치 지도자가 아래로 민생의 안정을 꾀함이 없이 위로 공명만 날리려고 하면 오래갈 수 없는 것과 같은 것이다. 늙은 과부가 젊은 선비 남편을 얻는 것

은 재물로 유혹하고 부귀를 노린 것이니 불순부정한 혼인으로 인륜
의 정도와 사회의 관습에 어긋나니 추악한 것이다. 이것은 마치 지
도자가 민권을 보호하고 민생을 안정하며 국민의 재력을 축적하는
일에는 관심이 없고, 오직 목전의 크고 아름다운 공적에만 눈이 어
두워서 공명심에 깊이 빠진 것과 같은 행동으로 지도자의 본의에 어
긋나는 것임을 질타했고, 독재자의 개인적 영웅심이 오래가지 못함
을 경고했다.

28-4-6 ──────────────── 上六은 過涉滅頂이라 凶하나 无咎니라.

『상6은 지나치게 물을 건너가다가 이마를 빠지게 함이라 흉하나
허물은 없느니라.』

◉ 상6은 허약한 실존으로 유순한 자리에서 대과의 종극을 만났으
니 비상한 일을 추진함에 마지막 단계에서 세력이 궁핍하고 힘이 다
해 쓰러지는 상이다. 상6은 스스로 정위하였고 93과 정응하며 95와
친비하여 2양의 구원을 받을 수 있다. 그러나 대과의 종극에 늙은이
가 책임을 지고 혼자 끝까지 서둘러 지나치게 건너가다가 이마까지
물속에 빠져 죽게 되는 까닭에 흉하지만, 비상한 시대에 어렵고 힘
한 일을 피하지 않고 비분강개하여 달려가서 죽으니 이것은 시대를
잘못 만난 것이다. 비상한 일을 추진하다가 거의 종극에서 있는 힘
을 다하고 쓰러져서 생명까지 바쳤으니 어찌 허물할 수 있겠는가!

28-5-6 ──────────────── 象에 曰過涉之凶은 不可咎也라.

『상전에 말하기를 지나치게 물을 건너가다가 흉함은 허물할 수 없
는 것이라.』

◉ 대과의 종극에서 재능이 부족하면 물러나서 힘을 축적하거나

아니면 다른 구원을 얻어 함께 완성하거나 하지 않고 홀로 돌진하다
가 스스로 목숨을 잃었으니 흉하다. 그러나 자립하여 두려워하지 않
고 어려운 일을 회피하지 않으며, 성패를 논하지 않으며, 위험을 남
에게 떠넘기지 않았으니 그 의기가 매우 장렬하고 그 행실이 대단히
늠름하므로 아무도 허물을 할 수 없는 것이다.

29 습감(習坎)괘

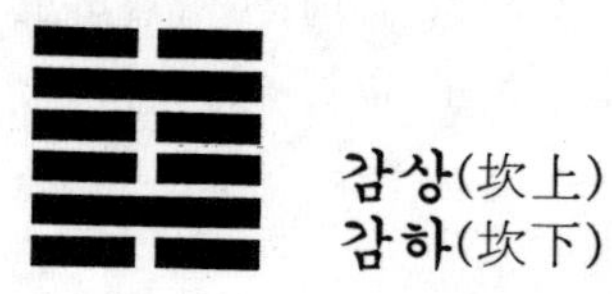

감상(坎上)
감하(坎下)

29-1-1 ——————————— 習坎은 有孚하여 維心亨이니 行하면 有尙이리라.

『거듭 빠지는 것은 믿음이 있어 바야흐로 마음이 형통하니 행하면 가상함이 있으리라.』

☯ 감(坎)은 위험의 길이다. 감(坎)은 물을 상징하는데 물의 성질은 함(陷)이다. 습감(習坎)은 거듭 빠지는 것이다. 비상한 일에는 반드시 무리한 억지가 따르므로 대과의 종극에는 모름지기 함익하나니, 올라가면 반드시 내려오고, 뛰어난 것은 반드시 꺾이는 이치이다. 그러므로 대과의 다음에 놓였으니 그 괘체가 감상감하(坎上坎下)로 1양이 2음의 사이에 빠져서 앞뒤로 험난한 가운데 놓여 있는 상이다.

습(習)은 중첩함이니 전후상하가 모두 험난하여 활로가 없는 것을 강조하는 말이다. 감(坎)은 허한 가운데 중실하여 양강한 실체가 득중하였으니 자신이 있고 바야흐로 험난한 가운데서도 정위하여 그 뜻이 강건하므로 마음이 형통한바, 강건하게 운명을 개척하면 가상한 공적이 있으리라. 군자는 위험을 만나서 회피하지 않으니 성실이 안에 있으므로 위험이 밖에 있어도 태연자약하여 곤궁할수록 그 뜻이 더욱 확고한 것이다.

『단전에 말하기를 거듭 빠짐은 거듭 험난함이니』

◑ 상감하감(上坎下坎)하여 앞뒤가 모두 빠지고, 안팎이 모두 험난하니 중첩한 위험의 뜻이다. 감(坎)은 그 상이 물이므로 노는 데 팔려 집으로 돌아가기를 잊는 상이요, 그 성질이 함익하여 위험의 뜻이다. 물이 흘러가서 돌아오지 않은 것이 마치 험난한 가운데서 또다시 위험을 만나서 헤어나지 못하는 모습과 같은 것이다.

『물은 흘러감으로써 가득 차지 아니하여, 험한 곳으로 가도 그 믿음을 잃지 아니하니』

◑ 수(水)는 감의 상이다. 물이 아래로 흐르는 것은 물의 성질이니, 범람하지 않도록 흘려 보내서 가득 채우지 않는 것은 수리(水理)이다. 물의 성질이 이와같이 일정 불변한 물리를 갖추고 있는 까닭에 비록 위험한 가운데서 활동할지라도 그 물성에 대한 확신을 잃지 않는 것이다. 물을 순리로 이용하면 만물을 윤택하게 제도할 것이요, 역리로 모험하면 험난이 중첩될 것이다.

류이불영(流而不盈)은 상하의 2음이 가운데의 1양을 통제하지 못하는 괘체로 말하는 것이요, 행험이불실기신(行險而不失其信)은 가운데의 1양이 강건득중하여 상하 2음의 험난한 속에서도 빠지지 않는 구조로 말하는 것이다. 강중한 양효는 물리에 철저하여 치수의 수리(水理)에 밝고 수성(水性)의 이용에 능통한 까닭에 여기에서 만족하면 저기에로 미쳐 가는 법칙을 확신하는 것이다.

『바야흐로 마음이 형통함은 이에 굳센 것이 때를 얻음으로써이요』

◐ 95와 92가 위아래에서 중실(中實)하게 강중(剛中)하였으므로 비록 위난에 놓여 있으면서도 스스로 성실하고 물리에 밝은 까닭에 한 점의 의혹도, 한 가닥의 두려움도 없다. 바야흐로 마음이 형통함은 순리로 위험을 극복할 수 있는 원리를 아는 것이다.

29-2-4 ──────────────────────────── 行有尙은 往有功也라.

『행하면 가상함이 있는 것은 가면 성공이 있음이라.』

◐ 험난한 가운데서 성실하게 몸을 간직하고, 고난 속에서 순리를 따르며, 때를 얻어 힘차게 활로를 개척하므로 나아가면 반드시 성공하는 것이다. 자기의 과실로 위험 속에 빠진 것이 아니고, 어쩔 수 없는 상황에서 저절로 험난한 운명에 떨어졌으니 마침내 위험에서 빠져 나오고 간난에서 벗어나는 것이 가상한 성공이다.

29-2-5 ───────────────────── 天險은 不可升也요 地險은 山川丘陵也니
王公이 設險하여 以守其國하나니 險之時用이 大矣哉라.

『하늘의 험난함은 올라갈 수 없는 것이요, 땅의 험난함은 산과 내와 언덕과 봉우리이니, 중앙정부의 지도자와 지방정부의 지도자가 험난한 것을 설치하여 그 나라를 다스리나니, 험난한 때와 쓰임이 크도다.』

◐ 천험(天險)은 한서뢰우(寒暑雷雨)와 운무풍상(雲霧風霜)이니 피할 수 없고, 지험(地險)은 산천구릉(山川丘陵)과 해양호수(海洋湖水)이니 쉽게 넘을 수 없는 것이다. 천험은 초월하여 벗어날 수 없

으니 천시(天時)에 미리 대비해야 하고, 지험은 극복하여 이겨내기
어려우니 위험을 경고해야 하는바, 천험은 그 시기를 알아서 예비하
는 것이 중대하고, 지험은 그 지역을 찾아서 이용하는 것이 중대한
것이다. 나라의 지도자는 감괘(坎卦)의 상징적 의미를 관찰하여 민
생을 안정하고 국가를 보존함에 순천응시(順天應時)하는 정치로 천
험을 미연에 대비하고, 성지요새(城池要塞)를 건설하여 외적의 침략
을 굳게 막아서 국가를 안전하게 수호하는 것이다. 시(時)는 천험의
시기요, 용(用)은 위험을 이용함이다.

29-3-1 ─────────────────────── 象에 曰水가 洊至함이 習坎이니
君子는 以하여 常德行하며 習敎事하니라.

『상전에 말하기를 물이 거듭 흘러오는 것이 거듭 빠짐이니 군자는
본받아 덕행을 떳떳하게 하며 가르치는 일을 거듭하니라.』

◑ 물이 사방에서 계속 모여드는 것으로써 재난이 겹치는 것을 상
징하였다. 복은 거듭 오지 않고, 화는 혼자 오지 않는 것인즉, 군자
는 습감중험(習坎重險)하는 감괘의 본의를 본받아 천험을 미연에 방
비하기 위하여 항상 덕행을 닦아서 천명에 순응하고, 군사교육을 거
듭 실시함으로써 뜻밖의 재난에 대비하여 국방을 튼튼히 하는 것이
다. 천지(洊至)는 물이 사방에서 흘러드는 것이요, 덕행(德行)은 군
자가 인덕을 간직하여 선행을 실천하는 것이니 한결같이 하여 지극
하면 천험을 물리치고 천복을 받는 길이다. 교사(敎事)는 군사(軍
事)를 교육함이니 병사(兵士)를 교육하면 의롭고 용기있는 군대가
될 것이나, 가르치지 않으면 하루아침의 오합지졸에 지나지 않을 것
이다.

29-4-1 ─────────────────────── 初六은 習坎에 入于坎窞이니 凶하니라.

『초6은 거듭 깊은 구덩이로 빠져 들어감이니 흉하니라.』

● 초6은 중험(重險)의 시초에 허약한 재질로 부정부중하고 밖으로 64와 불응하며 92와 친비하여 승강(承剛)하는 의욕만 강렬하니, 습감(習坎)으로 점점 빠져 들어가는 상이다.
   자기의 실력을 깨닫지 못하고, 험난한 시대가 돌아오는 현실을 알지 못하여 오로지 요행을 바라면서 막연한 충동에 이끌려 모험을 일삼으니, 거듭 위험한 상황으로 빠져 들어가서 마침내 헤쳐 나오지 못하는 것이다. 담(窞)은 깊은 구덩이이니, 빠져 나오기 어려운 곳이다.

29-5-1 ——————————————— 象에 曰習坎에 入坎은 失道라 凶也라.

『상전에 말하기를 거듭 빠짐에 빠지는 곳으로 들어가는 것은 길을 잃은 것이라 흉하니라.』

● 중첩한 위험을 엄숙하게 인식하고 계신공구(戒愼恐懼)하여 힘을 축적하며 때를 기다리거나, 활로를 개척하며 구원을 요청하거나, 운명에 순응하며 뜻을 세우거나 하는 것이 바른길인바, 이제 초6은 위험을 전혀 인식하지 못하고 경거망동하므로 험난한 가운데에서 완전히 방향감각을 잃고 더욱 위태로운 길로 빠져 들어가는 것이다.

29-4-2 ——————————————— 九二는 坎에 有險하나 求를 小得하리라.

『92는 빠짐에 위험이 있으나 바라는 것을 조금 얻으리라.』

● 92는 중험(重險)한 때에 초야에 있으면서 95와 불응하니 비록 강중한 재능으로도 국가사회에 쓰이지 못하는 상이다. 그러므로 비록 천하의 위험을 제거하고 인류를 위난으로부터 구제하지는 못하

지만 홀로 득중하여 세상을 경고하고 대중을 친비하여 구원하는 것
이다.
  감(坎)은 습감(習坎)의 시기요, 유험(有險)은 험난한 가운데에 있
음이다. 구(求)는 출험제난(出險濟難)의 희망이요, 소득(小得)은 강
중하여 자기의 주변에 있는 소집단의 활로를 힘차게 개척함이다.

29-5-2 ──────────────────────────── 象에 曰求小得은 未出中也라.

『상전에 말하기를 바라는 것을 조금 얻음은 가운데에서 나아가지
못함이라.』

  ◐ 중(中)은 2음의 가운데이다. 92는 위험한 시국에 95와 불응하므
로 갈 곳이 없고, 초3의 2음과 친비하므로 홀로 탈출하지 못한다. 위
험한 속에서 내괘의 소집단이나마 안전하게 구원하기 위하여 그 속
에서 힘쓰는 것이다. 92는 타인을 구원하기 위하여 험난한 가운데에
서 나오지 못한 것이요, 자기를 구원하지 못하여 위험에서 탈출하지
못하는 것이 아니다. 강중(剛中)은 실력이 있고 때를 정확히 인식하
므로 위험한 난국을 해결할 수 있는 것이다.

29-4-3 ──────────────────────── 六三은 來之에 坎坎하며
                          險에 且枕하여 入于坎窞이니 勿用이니라.

『63은 오고 감에 빠지고 빠지며, 위험에 또한 기대어 앉아서, 깊은
구덩이로 빠져 들어가니 쓰지 말지니라.』

  ◐ 63은 위험한 속에서 허약한 실존으로 부정부중하고 또한 상6과
불응하여 이미 자기를 구원할 길이 없는데도 92와 친비하여 승강하
니 안일하게 생각하고 있다가 커다란 위험 속에서 좌절하는 상이다.
  래(來)는 내괘에 멈춤이요, 지(之)는 외괘로 진출함인바 상하가

모두 감괘이니 불안한 모습이다, 험(險)은 중첩하여 누적된 위험이
요, 침(枕)은 기대어 앉아서 기력을 잃음이다. 이것은 거대한 위험
앞에서 자진자멸(自盡自滅)하는 것으로 운명을 개척하려는 진지한
사상이 결핍 되었으며, 생명을 존중하는 정신이 부족한 것으로 인생
의 도리가 아닌즉, 절대로 쓸 수 없는 것이다. 험난은 하늘의 시련이
요, 생명은 조상의 핏줄이니 어떠한 시련이 있더라도 집단의 책임자
는 절대로 생명을 포기해서는 안 된다. 63이 지방자치단체의 장으로
서 횡역(橫逆)을 순리로 대응하지 않고 자포자기하여 자진자멸하는
것은 하늘의 뜻도 아니요, 조상의 소망도 아니다. 참으로 이러한 인
간을 집단의 대표로 써서는 안 된다.

29-5-3 ──────────────────────── 象에 曰來之에 坎坎은 終无功也라.

『상전에 말하기를 오고 감에 빠지고 빠짐은 마침내 성공이 없는
것이라.』

◎ 위험을 정면으로 인식하여 합리적으로 활로를 개척하지 않고,
위험을 외면하며 요행으로 회피하려고 하여 무리한 방법과 불법적
인 수단을 쓰는 까닭에 험난한 길을 한치도 벗어나지 못하고 도리어
기력만 쇠잔하게 되므로 마침내 아무런 성공도 있을 수 없는 것이
다. 재질은 박약하면서 험난한 길을 도피하려고 하면 무슨 성공이
있겠는가!

29-4-4 ── 六四는 樽酒와 簋貳를 用缶하고 納約自牖하면 終无咎하리라.

『64는 통술과 대나무 제기에 담은 음식 두 그릇을 질장구를 써서
검약한 것을 창문으로 드리면 마침내 허물이 없으리라.』

◎ 64는 유순한 실존으로 정위하여 험난한 시국에 위로 강명한 지

도자를 섬기고, 아래로 도탄에 빠진 사람을 다스리는 어려운 구조 속에 있다. 그러므로 대임을 감당할 수 없는 까닭에 오직 95를 돈독히 믿고 질박한 자세로 성의를 다하는 상이다. 어려운 나라의 책임자와 가난한 선비의 아내는 오로지 지극한 정성을 다할 따름이다. 한 단지의 술과 두 접시의 음식일망정 질박한 질장구에 받쳐 들고 검약한 예식으로 창문을 통하여 올리는 것이 지극한 정성이다. 그러므로 비록 스스로 위험을 극복하는 공을 세우지 못하였으나 허물은 없는 것이다. 술은 음식물 가운데 가장 고귀한 음식이요, 반찬을 제기에 담는 것은 정결함을 나타냄이다.

부(缶)는 질박한 질그릇이지만 배가 불러서 가득한 정성을 뜻하며, 약(約)은 박례(薄禮)이니 위기에 모두 갖추지 못함이다. 자유(自牖)는 창문을 말미암음이니, 자기의 책임을 다하지 못하여 당당하게 나설 수도 없고 위급할 때에 물러갈 수도 없으므로 가까이 다가갈 수도 멀리 떠나갈 수도 없는 까닭이다.

29-5-4 ──────────────────────── 象에 曰樽酒와 簋貳는 剛柔際也일새라.

『상전에 말하기를 통술과 대나무 제기에 담은 음식 두 그릇은 굳센 것과 부드러운 것이 서로 만남일새라.』

◉ 위험한 시국에는 지도자와 책임자가 함께 모여서 의론하여 힘을 합치고, 남편과 아내가 한데 모여서 상의하여 뜻을 합치는 것이 위험을 극복하는 도리인 것이다. 그러나 위대한 지도자를 섬기는 책임자가 위기에 임하여 구제할 능력이 모자라면 당연히 재신임을 물어야 되는바, 이에 그 위태로운 시국을 초래한 책임감을 통감하면서 성실하게 명령을 기다려서 절대복종할 자세를 가다듬는 것이다.

강(剛)은 95요, 유(柔)는 64이며, 제(際)는 제회(際會)이니 위험한 시국에 힘을 서로 합하여 함께 더불어 극복하는 것이다.

『95는 빠짐에 가득하지 아니하니 이미 평평한 데 이르면 허물이 없으리라.』

◉ 95는 강건한 실체로 중정하게 지도자의 자리에 있으므로 위험한 시국을 슬기롭게 대처하여 가볍게 극복하고, 즉시 평정을 되찾는 상이다. 95는 강명한 자질로 정위하니 지도자의 권력을 온전하게 가지고 있고, 득중하니 대국의 시세를 장악하고 있으므로 위험을 미리 제거하여 불안의 여지를 깨끗이 쓸어 버리고, 천하만민을 모두 구제하여 태평세계를 건설할 수 있는 역량이 있다. 그럼에도 불구하고 그 동안 현인을 멀리하고 소인과 친하여 아첨을 순종으로 착각하고, 간사를 지략으로 오인하며, 홀로 교만하고 사람에게 인색한 까닭에 위험한 정국을 거듭 초래한다. 하지만 그때마다 곧 뉘우치고 소인 악덕배를 극형으로 처단하니 위험한 고비를 무사히 넘기는 것이다. 그러나 초야의 어진 이를 세 번 찾아가서 등용하면 측근의 소인배가 위험한 일을 다시는 꾸미지 못하도록 평정할 것이므로 이에 허물이 없게 될 것이다.

감불영(坎不盈)은 위험을 빨리 제거하여 깊이 빠져 들어가지 않음이요, 지기평(祗旣平)은 이미 평정하여 안정되는 데 이르는 것이며, 무구(无咎)는 위기를 자초한 책임과 난국을 수습한 공이 상쇄되어 자리를 겨우 보전함이다. 이것은 강건한 지도자도 안일한 폐습에 젖어 방심하면 금방 위기가 닥쳐 오는 것을 밝힘이다.

『상전에 말하기를 빠짐에 가득하지 아니함은 가운데가 크지 못함이라.』

◉ 용기가 있는 사람은 잘못을 두 번 저지르지 않고, 지혜가 있는

사람은 함정에 두 번 빠지지 않는 것이다. 지도자가 습감중험(習坎重險)의 시기에 대국을 살펴 근본적으로 튼튼하게 방비하지 못하고 한갓 눈앞의 현상만 소폭으로 조정하여 미봉하고 호도하니 거듭 위험에 빠지게 되는 것이다. 이것은 보는 것이 밝지 못하고 듣는 것이 깊지 못하여 대국을 살피지 못한 것인즉, 곧 속마음이 광대하지 못한 것이다. 중(中)은 95가 득중함이니 지도자의 도요, 대(大)는 고명광대함이다. 95가 험난을 구제할 주체로서 오히려 위험 속에 거듭 빠지는 것은 비록 깊이 빠지지는 않았다고 해도 안목이 낮고, 도량이 좁으며, 뜻이 굳지 못한 까닭이다.

29-4-6 ──────────────────── 上六은 係用徽纆하야 寘于叢棘하야
三歲라도 不得이니 凶하니라.

『상6은 두겹 세겹 노로써 묶이어 감옥에 갇혀 삼 년이라도 나올 수 없으니 흉하니라.』

◉ 상6은 험난의 종극에 유순한 실존으로 63과 불응하고 95와 친비하여 승강하였으니 위험 속에서 힘이 다하고 길이 막힌 상이다. 휘(徽)는 세겹 노요, 묵(纆)은 두겹 노이니 오랏줄이다. 상6의 무력함을 죄인이 오랏줄에 묶인 것으로 비유함이다. 총극(叢棘)은 죄인을 가두어 두는 곳이니 고난을 벗어나지 못함을 비유함이다. 부득(不得)은 불가능이니 고난을 감당하지 못하여 굴복함이다.

29-5-6 ──────────────────── 象에 曰上六失道는 凶三歲也리라.

『상전에 말하기를 상6이 길을 잃음은 흉함이 삼 년이리라.』

◉ 험난의 종극에 와서 굴복하여 변절하니 기나긴 고난의 역정이 지조를 지키는 바가 아니요, 험난을 벗어나기 위하여 패리비례(悖理

非禮)를 자행하니 치욕만 더할 뿐이다. 고난이 가면 즐거움이 오고, 비애가 다하면 기쁨이 오거늘, 이제 상6은 삼 년의 오랜 세월이 흘러도 열락(悅樂)이 없는 것이다. 위험 앞에 의리를 배반하고, 고난 속에 신의를 저버리는 것은 인도가 아니다. 도(道)는 인도요, 흉삼세(凶三歲)는 오래도록 고난을 극복하지 못함이다. 사람들이 고해에서 벗어나지 못하고 질곡 속에서 부침을 되풀이 하는 것은 위급한 곳에서 불인(不仁)하고 불의한 까닭이다.

30 리(離)괘

리 상(離上)
리 하(離下)

30-1-1 ——————————————— 離는 利貞하니 亨하고 畜牝牛하면 吉하리라.

『걸림은 바르게 지킴이 이로우니 형통하고 암소를 기르면 길하리라.』

◐ 리(離)는 문명의 길이다. 리(離)는 걸려 있음이니 유기적인 관계이다. 그 상이 화(火)이며, 그 성질이 리(離)이며, 그 덕이 명(明)이다. 만물은 험난하면 반드시 의지하여 붙으며, 사람이 곤궁하면 모름지기 영대(靈臺)가 밝아지는 까닭에 감괘(坎卦)의 다음에 놓인 것이다.

리(離)는 감(坎)의 여섯 효가 각각 자체 변화하여 된 것이니 돌려 놓아도 그 괘상이 바뀌지 않는 까닭에 여섯 효를 각각 교환한 착역(錯易)이다.

리(離)는 그 구조가 중허외실(中虛外實)하고 1음이 상하의 2양에게 부착되어 있으므로 타오르는 불을 상징하며, 그 성질은 붙음이며, 불은 높이 걸려 있을수록 밝으니 그 덕은 밝음이다. 사물은 각각 바르게 붙어 있는 자리가 있으므로 바르게 지킴이 이로우며, 전체의 관계구조에서 제자리를 바르게 지키면 형통하는 것이다. 소는 힘이 넘치고 암소는 유순하니 유순하게 큰 힘을 기르면 길한 것이다.

30-2-1 ── 彖에 曰離는 麗也니 日月이 麗乎天하며 百穀草木이 麗乎土하니

『단전에 말하기를 걸림은 걸려 있음이니, 해와 달이 하늘에 걸리어 있으며, 일백 곡식과 풀나무가 땅에 걸리어 있으니』

◐ 리괘(離卦)는 붙어서 걸려 있는 뜻이다. 천지만물은 하나의 유기적인 구조를 이루고 있으면서 모두 일정한 위치가 있어서 각각 마땅히 멈추어야 되는 곳이 있다. 그러므로 해와 달은 하늘에 붙어서 걸려 있고 백곡초목(百穀草木)은 토지에 부착되어 있는 것이다.

30-2-2 ─────────────── 重明으로 以麗乎正하여 乃化成天下하니라.

『거듭 밝음으로 바른 자리에 걸리어 있어, 이에 천하를 교화하여 착하게 고치느니라.』

◐ 중명(重明)은 거듭 밝음으로 상리하리(上離下離)의 괘상이니 해와 달이 밝음을 이어가는 관계이다. 상하가 모두 총명예지한 자질을 갖추어 중정응비의 바른 구조를 지킴으로써 인간의 선덕이 모두 밝혀지고, 천하의 공법이 모두 세워지는 것이니 이에 천하를 덕화하여 개선할 수 있는 것이다. 이것은 사람은 당연히 멈추어야 할 곳을 마땅히 알아야 함을 밝힌 것이다. 지도자는 지도자의 자리가 있고, 책임자는 책임자의 자리가 있어서, 각각 제자리의 소임을 충실하게 완수해야만 전체의 기능이 온전하게 발휘되어 광명정대한 사회를 이룩할 수 있는 것이다.

30-2-3 ─────── 柔가 麗乎中正故로 亨하니 是以로 畜牝牛하면 吉也라.

『부드러운 것이 때를 얻어서 바른 자리에 걸리어 있는 까닭으로 형통하니, 이래서 암소를 기르면 길한 것이라.』

◐ 유(柔)는 2와 5이고, 중정(中正)은 65가 득중하고 62가 득중·정위함이다. 유순한 실존으로 강건한 실체를 부착하여 고정시키는 비결은 오직 현명하게 전체의 조직구조를 바로잡아 질서의 체계를 세우는 데 있는 것이다. 그러므로 유순한 실존으로도 중정한 구조에 있으면 형통하는 것이다. 이러한 까닭으로 유순하게 이끄는 힘을 기르면 길한 것이다. 유순하게 이끌어 가는 힘은 밝은 식견으로 공리(公理)에 순응함이다.

30-3-1 ——————————————————————————— 象에 曰明兩이 作離니
大人이 以하여 繼明하여 照于四方하느니라.

『상전에 말하기를 밝은 것 둘이 리괘가 되었으니 큰 사람은 본받아 밝음을 이어서 사방을 비추느니라.』

◑ 명(明)은 발광체이다. 밝음이 위아래에 둘이 있으면 어두운 곳이 없을 것이요, 밝음이 앞뒤로 이어지면 어두울 때가 없을 것이다. 이것은 곧 밝은 것 둘이 서로 붙어 있으면서 교대하며 계속 밝게 비추는 대명(大明)의 상이다. 대인(大人)은 이것을 본받아 측근자와 후계자를 현명하게 육성하여 천하를 대대로 광명정대하게 하는 것이다.

30-4-1 ——————————————————————— 初九는 履가 錯然하니 敬之면 无咎리라.

『초9는 행실이 경계하며 삼가하니 공경하면 허물이 없으리라.』

◐ 초9는 밝음의 실체로 붙어서 걸리는 시초에 정위하였으니 예의 법도로써 교통하는 상이다. 양명한 실체는 비록 낮은 자리에 있어도 도의를 밝게 살펴 인간관계를 바르게 지키고, 강건한 의지는 바야흐로 윗사람과 사귐에 적극적이다. 그러나 너무 지나치면 아랫사람의

분수를 잃고 조급하게 행동하는 걱정이 있는 까닭에 윗사람을 공경
하면 허물이 없다고 하는 것이다. 이(履)는 실천적 행동으로 스스로
찾아가서 교통함이요, 착연(錯然)은 교착상태를 경계하여 근신하는
모습이며, 지(之)는 교제하는 상대이다.

30-5-1 ——————————————————————— 象에 曰履錯之敬은 以辟咎也라.

『상전에 말하기를 행실이 경계하며 삼가하는 공경은 허물을 피하
기 위함이라.』

◐ 크게 밝은 세상에 아랫사람이 명철함을 윗사람과 경쟁하는 것
은 붙어서 걸리는 도가 아니요, 교통의 시초에 비천한 사람이 적극
적인 것은 교제의 도가 아니다. 어른을 공경하여 윗사람이 질문한
다음에 신중하게 대답하고, 부른 다음에 경계하여 찾아가는 것이 조
급한 생각과 경망한 행동을 없게 하는 길이다.

30-4-2 ——————————————————————— 六二는 黃離니 元吉하니라.

『62는 가운데가 밝으니 크게 길하니라.』

◐ 62는 유순한 실존으로 중정한 자리에 있으니 초야에서 중행(中
行)하는 선비의 상이다. 안으로는 명철하면서도 밖으로는 유순하고,
초야에 살면서도 민중이 존경하여 따르니 지덕을 겸비하고 상하를
일관하는 중용의 도를 실행하는 사람이다. 황(黃)은 중앙색이니 황
리(黃離)는 중심이 천성에 부리(附麗)하여 크게 밝은 것이요, 원길
(元吉)은 개체의 대길(大吉)이니 입신행도(立身行道)함이다.

30-5-2 ——————————————————————— 象에 曰黃離니 元吉함은 得中道也라.

『상전에 말하기를 가운데가 밝으니 크게 길함은 때에 알맞는 길을
얻음이라.』

◑ 중도(中道)는 때와 장소에 알맞는 중정한 도이다. 따라서 때에
지나치거나 미치지 못함이 없으며, 자리에 기울어지거나 기댐이 없
이 스스로 중립하여 전체에 조화하는 길이다. 62는 밝음의 주체이니
스스로 중립하고 유순한 실존이므로 전체와 조화하여 어그러짐이
없는 것이다. 모름지기 현재에 성실하므로 양심을 말미암고, 현실에
밝음으로 진리를 지키니 이것이 중도를 행하는 선비의 밝음이다.

30-4-3 ──────── 九三은 日昃之離니 不鼓缶而歌면 則大耋之嗟라 凶하리라.

『93은 해가 기울어진 밝음이니 질장구를 치면서 노래하지 아니하
면, 팔십 노인이 탄식하리니 흉하리라.』

◑ 93은 강건한 실체로 과강부중하고 내괘의 상효이므로, 앞에 밝
음이 이미 다하고 다음 밝음이 차차 나오는 때이다. 지나치게 명석
하지만 현실에 뒤떨어진 지성이요, 끈질기게 부착하여 접촉하지만
이미 때가 지나간 다음에 교통하는 상이다. 이것은 홀로 지나치게
똑똑하면서도 세상의 일에는 어둡고, 옛날의 역사에는 밝으면서도
오늘날의 실세에는 어두운 것이니 명석하여도 쓸모가 없다. 그러므
로 스스로 교통하여 부착하고자 하지만 아무도 받아 주는 사람이 없
는 것이다.
　해가 기울어진 밝음은 석양의 황혼이니 사물에는 어두운 주관적
인 지성과 실용성이 없는 옛날 경험을 상징함이다. 질장구를 치고
노래하는 것은 지난날을 잊고 물러나와 질박하게 혼자 즐김이니 칠
십에 치사(致仕)하여 세상일에 집착하지 않음이다. 대질(大耋)은 팔
십 노인이니 부귀와 명리에 사로잡혀 늙도록 권력에 집착하였으므
로 반드시 물정에 어둡고 시대에 뒤져서 쫓겨나게 되어 말로가 욕되
므로 흉한 것이다.

리괘　427

『상전에 말하기를 해가 기우는 밝음이 어찌 오래갈 것이냐?』

☯ 해가 지면 집에 들어가 쉬어야 하거늘, 의욕이 지나쳐서 늦도록 일에 열중하였으니 건강을 지탱할 수 없는 것이다. 상도(常道)를 어기고 순리를 거스르면 어찌 오래갈 수 있겠는가! 때가 바뀌면 하는 일이 다르거늘, 새로운 시대에 옛일을 주장하고 늦게야 오래 장악하려고 하니 이에 버림을 받아 흉한 것이다.

30-4-4 ──────────────── 九四는 突如其來如라 焚如니 死如나 棄如니라.

『94는 돌연히 그가 오는지라 불타니 죽거나 버리리라.』

☯ 94는 강명한 실체로 부정부중하고 또한 불응하면서 위로 밝은 덕으로 대동화합하는 지도자를 섬기고, 아래로 총명하여 화합하는 국민을 다스리는 책임자의 자리에 있다. 그러므로 무리한 편견을 주장하니 용납될 수 없고 맹목적인 허구로 사귀니 부리(附麗)할 수 없는 상이다. 아무리 명철해도 자기 몸을 바르게 지키지 못하고, 때를 알지 못하며, 남과 화응할 수 없는 것이라면 이것은 즉흥적인 허식의 밝음이요, 한때 눈앞에서 친근함을 꾸미는 것이니 이와 같은 사람은 공무의 책임을 맡을 수 없는 것이다.

돌여(突如)는 돌진하듯이 이르는 것이요, 래여(來如)는 자진하여 오는 것이니 그 밝음의 실상이 즉흥적인 감각에 의하여 생긴 것임을 뜻한다. 분여(焚如)는 그 소견을 주장함이 매우 강렬하여 불이 타는 듯함을 뜻하며, 사여(死如)는 그의 소신이 사리에 어긋나서 사형을 받음이요, 기여(棄如)는 그의 소행이 실정에 어그러져서 파직을 당함이다. 위와 아래가 모두 밝은 세상에 어찌 즉흥적인 술수가 용납될 수 있겠는가!

『상전에 말하기를 돌연히 그가 오는 것은 용납할 바가 없느니라.』

◐ 문명한 사회에 있어서 일관성이 없는 즉흥적인 정책으로 조령모개(朝令暮改)하고, 진실성이 없는 허구적인 책략으로 조삼모사(朝三暮四)한다면 이것은 어리석음을 폭로하고, 억지를 고집하는 것이므로 누구도 용납할 수 없는 것이다. 그러므로 그 죄악이 크면 극형을 받을 것이요, 작으면 쫓겨나서 버림을 받을 것이다.

30-4-5 ──────────────────── 六五는 出涕沱若하며 戚嗟若이면 吉하리라.

『65는 눈물을 흘림이 줄줄 떨어지며, 두려워서 탄식하면 길하리라.』

◐ 65는 문명한 민주국가에서 유순한 실체로 득중하여 지도자의 자리에 있으니 부리(附麗)의 중심이요, 밝음의 주체이다. 이에 유순한 것이 강건한 것을 이끌고, 알지 못하는 것이 아는 것을 부리고 시킴에 총화하여 밝은 사회를 이룩하니 감격하고 몹시 두려워하는 상이다.

출체타약(出涕沱若)은 유순한 지도자를 중심으로 강력하게 단결하여 총화함에 감사하는 눈물이요, 척차약(戚嗟若)은 밝은 지혜로 심모원려함에 몹시 두려워하는 탄식이니, 이것은 자기의 무력함을 알아서 남의 힘에 의존하고, 자기의 무지를 알아서 남의 지혜를 빌리는 것이므로 지도자의 문명한 덕이다.

30-5-5 ──────────────────── 象에 曰六五之吉은 離王公也일새라.

『상전에 말하기를 65가 길함은 지도자에게 가까이 붙음일새라.』

◐ 민주국가에 있어서 지도자가 자기의 무력함을 널리 호소하고, 자기의 무지를 스스로 인정함은 전국민이 총화하여 지도자를 중심으로 단결하는 문을 열어 분발하는 길이다. 만일 어리석은 지도자가 문명한 덕을 잃고 홀로 독재하면 민심이 이반하고 여론이 분열하여 암흑사회로 전락한다.

30-4-6 ──────────────────────── 上九는 王用出征이면 有嘉니

『상9는 중앙정부의 지도자가 등용하여 나아가서 정벌하면 가상함이 있으리니』

◑ 상9는 강건한 실체로 상위에 있으니 붙어 걸림의 종말이요, 크게 밝음의 극치이다. 천하의 어진 사람이 있는데도 등용하지 않으면 마침내 떠나갈 것이며, 천하의 뛰어난 지혜가 있는데도 큰 일을 하지 않으면 공을 세우지 못하는 것이다. 그러므로 65의 지도자는 상9의 현인을 등용하고, 상9의 현인은 65의 지도자를 보필하여 사악을 물리쳐서 정벌하고, 정의를 세워 국기를 튼튼히 하는 것이다.

왕(王)은 65요, 용(用)은 상구를 등용함이며, 정(征)은 정의로 불의를 치는 것이며, 가(嘉)는 정벌을 성공하여 나라를 안정시키는 아름다움이다.

30-4-6′ ──────────────────────── 折首고 獲匪其醜면 无咎리라.

『우두머리를 꺾어 베고 그 추악한 무리가 아닌 것을 사로잡으면 허물이 없으리라.』

◑ 강명한 사람은 세밀하게 살펴 대악(大惡)이 숨지 못하게 하고, 무고한 사람에게 억울함이 없도록 한다. 바야흐로 정벌함에 그 괴수를 찾아서 일벌백계로 엄단할 따름이요, 그 추악한 무리가 아닌 것

들은 상해하지 않고, 다만 사로잡아 잘 타일러 깨우쳐서 양민으로
돌아가게 하므로 정벌에 잔폭한 허물이 없는 것이다. 정벌은 정의로
서 불의를 징토하는 것이니, 만일 시비선악을 명백하게 밝히지 않고
무분별하게 살육하면 비록 성공하였다고 할지라도 그 정당성를 상
실하여 대의명분을 빼앗기는 까닭에 마침내 비인도적인 잔폭한 죄
과를 벗어날 수 없는 것이다.

 ———————————————————————— 象에 曰王用出征은 以正邦也라.

『상전에 말하기를 중앙정부의 지도자가 등용하여 나아가서 정벌
함은 지방 정부를 바로잡으려고 함이라.』

◉ 붙어서 걸림의 종말에는 반드시 이탈자가 있는 것이요, 크게 밝
음의 극치는 모름지기 전지(前知)하여 미리 아는 것이니, 전지(前
知)의 식견으로 대국의 기미를 미리 살펴 파국을 예방하고, 이미 틈
이 벌어져서 다시 부착될 수 없을 때에는 부득이 정벌을 하여 사악
의 괴수를 제거함으로써 나라를 바로 세우는 것이다. 대저 나라를
바로 세움에는 천명에 순응하고 민심에 화응해야 되나니, 정벌의 방
법이 잔학하여 대량으로 살상하면 하늘과 사람이 함께 분노하여 머
리를 돌릴 것이므로 도리어 나라를 바로잡을 수 없는 것이다.
　주역 상경(上經)이 감리(坎離)로 끝을 맺으니 천지만물이 아래로
잠복하고 위로 걸려서 존재하며, 또한 과거의 험난한 경험을 근저로
하여 미래의 밝은 양식을 터득하여 생성하는 것을 밝히는 것이다.
그러므로 감리(坎離)의 도에 의하여 천지인물은 그 자체의 고유한
성리의 실존이 영원무궁하게 보존되는 것이며, 또한 그 전체의 완전
한 조화의 구조가 무한광대하게 나타나는 것이다. 위험한 가운데에
서도 자기의 존재를 고수하는 감(坎)의 원리와 천지지물은 모두 유
기적으로 직접 관계하여 서로 걸려 있는 까닭에 전체의 유기적 구조
에 조화하는 리(離)의 원리로 끝을 맺은 것은 천지의 장구함을 밝힌
것이다.

새시대를 위한 주역 上
____

역주자 / 서정기

발행인 / 김태문

발행처 / 다락방

1999년 8월 27일 8쇄 발행

등록 1987년 12월 4일 제10-162호

(120-193) 서울 서대문구 북아현3동 1-546

전화 312-2029, 팩스 393-8399

정가 18,000원
____

ISBN 89-7858-005-x

ISBN 89-7858-003-3(전2권)